# A História da Arquitetura

segunda edição

# A História da Arquitetura

Patrick Nuttgens

Patrick Nuttgens

**Tradução**
Luiz Queiroz
Denise de Alcantara Pereira

**Revisão Técnica**
Denise de Alcantara Pereira

# Sumário

**Prefácio**, 8
1. **Alguns Fatos Básicos sobre Arquitetura:** Arquitetura Vernacular, 10
2. **Esplendor Bárbaro:** As Primeiras Civilizações, 16
3. **A Geometria da Imortalidade:** Egito Antigo, 28
4. **A Santa Montanha e o Útero Sagrado:** O Subcontinente Asiático, 42
5. **Enigmas e Módulos:** China e Japão, 56
6. **Ritual de Sangue:** Mesoamérica, 76
7. **A Paisagem dos Deuses:** Grécia Antiga, 86
8. **A Autoridade da Competência:** Roma Antiga, 102
9. **A Comunidade em Adoração:** Paleocristão e Bizantino, 116
10. **A Ordem e o Santuário:** Românico, 130
11. **O Florescimento do Deserto:** Islã, 144
12. **A Metafísica da Luz:** Medieval e Gótico, 158
13. **A Escala da Perfeição Humana:** A Renascença na Itália, 176
14. **Cruzando os Alpes:** A Difusão do Renascimento, 190
15. **O Drama das Formas e do Espaço:** Barroco e Rococó, 202
16. **Profetas da Elegância:** Classicismo Romântico, 218
17. **Dos Pioneiros à Ordem Estabelecida:** Américas e Além, 230
18. **O Triunfo dos Mestres do Ferro:** Em Busca de um Estilo, 240
19. **Uma Nova Visão:** A Virada do Século, 252
20. **Projetando para uma Nova Sociedade:** O Estilo Internacional, 266
21. **A Arquitetura do Pluralismo:** O Fim das Certezas, 284

**Epílogo**, 298
Mapas, 304
Quadros Cronológicos, 308
Glossário, 317
Bibliografia, 321
Biografia dos Arquitetos, 325
Índice, 335
Agradecimentos, 351

*página oposta ao título*
**Luciano Laurana**, *Palácio do Duque Federigo da Montefeltro*, Urbino, Itália, c.1454

*página iv e v*
**Thomas Jefferson**, **William Thornton** e **Benjamin Latrobe**, *Universidade de Virgínia*, Charlottesville, Virgínia, 1817-1826

*página vi*
**John Wood, o Jovem**, *Royal Crescent*, Bath, Inglaterra, 1767-1775

# Prefácio

Quer tenhamos ou não consciência, a arquitetura faz parte da história pessoal de cada um de nós. É muito provável que nasçamos, façamos amor e morramos dentro de alguma edificação; em seu interior trabalhamos, brincamos, aprendemos, ensinamos, rezamos; nelas pensamos e fazemos coisas; vendemos e compramos, organizamos, negociamos questões de Estado, julgamos criminosos, inventamos coisas, cuidamos uns dos outros. Muitos de nós acordamos dentro de um edifício todas as manhãs, dirigimo-nos a outros ou uma série deles ao longo do dia e, à noite, voltamos para um edifício para dormir.

O simples fato de morarmos em construções confere a todos nós conhecimento suficiente para embarcar no estudo da história da arquitetura. Antes de começarmos, porém, há que se notar um ponto fundamental que ao mesmo tempo diferencia a arquitetura das muitas outras modalidades de arte e a torna mais difícil de julgar. Ela deve ser tão prática quanto atraente; útil por um lado e, por outro, bela.

No começo do século XVII, *Sir* Henry Wotton, parafraseando a máxima de um teórico anterior, o arquiteto romano Vitrúvio, do século I, escreveu que "para bem construir, há três condições: a firmeza, a comodidade e o deleite". Seus dois primeiros pré-requisitos estão relacionados com o lado pragmático da arquitetura; o terceiro, com o aspecto estético. A "comodidade" compreende as finalidades do edifício: os espaços do edifício são adequados a seus objetivos? A firmeza diz respeito à sua solidez estrutural: os materiais e técnicas de construção são adequados para aquela edificação específica, naquele determinado local e sob aquelas condições climáticas? O deleite corresponde à satisfação e ao prazer estético derivados do edifício, tanto pelo espectador quanto pelo usuário, o que envolve uma multiplicidade de juízos pessoais.

A história que conto neste livro abrange o mundo inteiro. O conhecimento, crescente a cada ano, que hoje possuímos acerca da arquitetura dos países do Extremo Oriente e do Oriente Médio, bem como da pré-história, afeta nosso modo de ver o entorno imediato, modificando sua forma, sua posição na história e sua importância relativa. Não obstante, devo explicar de início que meu ponto de vista acerca da arquitetura é colorido pelo fato de ser essa a minha formação — eu que estudei para projetar edifícios. Deve ser uma perspectiva distinta daquela do historiador da arte, na medida em que tenho de procurar entender o problema à minha própria maneira, isto é, tentando imaginar o que o arquiteto original tinha em mente ao abordar o problema.

Desse modo, a pergunta recorrente que farei a respeito de cada edificação é: por que ela é assim? Há muitas e variadas razões. Se conseguirmos descobrir algumas delas, tais como a influência da história, da política, da religião e das aspirações sociais, talvez cheguemos a decifrar com mais clareza a maneira de pensar de determinado arquiteto e por que ele optou por certo modo de construir. Afinal, além de não haver uma justificativa única para uma dada construção, não há, tampouco, uma solução única para suas necessidades. Em última instância, há a liberdade de escolha do arquiteto. O que nos resta indagar é por que ele terá feito essa ou aquela escolha específica.

**Ludwig Mies van der Rohe**, *Edifício Seagram*, Nova York, 1954–8

# Alguns Fatos Básicos sobre Arquitetura: Arquitetura Vernacular

Para podermos começar a explorar a história da arquitetura de maneira prática, será necessário primeiro estabelecer alguns fatos básicos acerca das construções em geral, que podemos observar e compreender nos edifícios simples do dia a dia, comuns em todo o mundo.

Ao longo de toda a História, até este nosso século — no qual tantas técnicas de construção passaram por mudanças drásticas —, havia apenas duas maneiras básicas de se construir: colocando um bloco em cima de outro ou preparando uma estrutura ou esqueleto a serem cobertos com um envoltório.

Por quase toda parte, as pessoas sempre construíram mediante a montagem de blocos, sejam esses de barro seco, de tijolos de argila ou de pedras. Uma vez empilhados, inventavam-se maneiras de finalizar os cantos, deixar aberturas para entrada e saída, ajudar a luz a entrar e fazer a fumaça sair. Por fim, a estrutura como um todo recebia uma cobertura, a fim de cumprir sua função de abrigo. Era essa a habitação mais simples e óbvia. Em determinados lugares, os materiais disponíveis levavam ao surgimento de outros métodos. Construía-se a partir de um esqueleto de madeira ou feixes de junco (e, posteriormente, ferro e aço), que seria em seguida revestido dos mais variados invólucros — peles de animais, tecidos e lonas, barro e palha (e, mais tarde, placas de todo tipo).

Os blocos podem ser de praticamente qualquer material: de barro (*fig. 1*), às vezes acrescido de palha para ganhar em resistência e durabilidade, como na Mesopotâmia e Egito Antigos; de tijolos cozidos em forno, como na maior parte da Europa e do Oriente Médio; de pedra, revestida ou não; e até mesmo gelo, como nos iglus dos esquimós das regiões árticas. De todas as matérias-primas usadas, a mais adaptável, permanente e expressiva é a pedra. Das estruturas de esqueleto revestido, a tenda dos índios norte-americanos (*fig. 2*) é o exemplo clássico, com suas varas sobrepostas e cobertura de peles de animais. E há um sem-número de variações — as tendas de pele da Lapônia, as estruturas feitas de gravetos, de caniços e barro, e as casas de madeira e papel dos japoneses (*fig. 4*). Todas elas são as precursoras das estruturas de ferro e vidro do século XIX e de aço e vidro de hoje em dia.

Tomado esse pano de fundo e reconhecidos os tipos básicos de estrutura, é hora de dar um passo adiante e discutir determinados problemas práticos imediatos. Para quem se propõe originalmente a estudar o assunto e encarar um desafio arquitetônico, a dificuldade fundamental nem chega a ser

1 | Um *pueblo* no Novo México, formando um grupo de habitações básicas de cômodo único, feitas de barro

2 | Tenda indígena norte-americana

3 | Casas de aldeia construídas em torno de pátios, Mali

4 | Residência de samurai, Japão

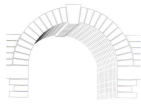

5 | Falso arco e arco verdadeiro

como deixar aberturas nas laterais (por mais cruciais que elas sejam para o caráter de cada estilo de arquitetura, como veremos mais adiante), mas sim como finalizar a construção no topo. De novo, há dois modos de fazê-lo. O mais comum é um dos que já descrevemos — preparar uma estrutura de madeira, que pode ser plana ou inclinada, e cobri-la com um material qualquer que isole o interior do sol, da chuva e do vento, além de talvez fixá-la de modo a não ser carregada pelas intempéries. Não obstante, o método mais primitivo — e, no fim das contas, o mais instigante em termos arquitetônicos — consiste em ir apoiando as pedras das paredes umas nas outras de modo que as de cima se projetem o suficiente para, pouco a pouco, curvar as paredes para dentro até se encontrarem no topo. Essa técnica de *falso arco*, como costuma ser chamada (fig. 5), pode formar um túnel ou, caso circunde toda a construção, uma cúpula.

Os exemplos mais interessantes que chegaram até nós encontram-se na Apúlia, região do sul da Itália: os *trulli* de Alberobello (fig. 6). Embora a maioria dessas casas com cúpulas de pedra provavelmente não remonte a antes do século XVI, sabe-se que estão inseridas em uma tradição que data de tempos arcaicos, meramente se tornando mais ornamental com o passar dos séculos.

Agora, levemos a questão para um estágio adiante. Quando os primeiros construtores de casas tentavam elaborar maneiras de erguer seus lares, mais cedo ou mais tarde deve ter-lhes ocorrido que havia um número limitado de formas de utilização dos diferentes materiais. Cada um desses podia ser compactado, distendido ou dobrado. Nos termos da engenharia estrutural moderna, a força dependia da compressão, da tensão ou do arqueamento. As estruturas em blocos dependem da pressão de uma pedra ou tijolo contra os demais — compressão. As estruturas em esqueleto dependem da grande qualidade da madeira — o arqueamento, que podemos observar quando a copa de uma árvore se verga ao vento. Estruturas mais sofisticadas, bem como algumas primitivas, dependem de sua resistência à distensão — ou tensão.

Uma vez que determinados materiais são melhores em termos de compressão e outros, de tensão ou arqueamento, segue-se que o tipo de estrutura adotado nas diversas regiões mundo afora vai depender dos materiais disponíveis. Praticamente qualquer matéria-prima pode ser empregada em construção, e, de fato, quase todas já foram usadas. É natural que os materiais mais prontamente disponíveis sejam os que mais profundo impacto exerceram sobre a arquitetura em todo o mundo: pedra, argila, madeira, peles, capim, folhas, areia e água. Todavia, sua utilização depende muito da distribuição de cada um, de onde são encontrados na natureza ou do que fizeram os seres humanos para torná-los mais acessíveis.

De todos os recursos estruturais já empregados para reunir esses materiais, dois são de influência tão fundamental e duradoura que vale a pena, neste ponto, descrever como eles emergiram da solução de problemas básicos de construção.

Como qualquer criança que brinque com blocos de montar descobre em algum momento, depois que se ergue uma parede o passo seguinte é equilibrar um bloco horizontal apoiado, nas extremidades, sobre dois verticais, formando um lintel. O homem primitivo descobriu esse truque, às vezes investindo-o de significado mágico e cerimonial e usando-o para erigir um portal para os raios do sol nascente ou poente, como no círculo de pedra em Stonehenge (fig. 7).

Como quer que seja elaborada, a combinação de pilar e lintel constitui a forma básica empregada em construções espalhadas pelo mundo. Os egípcios traduziram-na em colunas sustentando entablamentos, que levariam à sua metamorfose na colunata clássica da arquitetura grega, usada para conferir poder e dignidade a prédios importantes como o Partenon, em Atenas. Os chineses, com fácil acesso a reservas abundantes de madeira leve, adaptaram-na a essa matéria-prima, desenvolvendo telhados compostos de uma pirâmide de portais de pilar e lintel decrescentes, empilhados uns sobre os outros para sustentar seus largos beirais. Os japoneses adotaram essa forma nos portões de seus templos.

A segunda forma estrutural básica é o arco. Já o vimos sob uma forma primitiva, na disposição das pedras de uma parede em que cada linha de pedras dos dois lados de uma abertura se projeta para além da linha abaixo até que, sem necessidade de chave ('chave' ou 'fecho' refere-se ao remate central que sustenta a parte superior do arco) nem lintel, elas se encontram no topo, formando uma ponte. Esse falso arco foi desenvolvido nos mais diversos lugares, das tumbas abobadadas da China do século III a.C. aos arcos de sustentação dos aquedutos que alimentavam os jardins suspensos da Babilônia, passando pelas cisternas de tijolos de Mohenjo-Daro, a mais antiga civilização da Índia. O arco propriamente dito, composto de pedras em forma de cunha (as *aduelas*) ordenadas em semicírculo, foi um ato de imaginação que veio descortinar toda sorte de possibilidades arquitetônicas.

Empreendido o exame dos materiais básicos e formas estruturais essenciais, passaremos agora ao tipo mais fundamental de construção — isto é, a casa.

As mais antigas habitações humanas possuíam um único aposento, consistindo às vezes em cavernas ou semicavernas escavadas no chão e cobertas com uma tenda ou tijolos de adobe, e nas quais se entrava pelo teto. Essas casas arcaicas espalharam-se por todo o mundo; encontramos exemplos muito primitivos na Jordânia e na Anatólia (atual Turquia), alguns dos quais datados de cerca de 8000 a.C. Outra ilustração (200 a.C.–200 d.C.) é dada pelas casas japonesas em forma de tenda do período Yayoi, que eram afundadas no solo e recebiam um telhado de gravetos e turfa. Fossem quantas fossem as variações depois criadas por seus sucessores, ao que parece os construtores das primeiras habitações nelas empregaram apenas duas formas básicas e duas maneiras fundamentais de reunir seus componentes.

A forma das casas podia ser redonda ou retangular. As construções circulares provavelmente ocorreram primeiro, no mínimo por não apresentarem a dificuldade da composição dos cantos, que requerem o corte de pedras ou o preparo de tijolos. Mesmo no caso do formato retangular, como nos mais antigos *bothans* escoceses e *clachans* irlandeses, os cantos eram arredondados. As casas retangulares costumam ser encontradas em áreas com disponibilidade de madeira para erguer telhados ou montar molduras. São exemplos as longas casas dos países escandinavos e as casas inglesas de estrutura de madeira curvada (*cruck frame*) — feitas de arcos de madeira fincados no chão, sobre os quais se apoiam o teto e as paredes.

6 | *Trulli*, Alberobello, Apúlia, Itália, cujos telhados são formados por falsas cúpulas

7 | *Stonehenge*, Wiltshire, Inglaterra, c.2000 a.C.

Quando os construtores começaram a ir além das habitações de um só aposento, despontaram duas maneiras de integrar os cômodos que as compunham. Podia-se ter uma edificação múltipla, isto é, composta de diversas unidades distintas, cada qual com seu próprio sistema de telhado e situadas com maior ou menor proximidade. O *trullo* de Alberobello, a que já nos referimos, é o melhor exemplo desse gênero que ainda sobrevive; os cômodos abobadados podiam ser reunidos em grupos de dois, três ou quatro, chegando a constituir complexos elaborados e fascinantes. Também as tendas, como as dos acampamentos árabes no deserto, podiam ser agrupadas de forma análoga. Um caso particularmente impressionante é o de Skara Brae, nas Órcades. Em 1850, uma grande tempestade desfez o trabalho de outra, ocorrida possivelmente 3000 anos antes, e desvelou uma aldeia pré-histórica de casas de pedra de um único cômodo, que provavelmente contavam com telhados de turfa apoiados sobre caibros de madeira ou ossos de baleia. Essas construções, interligadas por passarelas cobertas, tinham lareiras e camas de pedra e mesmo toucadores e armários desse mesmo material.

Outra opção era erigir uma habitação compacta, com todos os aposentos sob um mesmo teto. A princípio, tal sistema levou pessoas e animais a residir sob o mesmo teto. As casas mais antigas das Terras Altas e ilhas escocesas eram assim — as pessoas se

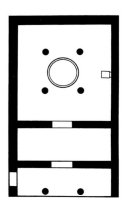

8 | *Megaron*, Micenas, Grécia, c.1250 a.C., planta baixa

instalavam de um lado da lareira, que mais tarde se tornaria uma parede, e o gado, do outro. Depois que os animais foram separados e ganharam um abrigo à parte, esse esquema evoluiu para a cabana de dois cômodos (*but-and-ben*, na Escócia), um para o convívio e outro para o sono.

Esse padrão se sofisticou quando um dos aposentos ganhou mais importância que outro. O desenho clássico era o *megaron* grego (fig. 8), encontrado originalmente em Micenas, no continente, e composto por um salão com um vestíbulo de entrada à parte. Esse esquema simples se tornaria, com o tempo, a composição básica de todas as grandes residências ou castelos. Então, as construções começaram a se expandir para cima. O acréscimo de um piso ou terraço superior exigia a construção de uma escada, interna ou externa.

Os edifícios ganharam em sofisticação com o desenvolvimento de maneiras de regular a temperatura. Para aumentar o frescor, difundiram-se no Oriente as casas ou cômodos dispostos ao redor de um pátio (fig. 3) — padrão adotado pelos primeiros monges, os ermitões do deserto, e tão conveniente que se disseminou, através dos monastérios europeus, para instituições acadêmicas como as universidades. Em climas mais severos, como o da maior parte da Europa, sobretudo em suas regiões mais setentrionais, a inovação mais importante foi a lareira. Nas casas mais antigas, o fogo localizava-se no centro da habitação, e a fumaça escapava por um orifício no teto, com ou sem um anteparo inclinado para impedir a entrada da chuva. Foi o deslocamento da lareira para a parede — em geral externa, nas construções retangulares —, e o gradual desenvolvimento da chaminé, a princípio de madeira e, mais adiante, de pedra, que estabeleceu o formato das casas. O ganho em conveniência e ventilação mais que compensou a eventual perda de calor decorrente da instalação da lareira na parede exterior. Esse provavelmente foi o primeiro exercício arquitetônico de priorização do conforto em detrimento da eficiência técnica — processo que continua desde então.

Aqui, porém, há que se fazer uma distinção importante. Tudo o que dissemos até agora com relação aos fatos básicos da arquitetura refere-se ao mais fundamental de todos os tipos de construção, isto é, a habitação, a casa. Se esta veio inaugurar a arquitetura do tipo mais elementar, ordinário e comum — aquela que ficaria conhecida como arquitetura *vernacular* —, os fundamentos do que se viria a denominar *grande* arquitetura são encontrados não nas casas, mas, como veremos, nos túmulos e templos.

A história da grande arquitetura é a espantosa descrição de como indivíduos e grupos tomaram as estruturas, agrupamentos, planos e esquemas de acesso e serviço originalmente desenvolvidos para atender as mais básicas necessidades humanas e os transformaram em algumas das mais grandiosas manifestações do espírito humano. É essa história que contaremos agora.

## 2 **Esplendor Bárbaro:** As Primeiras Civilizações

A história da arquitetura começa com a história da civilização, quando os homens e mulheres primitivos abandonaram seus hábitos nômades e se estabeleceram em assentamentos duradouros. Até então, nossos ancestrais não se fixavam, vivendo da coleta de sementes e frutos e perseguindo animais que pudessem caçar para comer. Evidentemente, mesmo em climas tépidos eles precisavam de abrigo, não só contra animais selvagens mas também contra eventuais inimigos, que poderiam atacá-los durante o sono. Para tanto, todavia, recorriam em seus deslocamentos a abrigos naturais, como cavernas e árvores. Somente quando começaram a plantar o que comiam é que surgiu a necessidade de abrigos definitivos. Como não podia deixar de ser, descobriram as vantagens do trabalho em conjunto para explorar recursos hídricos e cultivar a terra — e assim temos as primícias da sociedade e das cidades.

É tão íntima a ligação entre a construção das primeiras cidades pelo ser humano e o desenvolvimento da civilização que a própria palavra 'civilização' é derivada do latim *civis*, que significa cidadão, ou aquele que habita uma cidade. Kenneth Clark assinala que um certo senso de permanência é o pré-requisito da civilização; e o que poderia indicar de maneira mais explícita a intenção humana de abdicar do nomadismo e se estabilizar do que a construção de uma cidade? Os homens, já dizia Aristóteles, se reúnem em cidades para viver e nelas permanecem para viver bem.

Mas onde e quando tudo começou? Devemos lembrar que grande parte do que sabemos a respeito das primeiras cidades é fruto do trabalho arqueológico. No Renascimento, antiquários começaram a se dedicar a perscrutar as ruínas de civilizações clássicas, o que acabou levando-os à exploração de sociedades ainda mais antigas. Napoleão deu um tremendo impulso a esses estudos quando, durante sua campanha no Egito, em 1798, fez-se acompanhar não só de suas tropas mas também de 151 médicos, cientistas e eruditos. Ocorre que, por questões políticas, ele precisou retornar às pressas para a França, deixando para trás, no Egito, boa parte de sua comitiva; foram esses homens que produziram os primeiros relatos detalhados sobre as pirâmides e outras antiguidades egípcias. Contudo, durante a maior parte do século XIX a arqueologia foi conduzida de maneira extremamente amadora por enfastiados diplomatas e empresários enviados para postos avançados nos confins da Terra, ávidos por algum interesse que lhes absorvesse o tempo. Descobertas significativas em nosso próprio tempo estão sempre ampliando nossos conhecimentos desses primeiros assentamentos e, na mesma medida, transformando nossas ideias a seu respeito; do mesmo modo, o desenvolvimento de novos métodos científicos de datação implica a necessidade constante de rever nossas ideias acerca de quem, quando e como. O fato é que estamos sempre fazendo novas descobertas que se revelam mais antigas do que

9 | Vista aérea de Kalaa Sghrira, Tunísia, mostrando seu típico padrão denso de ruas estreitas e casas com um pátio central; cf. fig. 11

acreditávamos. É como se os seres humanos fossem civilizados há muito mais tempo do que atestam os livros mais antigos.

Não obstante, os indícios mais primordiais desse processo de sedentarização ainda podem ser identificados nas aldeias agrícolas do período entre 9000 e 5000 a.C. descobertas ao pé das colinas da Anatólia (moderna Turquia) e dos Montes Zagros (como os santuários de Çatal Hüyük), bem como a sul e a oeste, na Síria, Jordânia e chegando ao Mediterrâneo, como na miríade de casinhas brancas alveolares de Choirokoitia, em Chipre. Jericó, hoje uma cidade-oásis arborizada com palmeiras e repleta de limoeiros, localizada no deserto jordaniano, compartilha com Çatal Hüyük a distinção de ser chamada de 'cidade' pelos estudiosos da pré-história — Jericó, por conta de sua muralha e torres fortificadas, que remontam ao século VII a.C. (*fig. 10*), e Çatal Hüyük, pelas evidências de um comércio estabelecido de sílex e obsidiana. Porém, é para as grandes cidades e as organizações complexas mais a leste que nos voltaremos em busca da arquitetura urbana propriamente dita mais antiga de que se tem registro.

10 | Ruínas de torre e muralha defensiva, Jericó, Jordânia, c.7000 a.C.

A região que hoje goza de aceitação geral como o berço da civilização era conhecida pelos gregos como Mesopotâmia, 'a terra entre rios'; na Bíblia, trata-se da Terra de Sinar. Essa terra ocupa uma área que corresponde em parte ao Irã atual e em parte ao Iraque, ao longo dos 1.125 quilômetros de extensão dos rios Tigre e Eufrates — desde sua origem, no Lago Van, na Anatólia, de onde correm para sudeste, até o Golfo Pérsico. Diz a tradição que esse era o local do Jardim do Éden, onde, segundo o Gênesis, a vida humana teria tido início.

Hoje, o lugar não parece muito atraente. Todavia, segundo os arqueólogos, ao longo do período de 5.000 anos durante o qual a civilização foi gestada, essa área desolada era uma rica planície aluvial, fervilhante de peixes e aves selvagens. Era, como descreve Leonard Cottrell em seu *Lost Cities*, 'a mais fértil terra do planeta, coberta por uma planura de campos verdes a perder de vista, com palmeirais e vinhedos, recortados por um labirinto de canais (...) que, na alvorada e ao pôr do sol, ainda se revelam em suas linhas escuras que riscam a planície aluvial'. A Guerra do Golfo e a drenagem dos pântanos ao sul talvez tenham, a essa altura, infligido o golpe fatal a essa imagem; mas há que se assinalar que, mesmo naqueles primeiros milênios, quando a região era de fato o 'Crescente Fértil' de que falam os historiadores, sua fertilidade se devia exclusivamente ao esforço humano. Dada a baixa precipitação pluviométrica, as tribos que penetraram na região como caçadores e coletores perceberam que só teriam condições de sobreviver caso explorassem os dois rios em empreitadas maciças de irrigação. Naturalmente, tal cooperação constitui a condição clássica para o desenvolvimento do tipo de organização complexa que caracteriza a civilização e promove a fundação de cidades. Hoje, à medida que cada geração vai descobrindo novos resquícios dos humanos antigos, sua forma vai se assemelhando cada vez menos a um crescente e mais a uma mancha de tinta diluída em meio a um vasto círculo de mares — os Mares Negro e Cáspio, o Golfo Pérsico, o Mar Vermelho e o Mediterrâneo.

De pelo menos 5500 até o primeiro milênio a.C., a Mesopotâmia foi o eixo do mundo e um caldeirão de vastas imigrações tribais. Esses assentamentos tribais agruparam-se em cidades-estados, pequenas para os nossos padrões (estima-se que Uruk, a maior das cidades-estados sumérias, tivesse cerca de 50 mil habitantes). Ao longo do milênio, eles se agruparam e reagruparam, ascenderam ao poder, foram conquistados e desapareceram sob os avanços de novos invasores — para às vezes ressurgir e voltar ao domínio por um novo período.

Como nosso interesse aqui é a arquitetura, podemos nos concentrar nas três maiores civilizações da Mesopotâmia. A primeira, sumério-acadiana (c.5000 a 2000 a.C.), ocupou a região ao sul da atual Bagdá e compreendia a área pantanosa conhecida como Caldeia, que se estendia até o Golfo Pérsico. Além de Uruk, entre suas cidades figuravam outras de nomes ásperos como Eridu, Lagash e Ur dos caldeus. Agade, a capital da Acádia, ainda não foi localizada.

Em algum momento por volta de 2000 a.C., uma tribo amorita cujo reino levava o mesmo nome de sua capital, Babilônia, assumiu o domínio. Suas ruínas situam-se a cerca de 90 quilômetros de Bagdá, e houve dois períodos de grande poder, o segundo dos quais por ocasião de sua reconstrução, no século VI, por Nabucodonosor II (*fig. 11*). A Babilônia acabaria caindo sob as insistentes investidas da terceira grande potência mesopotâmica, os assírios, um povo de origem semítica, do norte daquela região. Suas capitais — Assur em primeiro lugar, mais tarde Nimrud, no século IX a.C., Corsabad entre 722 e 705 a.C. e Nínive no século VII a.C. — foram das primeiras escavadas e trouxeram à luz algumas das melhores e mais reveladoras ruínas.

O fato de as capitais assírias terem sobrevivido melhor que suas contrapartes ao sul tem uma explicação simples: ao norte há pedra para uso nas construções. Assim, a arquitetura dessa área é menos semelhante à da Suméria e da Babilônia, onde não havia madeira, pedra nem minérios, e mais próxima daquela de países de topografia similar, como a Anatólia, onde os hititas (*c*.2000–629 a.C.) eram a potência dominante. Pouco resta de sua vasta capital da Idade do Bronze, Hatusa, mas é bastante claro que esta não era apenas fortificada, mas constituía uma fortaleza completa em si mesma — o que remete a guerras e à ameaça de guerras. Empoleirada no alto de uma serra que se ergue acima da moderna cidade turca de Bogazköy, é cercada de altos penhascos de onde cataratas se precipitam. As cidades fortificadas da Assíria e da Anatólia têm tanto em comum que vamos examiná-las lado a lado. Por ora, fecharemos este breve relato cronológico com a derrocada

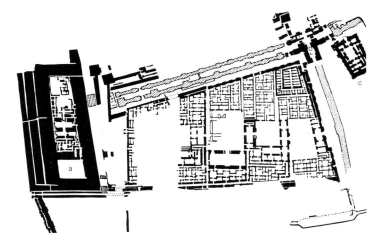

11 | Babilônia, planta de parte do setor norte da cidade sob Nabucodonosor II (605–562 a.C.), mostrando a cidadela (A), a Porta de Ishtar (B) e o Templo de Ninmah (C)

da Assíria — um longo declínio nas mãos de uma série de inimigos, culminando na queda de seu império, em 614 a.C., diante de uma coalizão de babilônios e medos. O próprio novo império babilônico seria absorvido pelo império persa em 539 a.C.

Se a pedra foi a matéria-prima das edificações do norte, mas não do sul, com que então os sumérios construíam? Quando, no século XIX, pioneiros da arqueologia como o viajante *Sir* Austen Henry Layard ou o diplomata francês Émile Botta começaram a escavar, o Crescente Fértil já nada tinha de fértil. Pelo contrário, 'solitários e planos areais' estendiam-se a perder de vista, pontilhados por estranhas elevações que já haviam despertado a curiosidade de viajantes anteriores. A esses escapou por completo o fato de que, em uma região em que o material de construção corriqueiro era o barro cozido ao sol, os montes eram, na verdade, edifícios ou mesmo cidades inteiras que, reduzidos a ruínas, voltaram a se mesclar à paisagem de onde tinham brotado. Em suas tentativas, é provável que tenham acabado destruindo os objetos de suas buscas. Sabemos que J. E. Taylor, enviado pelo Museu Britânico e pelo Foreign Office, reduziu a pó pelo menos os dois terraços superiores do zigurate de Ur antes de ser (ainda bem) chamado de volta à Inglaterra.

Toda e qualquer descrição dessas cidades antigas deve abrir espaço a alguma dose de conjectura. O que sabemos de certo é que a Suméria não chegou a constituir tanto um país, sendo mais uma coleção de cidades-estados, cada qual dotada de organização própria e direito de propriedade a um deus específico. Manteve uma cultura mesopotâmica contínua nos mil anos de seu predomínio, antes que um estado, a Acádia, sob Sargão, o Grande (c.2370–2316 a.C.), conquistasse todos os demais e os fundisse no primeiro império do mundo, que viveria breves mas fulgurantes 150 anos. A Acádia sob Sargão também fez história ao instituir o acadiano como escrita para toda a Mesopotâmia — uma escrita cuneiforme, isto é, composta de marcas em forma de cunha feitas com a ponta de um junco sobre uma tabuleta de argila. Sabemos também que os sumérios já faziam uso do bronze em seus artefatos (há uma cabeça impressionante, que se acredita ser de Sargão, e uma mulher de bronze de pernas estiradas que lembra um pouco uma sereia) pelo menos 1.500 anos antes dos chineses, que sempre consideramos os mestres do trabalho com essa liga metálica.

Podemos examinar as arquiteturas suméria e babilônica juntas, pois boa parte da tradição sumério-acadiana teve prosseguimento sob a cultura da Babilônia, basicamente porque nessas regiões desprovidas de madeira e pedra utilizava-se o mesmo material de construção: tijolos de adobe. Hoje está evidente que o urbanismo e a arquitetura das cidades mesopotâmicas guardavam laços estreitos com sua organização civil e religiosa. No plano da Babilônia se observa que todos os principais edifícios e templos foram agrupados em um setor urbano — uma área elevada em relação ao resto e destinada ao deus particular da cidade. Aqui era a morada do deus e a sede do poder de sacerdotes e príncipes, seus agentes. No setor noroeste de Ur, por exemplo, ficava

12 | *Zigurate de Ur-Nammu*, Ur, Iraque, *c.*2100 a.C.

o baluarte elevado e murado de Nanna, o deus da lua, onde se encontrava sua casa (o zigurate, *fig. 12*), rodeada de um semicírculo de cinco templos de grossas muralhas, como as de uma fortaleza. O maior deles era dedicado ao próprio deus, e um dos menores o era a sua esposa, Ningal. A área do templo continha também os prédios administrativos onde eram realizados os julgamentos e coletados os impostos em nome da divindade. Essas atividades exigiam um tesouro, uma secretaria de receita e depósitos, já que cada cidadão estava vinculado a um templo e pagava seus tributos em espécie. Se acrescentarmos a isso que os templos dispunham de suas próprias oficinas e manufaturas de artesanato, operadas por mulheres, teremos alguma ideia do quanto aquela área enxameava de gente.

No interior dos templos escavados foram encontradas tabuletas com hinos religiosos, mitos e histórias dos templos, além de tabelas matemáticas com raízes quadradas e cúbicas que talvez indiquem cálculos astronômicos avançados. Havia também fontes e cochos de água impermeabilizados com betume e mesas de tijolos cobertas de entalhes de faca decorrentes do corte de vítimas sacrificiais. Os animais sacrificados eram assados no fogo nas cozinhas do templo, as mesmas usadas pelos sacerdotes no uso diário. A descoberta de fornos para assar pão encantou particularmente o Professor Woolley, que anotou em seu diário de escavações: 'Após 3 mil anos, voltamos a acender o fogo e recolocar em funcionamento as mais antigas cozinhas do mundo.'

A vida das classes altas era, ao que parece, bastante luxuosa, a julgar pelos artefatos de ouro, prata, lápis-lazúli e conchas encontrados nas tumbas reais de cerca de 2500 a.C. em Ur, bem como a magnífica coleção de tabuletas de argila descoberta na biblioteca de Assurbanipal (669–627 a.C.) em Nínive, muitas das quais compõem fragmentos da mais antiga história do mundo — o Épico de Gilgamesh. Na própria Nínive, estima-se que 350 mil habitantes se espremessem em 13 quilômetros quadrados de vielas, bazares e pátios, as casas de adobe erguidas umas contra as outras tanto para melhor sustentação estrutural quanto para proteger o interior do sol escaldante. É um padrão que reconhecemos nas construções vernaculares nessas mesmas áreas do mundo ainda hoje (*fig. 9*) — o que se aplica também ao uso da madeira, por aqueles que podiam se dar ao luxo de usá-la, em uma escada externa, que em geral levava a uma sacada simples de madeira para a qual se abriam os aposentos superiores.

A Babilônia era ainda mais imponente. Erguia-se na margem oriental do Eufrates, em seu ponto mais próximo do Tigre, e situava-se em torno de 40 quilômetros ao sul da atual Bagdá. A cidade de Hamurábi, de cerca de 1750 a.C., contemporânea da capital da Assíria, Assur, mais ao norte, era um centro planejado e grandioso. Por ocasião de sua reconstrução sob Nabucodonosor II (605–562 a.C.), foi acrescentada na margem ocidental uma cidade menor, ligada à primeira por canais e pontes. Uma grande via processional corria paralela ao rio e seis pontes transpunham os fossos, levando a seis portões. O viajante grego Heródoto deixou-nos a seguinte descrição da cidade no século V a.C.:

*A cidade se localiza em uma vasta planície e forma um quadrado perfeito. É rodeada por uma muralha que se ergue atrás de um largo e profundo fosso (…). Enquanto este era aberto, a terra retirada era convertida em tijolos assados em um forno e usados para reforçar as paredes do fosso. Na muralha, foi utilizado betume quente como cimento, e interpôs-se uma camada de juncos trançados entre as fiadas de tijolos. [O betume é um derivado do petróleo, substância de que, como sabemos hoje, aquela região do mundo é saturada. Empregado como cimento, constituía uma liga tão resistente que, 3.000 anos depois, ainda é difícil rompê-la, mesmo com picaretas.] Ao longo do topo da muralha são dispostas construções de um único cômodo, havendo entre elas espaço suficiente para que um carro puxado por quatro cavalos manobre. No conjunto dos muros há uma centena de portões, todos de bronze, com pilares laterais e lintéis*

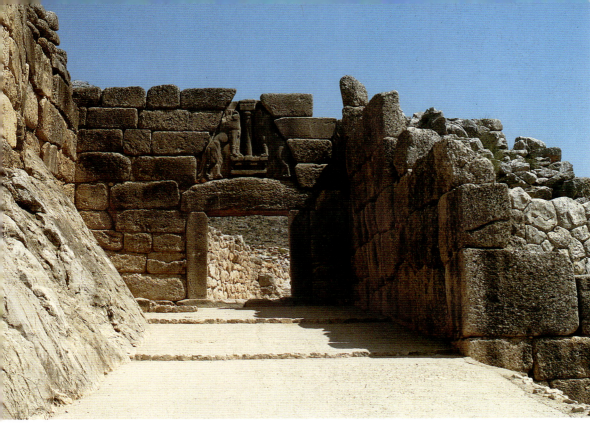

13 | *Porta do Leão*, Micenas, Grécia, c.1300 a.C.

14 | *Porta do Leão* guardando a aproximação pelo sudoeste, Hattusa, próximo a Bogasköy, Turquia, c.1300 a.C.

*do mesmo material. As casas têm três ou quatro pavimentos, e todas as ruas correm em linha reta, tanto paralelas ao rio quanto transversalmente, levando à água. Há uma muralha interna quase tão grossa quanto a externa. No centro de cada divisão da cidade há uma fortaleza — de um lado, o palácio dos reis, e do outro, o templo de Jupiter Belus* [provavelmente Marduk, o deus da cidade da Babilônia], *com seus portões de bronze maciço.*

As escavações já revelaram que a Babilônia era ao mesmo tempo uma capital comercial e religiosa, com 108 templos (55 deles dedicados a Marduk) e mais de mil capelas e altares. Entre outras coisas que Heródoto deve ter visto, erguendo-se junto à via processional e da altura exata da Estátua da Liberdade, foi o Templo de Etemenanki, um zigurate que provavelmente deu origem à Torre de Babel; e os Jardins Suspensos da Babilônia, citados pelos gregos como uma das Sete Maravilhas do Mundo. Tratava-se, na verdade, de terraços dispostos em degraus, construídos sobre uma falsa abóbada que continha não só os poços cujas águas eram bombeadas e faziam florescer as árvores e flores plantadas nos vários níveis, mas também uma câmara frigorífica ou refrigerador onde se armazenaria, conforme já se sugeriu, *sorbet* para o deleite da princesa meda cujo repouso e entretenimento eram a finalidade da criação dos jardins.

Na Babilônia vemos o quanto as artes decorativas haviam avançado, desde o método simples adotado pelos primeiros sumérios, que ornamentavam suas paredes reforçadas com uma característica sucessão de painéis salientes e rebaixados e cones de argila. As ruínas do antiquíssimo Templo de Warka, no Iraque, mostram que esses cones eram por vezes pintados de creme, vermelho ou preto e introduzidos no revestimento de barro das paredes, criando padrões circulares. Em contrapartida, uma das glórias da Babilônia era o uso de tijolos esmaltados, em sua maioria azuis, tingidos com lápis-lazúli, em contraste com o dourado — as mesmas cores que encontraremos mais tarde nas suntuosas decorações dos palácios e mesquitas da arquitetura islâmica, quase na mesma região.

A Porta de Ishtar (fig. 16), de Nabucodonosor, resplandece com azulejos azuis em meio aos quais se espalham 152 animais dourados, quase em tamanho natural. São identificados como touros e leões, alternando com o 'sirrush' mitológico, que tinha as patas dianteiras de um lince, as traseiras de uma águia, e cabeça e cauda de serpente. Estudos recentes sugeriram que a Babilônia era um lugar tão atraente que os líderes dos israelitas enfrentaram dificuldades consideráveis para convencer seus compatriotas a retornar a Israel quando Nabucodonosor pôs fim ao seu cativeiro e os libertou.

Nem todos os estados mesopotâmicos parecem ter sido tão humanos. Embora o padrão de sofisticação de Nínive fosse tão elevado que o Rei Senaqueribe (705–681 a.C.) levou água potável à cidade por canais e aquedutos de pedra, as cidades assírias apresentavam, de modo geral, um aspecto mais rude, assim como as dos hititas, na Anatólia.

Fortificações maciças eram essenciais para estados que viviam sob a constante ameaça dos rivais ou de guerras tribais. A matéria-prima das fortificações variava de acordo com a oferta local — tijolos de adobe no sul da Mesopotâmia, pedra na Anatólia, quase sempre com uma superestrutura de tijolos. Costumavam ser estruturadas em círculos concêntricos, um padrão defensivo prático que persistiria até a Idade Média — a rigor, até que a introdução da pólvora tornou obsoletas as cidades fortificadas. A muralha externa era guarnecida de torreões para observação e portões, alguns com pilares e lintéis, alguns com arcos elípticos, como os de Hatusa, a capital hitita (fig. 14). O portão principal era guardado por torres de sentinela e tinha por guardiões animais ou guerreiros esculpidos nos pilares. Esculturas de pedra maciça similares também podem ser vistas mais a oeste, nas cidadelas contemporâneas de Micenas e seu porto, Tirinto, no território continental da Grécia. Em Micenas, a cidade do Rei Agamenon, líder dos gregos na Guerra de Troia, dois imensos leões de pedra guardam o portão principal (fig. 13).

Tanto os assírios quanto, mais tarde, os persas decoravam suas paredes externas e internas e suas portas de bronze com relevos que retratavam sua história (fig. 15), às vezes com inscrições cuneiformes para explicar tais

15 | *Pagadores de tributos babilônicos e bactrianos*. Detalhe de friso processional na fachada leste do *Apadana (Sala de Audiências) de Dario*, Persépolis, Irã, século V a.C.

16 | *Porta de Ishtar*, Babilônia, c.580 a.C., reerguida no Museu Vorderasiatisches, Berlim; cf. fig. 11

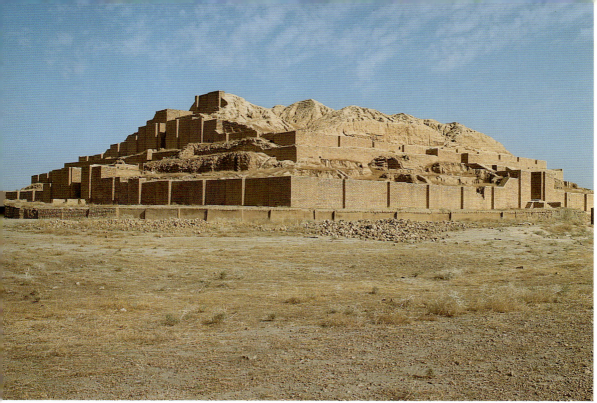

17 | *Zigurate de Choga Zambil*, próximo a Susa, Irã, século XIV a.C.

cenas. Aquelas representadas nas paredes dos palácios de Assurbanipal e Assaradão, em Nimrud, justificam a reputação de brutalidade dos assírios na Bíblia: 'Ergui um muro diante da porta principal da cidade; esfolei os líderes dos rebeldes e o cobri com suas peles. Alguns deles, emparedei vivos entre os tijolos; alguns foram crucificados com estacas ao longo do muro; ordenei que uma grande multidão deles fosse esfolada em minha presença e cobri com suas peles o muro.'

A arquitetura dessas primeiras nações manteve a simplicidade tanto na estrutura quanto nas plantas baixas. Em um único tipo de construção a Mesopotâmia engendrou uma forma distinta: o zigurate. Trata-se de uma pirâmide em degraus, feita de cascalho e tijolos de adobe, com amplas escadarias cerimoniais que levam a um santuário no topo. Na planície suméria, essas colinas-templos eram marcos na paisagem, e quem trabalhava nos campos ou pomares de tâmaras afastados da cidade tinha como se assegurar de que seus deuses zelavam por eles. Por outro lado, constituíam também uma inquestionável manifestação do poder do governante, identificado com o deus da cidade. Cada um dos tijolos do zigurate de Ur ostenta os dizeres UR-NAMMU, REI DE UR, QUE ERGUEU O TEMPLO DE NANNA.

A origem do zigurate pode ter sido acidental. A vida curta do tijolo de adobe acarretava a necessidade de constante reconstrução; contudo, uma vez que o deus era o dono perpétuo do território do templo, cada reconstrução sucessiva se dava sobre uma plataforma cumulativa, composta dos resquícios dos templos anteriores; é possível também que o túmulo do sumo sacerdote fosse incorporado à plataforma e se construísse também sobre ele. Heródoto nos fornece mais algumas informações:

*No meio do recinto do templo há uma torre sobre a qual se ergue outra, sobre a qual há uma terceira, até chegarem a oito. A subida até o topo se dá por fora, por um caminho que vai circulando as torres. No meio do caminho, há bancos e lugares para descanso. Na torre superior, há um templo onde se vê um grande divã, ricamente adornado, e, a seu lado, uma mesa dourada. Não há, porém, nenhuma estátua, e uma única pessoa pode dormir aí: uma nativa eleita*

Esplendor Bárbaro: *As Primeiras Civilizações*

18 | Sala do Trono, *Palácio de Minos*, Cnossos, Creta, c.1600 a.C.

pelos deuses acima de todas as demais, dizem os caldeus que são os sacerdotes da dinastia.

Inegavelmente, ela também possuía uma importância simbólica como montanha cósmica, em torno de cujo pico os céus giravam — um tema recorrente, ligado ao culto aos deuses celestes, que se materializa em templos circulares e círculos de pedra como o de Stonehenge.

Embora haja trabalhos soberbos em alvenaria, como no mais belo zigurate, o de Choga Zambil, no pequeno reino de Elam, no atual Iraque (fig. 17), onde três das cinco escadarias originais encontram-se ainda basicamente intactas, não há nada de muito sofisticado com relação à estrutura mesmo dos mais importantes desses primeiros edifícios: pedra era empilhada sobre pedra, ou tijolo sobre tijolo, e o telhado era finalizado com juncos trançados ou arcos falsos. A escala do trabalho em pedra é por vezes tão esmagadora que ele parece ter sido realizado por uma raça de gigantes, levando ocasionalmente à denominação 'ciclópica'. O que nos deixa boquiabertos e maravilhados é a megalomania dessas expressões de poder, arrebatadas e elaboradas, pródigas em gravações e imagens — aspirando gloriosamente aos topos das montanhas, em uma arquitetura de rampas e escadarias que desconsidera com arrogância o sujeito comum em sua choça de caniços aos seus pés. Trata-se de uma arquitetura de esplendor bárbaro.

Com todas essas civilizações ferrenhamente agressivas e defensivas lutando pela sobrevivência em um mundo duro, é uma surpresa deparar-se com uma sociedade, em pleno terceiro milênio a.C., que parece ter sido muito mais gentil. Trata-se da civilização grega denominada minoica, na ilha de Creta. Mesmo aqui, temos de engolir o mito do Minotauro, urrando em seu labirinto no palácio do Rei Minos e exigindo sua dieta de jovens homens e mulheres — mas a impressão dada pelas colunas vermelhas afuniladas, que parecem estar de cabeça para baixo, e os afrescos de príncipes e donzelas repousando em prados floridos, tal como reconstituídos por *Sir* Arthur Evans na Sala do Trono do palácio de Cnossos (fig. 18), é muito mais sugestiva de facilidade e conforto. É possível que essa atitude despreocupada pressagiasse a decadência de sua civilização — que sofreria investidas dos belicosos gregos do continente micênico, que queimaram e obliteraram os palácios de Cnossos e de Festo. Contudo, outra possível explicação para o abrupto desaparecimento dessa civilização, por volta de 1500 a.C., é que tenha havido uma erupção vulcânica e que o mar que separa Creta do continente seja, na verdade, uma cratera. Murais antigos, similares aos de Creta, escavados em outras ilhas no

19 | Escadaria oeste do *Apadana (Sala de Audiências) de Dario*, Persépolis, Irã, século V a.C.

20 | Abóbada (*iwan*) do *Salão de Banquetes*, Ctesifonte, Iraque, c.550 d.C.

entorno da cratera, como Santorini (Tera), dariam sustentação a essa hipótese.

Todavia, em termos estruturais, a arquitetura de Creta não é mais complexa do que a que vimos na Mesopotâmia nem na Anatólia. Uma verdadeira sofisticação estrutural só vai surgir no Crescente Fértil no século VI d.C., mais de 2.500 anos mais tarde, quando não só Cnossos, mas também Suméria, Babilônia e Assíria já haviam sido varridas da face da Terra. Aqui, os construtores de uma retomada do Império Persa, os sassânidas, viraram de banda seus tijolos cozidos em fornos para erguer abóbadas parabólicas sobre o grande salão ou *iwan* do palácio de Ctesifonte, junto ao Tigre (fig. 20). Um arco sobreviveu até os dias de hoje. Uma dinastia persa anterior, a dos aquemênidas, já havia nos transportado para um terreno arquitetônico mais familiar em Persépolis, a capital erigida entre 518 e 460 a.C. por Dario I, Xerxes I e Artaxerxes, na medida em que aqui encontramos ecos do Egito e uma antecipação da Grécia Antiga na utilização de colunas — ainda que muito mais curtas. Em Persépolis, amplas escadarias conduzem ao pódio sobre o qual se erguiam os palácios, com um friso em alto-relevo representando 23 estados vassalos que levavam seus tributos ao imperador persa (fig. 15). Um portão e passagem ao longo do lado norte da plataforma dão acesso ao Apadana, ou Sala de Audiências (fig. 19), no lado oeste, e à sala do trono, no lado leste. Atrás desses aposentos cerimoniais, para o sul, ficavam os cômodos residenciais. Chegaram até nós apenas tocos das cem colunas da sala do trono de Xerxes; os pilares do Apadana de Dario são encimados por capitéis singulares, com a forma da cabeça de animais. Essas ruínas dramáticas e assombrosas vêm nos lembrar que os persas foram responsáveis por criar o maior império que o mundo conhecera até então, absorvendo não apenas todas as civilizações de que falamos até aqui como também o Egito e o povo do Vale do Indo. Não surpreende que Christopher Marlowe ponha na boca de Tamerlão, o conquistador mongol da Pérsia, as seguintes palavras para dar voz a seus sonhos de grandeza: 'Acaso não estará além da bravura ser um rei, e percorrer Persépolis em triunfo?' Todas essas civilizações acabariam sendo destruídas e dispersadas no século IV a.C. por Alexandre, o Grande, o jovem e lendário rei da Macedônia de quem se conta que teria chorado certa vez por já não lhe restarem mais mundos a conquistar. Entretanto, graças às próprias conquistas de Alexandre, a influência de civilizações anteriores disseminou-se pela Índia e daí para a China e o Japão, até alcançar o mundo inteiro.

Muito antes disso, no entanto, em países longe do Crescente Fértil, a metamorfose em civilização tivera lugar — começando, como no Oriente Médio, em férteis vales fluviais. Na Índia, foi descoberta, ao longo do vale do Indo e seus tributários (no atual Paquistão), uma série de assentamentos que remontam a entre 2500 e 1500 a.C. Em algum momento por volta de meados do século XVIII a.C., quando Hamurábi estava no poder na Babilônia e Creta ainda atravessava sua Idade de Ouro, a crisálida cultural da China irrompeu nos primórdios de uma civilização, provavelmente a primeira junto ao Rio Amarelo. Do outro lado das barreiras dos grandes mares, desenvolveram-se as culturas do Novo Mundo na América Central.

Vamos examinar a história desses países nos capítulos 4, 5 e 6. Antes, porém, permaneceremos no Oriente Médio para explorar a mais inescrutável de todas as civilizações antigas: a do Egito Antigo.

# 3    **A Geometria da Imortalidade:** Egito Antigo

A chave da história do Egito é o Nilo, o rio que tem a singular característica de jamais secar: embora praticamente não caia uma gota de chuva ao longo de seu curso, é constantemente alimentado pelas águas do Nilo Branco e do Nilo Azul, que nascem nos lagos da África Central e nas montanhas da Etiópia. As duas áreas topográficas distintas em que o rio se divide serviram de fundamento para a divisão do Antigo Egito em Alto e Baixo Egito. Mesmo após a unificação dos dois reinos por Menés, com a construção de sua capital em Mênfis, por volta de 2400 a.C., a obsessão com a dualidade parece ter perdurado na consciência egípcia — trevas e luz, noite e dia, inundação e seca — e veremos seus efeitos sobre a arquitetura.

Espalhadas ao longo da margem ocidental do Nilo por cerca de 80 quilômetros a sudoeste do Cairo, aproximadamente oitenta pirâmides erguem sua inescrutável e monumental silhueta contra o disco do sol. Nossa reação imediata talvez seja julgar essa civilização muito semelhante às da Mesopotâmia. Afinal, todas tiveram início em vales fluviais e no Oriente Médio, mais ou menos na mesma era em termos evolutivos, e caracterizaram-se, tanto em um lugar quanto no outro, por construções monumentais, fossem elas zigurates, templos ou pirâmides. A rigor, porém, sua arquitetura é muito distinta. Onde a Mesopotâmia ostenta o engrandecimento da defesa e da agressão, o Egito reflete três mil anos de esplendor, segurança e mistério. Sua cultura e arquitetura têm um caráter conservador, imutável e quase intransigente, o que não deixa de ser assombroso, considerando-se a extensão do período de tempo coberto.

As planícies mesopotâmicas tinham uma localização tal que as converteu em um efervescente caldeirão de raças em busca de terras — fosse por sua ocupação, fosse pela guerra. Em contrapartida, poderíamos dizer que o Egito, isolado na aridez do Vale do Nilo, vivia nos braços da paz. Seu povo não tinha necessidade de se aglomerar em cidades fortificadas para se defender. Com efeito, os egípcios demoraram mesmo a desenvolver núcleos urbanos de qualquer tipo; o que mais perto se aproximou de cidades foram as cidades dos mortos, com ruas de túmulos, às vezes imitando casinhas dispostas em paralelas e transversais. As cidades habitadas pelos vivos só aparecem no Antigo Império (2686–2181 a.C.), quando os faraós ordenavam a construção de vilas para abrigar os operários que trabalhavam nas pirâmides ou outras obras coletivas, como no caso das vielas estreitas de pequenas habitações cúbicas que abrigavam os trabalhadores da Necrópole de Deir el-Medina, na margem ocidental tebana. O Egito só era vulnerável à penetração por invasores que subissem ou descessem o Vale do Nilo, vindos ou do Mediterrâneo (como acabaria acontecendo por ocasião das conquistas grega e romana) ou da Núbia, ao sul. E, mesmo aqui, a natureza havia proporcionado alguma proteção, visto que nos tempos do Antigo Império a fronteira

21 | *Grande Templo de Ramsés II*, Abu Simbel, c.1250 a.C.

22 | *Quiosque de Trajano* ou *Cama de Trajano*, Filas, séculos I–II d.C.

era demarcada por duas ilhas passíveis de defesa, Elefantina e Filas, além de uma série de cataratas. O ser humano colaborou com a natureza agregando uma fieira de fortes e templos adjacentes no Alto Nilo. Um deles, a dramática fortaleza de Buhen, contava com muralhas com botaréus, semelhantes às de um castelo, com perímetro de 1,6 quilômetro. Hoje ela se encontra sob as águas do Lago Nasser (na época de sua criação, o maior espelho d'água criado pelo homem), que serve de reservatório à Represa de Assuã. Por ocasião da construção da represa, alguns dos templos mais belos foram tirados do alcance das águas. O Templo de Ísis, com seus pórticos monumentais ladeados de pilonos, foi transportado da ilha de Filas para Agilkia; e uma pequena pérola do período da ocupação romana, conhecida como Quiosque de Trajano, ou, para os menos respeitosos,

Cama de Trajano (*fig. 22*), também foi salva. O pequeno templo de Dendun foi trasladado para o exterior; foi desmontado e reerguido no Central Park, em Nova York. Em termos de engenharia, a façanha mais impressionante foi a elevação dos templos de Abu Simbel 70 metros terreno acima. Como os arquitetos do Novo Império haviam escavado o complexo na montanha de arenito, foi preciso cortá-los e anexar um domo de aço, camuflado para adquirir a aparência de pedra, a fim de recriar a atmosfera original. Hoje, como há 3 mil anos, as quatro gigantescas efígies de Ramsés II (1279–1212 a.C.), uma delas sem a cabeça, seguem intimidando, imensas e implacáveis com seu olhar de basilisco, os invasores provenientes do sul, enquanto esperam que o sol penetre o templo no equinócio (*fig. 21*). O salão principal do Grande Templo (*c.*1250 a.C.) tem 9 metros de altura, com oito pilares esculpidos no formato da cabeça do deus Osíris; nos fundos há uma sala menor, e câmaras dispostas ao acaso abrem-se nas duas laterais.

Para os dois reinos, o Nilo abaixo das cataratas era uma via fluvial perfeita. Convenientemente, os ventos preponderantes sopravam do norte para o sul, impelindo as embarcações rio acima. Durante o Império Médio (2040–1782 a.C.) foram construídas rampas para que os barcos pudessem ser puxados a montante, ultrapassando as cataratas e dando acesso aos portos e fortes comerciais da Núbia. Na volta, as grandes velas marrons eram recolhidas e a correnteza arrastava celeremente os barcos para casa.

Gigantescos blocos de granito das pedreiras de Assuã eram assim transportados em barcaças ou balsas para a construção de templos ou tumbas; a mesma rota era percorrida no comércio de especiarias, marfim e peles, bem como de ouro e pedras preciosas das minas no coração da África negra, sobre os quais o faraó tinha o monopólio.

O rio também determinava muitos aspectos da arquitetura. Tanto as habitações comuns quanto as construções mais duradouras (tumbas, pirâmides e templos) eram erguidas à margem do deserto, além do nível máximo das inundações. Essas coincidiam, claro, com o limite da faixa fértil, que na estação de cultivo começava de maneira tão abrupta que uma pessoa, de pé, podia postar-se com um dos pés na plantação e o outro no deserto. Dentro dessa área da margem ocidental, a terra dos mortos, ficavam as estradas que levavam aos templos e complexos funerários e às vilas de operários da Necrópole, a cidade de túmulos que, no período do Império Novo (1570–1070 a.C.), apinhavam os penhascos das colinas de Tebas.

Na margem oriental, a dos vivos, ficavam os cais e estaleiros, os estabelecimentos da zona portuária onde se podia comer e beber cerveja e, mais além, os grandes templos, em geral com uma avenida de esfinges levando até eles desde o embarcadouro, junto com as habitações, lojas e oficinas comuns que compunham a cidade. A maioria das casas era feita de tijolos de adobe, das quais hoje não restam vestígios. Contudo, pequenas maquetes achatadas, quase bidimensionais, encontradas nos túmulos e chamadas 'casas da alma', sugerem que elas não eram muito diferentes daquelas habitadas atualmente (*fig. 23*). As casas dos nobres eram luxuosas, dotadas de *loggias* e jardins, fontes, tanques ornamentais com peixes, usados para reduzir o número de mosquitos, e aposentos com muitos quartos, encerrados atrás de altas paredes de adobe. A entrada se dava por uma única porta, e, no interior da casa de um rico, corredores levavam aos diversos cômodos. Detalhes da casa de um vizir, pintados nas paredes de seu túmulo, mostram três corredores. Um levava aos aposentos dos criados; outro aos das mulheres e o terceiro, à área social, que incluía majestosos salões de recepção, cujo teto era sustentado por colunas em vermelho-escuro com capitéis de lótus, ao passo que as paredes eram cobertas de pinturas de flores e pássaros.

Dos dois lados do rio, muros de tijolos de adobe protegiam as construções de cheias excepcionalmente altas, para a eventualidade de o faraó e seus sacerdotes-astrólogos, que mensuravam o nível das águas em nilômetros dispostos ao longo das margens, falhassem em suas previsões acerca das inundações.

Entre setembro e outubro o rio já teria voltado a seus níveis naturais, deixando atrás de si ricas terras cultiváveis — e estas, no decorrer do ano, se converteriam em um lamaçal ressequido e rachado que, sob o sol implacável, de marrom-escuro passaria a acinzentado. Esses blocos de barro provavelmente seriam a matéria-prima das casas primitivas, até a descoberta de que era possível fazer blocos mais resistentes usando moldes e incorporando palha e excrementos do gado. Entretanto, as cheias do Nilo exerceram um impacto mais profundo sobre a arquitetura egípcia. Durante os pelo menos três meses de inundação, entre maio e setembro, a agricultura se tornava inviável. Os faraós tinham à sua disposição, portanto, uma gigantesca força de trabalho composta de camponeses, aos quais vinham se somar outras raças, escravizadas nos tempos de conquista.

23 | *'Casa da alma'* encontrada em um túmulo egípcio, *c.*1900 a.C.

32   A Geometria da Imortalidade: *Egito Antigo*

O faraó os punha para trabalhar nas pirâmides ou complexos mortuários, que constituíam a preocupação central de sua vida.

A disponibilidade de tão vasta força de trabalho tem sido apresentada como explicação para como se deu a construção das gigantescas pirâmides; porém, deixa tantas perguntas por responder que é seguro dizer que a coisa toda ainda se encontra imersa em mistério. Basta lembrarmos que os blocos de pedra desciam o Nilo em balsas, oriundas de localidades tão remotas quanto Assuã, e que, só na pirâmide de Quéops, foram usados cerca de dois milhões de blocos de pedra, alguns deles pesando quinze toneladas. Ou podemos considerar que algumas das colunas do hipostilo do templo de Amon-Rá em Karnak são tão imensas que, ainda hoje, estima-se que haja apenas dois guindastes no mundo capazes de erguê-las. Entretanto, os egípcios não só não contavam com guindastes como é possível que sequer conhecessem o princípio das roldanas, embora seja quase certo que fizessem uso da alavanca.

As técnicas de que dispunham eram, com efeito, muito simples. Os egípcios nunca chegaram a adquirir técnicas de endurecimento do cobre — de modo que, ainda que possuíssem serras e brocas desse metal, o duro granito de Assuã tinha de ser separado da face da rocha pela abertura de rasgos verticais com bolas ou martelos de uma pedra dura chamada dolerito, primeiro, seguida da introdução de cunhas de metal ou de madeira, encharcada de água até expandir-se. Os blocos, em alguns dos quais ainda se veem as marcas deixadas pelos pedreiros, eram levados pelo Nilo até o local da pirâmide, sendo arrastados sobre trenós até o canteiro de obras.

Presume-se, com base nos resquícios de uma rampa de construção encontrada em Karnak, que, uma vez disposta a primeira camada de blocos, ao rés do chão, trabalhava-se a partir de rampas de terra ou tijolos que iam sendo erguidas à medida que avançavam as obras. Aqui, porém, deparamo-nos com uma nova dificuldade. Qualquer um que já tenha empurrado um deficiente em uma cadeira de rodas sabe como é impossível empurrar ou puxar mesmo o peso de uma pessoa por uma rampa caso a subida seja demasiado íngreme — e só erguer uma rampa de tijolos de adobe para trabalhar em uma pirâmide de 146 metros de altura já seria uma incrível façanha. Ademais, como se organizaria a logística de cortar e transportar os blocos de pedra até o local da construção no tempo

24 | Cortes transversais da *Pirâmide de Degraus do Faraó Djoser*, Saqqara, *c.*2630–2610 a.C., e da *Pirâmide Curvada de Snefru*, *c.*2570–2250 a.C. A Pirâmide Curva representa o último estágio antes do desenvolvimento da pirâmide verdadeira propriamente dita

25 | *Pirâmide de Degraus do Faraó Djoser*, Saqqara, *c.*2630–2610 a.C.

26 | *Casa do Norte*, Saqqara, c.2630–2610 a.C., com colunas em forma de umbela de papiro

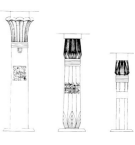

27 | Capitéis egípcios: folha de palmeira, broto de papiro, lótus, 'poste de tenda', umbela de papiro

plano. É razoável supor que, como as pirâmides mais tarde, eram construídas mediante o emprego de uma técnica de escalonamento. Podiam erguer-se a uma altura de 7,5 metros, contendo uma câmara externa, cujas paredes em geral eram decoradas, e uma câmara secreta interna que continha estátuas dos membros da família. A câmara mortuária em si era profundamente escavada na rocha da base — habitualmente, um cômodo único, talvez com uma passagem para um depósito. Além da tumba, construía-se também um pequeno templo onde se podiam deixar oferendas de pão e vinho e outros víveres para o espírito que partia. Esses aposentos auxiliares acabariam sendo incorporados a amplos complexos murados. Quando, mais tarde, no Império Antigo, os túmulos reais foram encerrados em pirâmides, os nobres continuaram construindo mastabas, primeiro em tijolos, depois em pedra.

A partir de aproximadamente 2630 a.C., a mastaba de pedra que estava sendo construída a oeste de Mênfis para o Faraó Djoser, da Terceira Dinastia, foi se convertendo, através de uma série de transformações, em uma pirâmide escalonada (*figs. 24, 25*), e foi a essa altura que a contribuição ímpar do Egito para a arquitetura se manifestou. Graças ao culto egípcio do indivíduo, o nome do arquiteto foi preservado até nós: Imhotep, conselheiro e vizir do faraó, homem de mente inventiva e original. Era sacerdote, erudito, astrólogo e mágico, e tão habilidoso nas artes da cura que, duzentos anos depois, seria divinizado como deus da medicina. O complexo funerário por ele construído para o Faraó Djoser em Saqqara cobria uma área vasta, cercada por um muro branco de 9,7 metros de altura, e incorporava, além da pirâmide de seis degraus erguida 61 metros acima do poço que mergulhava até a câmara mortuária, onze sepulturas distintas para outros integrantes da família real. Nesse complexo funerário, encontramos recursos que se tornariam alguns dos pilares da arquitetura.

Para começar, Imhotep usou pedra, traduzindo para esse material resistente técnicas até então usadas na construção

correto para empregar essas centenas (ou milhares?) de operários? A verdade é que estamos ainda muito longe de entender como os egípcios conseguiram.

Os primeiros grandes monumentos foram túmulos de tijolos de adobe conhecidos como *mastabas*, destinados aos nobres e à realeza. Em sua origem, eram muito simples, compostos de montes de terra erguidos sobre sepulturas escavadas nas quais eram depostos os mortos, preservados em natrão, uma forma de sal (há depósitos de sal próximos às pirâmides de Gizé). Os mais antigos resquícios de uma mastaba real do período Arcaico (3150–2686 a.C.) encontram-se em Saqqara, em um penhasco do deserto que se ergue acima de Mênfis. São tumbas retangulares, cujas laterais se inclinam para dentro em um ângulo de 75 graus, encontrando-se em um topo

28 | *Pirâmides*, Gizé, c.2550–2470 a.C.

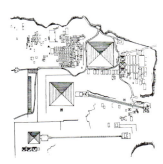

29 | *Pirâmides*, Gizé, planta baixa

com madeira e tijolos de adobe. Foi também o primeiro a fazer uso do *alistão*, ou pedra de cantaria, isto é, lajes de pedra dispostas lado a lado, de maneira regular, criando uma superfície contínua — ao contrário da alvenaria, em que cada pedra é identificada e selecionada de acordo com as outras que a cercam. Importância ainda maior teve, porém, a tradução de Imhotep dos feixes de juncos, usados na arquitetura vernacular para sustentar as paredes de barro, no componente fundamental da arquitetura de pedra: a coluna. Ainda se veem na lateral remanescente da Casa do Norte, um prédio administrativo do complexo de Saqqara, três belas e elegantes *pilastras* (colunas parcialmente embutidas), baseadas nos papiros que cresciam nos pântanos do Baixo Egito (*fig. 26*). O fuste imita o talo triangular da planta, e o *capitel*, ou o bloco que encima o fuste e sobre o qual se apoia uma das arquitraves que sustentam o teto, assume aqui a forma da umbela aberta do papiro. Na vizinha Casa do Sul, os capitéis reproduzem a flor de lótus, emblema do Alto Egito. Os arquitetos egípcios repetiram o conceito nos capitéis em forma de botões de papiro enrolados no Templo de Amon-Rá, em Luxor, e em outros capitéis imitando lótus e folhas de palmeira (*fig. 27*); já a arquitetura clássica grega mais tarde o adotaria, como veremos, nas colunas estriadas baseadas em feixes de juncos e nos capitéis derivados de plantas nativas da Grécia, como a folha de acanto.

A grande era da construção de pirâmides na Quarta Dinastia (2613–2498 a.C.) provavelmente foi introduzida por Huni, o último faraó da Terceira, que deu prosseguimento à obra de Imhotep ao converter o que parece ter sido originalmente concebido como uma pirâmide de sete degraus em Meidum na estranha e fascinante forma geométrica que hoje associamos ao Antigo Egito: quatro paredes triangulares que se erguem a partir de uma base quadrada e se inclinam para cima e para dentro até encontrarem-se em determinado ponto. As três mais conhecidas são as de Quéops ou Khufu (para citar tanto o nome grego quanto o egípcio de cada faraó), Quéfren ou Khaf-re e Miquerinos ou Menkauré. Formam um grupo em Gizé, hoje nos limites do Cairo, a de Quéops com as três menores, de suas rainhas, aos seus pés (*figs. 28, 29*).

A pirâmide era a aposta do faraó na imortalidade. Ele não construiu uma grande cidade para demonstrar seu poder, como Nabucodonosor na Babilônia, Dario e Xerxes em Persépolis, Alexandre em Alexandria ou Constantino em Constantinopla. Sua intenção era mais prática e premente: ele acreditava que, para conquistar a imortalidade, precisava assegurar a sobrevivência física de seu corpo, de seu aspecto terreno, e a preservação de imagens da vida que havia levado, pelo menos sob a forma de maquetes. Assim, quando seu espírito acabasse de vagar pela terra sob a forma animal, seu cadáver e seu lar estariam ali, prontos para serem por ele habitados como sua morada eterna. Desse modo, suas portas e janelas permaneciam abertas a fim de permitir ao espírito não só deslocar-se livremente como também espiar, a fim de proteger seu próprio corpo.

Primeiro, o corpo tinha de ser embalsamado — um processo longo e complexo, que demorava setenta dias se realizado da maneira adequada e exigia a construção de capelas de embalsamamento ao redor do túmulo. A fim de perpetuar a aparência do morto, eram feitas máscaras mortuárias, como a célebre máscara de ouro de Tutancâmon, e bustos retratando-o eram

35

dispostos ao redor de toda a capela funerária. Ao longo das paredes, era pintada a vida do indivíduo, com encantamentos e hieróglifos de identificação, enquanto outros cômodos continham maquetes de sua casa, jardim, barco e demais bens de que ele desejasse continuar desfrutando no além-túmulo. Com frequência era providenciado igualmente o enterro das esposas, concubinas e outros membros da família.

Uma vez asseguradas pelos arquitetos todas essas atividades, a pirâmide e seus conteúdos tinham de ser resguardados tanto dos rigores das intempéries quanto de ladrões interessados nos tesouros enterrados com os mortos. Assim, as entradas eram disfarçadas, em geral a uma altura não especificada na parede norte da pirâmide. Um duto de inclinação arbitrária levava à câmara mortuária, talvez descrevendo uma curva. Na pirâmide de Quéops parece ter havido uma mudança de planos, pois o duto que desce desde a entrada até o que se poderia esperar que fosse a tumba parece ter sido abandonado, enquanto outra passagem sobe pela Grande Galeria até a Câmara do Rei, situada no coração da pirâmide e posicionada exatamente acima do centro da base da construção (*fig. 30*). Talvez seu objetivo, porém, fosse ludibriar algum potencial ladrão, do mesmo modo que os labirintos de corredores encontrados regularmente, às vezes levando a galerias, usadas tanto para ventilação quanto para dar acesso a outros túmulos, caso se tratasse de um complexo familiar, ou a depósitos. Às vezes o ladrão acabava sendo enganado por entradas falsas, como em um labirinto, ou por corredores de acesso bloqueados, ou encontrava um fim súbito em um dos poços abertos no chão e que também serviam para recolher águas pluviais que eventualmente penetrassem a superfície do túmulo. A pirâmide era construída antes do nível da câmara mortuária, e só depois de o corpo do faraó ter sido posicionado os dutos de acesso eram bloqueados e selados.

Ou pelo menos assim acreditamos — pois as três grandes pirâmides de Gizé voltam a nos confrontar com enigmas estruturais e factuais.

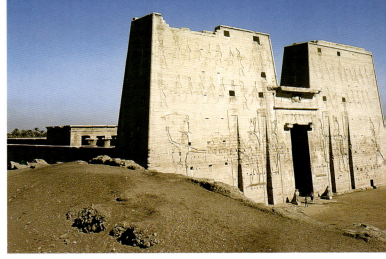

31 | Pilono do *Templo de Hórus*, Edfu, 237–57 a.C.

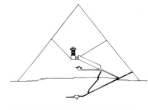

30 | Corte transversal da *Pirâmide de Quéops*, mostrando as câmaras do rei e da rainha, a Grande Galeria, entradas e dutos de ventilação

Sabemos que era espalhada uma fina camada de argamassa entre os blocos de pedra da face das pirâmides — mais, segundo se acredita, para assegurar o apoio de cada pedra contra suas vizinhas na inclinação do que propriamente para mantê-las no lugar. Mas como, afinal, eles calculavam e punham no lugar as enormes lajes de pedra, para não falar na montagem do falso arco que encima a Grande Galeria que leva à Câmara do Rei na pirâmide de Quéops? Essa galeria descreve um ângulo ascendente de 26 graus por 46,5 metros de extensão. Outro detalhe estranho é o sarcófago vazio na câmara mortuária e a ausência de artigos funerários. O mais notável de tudo é a inexistência de pinturas e inscrições dos títulos e grandes feitos desses faraós nas paredes dessas pirâmides — o que deu origem à conjectura de que as pirâmides de Gizé seriam simbólicas, não tumbas verdadeiras, e que seu mais importante significado religioso seria em referência ao mito de que o faraó morto subia aos céus para tornar-se um deus estelar.

Um texto na pirâmide de Unas (2375–2345 a.C.), último monarca da Quinta Dinastia, diz: 'Uma escadaria para os céus está preparada para ele, e por ela ele ascende ao firmamento. Ele se ergue em uma grande nuvem de incenso. Unas voa como um pássaro'. Recentemente se estabeleceu uma conexão entre o mito de que, ao morrer, o faraó se tornava o deus Osíris e a disposição das três pirâmides de Gizé (as duas maiores alinhadas e a de Miquerinos deslocada, mais à esquerda), que reflete com exatidão as posições relativas das três estrelas no cinturão de Órion. Isso talvez explique certos dutos na tumba real que seriam voltados para a constelação de Órion nos tempos de Quéops. Por ora, trata-se de mais um enigma para a coleção egípcia de mistérios.

Não obstante, quer as três pirâmides de Gizé tenham ou não escapado à depredação, como presume essa tese, a maioria das demais pirâmides e tumbas sem dúvida não teve a mesma sorte, e a ameaça de roubo foi um fator decisivo na substituição das pirâmides por tumbas de pedra por volta do ano 2000 a.C. Os faraós do Novo Império, a partir de Tutmés I (1524–1518 a.C.), puseram-se a cortar os 300 metros de penhascos alaranjados do isolado Vale dos Reis, nas colinas tebanas — ainda na Terra dos Mortos, a margem oeste do Nilo, mas longe o bastante dos templos funerários para preservar a localização secreta das sepulturas. Adotando o padrão das pirâmides, a entrada era situada na face da rocha a uma altura aleatória; da porta, abria-se no penhasco uma passagem em forma de funil, por onde a plataforma funerária podia ser empurrada até um entroncamento em forma de T — onde, no ponto em que corredores de um lado e do outro conduziam a outras câmaras, instalava-se uma estátua do morto, de modo que os raios do sol matinal penetrassem a entrada e lhe atingissem o rosto. Um sistema de espelhos de bronze inclinados refletia a luz e iluminava os corredores e câmaras mais internos, a fim de possibilitar o trabalho dos artistas. Contudo, a transição das pirâmides para as tumbas de pedra não parece ter logrado muito mais êxito em frustrar os ladrões de túmulos, exceto no caso de Tutancâmon, que morreu jovem e foi enterrado na tumba de seu vizir.

O enigma das pirâmides é intensificado pelo contraste entre a habilidosa irregularidade das disposições internas e a extraordinária simplicidade de seu aspecto externo, brotando do deserto como esculturas em exposição. A pirâmide de Quéops é orientada precisamente conforme os quatro pontos cardeais, e suas quatro faces são triângulos equiláteros quase exatos, inclinados em um ângulo de 51–2 graus em relação ao solo. A geometria é de incrível precisão. A base da de Quéfren, embora seja grande o bastante para engolir seis campos de futebol, constitui um quadrado perfeito, com uma margem de erro de 15 milímetros. Como, especula-se, eles chegaram a esse formato? A pergunta é acentuada pela presença de duas outras formas geométricas que parecem ter sido inventadas pelos egípcios no Novo Império e nos períodos Tardio e Ptolomaico (1070–30 a.C.): o obelisco e o pilono. Um dos mais belos pilonos (enormes botaréus inclinados ou oblíquos que ladeiam uma porta monumental) data do século III a.C. e encontra-se em Edfu (fig. 31). Com 30 metros de altura, constitui a entrada do Templo de Hórus, filho de Osíris e deus-falcão, de quem o faraó era considerado uma reencarnação. Nos templos de Amon-Rá e do deus da lua, Khonsu, em Karnak (c.1500–320 a.C.), foram erguidos tanto obeliscos quanto pilonos (fig. 32).

As paredes oblíquas dos templos talvez tivessem uma finalidade estrutural. Os templos eram erguidos imediatamente além

32 | *Templo de Amon-Rá*, Karnak, Tebas, c.1500–c.320 a.C., mostrando os obeliscos do Faraó Tutmés I e da Rainha Hatshepsut

33 | *Complexo do templo de Amon-Rá*, Karnak, Tebas, c.1500–c.320 a.C.

da linha de alagamento, a fim de não ocupar as preciosas terras agrícolas deixadas pela inundação anual, mas havia que esperar algum grau de subsidência. Claro está que uma base ampla dos muros constituiria uma fundação mais segura. Ademais, como as paredes internas eram planas, a inclinação externa significava que a estrutura afinava à medida que subia, exercendo menor pressão sobre os tijolos de adobe.

    Quanto ao obelisco, o pilono e a pirâmide, a resposta mais provável ao enigma é que se tratava menos de formas geométricas que de abstrações da natureza — talvez dos raios solares. Todos são derivados do culto do sol, cuja presença dominante na vida egípcia fazia dele o maior de todos os deuses, fosse sob a forma de Amon-Rá, fosse sob a do menos austero Aton. A possibilidade de as pirâmides constituírem escadarias para o céu também é sugerida pelo hábito de dourar a ponta tanto de pirâmides quanto de obeliscos com eletro, bem como de gravar discos solares alados em cada face das pirâmides e sobre os pórticos dos templos. Também aqui encontramos o dualismo egípcio entre luz e trevas. Do lado de fora, havia o poderoso e implacável fulgor do sol do deserto, que assumia uma forma concreta no exterior da pirâmide; do lado de dentro, a enfarruscada escuridão tão vividamente descrita por H. V. Morton por ocasião de sua visita à tumba de Quéops, em 1937.

> *Foi um dos mais sinistros aposentos em que já pus os pés, algo verdadeiramente medonho, e eu poderia piamente crer que se tratava de um lugar mal-assombrado. A atmosfera era viciada e quente — e havia a*

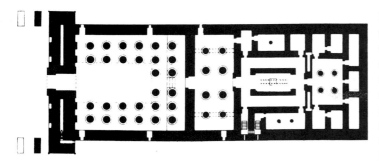

34 | *Templo de Khonsu*, Karnak, Tebas, planta baixa

catinga fétida dos morcegos, tão intensa que eu não podia deixar de ficar olhando para cima, esperando vê-los dependurados pelos cantos das paredes. Embora esse cômodo (a câmara mortuária) se localize 43 metros acima do nível das dunas de areia banhadas de sol lá fora, tem-se a impressão de estar enterrado nas profundezas da terra (...). Era, de fato, a escuridão dos túmulos, à qual se juntava o silêncio da morte.

Durante o Novo Império, Tebas tornou-se a capital e centro religioso do culto de Amon-Rá, e era na época a maior cidade do planeta, tendo incorporado tanto Karnak quanto Luxor, com seus templos e colossos gigantescos, interligados por uma avenida de esfinges de cabeça de carneiro. A construção do templo e dos palácios chegou ao apogeu durante as três dinastias do Novo Império, sobretudo no reinado de Ramsés II. Foi a época imperial do Egito: as fronteiras foram empurradas para o norte e o leste até o Eufrates, e ao sul chegaram às terras ricas em ouro da Núbia ou Kush. Alguns templos foram erguidos ao longo de um extenso período, com sucessivos faraós agregando novos pátios e salões, como no templo de Amon-Rá em Karnak (*fig. 33*). O extraordinário, nesse caso, é a unidade conceitual do todo, quando se considera que a construção teve início por volta de 1500 a.C. e o célebre salão hipostilo (cujo teto é sustentado por colunas) seria acrescentado quatrocentos anos mais tarde, ao passo que o pilono da entrada foi o último de seis e não seria erguido antes do século IV a.C.

Podemos assinalar, aqui, um padrão que veremos em locais sagrados de todo o mundo: o eixo. Os aposentos ou espaços do templo são ordenados um atrás do outro, deslocando-se das áreas públicas mais amplas e passando por

35 | *Templo de Amon-Rá*, Luxor, Tebas, c.1460–c.320 a.C., onde se veem colunas com capitéis do tipo broto de papiro

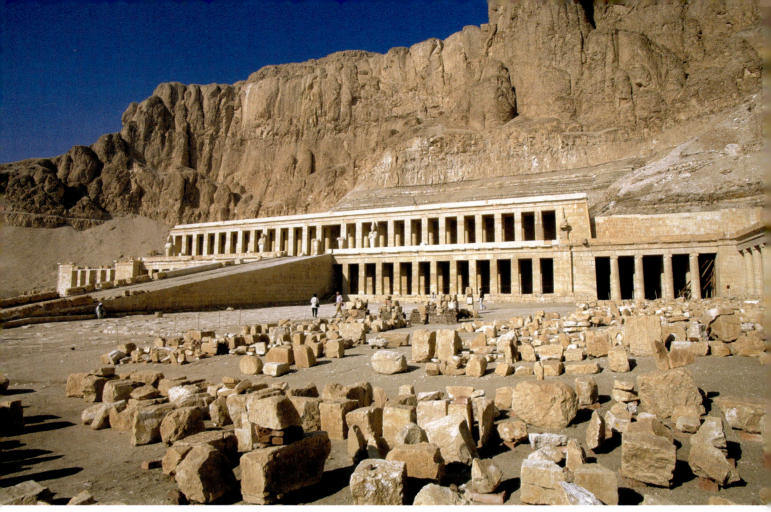

36 | *Templo funerário da Rainha Hatshepsut*, Deir el-Bahri, Tebas, c.1458 a.C.

espaços menores e mais elitistas, reservados para pessoas especiais (aqui, os sacerdotes e o faraó), pela sala da imagem, a habitação do deus, o recinto interno, o santo dos santos. Em geral, à medida que se avança, as salas vão ficando menores, mais escuras e secretas. Veremos um forte exemplo disso no próximo capítulo, quando examinarmos a arquitetura hindu, do subcontinente indiano. Nos templos egípcios, há em certa medida o efeito de túnel, pois ocorre uma elevação do nível do piso, em geral por meio de alguns degraus baixos, dos salões hipostilos mais públicos para as áreas mais privadas, ao mesmo tempo em que o teto dos aposentos circundantes vai se rebaixando — até chegar ao santuário mais ao fundo, onde se encontravam a imagem e a barca sagrada em que ela era carregada nas procissões e que permanecia na penumbra, iluminado apenas por vãos estreitos no teto.

A despeito de toda a sua elaboração ao longo de séculos, mesmo no Templo de Amon-Rá podemos distinguir seu eixo constitutivo, muito embora seja bem mais fácil reconhecê-lo no Templo de Khonsu, o deus da lua, em Karnak (*fig. 34*). No Templo de Amon-Rá pode-se observar a típica disposição dos volumes monumentais dos templos: o grande pátio aberto externo contrastando com o salão hipostilo coberto, onde se aglomeravam 134 colunas com os capitéis em forma de umbelas abertas e fechadas de papiro; no pórtico exterior, o pilono guardado por colossais esculturas de sacerdotes (uma escultura em tamanho natural entre seus pés lhes chega apenas até a altura dos joelhos); a típica abordagem processional, com o *dromos* se

40　　　　　　A Geometria da Imortalidade: *Egito Antigo*

estendendo entre filas de esfinges com cabeça de carneiro, o animal que simbolizava Amon-Rá. Podemos ter alguma noção de quanto o templo devia ser espantoso se o visualizarmos em uma ocasião cerimonial: o pátio e o salão hipostilo apinhados de sacerdotisas dançando diante do faraó, músicos com trombetas e címbalos e fileiras e mais fileiras de sacerdotes de cabeças raspadas e mantos brancos, prontos para conduzir o faraó até o santuário interno.

Antes de Imhotep voltar sua atenção para a pedra, os egípcios já eram mestres no trabalho com madeira, habilidade que provavelmente haviam desenvolvido a partir da engenharia naval. Sabemos que eram capazes de produzir placas de compensado de até seis camadas, dominavam a marchetaria e haviam desenvolvido a maior parte das técnicas de ensambladura que conhecemos hoje, tais como a de caixa e espiga, uma vez que madeiras nativas como o salgueiro e a figueira só podiam dar origem a pranchas estreitas, que com frequência precisavam ser unidas. Tradições de engenharia mais apropriadas à madeira que à pedra continuaram sendo adotadas nos templos; como não se empregavam nem arcos nem abóbadas (exceto em túmulos), nos salões hipostilos os vastos espaços cobertos por lintéis de pedra convertiam-se em florestas de colunas, iluminadas ou por clerestórios ou pela luz refletida pelo piso de alabastro branco, que contribuía ainda mais para seu mistério e grandeza.

O grande templo de Amon-Rá em Luxor (*fig. 35*) era o mais elegante e sofisticado; o de Karnak, em cuja construção a Rainha-Faraó Hatshepsut (*c.*1479–1458 a.C.) desempenhou um papel significativo, era o maior e mais assombroso. Os templos do período ptolomaico e da fase da ocupação romana, como o do deus-falcão Hórus em Edfu ou seu similar, em Dandara, dedicado a Hator, a deusa-vaca identificada pelos gregos com Afrodite, eram menores. Muitos dos melhores exemplares eram templos funerários, associados às tumbas, em especial o da Rainha Hatshepsut, em Deir el-Bahri, na margem ocidental (*fig. 36*) — que mantinha comércio religioso com Tebas, do outro lado, no Belo Banquete do Vale, quando estátuas cultuais de Amon-Rá eram levadas de barca de Karnak para a realização de cerimônias. As frescas e refinadas linhas horizontais do complexo, que compreendia o templo do vale, a capela mortuária e a via processional, estabelecem um contraste impressionante com a verticalidade do precipício a cujos pés se estende. Os terraços de suaves arcadas, seus pavimentos interligados por amplas rampas, são serenos, elegantes e imponentes sem pompa nem agressão — uma observação surpreendente, dado que a mulher para quem foram erigidos, a única faraó mulher, tinha seu lado pomposo e agressivo, tendo assumido o trono após usurpá-lo de seu jovem enteado Tutmés III, que assumiria seus direitos após sua morte. Ele registrou seus sentimentos para a posteridade mandando decapitar todas as estátuas da rainha no templo do vale.

O templo de Hatshepsut é um lugar bastante satisfatório para deixar a etapa egípcia de nossa jornada, pois basta comparar sua imagem com a da colunata do Templo de Poseidon, no cabo Sunião, na Ática, para constatar que os templos gregos são da mesma linhagem dos dos egípcios. Com efeito, ainda que algumas das colunas da rainha sejam quadradas, outras chegam a ter dezesseis faces, como colunas dóricas embrionárias, em uma antecipação da arquitetura grega percebida igualmente em outros edifícios egípcios, tais como as colunas afuniladas e estriadas à entrada das tumbas cortadas na pedra do Império Médio, em Beni-Hassan.

Entretanto, antes de passarmos para Grécia e Roma e, através delas, seguirmos a principal corrente da arquitetura ocidental, devemos fazer um desvio para examinar, nos próximos capítulos, outras regiões do mundo, cujas civilizações, ainda que com frequência não muito mais jovens que as do Oriente Médio que vimos até aqui, trouxeram suas próprias contribuições individuais à nossa história.

## 4  A Santa Montanha e o Útero Sagrado: O Subcontinente Asiático

É difícil determinar em que momento devemos examinar as arquiteturas da Índia, Sudeste Asiático, China, Japão e América pré-colombiana, já que sua história não acompanha, em termos cronológicos, a trajetória da arquitetura ocidental. Enquanto o Ocidente se esbaldava percorrendo toda espécie de estilos e modos de construir, as civilizações que não se obliteraram por completo — como ocorreu com a Mesopotâmia, o Egito e a antiga Pérsia — não raro permaneciam no mesmo patamar por muitos séculos.

Nesta parte da história, nós nos encontramos em uma vasta região de subcontinentes peninsulares que se debruçam como frontais sobre os mares orientais, pendentes de uma fieira de cordilheiras que se estendem do Hindu Kusch, a oeste, às montanhas de Sichuan, China, a leste. Evidentemente, em tão vasta área havia um amplo leque de materiais de construção disponíveis e condições climáticas variadas.

Neste capítulo, não nos preocupamos tanto com as mais antigas cidades indianas já encontradas — a civilização do Vale do Indo e seus tributários, que mencionamos de passagem no capítulo sobre os primeiros núcleos urbanos. Acredita-se que esses lugares podiam ser habitados já em 6000 a.C. pelos dasos, e que tal civilização possa ter perdurado por um milênio em seu auge — entre cerca de 2500 e 1500 a.C. Já foram localizados mais de cem sítios desde as primeiras descobertas arqueológicas, na década de 1920; desses, dois núcleos, hoje separados por um deserto (provavelmente decorrente do excesso de atividade pastoril), são de especial interesse: um grupo setentrional (no Punjab), às margens dos tributários do Indo, cujo principal centro era Harappa, e outro ao sul, em Sind, junto ao próprio Indo, em que a cidade mais importante era Mohenjo-Daro. Ambas parecem ter sido grandes, com possivelmente cinco quilômetros de extensão e uma malha de ruas entrecruzadas dominadas por uma cidadela, murada e provida de torres, erguida sobre uma plataforma de tijolos de adobe. Como, infelizmente, Harappa foi devastada no século XIX para que seus tijolos servissem de balastro para a construção de ferrovias e casas, Mohenjo-Daro tem mais a nos revelar. A cidade ostentava um complexo de construções imponentes, que incluíam aquela conhecida pelos arqueólogos como 'assembleia', magníficos celeiros com um labirinto de passagens, e 'Grandes Banhos' (*fig. 37*) tão grandiosos, com uma série de vestiários ou pequenos banhos em seu entorno, que devem ter tido algum significado cerimonial, possivelmente religioso. Sim, supomos que as crenças religiosas figuravam nas vidas dos primeiros povos; mas, se os Banhos *não* tinham cunho religioso, nossa convicção de que a arquitetura original é a do templo e do túmulo cai por terra aqui: não foram encontrados nem templos nem túmulos, ainda que uma estátua de um rei-sacerdote, com o que parecem ser filactérios enrolados em seu braço e têmporas, nos assombre e fascine. Talvez tenhamos de aguardar pela decifração de sua escrita para que possamos saber mais.

37 | *'Grandes banhos'*, Mohenjo-Daro, Sind, Paquistão, c.2500–1700 a.C.

38 | *Templo de Borobudur*, Java, c.800, Buda e estupas em forma de sino

39 | Relevos na entrada sul do *Templo de Hoysalesvara*, Halebid, Mysore, Índia, século XIV d.C.

É provável que a civilização do Indo tenha sido pouco a pouco destruída pelo povo ariano ou indo-europeu que começou a fazer incursões na Índia através do Passo Khyber por volta de 1750 a.C. — obliteração para a qual contribuíram as sucessivas cheias do Indo ocorridas nessa época. Os invasores parecem ter percorrido a progressão usual de caçadores a agricultores sedentários, adquirindo paulatinamente o controle da região. Tendo já chegado ao Ganges em 900 a.C., um século mais tarde deslocaram-se para o planalto do Decão, empurrando os nativos dessa área, os dravidianos, mais para o sul. Essa fase é conhecida como período védico, porque a maior parte das informações de que dispomos sobre a Índia dos dois últimos milênios antes de Cristo foi colhida dos *Vedas* dos arianos — um ciclo de hinos em sânscrito que inclui dois longos e arrebatadores poemas épicos que narram as origens e lendas de sua raça. Os *Vedas* só seriam compilados em forma escrita no século XVIII, mas claro está que são a consagração de uma tradição oral milenar. A religião védica parece ter cedido lugar ao hinduísmo a partir aproximadamente do século V a.C., em um processo que se consolidaria na substituição da intricada e confusa variedade de deidades do vedismo, em torno do princípio da era cristã, pela *trimurti*, a trindade hindu dos três deuses maiores.

Continuamos em busca de pistas da arquitetura desse período. Naturalmente, as construções vernaculares, em bambu e sapê, desapareceram sem deixar rastros; e a escassez de outros vestígios dá a entender que a madeira constituía a principal matéria-prima para a construção: coníferas; teca, de melhor qualidade, originária da Birmânia; e *sisham*, a teca dos pobres, natural dos vales indianos ou trazida das montanhas cobertas de florestas flutuando rio abaixo. Vez por outra, tanto nas planícies fluviais de Bengala quanto no Punjab, Sri Lanka e Birmânia, são encontrados vestígios de construções de tijolos que remetem à espetacular tradição arquitetônica de Mohenjo-Daro. Entretanto, por 1.500 anos não encontramos sinal das grandes cidades mencionadas nos escritos sânscritos até nos depararmos com a referência, na conquista muçulmana de 1565, à destruição de um vasto complexo palaciano no reino de Vijayanagara, ao sul — hoje identificado como a sede da dinastia hindu de Bisnaga (denominação dada pelos cronistas portugueses do século XVI). Fundado em 1336 d.C., atualmente já foram encontradas edificações esplêndidas como os Banhos das Mulheres, os Estábulos de Elefantes e um templo do deus Shiva. Todavia, mil anos antes da era cristã, haviam se desenvolvido reinos e repúblicas por toda a Índia, preparando o terreno para o estabelecimento, por Chandragupta Máuria (316–292 a.C.), do primeiro império indiano. Foi sob o seu neto, o imperador da dinastia Máuria e crucial personagem Asoka (273–232 a.C.), que foi usada pedra de cantaria pela primeira vez. A pedra consolidou-se então como material 'sagrado' para a construção dos templos, que constituem a contribuição à história da arquitetura que chegou até nós. Nas regiões em que era escassa, a pedra era usada como revestimento de paredes de cascalho. O Sri Lanka, onde não havia problemas de abastecimento, destacou-se na construção de templos. A Índia dispunha de arenito e mármore ao sul do Indo, e arenito no planalto montanhoso mais meridional, o Decão. Todavia, técnicas de carpintaria eram constantemente empregadas na alvenaria, o que nos revela mais sobre esses edifícios em madeira que se perderam, a ponto de serem empregadas juntas de carpintaria. Mesmo hoje, podemos identificar uma similaridade na expressão artística entre os rústicos entalhes manuais e a pirografia grosseira em caixas e bandejas gravadas pelos artesãos indianos e os relevos superlativos que cobrem quase integralmente as fachadas de muitos dos templos.

A arquitetura dessa região foi disseminada e animada por duas duradouras religiões mundiais: o hinduísmo e o budismo. Talvez nenhuma arquitetura reflita de maneira mais vívida as filosofias subjacentes de seus construtores que a dessa vasta área, sobretudo

40 | Imagens de Buda, *Gal Vihara*, Polonnaruwa, Sri Lanka, século XII d.C.

quando se examina sua escultura decorativa. Se considerarmos o Templo de Hoysalesvara, do século XIV, em Halebid (*fig. 39*), com suas camadas de elefantes, leões e cavaleiros indo ao encontro de um deus de vários braços, tão típico da arquitetura hindu, e o pusermos lado a lado com um Buda em estado de iluminação após sua morte, datado do século XII e localizado em Gal Vihara, Polonnaruwa, Sri Lanka (*fig. 40*) — com seu semblante suave e beatífico como as flores de lótus nas solas de seus pés —, tomamos consciência da atmosfera contrastante das duas religiões. Aspectos mais mundanos da arquitetura de ambas revelam um contraste mais prático e menos emocional: ao passo que o hinduísmo é uma religião de devoção individual diária, com rituais públicos celebrados pelos sacerdotes, o budismo tem um foco intenso na comunidade, o que levou ao estabelecimento de monastérios (*viharas*) com celas agrupadas ao redor de pátios, *chaitya* ou assembleias, e estupas — templos-montes em torno dos quais se reúnem peregrinos e grandes congregações. Porém, claro que seria simplista reduzir as diferenças entre as duas. Essas religiões viveram não só lado a lado como entrelaçadas por tantos séculos que as crenças e formas de culto ou devoção acabaram se confundindo — por vezes, de maneira desnorteante — aos olhos do forasteiro. O próprio hinduísmo, originalmente chamado de bramanismo a partir do nome de sua casta sacerdotal, foi derivado de uma estranha fusão. De um lado havia a sombria e telúrica religião dravídica, que fervilhava em imagens cultuais e símbolos de fertilidade; do outro, o culto destituído de ídolos dos arianos de tez clara.

Uma chave para a compreensão da arquitetura hindu será encontrada na conciliação de elementos que às vezes parecem contraditórios. Há que se conjugar as páginas eróticas do *Kama Sutra* e as fantasias pornográficas que vemos traduzidas em pedra nas formas tortuosas em tantas paredes de templos com o quase ascetismo da ioga — que chega ao clímax de sua intensidade no santo *sadhu*, que permanece sentado e imóvel no calor implacável, ignorando o tempo e as necessidades da carne. Para o hindu, porém, não há paradoxo: são todos aspectos do mesmo deus. Essa duplicidade encontra expressão constante na arquitetura asiática — em plantas abstratas e projetos simbólicos que se combinam a uma profusão de torres bulbosas cobertas de entalhes, luxuriantes como a floresta, imersas no frenesi de deuses de múltiplos braços e macacos tagarelantes.

O budismo foi um de dois movimentos que romperam com o domínio sufocante dos brâmanes; o outro foi o jainismo, de menor relevância arquitetônica. O budismo se baseia nos ensinamentos do 'iluminado', Sidarta Gautama, que, nascido no século VI a.C. na casta de cavaleiros, em um estado da planície do Ganges, ao norte, pregava o Nobre Caminho Óctuplo, por meio do qual todo e qualquer ser humano, independentemente de sua casta de origem, poderia se libertar do ciclo de constantes renascimentos e atingir o nirvana (a libertação última).

Em 255 a.C, Asoka, terceiro imperador máuria do Norte da Índia, converteu-se ao budismo e adotou-o como religião de Estado. Governante ativo, Asoka consolidou o primeiro império indiano unificado usando como modelo para sua administração e proezas militares Alexandre, o Grande — a quem seu avô, Chandragupta, havia conhecido quando parte da Índia fora anexada ao império do macedônio. Asoka abriu ainda a Estrada Real — hoje Estrada do Grande Tronco — ligando Patna ao noroeste. Como penitência por uma campanha particularmente sangrenta empreendida contra Kalinga, no leste da Índia, quando 250 mil dos homens inimigos foram massacrados, ele foi buscar refúgio na religião, ordenando que fossem escavadas as primeiras grutas-santuário (provavelmente baseadas nos túmulos aquemênidas persas, dos séculos VI e V a.C.) para os ascetas jainistas nas colinas de Marabar — tratando em seguida de promover a expansão espiritual de seu império, enviando missionários que alcançaram até o mundo helênico, o Nepal e o Sri Lanka. A sobreposição do controle de todo o mundo conhecido por esses gigantescos impérios — o persa, o de Alexandre e, agora, o território espiritual do budismo — explica o tráfego em mão dupla de influências culturais que com tanta frequência podemos observar na história da arquitetura. Testemunhos da influência de Asoka podem ser encontrados por toda a Índia — por exemplo, nos ensinamentos éticos entalhados em pilares e na face das pedras, em santuários escavados na rocha e acessórios monolíticos a esses santuários, em milhares de montes funerários ou estupas (dele se diz que teria erigido 84 mil em três anos) e nas ruínas do palácio de imenso salão hipostilo em Pataliputra (atual Patna).

Subjacente tanto ao budismo quanto ao jainismo e ao hinduísmo há o conceito do universo como um vasto oceano, em meio ao qual flutua o mundo. O centro do mundo é uma alta montanha, composta de cinco ou seis patamares ascendentes, dos quais a humanidade se situa no mais inferior e as divindades guardiãs se distribuem pelos intermediários até chegar aos 27 céus dos deuses. É incrível como com frequência podemos relacionar as formas e detalhes arquitetônicos a esse conceito fundamental, a que já aludimos em nossa discussão sobre o formato do zigurate.

Em primeiro lugar, o conceito da montanha sagrada encaixa-se com perfeição na crença hindu de que os deuses vivem em montanhas ou grutas — crença que acarretaria, quando eles passaram a construir

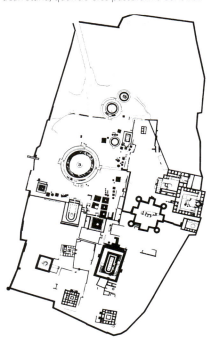

41 | *Grande Estupa*, Sanchi, Índia, século I d.C.

42 | *Grande Estupa*, Sanchi, planta baixa do complexo

43 | *Estupa de Swayambhunath*, Vale de Katmandu, Nepal, fundada em c.400 d.C., reconstruída diversas vezes

moradas temporárias para seus deuses no plano terreno, o que podemos chamar de arquitetura de monte e útero. Todos os templos hindus são templos-montanhas, e a estrutura budista clássica, a estupa, em sua origem é menos um edifício que um santuário — um enorme monte de terra, sólido e impenetrável, que foi pouco a pouco sendo encerrado em tijolos ou pedra, visando uma maior permanência.

Restam poucas das primeiras estupas. A Grande Estupa de Sanchi, na Índia central, a despeito de muitas reconstruções e restaurações no século XIX, retém a forma básica que lhe foi conferida por Asoka entre 273 e 236 a.C. O monte atual (*figs. 41, 42*), que provavelmente data do século I d.C., apresenta o típico formato largo e baixo, com 32 metros de diâmetro e 15 metros de altura. Todas as características clássicas das estupas estão aí: as grades ou balaustradas de pedra entalhada que separam o recinto sagrado de seu entorno profano, interrompidas nos quatro pontos cardeais por altos pórticos esculpidos chamados de *toranas* (que influenciariam o *p'ailou* chinês e o *torii* nipônico), as galerias que circundam o monte e são ligadas por escadas ao topo achatado da estupa, onde se localiza um altar ou santuário. Todas as estupas são relicários e monumentos santos, uma vez que, quando não abrigam de fato alguma relíquia da vida do Buda, assinalam um local que ele ou seus seguidores santificaram com sua presença.

O simbolismo é exposto de maneira didática. A grande cúpula celeste gira ao redor do eixo cósmico, que é indicado, em termos visuais, por um pináculo composto por umbelas, que representam a passagem da alma pelas camadas de consciência. Os quatro portões ornamentados com os símbolos do Buda (a roda, a árvore, o tridente e

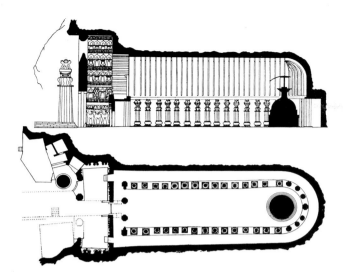

44 | *Chaitya* escavado na rocha, Karli, Decão, Índia, 78 a.C., corte longitudinal e planta baixa

45 | Nave de *chaitya*, Karli, interior

o lótus) apontam os quatro pontos cardeais. A balaustrada demarca a galeria — um elemento importante —, que permite ao fiel realizar o exercício devocional de contornar o santuário no sentido horário, estudando os relevos da vida do Buda nas paredes.

A estupa desdobrou-se em uma série de formas fascinantes. A original foi mantida no Sri Lanka, como vemos na *dagoba* (como são chamadas as estupas nesse país) Ruvanveli, datada do século III a.C. e localizada na antiga capital de Anuradhapura, onde também encontramos pilares das ruínas dos complexos de celas monásticas. Essa cidade se distingue por ruínas tão vastas quanto as de Babilônia ou Nínive, e ainda se avistam colunas de dois palácios, o Palácio do Pavão e o de Bronze. Desse último se diz que ostentou um dia vários pavimentos cobertos por telhas de bronze e, em seu interior, salas de pérola e ouro e um trono de marfim decorado com o sol, a lua e estrelas.

Em Pagan, outrora capital da Birmânia, ainda estão de pé 5 mil dos 13 mil templos em forma de sino que se estendiam por 32 quilômetros ao longo do rio Irauadi — antes de serem destruídos por Kublai Khan, o imperador mongol da China no século XIII que tentou conquistar o Sudeste Asiático. Alguns, como o Pagode Schwe Dagon, em Rangum, ainda hoje contam com o revestimento de folhas de ouro por sobre a cobertura de gesso polido que encerra a estupa. Na Estupa Swayambhunath, no Vale de Katmandu (*fig. 43*), deparamo-nos com o estilo nepalês: nas faces do quadrilátero do templo os olhos semicerrados e oblíquos do Buda, que tudo veem, observam de sob o telhado protegido pelos treze anéis sucessivos do céu budista. Uma vez que a forma da estupa encontra interpretações variáveis de uma região para outra — de colinas a sinos, passando por túmulos em degraus e pagodes —, é difícil discerni-las dos templos. Basicamente, os templos são santuários e envolvem culto congregacional, mas este sempre vai girar em torno (literalmente, dada a grande importância da circum-ambulação para o culto) de um modelo de estupa ou imagem do Buda.

Com relação ao monte, já basta. O oposto da arquitetura do templo-montanha, a arquitetura do útero, é uma forma de expressão religiosa encontrada pelas três

46 | Entrada do *Templo da Gruta 19*, Ajanta, Índia, c.250 d.C.

religiões. Tanto hindus quanto jainistas e budistas preservaram uma tradição muito antiga da arquitetura indiana que se manifesta em grutas-santuários e assembleias, talhados com espantosa habilidade e enorme empenho diretamente na rocha desde 200 a.C. até o século IX d.C.

A palavra *chaitya* denominava, originalmente, todo e qualquer santuário, mas hoje se aplica com mais frequência às assembleias budistas que costumam acompanhar um *vihara* ou monastério. Os *chaityas* escavados na pedra eram, por vezes, estupas invertidas: em vez de um monte de terra que se erguia, um monte de terra escavado na montanha. A galeria, aqui, constitui um deambulatório processional similar àquele que podemos encontrar em igrejas cristãs. É separada da nave por uma fileira de colunas de pedra nua e forma uma abside no final. Em Karli, no Decão (78 a.C.; *figs. 44, 45*), os pilares atarracados são encimados por capitéis que parecem gomos de frutas — detalhe que persistiria na arquitetura indiana por um milhar de anos. O *chaitya* do século I d.C. em Bhaja, usado por monges budistas, possuía uma alta abóbada cilíndrica, como em Karli. Na abside, era característico que houvesse uma pequena estupa encimada por um florão telescópico, em geral esculpido em uma coluna de pedra que se erguia diretamente do chão e reproduzindo a umbela que coroava as estupas. Os *chaityas* costumavam ser iluminados por janelas em forma de ferradura, tais como a de cerca de 250 d.C. em Ajanta (*fig. 46*), onde havia uma universidade monástica com escolas e capelas escavadas na rocha. Ajanta, uma vasta ravina na região central da Índia onde os chacais gemem à noite, ostenta 29 grutas, escavadas no decorrer de um extenso período, do século II a.C. até cerca de 640 d.C., quando foram descritas pelo viajante chinês Hiuen Tsang. Os arabescos das janelas — suas barras, ombreiras e grades — dessas grutas-santuários lembram madeira entalhada, independentemente de serem feitos de fato de madeira ou escavados na rocha.

A versão hindu do templo é diferente. Vai da arquitetura escavada pedra adentro até edifícios que são praticamente esculturas, entalhados diretamente na face da rocha, de fora para dentro e de baixo para cima. Para o Templo Kailasa, em Ellora (750–950), projetado como uma réplica do Monte Kailasa, no Himalaia, sagrado para Shiva, estima-se que 2 milhões de toneladas de pedra vulcânica negra tenham sido retiradas a fim de dar forma ao templo escavado na rocha sólida (*fig. 47*). No pátio ergue-se um *stambha*, um pilar autônomo coberto de inscrições gravadas, por vezes usado como pedestal para uma figura humana ou fonte de luz. O pavimento inferior desse templo foi acrescentado mais tarde, penetrando ainda mais longe na rocha e agora esculpindo-a com elefantes, símbolos de força e das monções, que parecem carregar o templo nas costas. Nos monólitos de Mahabalipuram, próximo a Madras, no sul da Índia, os reis da dinastia Pallava, nos séculos VII e VIII, mandaram cortar blocos únicos de granito *in situ* e transformá-los em carruagens (*raths*) e elefantes em tamanho natural (*fig. 48*). Apenas o saguão de entrada do Templo do Sol em Konarak, Orissa (século XIII), foi construído, mas seu poder reside no fato de que o pavilhão inteiro é esculpido no formato da carruagem do deus-sol (*fig. 49*), em vez de exibir seus célebres bandos de esculturas eróticas em seu exterior. Surya, uma divindade indo-ariana, diariamente circunda o globo em sua carruagem, puxada às vezes por quatro, às vezes por onze cavalos; e o templo de

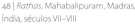

48 | *Rathas*, Mahabalipuram, Madras, Índia, séculos VII–VIII

47 | *Templo Kailasa*, Ellora, Índia, 750–950 d.C.; gravura

arenito vermelho é munido de doze rodas, correspondentes aos signos do zodíaco e que criam a impressão de movimento. O interior do Templo de Elefanta, na ilha de mesmo nome, no porto de Mumbai, dispõe de uma cornija entalhada e pilares quadrados cujos capitéis lembram gomos de fruta, semelhantes àqueles de Karli.

As mais antigas ruínas de um templo autônomo encontram-se no Afeganistão e datam do reinado gupta do século II d.C. O Templo Hacchappayya, em Aihole, no Decão (320–650), é um dos mais antigos exemplos sobreviventes a emergir de seu ventre cavernal e erguer-se sobre o solo. Nem assim, contudo, o simbolismo se dissipa — muito pelo contrário. O útero continua ali: o pequeno santuário penumbroso chamado *garbha griha*, no coração do templo hindu que se eleva sobre si, onde o deus se encontra. É o santo dos santos, lugar que somente os sacerdotes podem penetrar para vestir, cuidar e alimentar a divindade. Em Orissa e em outras áreas do sul da Índia, um padrão recorrente consiste em uma série de vestíbulos ao santuário, dispostos um atrás do outro em sucessão, no mesmo eixo da câmara sacrossanta, tal como observamos no templo egípcio (*fig. 50*). Não raro servindo de plinto ao templo, há a *mandapa* ou pavilhão de dança. Diretamente acima do santuário e indicando sua presença para os que olham de fora há o *sikhara*, que significa 'pico da montanha' — um telhado em ponta. Formado por fileiras convergentes de pedras, é uma estrutura oca, que visa tão somente a simular uma montanha e indicar ao mundo exterior a posição do acesso cósmico sagrado — um eixo de energia invisível — que interliga a caverna e a montanha. É ampla a variedade de tamanhos e formas dos *sikharas* em diferentes áreas, mas é sempre esse elemento, com sua altura imponente e impressionantes gravações, que demonstra a dignidade do deus — não na câmara

49 | *Templo do Sol (Surya)*, Konarak, Orissa, Índia, século XIII

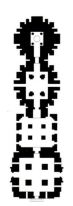

50 | *Templo de Lingaraja*, Bhubaneswar, Orissa, Índia, séculos IX–X, planta baixa

à sombra de um conjunto mais complexo de pátios, torres e *mandapas* cobertos por telhados em sequência, sob uma série de *sikharas*, ou em degraus, erguendo-se ao redor do *sikhara*. Ainda restam setenta exemplos, em geral dotados de diversos pátios — organizados ao longo do eixo, um atrás do outro, com alguns dos mais interiores dotados de telhados planos e cada um deles ostentando um tipo de porta monumental em forma de torre, chamada *gopuram* — pirâmides em degraus, oblongas, que vão diminuindo de tamanho à medida que se aproximam do santuário central. Entretanto, os *gopurams* são elementos arquitetônicos que, sem dúvida, nada têm de modestos: suas laterais convergentes, fervilhantes de esculturas, repletas de pequenas construções abobadadas, representam o templo-montanha sagrada e, em geral, exibem um padrão frenético na ordem ascendente da criação — do ser humano, nos degraus inferiores, até os deuses, no topo.

O Grande Templo de Madura (1623), com seus longos corredores sustentados por duas mil colunas em formato de leões e cavalos galopantes, é um bom exemplo do tipo dravidiano do sul (*fig. 52*). É praticamente uma cidadezinha, com os pequenos santuários originais para Shiva e sua consorte, Menakshi, quase perdidos em meio ao alvoroço posterior de pátios, pavilhões e pórticos, que proclamam com vivacidade o matrimônio do sagrado e do secular na vida indiana, com seus bazares frenéticos, elefantes trombeteantes dos templos e devotos que se banham e lavam

destinada ao culto da imagem, que sob ela se situa e que tende a ser apertada, escura e abafada. Essa função fica bem evidente nos dois templos litorâneos remanescentes que se encontram na praia em Mahabalipuram (*fig. 51*), o maior dos dois voltado para o leste e o menor, para o poente. O tempo teve o efeito de apagar um pouco os traços dos touros Nanda, de Shiva, que guardam sua entrada, mas o *sikhara* piramidal, rodeado por três galerias das quais o piso de cada uma é o teto da inferior, é, ainda hoje, muito impressionante.

O templo dravidiano meridional (de cerca de 600 a 1750), encontrado nos estados de Madras, Mysore, Kerala e Andhra, é o único tipo de templo hindu que não se restringe a acomodar o santuário do deus e os sacerdotes que o servem. Atende também às finalidades do culto comunitário e da vida cotidiana

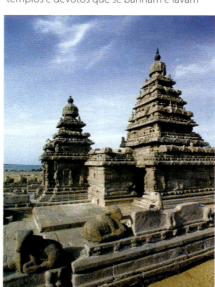

51 | *Templos Costeiros*, Mahabalipuram, Madras, Índia, século VIII

52 | Três gopuram principais do *Grande Templo*, Madura, Índia, 1623

suas roupas no Tanque dos Lírios Dourados, do tamanho de um lago.

O que todos os templos têm em comum é uma passarela ladeada de relevos sagrados, quer no entorno imediato do santuário, na *mandapa*, quer no exterior do templo. Um templo hindu é um objeto de veneração em si mesmo, e é um gesto de devoção deslocar-se ao seu redor — no sentido horário, a partir de uma entrada a leste, no caso de um templo vivo, ou no anti-horário, a partir de uma entrada a oeste, no caso de um monumento funerário, como o grande templo *Khmer*, Angkor Wat, no Camboja. Outra característica em comum é o fato de que, quer o templo se eleve nos ares ou afunde no solo, todo o espaço útil se encontra, de fato, no nível do chão, seja no interior do edifício, seja na área ao redor — algo que não causa surpresa em uma região quente, onde grande parte das atividades diárias é levada a cabo ao ar livre. Em termos do corte transversal ou da planta baixa, os templos apresentavam variações de um lugar para outro conforme as predileções estilísticas locais, os materiais disponíveis e fatores como a precipitação pluviométrica, que afetava o formato e a inclinação dos telhados e *sikharas*. Quer se trate de um templo simples, ao estilo do norte — composto de torre e vestíbulo cercados por um deambulatório e, em seguida, por um muro de cerca de 1,8 metro de altura, que separa o terreno sagrado do profano —, ou do tipo dravidiano do sul, mais complexo — com pátios distribuídos ao longo de um eixo —, cada um dos elementos pode claramente ser distinguido do exterior.

53 | *Templo de Brahmesvara*, Bhubaneswar, Orissa, Índia, século IX

Por mais que sejam interligados por passagens, foram concebidos como entidades separadas. Dentro do templo, as duas principais estruturas são uma ampla assembleia para culto, em geral de silhueta baixa e atarracada, e um pequeno santuário acima do qual se ergue a *sikhara*. O século IX foi um período magnífico para a construção de templos em Orissa, e o Templo Brahmesvara, em Bhubaneswar (*fig. 53*), capital em expansão na região, revela com absoluta clareza os três elementos que descrevo: um plinto de base, uma profusão de entalhes ornamentais e a *sikhara* que domina a construção. O Brahmesvara é o maior monumento do estilo de Orissa que chegou até os nossos tempos, dos 7 mil que outrora circundavam o lago sagrado; sua *sikhara* parece um sabugo de milho, encimada por um disco nervurado que lembra uma almofada achatada de veludo, só que executada em pedra.

Qualquer que seja seu perfil, o templo é sempre uma imagem do cosmos, informado pelo espírito de Deus que confere a vida. Buscavam-se orientações astrológicas a fim de definir quando erigir um templo, e as plantas de alguns dos mais complexos deles apresentam a agradável simetria e perfeição mística de uma mandala; em outras palavras, constituem diagramas geométricos do cosmos e do processo de criação. A estupa de Sanchi, com suas balaustradas e pórticos nos pontos cardeais, demonstra-o com absoluta simplicidade.

Das muitas belas expressões da arte asiática, não temos como não assinalar duas construções espetaculares, que causam um impacto inesquecível: Angkor Wat, no Camboja, e o templo-montanha sagrada budista de Borobudur, em Java. Ambos gozam da vantagem de um cenário natural impressionante. Borobudur ergue-se contra uma paisagem vulcânica, cujas formas espelha; originalmente, foi esculpido a partir de uma montanha. Angkor Wat (*fig. 54*) eleva-se em meio à selva, isolado das árvores por um fosso de 4 quilômetros de comprimento. Suryavarman III (1113–1150), monarca do Império Khmer e Deva-Raja (rei-deus), construiu aqui, como um monumento dinástico, o maior complexo religioso do mundo, tão gigantesco que os peregrinos que decidiam realizar a circum-ambulação ritual completa acabavam fazendo uma caminhada de 19 quilômetros. O centro do templo ergue-se em cinco terraços, chegando a uma altura de 65,5 metros, coroado por cinco torres cônicas que remetem a abetos e simbolizam o Monte Meru; é alcançado por uma estrada elevada e uma plataforma de entrada cruciforme.

'Entrar pela passarela e atravessar o fosso de lírios', escreve Rose Macaulay, em *Pleasure of Ruins*, 'era deixar-se arrebatar por um sonho delirante qualquer.' Ela segue descrevendo como os visitantes passavam de um terraço para outro, galgando lances de degraus enviesados ou retos e íngremes, dos quais brotavam tufos de grama, abrindo caminho através do labirinto de pátios e longos corredores, cujas paredes 'oscilam suavemente' com as *Apsaras*, as ninfas dançantes, 'e sempre o deus contemplativo', até por fim se depararem com 'a floresta que rodeia a cidade vizinha de Angkor Thom' estendendo-se a seus pés. Com efeito, após a queda do império *khmer*, a mata precipitou-se de volta, engolfando as cidades do reino. O símbolo do deus-serpente, transformado em uma balaustrada enroscada em torno do recinto do templo, encontrou, ao longo dos séculos, rivais em serpentes mais sufocantes: as raízes e galhos insinuantes das figueiras e figueiras-de-bengala. Essa tremenda obra arquitetônica permaneceria asfixiada em seu abraço vicioso não por uma mera centena de anos, como o palácio da Bela Adormecida, mas por cinco séculos. No entanto, mais cedo ou mais tarde o Príncipe Encantado acaba aparecendo; assim,

54 | *Angkor Wat*, Camboja, século XII

55 | *Templo de Borobudur*, Java, c. 800, vista aérea

em 1861, ele surgiu na pele de um escritor e naturalista francês, Pierre Loti, que, em busca de uma rara planta tropical, tropeçou na arte *Khmer*, trazendo-a de volta à vida. Um trabalho minucioso havia, em 1973, restaurado boa parte do templo à sua glória de outrora. Infelizmente, desde 1975, sob o regime militar do Khmer Vermelho, seus lindos terraços caíram mais uma vez presas da negligência e das chuvas, dos fungos e das trepadeiras; e poucos são os deuses que ainda têm a oportunidade de contemplar, pois o vandalismo e as pilhagens roubaram as cabeças da maioria deles.

O templo de Borobudur, *pièce de résistance* budista de cerca de 800 d.C. (fig. 55), exerce o fascínio dos elementos — o que se deve, em parte, à sua origem como um afloramento rochoso e, em parte, ao seu tamanho monstruoso. Vista de baixo, a alvenaria maciça de seus terraços, pontilhados de nichos contendo Budas, parece não ser obra de mãos humanas, assemelhando-se mais a um penhasco ou rochedo natural, repleto de grutas de eremitas. O conjunto constitui uma imagem da jornada da alma rumo ao nirvana, visto que os peregrinos devem, como em Angkor Wat, percorrer longos corredores, sempre para o alto e para dentro, atravessando os nove estágios da autoabnegação no caminho para a iluminação. Do plinto os peregrinos passam por quatro terraços quadrados fechados e chegam a três terraços abertos concêntricos, onde, no interior de 72 estupas em forma de sino e revestidas de uma treliça xadrez de pedra, sentam-se 72 Budas — alguns dos quais, com o desaparecimento do topo do sino, visíveis da cintura para cima, como se estivessem confortavelmente sentados em suas banheiras (*fig. 38*) — até que se chega ao topo: o pináculo da pequena estupa fechada em que, nenhum peregrino poderia duvidar, só podia habitar, em espera eterna, o mistério no coração mesmo da existência.

# 5 Enigmas e Módulos: China e Japão

56 | Modelo em cerâmica de uma casa na tumba de uma Dinastia Oriental de Han, China, século I d.C.

A arquitetura do Extremo Oriente mostra extrema individualidade, atraente e memorável, oriunda de uma cultura sofisticada, distante e autossuficiente. Distante, é claro, segunda a visão do Ocidente. Geograficamente, a China dá as costas para o Ocidente e se volta para o leste, para a Coreia, o Japão e o sol nascente. Atrás dela, no oeste, cadeias montanhosas maciças separam o Extremo Oriente do resto do mundo.

Nosso conhecimento da arquitetura inicial da China é irregular, em parte por sua tradição de construir em madeira — um material altamente perecível — e em parte porque durante um longo tempo nem os chineses e nem os japoneses mostraram muita inclinação para preservar a pompa e a circunstância, seja ela mundana ou celestial, na arquitetura monumental ou permanente. Mas, nos anos 1970, centenas de tumbas imperiais da dinastia Ch'in (221–206 a.C.) foram descobertas na terra alaranjada do vale do Rio Amarelo. Entre elas encontrava-se a tumba do rei conquistador Ch'in, que uniu a China e adotou o nome de Ch'in Shih Huang Ti, que significa Primeiro Imperador da China. Em 1996, sua tumba foi encontrada intacta, embora no momento da criação deste manuscrito ainda não tivesse sido aberta. Shih Huang Ti não só construiu uma nova capital, Hsienyang, e a Grande Muralha da China (preenchendo os espaços entre as fragmentadas defesas anteriores) para repelir as incursões mongóis, mas também no curso de 36 anos arregimentou cerca de 7.000 recrutas para criar uma 'cidade dos espíritos' subterrânea contendo manequins daqueles que em um período anterior teriam frequentado o túmulo do rei em pessoa — 600 figuras de terracota com 1,8 metro de altura (seriam os chineses uma raça alta em 200 a.C.?), cada uma com uma face diferente, como se tivesse sido moldada a partir de cada soldado individualmente. Também havia um modelo da ideia de Ch'in a respeito do céu, com o sol, a lua e as estrelas, movidos por uma engrenagem, e, ainda mais informativo para nós, uma maquete com o esquema do reino de Ch'in. Ali estão os rios Amarelo e Yangtzé reproduzidos em mercúrio e flutuando por meio de algum dispositivo mecânico em um oceano; e ali estão as edificações da velha capital reproduzidas em cerâmica — fazendas, palácios e pavilhões.

Esse e outros modelos de túmulos posteriores (*fig. 56*) evidenciaram o cenário da arquitetura chinesa ancestral em madeira que os historiadores haviam deduzido anteriormente a partir dos edifícios em madeira no Japão, com fama de serem reconstruções de muitas remoções de edifícios chineses, devido a um arraigado hábito japonês de construir réplicas em locais adjacentes a cada 20 ou 30 anos. Santuários da deusa do sol da antiga religião panteísta Shinto do Japão, como o Santuário de Ise (*fig. 57*) e o Santuário de Izumo, são exemplos adoráveis de arquitetura vernacular.

É relativamente fácil reunir as pistas e chegar a algo que se aproxime da sociedade chinesa de 3.500 anos atrás, pois a China parece ter desenvolvido a sua cultura sofisticada precocemente e de modo isolado,

57 | *Santuário de Ise*, Prefeitura de Mie, Japão, que se acredita tenha sido reconstruído no mesmo local em intervalos de 20–30 anos desde o século VII

58 | *Castelo Himei-ji*, a 'Garça Branca', Prefeitura de Hyogo, Japão, *c.*1570

59 | Entrada de mármore do *p'ailou* para as tumbas dos 13 Imperadores Ming, Shisanling, Changping, perto de Beijing, China, *c.*1540

e depois optou por perseguir apenas os desenvolvimentos tecnológicos que se adequavam ao temperamento nacional, permanecendo relativamente estática em muitos campos de atividade até o século XX.

Por volta do século XIX, o uso persistente da madeira ameaçava substituir uma terra de florestas por uma paisagem desmatada. Não era porque os chineses não soubessem usar tijolos e pedras. A partir do século III a.C., eles usaram arcos de tijolos nos túmulos e jazigos. O budismo trouxe consigo nos séculos II e III d.C. as tradições indianas e birmanesas da edificação com tijolos e pedra, exemplificadas nos pagodes como o de tijolos da dinastia Liao (907–1125) na Manchúria, no *p'ailou*, os impressionantes arcos triunfais utilizados como portões da cidade (*fig. 59*) e nas pontes que, nesse país bem irrigado, sempre foram recursos de grande beleza. Também havia um trabalho de alvenaria soberbo no palácio de Kublai Khan (1214–1294), o fundador da dinastia mongol Yuan (1260–1368), em seus sucessores construídos durante a dinastia Ming (1368–1644) e em muitas fortalezas.

Porém, indubitavelmente era a madeira que os chineses achavam mais agradável. O lintel ou viga de madeira, que se desenvolveu primeiro na China e depois passou para o Japão, é uma das duas características diferenciadas da arquitetura chinesa. A segunda era um conjunto de regras — um tipo de *kit* de estatutos de planejamento não escritos, rigorosamente respeitados — que direcionava o planejamento de qualquer cidade ou edificação, controlando a localização, a orientação, a planta e até mesmo a cor. Essas leis advieram não apenas de requisitos físicos, sociais ou políticos, mas de uma filosofia de projeto que contemplava a harmonia na natureza e o que os oráculos determinavam como 'auspicioso', chamado *Feng-shui*. Tratava-se do uso do espaço, o eterno tema da arquitetura, e sobre criar

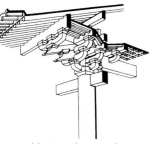

60 | Conjunto de suporte *kou-tung*

61 | *Templo de Foguang*, Monte Wutai, província de Shanxi, China, c.857

espaços; e o espaço era absolutamente importante na filosofia chinesa — segundo insistem alguns especialistas, mais importante que o tempo e certamente mais importante do que a estrutura. Mas, primeiro, temos que olhar para a estrutura se quisermos ter uma imagem das edificações.

Sem dúvida foi a abundância de madeira que urgiu o seu uso nos primeiros tipos de edificações. Nas áreas do norte, ao longo do rio Amur, as primeiras habitações não passavam de cavernas no solo sobre as quais era assentado um telhado suportado por pilares de tronco de árvore fincados no solo. As primeiras edificações japonesas eram criadas de modo similar, com um telhado de palha assentado no chão (cultura Jomon), e na cultura Yayoi posterior com um teto em forma de tenda suspenso por um poste entre duas forquilhas, debruçado sobre uma parede de pau e palha parecida com um monte de grama natural. Isso se manteve como o padrão vernacular de casa de fazenda no Japão. No sul da China, Sudeste Asiático e Indonésia, a probabilidade de inundações exigiu o erguimento de edifícios de madeira sobre estacas; isso se manteve como o tipo vernacular nessas áreas.

O que iria se tornar a estrutura chinesa clássica foi desenvolvido no meio do vale do Rio Amarelo — uma edificação com estrutura de madeira sobre uma plataforma. Os terremotos, muito frequentes na China e endêmicos no Japão, bem podem ter influenciado a evolução dessa estrutura. A necessidade não era de paredes sólidas, que podiam rachar e desabar por qualquer agitação da crosta terrestre, mas uma estrutura que, na melhor das hipóteses, poderia ser capaz de acompanhar a agitação da Terra como um barco navegando, deslocando-se e voltando para a mesma posição, e, na pior, seria descartável, facilmente reconstruída após a devastação. Possivelmente

62 | Colunas pintadas de vermelho no interior do *Santuário Kasuga*, Nara, Japão, fundado em 768

a plataforma da base podia se comportar como uma jangada.

Um famoso exemplo da antiga arquitetura chinesa é o Templo de Foguang, nas Montanhas Wutai da província de Shanxi, construído no século XIX (*fig. 61*). Aqui estão os três elementos básicos das edificações chinesas e japonesas: uma plataforma elevada, uma estrutura de parede e um teto. Normalmente, o pódio era sólido — nunca havia porão — e podia ser feito de terra batida, às vezes revestido de tijolos ou pedras, ou de argila batida, cascalho ou pedras irregulares, ou até mesmo de tijolos assentados ou pedra polida. Sobre ele se erguia a estrutura de madeira da casa. Essa é a primeira vez em nossa história que encontramos um padrão nacional de edificação para a sua 'grande' arquitetura que se baseia no princípio da estrutura — ou seja, o teto é apoiado em uma estrutura com pilares de canto; depois as paredes são preenchidas. Nas casas de madeira do Extremo Oriente podemos ver o princípio estrutural exemplificado em simplicidade nua e crua, com o mínimo de revestimento ocultando essa estrutura.

Outra edificação ancestral chinesa está na Coreia, o Chil-Song-Gak (Salão das Plêiades) no Templo de Bo-Hyan-Su nas Montanhas Myohyang (Montanhas de Diamantes), datando dos séculos VII e VIII. O Salão das Plêiades possui troncos de árvore sólidos e atarracados como colunas de canto, típico da antiga tipologia arquitetônica, e uma única viga de lintel (arquitrave), que por fim foi duplicada nas versões clássicas posteriores. As colunas de pinho ou cedro geralmente eram assentadas em bases protetoras de pedra ou bronze que, com o tempo, se tornaram cada vez mais elaboradas com entalhes ou gravuras. Também para a proteção contra as intempéries ou cupins, as colunas eram pintadas com laca ou uma mistura de petróleo e óleo de cânhamo, que tinha pó de tijolo a ela misturado; daí deve ter se originado o hábito de pintar as colunas e tesouras todas de uma só cor, frequentemente em vermelho vivo (*fig. 62*). (A laca, também frequentemente em vermelho vivo, proveniente da seiva da árvore de laca que endurece quando exposta ao oxigênio, era utilizada de modo similar para revestir as estruturas portantes, como colunas ou armações para sinos de outrora, mas particularmente a partir do século III a.C.) Nas colunas era assentada a estrutura de lintel característica que suportava o telhado. Não havia chaminés: o aquecimento era por meio de fogões portáteis, e a fumaça saía pelo lado ou por baixo da cumeeira do telhado. Isso não era problema no calor úmido do sul, onde as paredes eram preenchidas por meras telas decoradas, muitas vezes apenas com meia-altura; mesmo no norte com frio mais intenso, onde as paredes de troncos podiam ter 100 centímetros de espessura, era costume deixar um intervalo abaixo da linha do telhado. A janela de vidro costumava ser de papel, que podia ser enrolado para cima como uma persiana para deixar entrar a brisa em um dia quente. Le Corbusier uma vez assinalou que as janelas têm três funções: deixar a luz entrar, permitir que se veja lá fora e deixar o ar circular. Nos países expostos ao sol em grande parte do ano, a primeira dessas três funções não se aplica; as janelas existem basicamente como um mecanismo de ventilação. No Japão, as paredes de tela tanto internas quanto externas podiam ser de papel.

Os telhados eram notáveis. Eles não utilizavam a construção triangular amarrada das casas de madeira da Europa medieval. O Extremo Oriente nunca usou as escoras de reforço diagonais; as tiras de madeira diagonais na superfície, tal como aparecem em alguns modelos de casa de fazenda do

63 | *Templo de Ayuwang*. Ningbo, Província de Zhejiang, China

túmulo de Han, são puramente decorativas. Os beirais largos das casas chinesas e japonesas são apoiados em uma pirâmide com vigas horizontais. Assim como as terças onde as vigas se apoiam, o lintel/viga entre as duas colunas de canto suporta membros verticais curtos que carregam uma viga de tamanho menor. Esse padrão pode ser repetir com lintéis de tamanho decrescente até o teto, com o peso distribuído para baixo nos dois pilares principais originais. Para ajudar a suportar o peso, ou para permitir a expansão lateral e alcançar beirais suspensos maiores (o método clássico de proporcionar uma varanda ou pátio sombreado onde a família poderia sentar-se fora do sol ou da chuva), colunas extras seriam adicionadas nas laterais, cada uma portando a sua própria construção de colunas e viga.

As colunas adicionais proporcionavam galerias e espaços interiores tipo corredor. Para satisfazer as necessidades dos arquitetos que desejassem ampliar os beirais suspensos sem apinhar o interior com colunas, eles desenvolveram um sistema inteligente: projetavam o beiral para fora em grupos de suportes conhecidos como *kou-tung* (*fig. 60*). Essas armaduras eram obras de arte em si, unindo-se como quebra-cabeças chineses. A atenção era direcionada ainda aos suportes pela tradição de pintar com cores alegres as vigas e os caibros que apoiavam. A inspiração para esses *kou-tung* pode ter advindo de origens persas através da Índia. Sua importância foi enfatizada na era Song (960–1279), a Era de Prata da cultura chinesa,

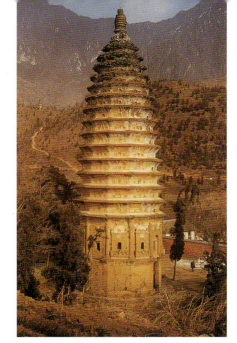

64 | *Pagode Songyue*, Monte Song, província de Henan, China, 520 d.C.

65 | *Pagode de Observação de Inimigos (Liao Di Ta)*, Templo de Kaiyuan, Dingxian, província de Hebei, China, 1001-1050

quando, após a publicação de um manual do mestre construtor em 1103 — *Os Métodos e o Projeto de Arquitetura (Ying Zao Fa Shi)* por Li Chieh — um módulo para o distanciamento das colunas e vigas (antes encantadoramente irregular), baseado no tamanho do suporte, foi estabelecido para ser utilizado em todo o império. Quando no século XVII um novo módulo foi apresentado pelo Palácio do Departamento de Obras da dinastia Ching (1644–1912) mais uma vez se baseou na armadura de suporte.

A alteração do ângulo dos suportes possibilitou os maravilhosos balanços ondulados dos telhados chineses (fig. 63), e combinados a um formato de telhado escolhido — triangular, quatro águas, meia-água ou piramidal — geraram contornos fascinantes. Da dinastia Han (206 a.C.–220 d.C.) em diante, os beirais pendem em curvas de catenária e têm linhas de cumeeira curvas e costuras nas águas; algumas vezes ostentam bordas serrilhadas como dentes de dragão e cantos exuberantemente alados e decorados com pequenos sinos de bronze. O poste da cumeeira era considerado tão importante que uma cerimônia especial acontecia quando era colocado em posição. Para completar, as telhas podiam ser cinza no norte e em qualquer outra parte azuis, verdes, roxas ou amarelas. Amarelo era a cor imperial, e uma vista aérea de Beijing

na época da dinastia Ming poderia estabelecer a condição social das diferentes áreas de acordo com a cor do telhado.

O pagode é visto normalmente como a forma característica do Extremo Oriente. De fato, praticamente toda cidade na China vangloria-se de pelo menos um pagode, frequentemente situado para impedir a entrada na cidade de espíritos malignos provenientes do nordeste — a 'direção do demônio'. Mas, na verdade, o padrão de edificação típico da China consistia em prédios de um pavimento, ou no máximo dois, retangulares e agrupados em volta de pátios. É interessante observar que, ao contrário da maioria dos países onde as estruturas religiosas estabelecem o padrão de 'qualidade' para o estilo nacional, os templos na China e Japão foram construídos no estilo da habitação doméstica comum. Essa reversão do sagrado e do secular pode ser característica da mentalidade do Extremo Oriente, talvez representando a natureza sagrada da cerimônia japonesa do chá doméstico.

Sugeriu-se que os pagodes, geralmente ligados a um templo, podem ter se desenvolvido a partir de uma habitação comum da qual mostramos o modelo proveniente de uma tumba Han — um salão retangular com uma sala de estudos acima no centro, no primeiro andar, na qual o mestre poderia se refugiar para meditar, encimada por um sótão. Outra explicação plausível é que eles se desenvolveram sob a influência budista — um tipo de *sikhara* ou pirâmide de guarda-chuvas budistas. No entanto, o *lou* em camadas já era uma forma ancestral na China e pode remontar aos modelos de torres de relógio ou de água nas tumbas Han. Muito provavelmente, eles evoluíram de uma combinação das três coisas.

Podemos reconstruir sua evolução através de três pagodes. Primeiro, pelo Pagode Songyue de doze lados no Monte Song, província de Henan, a edificação de tijolos mais antiga que ainda sobrevive na China, datada de 520 d.C. e reminiscente de um tempo indiano (fig. 64). Segundo, o Pagode de Observação de Inimigos da dinastia Song (Liao Di Ta), similar a um farol, de 1001–1050, uma torre de vigia na fronteira entre os

66 | *Pagode Sakyamuni*, Yingxian, província de Shanxi, China, 1056, corte

67 | *Grande Muralha da China*, concluída em 210 a.C.

territórios de Liao e Song no Templo Kaiyuan, Dingxian, Hebei (*fig. 65*). Somente no Pagode de Sakyamuni, Yingxian, de 1056 (*fig. 66*), encontramos a forma que evoluiu para o que consideramos tipicamente chinês. Um pagode inteiramente de madeira com uma planta octogonal e um número ímpar de andares se tornaria a regra (normalmente sete ou treze). A crença de Chou de que o céu tinha nove camadas fez com que o nove fosse favorecido no início do período budista. No templo de Foguang temos cinco andares, indicados no exterior pelos telhados salientes, com os pisos da galeria intermediária inexpressivos. Originalmente, os pagodes eram santuários ou relicários acoplados aos monastérios budistas. Eles abrigavam uma imagem no piso térreo e eram ocos acima, como os *sikhara* indianos, ou às vezes continham uma imagem gigante que se erguia por vários pisos, ou portavam uma série de imagens nos níveis das galerias.

Apesar de toda a semelhança formal, os pagodes chineses nunca tiveram a importância mística dos *sikhara* como um eixo vertical em torno do qual o cosmos girava. Os chineses se preocupavam com o eixo cósmico, mas para eles o eixo era horizontal, no nível do solo. Os pontos cardeais eram essenciais, suas identidades específicas ligadas às cores, símbolos de animais e às estações. O preto representava o norte, o inverno e a noite — a morte do dia e do ano —, e dessa direção provinha o mal, o que não é de surpreender quando pensamos nos ventos

63

68 | *Salão de Oração para Boas Colheitas, Templo do Céu*, Beijing, 1420

frios provenientes da Mongólia. Então, a partir dos primeiros exemplos descobertos, parece que as cidades e casas chinesas eram dispostas em um eixo norte-sul, as cidades em grelha com a rua principal no sentido norte-sul, as portas das casas voltadas para o sul, a boa direção da Fênix Vermelha e do sol de verão. O oeste era visto como outono branco, o tigre branco tarde do dia e do ano, a branca paz e as alvas vestes de luto no fim da vida. A importância de venerar ancestralidades, por conseguinte torna o canto sudoeste da casa a área sagrada: nenhum espaço utilitário era instalado ali.

Mas, havia 24 pontos cardeais a considerar, além dos principais pontos da bússola, quando se implantava uma habitação, sepultura ou cidade. Os adivinhos interpretavam as forças locais de boa ou má sorte (harmonia com a 'respiração cósmica') por meio da 'ciência' ancestral do *Feng-shui* (literalmente, 'vento e água') mencionado anteriormente. Esses adivinhos ainda são consultados hoje em dia, até mesmo para um projeto tão atual quanto o revolucionário Hong Kong and Shanghai Bank, em Hong Kong, um projeto de 1982–1983. O *Feng-shui* não só determina o sítio em relação às colinas, estradas e cursos d'água, e a orientação da edificação, mas também a posição das portas (um banco de Cingapura perdia negócios constantemente até mudar a sua entrada), a relação dos quarteirões residenciais em um bairro e até mesmo a quantidade de cômodos em uma casa (três, quatro e oito quartos trazem má sorte e devem ser evitados).

69 | Teto abobadado do *Salão de Orações para Boas Colheitas, Templo do Céu*, Beijing, 1420

70 | Vista do Portão Meridiano (Wu Men) através do canal em ferradura e a grande expansão do espaço cerimonial para o *Portão da Grande Paz* (Tai He Men), *Cidade Proibida*, Beijing

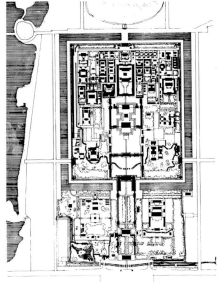

71 | *Cidade Proibida*, Beijing, 1406–1420, planta baixa

Após o local ter sido escolhido se construía uma parede, mais uma vez com o auxílio do *Feng-shui*, para bloquear quaisquer influências malignas provenientes de uma direção não propícia. As paredes e a privacidade que proporcionam são importantes para os chineses. Convenientemente, o primeiro imperador, Ch'in Shih Huang Ti, uniu à Grande Muralha da China (*fig. 67*) todos os trechos da muralha ao longo da fronteira norte que os clãs rivais vizinhos haviam construído uns contra os outros. Única construção feita por mãos humanas que pode ser vista do espaço sideral, a Muralha é um exemplo de interação suprema entre o homem e o seu ambiente em seu trajeto sinuoso acompanhando os contornos naturais das montanhas, com 3.813 quilômetros do Golfo de Bohai até Jia Yuguan na Província de Kansu. Concluída em 210 a.C., a Muralha foi mantida por imperadores sucessivos e finalmente ganhou da dinastia Ming o aspecto que vemos hoje, o que levou do século XV ao XVI.

Falamos anteriormente sobre a estrutura de vigas de madeira e sobre o *kit* de normas de edificação como duas características vitais da arquitetura chinesa; podemos acrescentar a obsessão pela muralha defensiva como a terceira característica. Em primeiro lugar, a muralha defensiva explica a enigmática ausência de castelos defensivos em um país cuja longa história foi moldada por lutas entre clãs e senhores feudais. A cidade da nobreza era o seu castelo. A capital Ch'in de Xianyang foi planejada para abrigar 10.000 pessoas, e a Cidade Imperial de Beijing foi construída com tamanho suficiente para abrigar dentro de seus muros a população inteira da cidade se necessário fosse. A unificação de Ch'in no século III a.C. trouxe um sistema feudal hierárquico, e as cidades se transformaram em centros burocráticos e administrativos. O sistema de muralhas para a identidade burocrática, privacidade e defesa era repetido de um macrocosmo para um microcosmo: o país era cercado por muralhas; cada cidade era cercada por muralhas e tinha o seu próprio deus do muro e do fosso; cada habitação dentro da cidade consistia normalmente em várias edificações dentro de um pátio murado para abrigar a costumeira família estendida, que podia compreender uma centena de parentes. Na realidade, eram idênticas as palavras para 'muro' e para 'cidade'.

Beijing, a capital do norte, simboliza o sistema. Sua sorte como capital oscilou até que em 1552 os imperadores da Dinastia Ming construíram uma nova muralha, com um formato redondo de 14,5 km e sete portões, para incorporar os subúrbios do sul que haviam se desenvolvido em decorrência da pressão de uma explosão demográfica. Isso conferiu à cidade os seus famosos quatro recintos murados e também colocou no recinto externo o Templo do Céu (Chi Nian Dian) de 1420 (*figs. 68, 69*), construído, como

72 | Casas com pátio chinesas, Beijing

66  Enigmas e Módulos: *China e Japão*

73 | O Longo Passeio nos jardins do *Palácio de Verão*, perto de Beijing, estabelecido originalmente no século XVIII

era costume, ao ar livre, em uma elevação ao sul da cidade capital. Fossos e muralhas protegidos circundavam a Cidade Externa ao sul e a Cidade Interna ao norte; no interior da Cidade Interna estavam os muros através dos quais era obrigatório passar pelo Portão da Paz Celestial (Tian An Men) para entrar na grande praça pública (Praça Tiananmen) que formava o pátio de entrada da Cidade Imperial. Para penetrar no coração do complexo, a Cidade Proibida (*fig. 71*), era preciso romper outro muro pelo Portão Meridiano (Wu Men), cruzar o canal em ferradura usando uma das cinco pontes e passar pelas primeiras guaritas, guardadas pelos grandes cães-leões de bronze do Imperador Qian Long, e depois pelo Portão da Grande Paz (Tai He Men), antes de chegar ao pódio no qual se encontrava o próprio Palácio da Grande Paz (*fig. 70*). Podemos lembrar aquelas engenhosas caixas dentro de caixas que os chineses são mestres em entalhar no marfim e que abrigam um tipo de previsão mística de que cada vez mais e mais para dentro podemos penetrar para a sede de poder e majestade. Confinada dessa maneira, cada parte da sociedade chinesa podia manter a si mesma, forjando relações com o mundo exterior em seus próprios termos.

O mesmo distanciamento configura o planejamento da cidade e da casa. As casas

74 | *Salão da Fênix, Templo de Byodoin*, Uji, perto de Quioto, Japão, século XI

são concebidas olhando de dentro para fora, que é a atitude oposta à que encontramos nas ruas ocidentais, onde cada habitação exibe orgulhosamente aos transeuntes a sua localização, posição social e beleza. As indicações da posição social do proprietário da habitação podem, na verdade, ser extraídas de sua posição cardeal na cidade ou no quarteirão (ou *fang*) dentro da malha da cidade; e, uma vez transposto o portão, fatores como a altura da plataforma sobre a qual a habitação se situa e a quantidade de pátios internos indicam a posição social. Durante a Dinastia Ming, a legislação imperial fixou o número de alas de uma habitação com um único salão: nove para um imperador, sete para um príncipe, cinco para um mandarim e três para um cidadão. Mas o que se pode ver da rua são paredes brancas. As casas têm vista para seus pátios internos (*fig. 72*), então não há janelas a serem vistas nas paredes que se erguem em torno do pátio de entrada, e até mesmo a vista através dos pórticos é bloqueada por 'paredes espirituais' — telas colocadas logo na entrada para obstruir a passagem de espíritos malignos que só conseguem se movimentar em linha reta. No entanto, o topo de uma árvore florida pode ser vislumbrado no pátio de entrada, e as próprias paredes espirituais são normalmente muito bonitas — entalhadas em padrões geométricos ou naturalistas de mosaico ou "gelo rachado", com flores de lótus ou varas de bambu, ou talvez pintadas de branco com um único caractere de bom presságio em preto.

Frequentemente, o pátio de entrada é alcançado através de um portão lateral, mas nenhuma fachada impressionante recebe o visitante — simplesmente uma parede longa da casa com o portal colocado no centro (nunca na parede de empena). Para trazer boa sorte, todas as casas precisam ter uma porta dos fundos, bem como uma porta da frente, e as duas precisam estar alinhadas, mais uma vez para frustrar os espíritos malignos. A partir desse ponto, as regras de etiqueta decidem se o visitante será convidado a entrar e descobrir por si mesmo a divisão simétrica da habitação em recintos públicos iluminados (*ming*) na frente e apartamentos frescos, escuros e sombreados (*an*) nos fundos, que são os cômodos privados da família. Esse esquema, indubitavelmente provocado, em parte, pela necessidade de criar correntes de ar cruzadas no interior da habitação, reflete certo elemento de formalidade e privacidade chinesas; degraus à esquerda e à direita que levam, respectivamente, o anfitrião para o leste e o convidado para o oeste separadamente na direção desses cômodos dos fundos proporcionam ao convidado uma compreensão clara de que ele está penetrando nas áreas familiares segundo os termos do anfitrião e não pode ficar à vontade na casa.

Os jardins têm sido uma característica da arquitetura chinesa bem antes de as diretrizes de construção terem sido estabelecidas na *Ying Zao Fa Shi* em 1103. A Imperatriz T'ang Wu (690–705) chegou a transformar os jardins imperiais em Chang'na em algo parecido a um parque da vida selvagem, cercado dentro de 62 km de muros e importando rinocerontes da Índia para vaguear entre as colinas, lagos e florestas. A paisagem irrigada e arborizada que circunda o Palácio do Verão 10 quilômetros a noroeste de Beijing é pontilhada com recursos arquitetônicos charmosos e idiossincráticos — pavilhões com portas octogonais circulares e ornamentadas com arabescos, pagodes, passagens cobertas em torno do promontório do lago, pontes, portões, degraus (*fig. 73*). Aqui as águas jorram, ronronam e cintilam, as folhas farfalham, os caminhos serpenteiam, as linhas d'água balançam suavemente sobre a superfície dos lagos como luas cheias — 'Agora dorme a pétala carmesim, agora a branca, Nem acorda o cipreste no passeio do palácio, Nem pisca a barbatana de ouro na fonte porfírica ...' Tudo é uma fantasia sonhadora salpicada por amendoeiras em flor.

No palácio, como na habitação humilde, a construção é geométrica e formal, o jardim livre. A dualidade entre macrocosmo e microcosmo persiste. A habitação é uma pequena versão da visão chinesa de mundo: uma caixa aberta de cinco lados com o céu como tampa. O jardim é uma versão em miniatura da natureza, das montanhas reduzidas a rochas, das florestas reduzidas a plantas e musgos, dos rios e oceanos reduzidos a riachos e piscinas. Não há linhas retas: tudo é inclinado e sinuoso para frustrar os espíritos malignos à espreita. Da mesma maneira, as estruturas que ligam a casa ao jardim — portões, varandas, janelas, grades, escadas — abandonam a geometria angular da habitação e adotam linhas arredondadas e fluidas e os padrões irregulares das formas naturais — gelo partido, caules articulados, folhagens franjadas, samambaias desenroladas, bambus tremulando.

Os analistas associaram os estilos contrastantes da habitação e do jardim com as duas grandes filosofias nativas chinesas, o Confucionismo e o Taoísmo. Os fundadores de ambas estavam em busca de um princípio de unidade na vida durante um período turbulento da história chinesa. No século VI a.C., Lao Zi demonstrou a sua filosofia no *Dao De Jing* (*O Livro do Caminho Virtuoso*). Confúcio, por outro lado, era um funcionário do governo (Kong Fuzi) no século V a.C. e pregou a solução de um funcionário público para os problemas da vida. Conservador e autoritário, ele respeitava as tradições dos ancestrais (*li*) e defendia um Caminho (*tao*) de ordem e paz social, viabilizado pela administração racional e competente. Podemos reconstruir o efeito da sua filosofia no império unificado de Ch'in, que sucedeu os anos de Estados em Guerra (475–221 a.C.), no estabelecimento de um feudalismo burocrático tão forte que durou até 1911, e na ordem, hierarquia e geometria exata que caracteriza as habitações. Por outro lado, o jardim reflete a preocupação existencial taoísta com o sentimento, a intuição e o misticismo. É um movimento de afastamento em relação ao racionalismo, à ordem e à simetria, rumo à liberdade, à experimentação e à contemplação.

A China tem uma lenda antiga de que no início o Senhor Supremo enviou duas forças opostas, o *yin* e o *yang*, para dividirem o controle do universo. Na habitação e no jardim chineses vemos as duas polaridades apaziguadas e complementares.

Quando nos voltamos para o Japão, constatamos que o efeito da arquitetura chinesa foi tão grande que grande parte da história arquitetônica já foi contada. O Japão, uma cadeia de ilhas vulcânicas rochosas no Pacífico, a 200 quilômetros do continente asiático, era até pouco tempo um país muito isolado. Sua história alternou-se entre períodos de regras e cultura nativas e ocupação estrangeira. A cultura Jomon original, do período neolítico, e a religião Shinto nativa foram perturbadas pela primeira vez pelos imigrantes Yayoi da China, que vieram pela Coreia no século I ao V d.C.; e no seu encalço veio o budismo. A maior expressão cultural dessa importação de religião chinesa provavelmente é o Salão Amida do Tempo Byodoin, a jusante do rio em Uji, ao sul de Quioto (antiga Heien), chamado normalmente Salão Fênix, já que a sua planta tem a forma de um pássaro. Datando do século XI, sua fachada foi copiada de um palácio T'ang, e seus ricos adornos de ouro, prata, laca e madrepérola mostram o estilo suntuoso chinês/japonês/budista em seu ápice (*fig. 74*).

75 | *Pagode Leste do Templo de Yakushi-ji*, Nara, Japão, 680

Após a queda da dinastia T'ang na China, os japoneses se reafirmaram com vigor; o Imperador mudou sua capital para Heien, e do século VIII ao XII apareceu a primeira arquitetura doméstica nativa, na forma de casas de campo de formato irregular para os senhores que chefiavam os clãs. O padrão usual era uma série de construções retangulares conectadas por corredores, assentadas irregularmente em um jardim com paisagismo contendo lagos e ilhas.

As permanentes escaramuças entre os clãs, que culminaram em um século de guerras civis, resultaram na transferência do poder do Imperador para um comandante militar que tinha o nome de *Xógum*, ou comandante supremo. Do século XII ao século XIX, o poder principal residia nos xóguns com seus exércitos particulares, os *samurais*. As consequências arquitetônicas do poder do xogunato e da introdução da pólvora foram os maravilhosos castelos de guarnição, que no Japão substituíram o sistema de defesa chinês de cidades muradas. Frequentemente com fossos e assentadas em plataformas altas de granito alinhado ou outro tipo de pedra capaz de resistir ao fogo (uma grande ameaça à sua superestrutura de toras) e batentes curvos para resistir ao movimento da Terra, essas edificações impressionantes têm cidades

76 | *Templo de Horyu-ji*, Nara, Japão, c.670–714, vista aérea

amontoadas em sua base e estão claramente no comando da zona rural circundante.

Nos anos 1630, Ieyasu, do xogunato Tokogawa, expulsou todos os estrangeiros, fechando as fronteiras para o comércio sob pena de execução. O cristianismo, que chegou com os exploradores holandeses, espanhóis e portugueses no século XVI, foi esmagado. O Japão entrou no chamado período do Mundo Flutuante, uma época de afluência da classe média e uma era de ouro para as artes: música, marionetes, teatro *No*, poesia *haicai*, pintura e xilogravuras, especialmente de florescências ou do vulcão japonês, o Fujiyama. Nos duzentos anos de prosperidade que se seguiram, a população saltou para 30 milhões, e o padrão de alfabetização era alto. Por volta de 1854, o Japão estava pronto para retomar as relações com o mundo exterior e acabou assumindo o seu lugar como uma das nações líderes mundiais em tecnologia.

Quais são as características que distinguem a arquitetura japonesa? O tipo chinês adotado originalmente era a construção retangular assentada em uma plataforma aberta de palafitas de madeira; a isso os japoneses acrescentaram uma varanda extra, muitas vezes chamada galeria de pesca, porque, sempre que possível, os habitantes sentavam-se à beira de uma lagoa ou lago para que o peixe, um componente essencial da dieta japonesa, pudesse ser obtido fresco. O telhado de tenda original persistiu por pelo

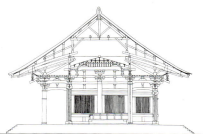

77 | Sistema de madeiramento de telhado japonês no *Salão Principal, Templo de Toshodai-ji*, Nara, século VIII

menos dois mil anos, com a sua forquilha característica em forma de V em ambas as extremidades da peça da cumeeira. Mas o formato de telhado mais genérico é uma combinação de empena e meia-água, na qual os beirais de empena se curvam ligeiramente para trás, desaparecendo atrás da água de telhado que envolvem, alcançando, quando visto de frente, uma silhueta estranha, como o chapéu de abas largas de um agricultor.

O pagode japonês com seus cinco telhados lineares é mais refinado que as versões chinesas. O formato do telhado aqui, mais tenso, mais magro, paira com grande envergadura sobre a edificação. Em alguns casos, os beirais se projetam por até 2,4 metros. Os telhados, às vezes de tamanhos desiguais, são empilhados em uma torre escura com núcleo quadrado como discos em um eixo, encimados por um remate alto e fino chamado *hosho* — a sagrada joia da realeza —, tão fino que parece fugir para o céu, como o grito de um pássaro selvagem.

78 | *Pavilhão Dourado, Kinkaku-ji*, nos jardins do Palácio Kitayama, Quioto, Japão, 1397

Muitas vezes a silhueta do pagode remete a um ideograma ou aos pinheiros típicos da paisagem japonesa. No Pagode do Leste do Templo de Yakushi-ji em Nara, de 680 (*fig. 75*), os telhados são alternadamente estreitos e largos, com uma porta de entrada no mais inferior de cada par. Mas somente a porta no piso térreo dá acesso; as portas acima das galerias que circundam os pisos são simuladas. Os cinco telhados do pagode do Templo de Horyu-ji em Ikaruga, perto de Nara, datando originalmente de 670–714 a.C. (*fig. 76*), diminuem sutilmente de tamanho à medida que sobem, em uma proporção de 10:9:8:7:6. Os castelos têm os tetos mais instigantes de todos, pois os japoneses trabalharam para solucionar os problemas estruturais intrincados envolvidos no empilhamento de andares com beirais voltados vigilantemente para direções diferentes. Empoleirados sobre a água e com seu emboço de gesso branco, os castelos sugerem o movimento de um grupo de grandes aves marinhas brancas prestes a decolar de um poleiro rochoso — de modo que não surpreende que o Castelo Himei-ji, de 1570 aproximadamente, na Prefeitura de Hyogo, seja conhecido como a Garça Branca (*fig. 58*).

A habilidade japonesa em marcenaria ultrapassava até mesmo a dos chineses. Eles tinham muita prática, não só pela necessidade de reconstrução após um terremoto ou furacão, mas também porque durante muitos séculos antes de a capital permanente ser fixada em Nara, em 710 d.C., a corte imperial era peripatética, e os artesãos tiveram que desenvolver edifícios articulados e cuidadosamente encaixados para permitir sua rápida desmontagem e remontagem (*fig. 77*). Até mesmo os primeiros portões para os santuários de Shinto, o equivalente ao *p'ailou* chinês conhecido como *torii* no Japão, exibem uma mão de obra magistral em sua simplicidade de duas vigas, assim como a mais antiga edificação em madeira ainda existente na Ásia, o salão principal de *Kondo* do Templo de Horyu-ji em Nara, fundado originalmente para os monges budistas pelo primeiro herói do Japão, o Príncipe Shotoku (574–622). O madeiramento que suporta esses beirais enormes é robusto e bonito.

A preocupação chinesa com a simetria foi sacudida logo cedo. Os distritos se iniciavam a partir de um eixo norte-sul, mas quando o distrito de Horyu-ji teve que ser reconstruído após um incêndio em 670, os arquitetos incorporaram uma capela mortuária existente no Salão Dourado (o Kondo) e prepararam o pagode, que abriga próximo a si um painel de argila esculpido retratando o nirvana de Buda. Em 733, o Hokkedo foi acrescentado ao chão elevado dentro do recinto do templo. Assim como o Kondo, era uma edificação com uma única unidade básica, os antigos pilares típicos dos tempos antigos espaçados não uniformemente, porém era mais suave e mais bonita, com o antigo padrão de telhado oco em telhas cinza-prateadas e beirais suavemente curvos.

Onde a tradição de orientação foi mantida, isso se deu por razões práticas. Para enfrentar o dominantemente forte sol da tarde do oeste, o lado mais comprido da habitação estaria no eixo leste-oeste, com as salas de estar voltadas para o sul ou sudeste; além disso, era comum ter uma mudança sazonal dos aposentos e passar para as partes mais escuras da habitação no alto verão. No fim das contas, o afastamento dos modelos chineses foi além de encontrar o seu próprio eixo de posicionamento, chegando a uma preferência característica pela assimetria. Desenvolveu-se um gosto pela variedade das fachadas que levou a um interesse pelas qualidades naturais dos materiais e pelo uso adoravelmente contrastante da textura de superfície que — como veremos quando examinarmos o movimento moderno dos anos 1960 e a conservação das antigas edificações que então se tornou um movimento importante — formaria parte do legado japonês para a arquitetura moderna. O Pavilhão Dourado de 1397, Kinkaku-ji, nos jardins do Palácio Kitayama em Quioto, é típico (fig. 78). As permutações do prazer dado pelo detalhamento diferente e pelas superfícies em cada pavimento são multiplicadas pelo reflexo no lago.

O interesse pela textura foi promovido pelos zen-budistas, uma seita cujo aumento de importância coincide com o crescimento dos Xóguns. Sua insistência na simplicidade influenciou a economia nas linhas, cores e detalhamento da arquitetura ocidental moderna. Também aderia a um princípio ancestral da arquitetura japonesa: o uso do módulo. A habitação em si, o tamanho das áreas internas e as telas que criavam os compartimentos ao longo das elevações da casa eram estabelecidos por um módulo de 1,8 × 0,9 metro, o tamanho do tapete de palha de arroz, o *tatame*. Originalmente dispostos lado a lado e soltos, os tapetes foram incorporados posteriormente ao piso, e após 1615 a padronização do módulo foi formalizada quando a capital passou para Edo, hoje denominada Tóquio. Naquela época o padrão inicial de corredores unindo edificações separadas há muito tempo dera lugar aos corredores dentro da habitação formados por telas de papel. Após o século XII, trilhos foram fixados no chão para permitir que as telas fossem empurradas e as novas áreas pudessem ser abertas, ou, no verão, abrir a lateral inteira da casa para o jardim. Tradicionalmente, os japoneses não possuem móveis; eles sentam-se sobre os calcanhares, comem em bandejas e dormem em tapetes. Isso surte dois efeitos. A vida é vivida em um nível mais simples: os tetos podem ser baixos e as belezas do jardim são admiradas a alguns centímetros acima do chão. O segundo efeito porém é mais importante: confere ao espaço da casa uma enorme flexibilidade. As casas tradicionais tinham duas áreas elevadas — a principal, para viver e dormir, era mobiliada com tapetes de chão, e os chinelos eram tirados antes de entrar; a outra, com assoalho de madeira, era usada para corredores e varandas. Uma área mais baixa sem assoalho normalmente servia como salão, banheiro e cozinha. Assim, os japoneses possuíam uma arquitetura doméstica tradicional que passou a ser invejada pelo Ocidente; um sistema tão flexível que conseguia manter a individualidade, prestando-se ao mesmo tempo para a produção em massa dos componentes da edificação.

As casas de chá construídas para a *cho-no-ya*, a cerimônia do chá, simbolizam a economia sofisticada da arquitetura de módulos japonesa, assim como os seus arranjos florais aspergidos sobre uma parede branca. O hábito de beber chá estava associado originalmente aos monges zen-budistas, que bebiam chá-verde para permanecerem acordados durante a contemplação. Um sacerdote zen chamado Shuko persuadiu seu amigo, o Xógum Yoshimasa, a que construísse para ele uma casa de chá especial nos jardins do Pavilhão Prata em Quioto. Assim, as casas de chá se basearam em um estudo simples, contemplativo, puro e bonito do monge (fig. 79). Os painéis das janelas e portas eram brancos ou então transparentes para deixar entrar a luz refletida pelo jardim externo — a principal fonte de iluminação sob esses beirais profundos. Tapetes cobriam o chão, e o mobiliário ficava restrito a prateleiras para guardar os utensílios de fazer chá e possivelmente uma alcova exibindo uma única obra de arte — talvez uma pintura, uma tigela ou um arranjo floral delgado.

O espírito do Japão que encontramos destilado na casa de chá também é aparente nos jardins. O zen-budismo, em

79 | Salão de Chá da Residência Shokintei, Palacete Imperial Katsura, Quioto, c.1590

particular, afirma a necessidade de se estar em harmonia com a natureza, e os jardins, independentemente do seu tamanho, eram importantes. Assim como os jardins chineses, eles representam o mundo em miniatura, mas aqui a arte particularmente inventa a natureza. Pode-se caminhar por um jardim japonês de florestas e musgos, mas um jardim de areia só pode ser visto de um terraço ou varanda. Assim como os arranjos florais, excelentes pintores foram empregados para conceber os jardins, como o jardim de areia de So-ami adjacente à casa de chá de um templo de Quioto. Como as pinturas a nanquim das quais os japoneses eram tão fãs, os jardins de areia deviam ser um estudo de claro e escuro — formações rochosas criadas a partir de objetos encontrados (dividir uma rocha seria violar a natureza), areia branca ajuntada em morros e padrões de onda ou redemoinho, árvores em miniatura, água em lagos, lagoas ou pequenas cascatas de acordo com o espaço disponível (fig. 80).

Do século XVI em diante, a influência chinesa é aparente na arte e arquitetura da Europa. Mas, no longo prazo, foi a arquitetura japonesa que se mostrou mais influente. Entre as características que o mundo extraiu do Japão estão os componentes construtivos padronizados, baseados em um módulo; a

80 | Jardim de areia/musgo japonês, Templo de Ryoan-ji, Quioto

reconsideração do espaço interno com tapetes e almofadas, bem como sacos de aniagem e futons para substituir os móveis, todos eles podendo ser guardados em armários embutidos quando não estivessem sendo utilizados; espaço flexibilizado com divisórias de tela; o uso de matérias naturais não tratados produzindo texturas contrastantes (linho, lã, ráfia, cânhamo, madeira) dentro de um espectro de cores restrito (branco, preto e natural) que acentuam a estrutura, e, finalmente, o intercâmbio entre a casa e o jardim, que assumiu um papel pleno na arquitetura do século XX.

# 6  Ritual de Sangue: Mesoamérica

No século XVI, Carlos I da Espanha enviou seus conquistadores para o Novo Mundo, onde encontraram civilizações estranhas datando do primeiro milênio d.C. Quando, após aportarem no Golfo do México, penetraram nas florestas tropicais, engrossadas por espinhos e infestadas de mosquitos, até a cidade asteca de Tenochtitlán, onde se localiza a Cidade do México hoje, havia muitos motivos para os índios nativos e os espanhóis se olharem com desconfiança selvagem. A aparição dos espanhóis cumpriu uma profecia entre os indígenas: o imperador asteca Montezuma II e seus homens acreditavam que estavam testemunhando a segunda vinda de Quetzalcoatl, o deus serpente emplumado, que, como havia sido previsto, retornaria, branco, barbudo e majestoso, vindo do Oriente. Eles ficaram fascinados com a estranheza dos guerreiros armados com aço brilhante, disparando armas de fogo e canhões trovejantes, montados (o mais temível de tudo) em monstros batendo os cascos, jogando as crinas e chicoteando as caudas. Essas pessoas não possuíam objetos de ferro ou aço e lutavam com flechas de pontas envenenadas e armas de bronze e obsidiana. Além disso, os pré-colombianos nunca descobriram a roda e nunca tinham visto um cavalo. Na realidade, nesse país, exceto na parte alta dos Andes no Peru onde as lhamas às vezes eram utilizadas como animais de carga, o homem era o burro de carga — uma tradição tão profundamente arraigada que mesmo hoje os trabalhadores da construção frequentemente preferem deslocar rochas maciças carregando nas costas grandes cestos trançados, suportados por tiras de cabeça, em vez de usar carrinhos de mão ou tróleis. Quanto ao cavalo, naturalmente foi um encontro histórico e, na realidade, o início de um caso de amor que já dura séculos.

E o que havia lá para barrar os espanhóis em suas trilhas? A área que eles invadiram, ao sul do local onde Cristóvão Colombo havia desembarcado aproximadamente 27 anos antes, em 1492, era o istmo que conecta a América do Norte à costa oeste da América do Sul; e nessa região (que hoje compreende o México, o Yucatán, Honduras e Guatemala) e em uma área na costa sul-americana do Pacífico (que compreende o Peru moderno e a costa da Bolívia e do Chile), as civilizações antigas das Américas estavam em sua fase final. Os espanhóis, penetrando terra adentro pelo Yucatán, podem ter tropeçado primeiro em algumas das enormes cabeças de pedra, com 2,5 metros de altura, que a antiga raça olmeca havia deixado para trás, junto com os restos de duas formas arquitetônicas clássicas mesoamericanas: a pirâmide e o campo de jogo de bola; e podem ter captado vislumbres dos templos com cristas dos maias, engolfados entre as copas das árvores. Porque é possível que as tribos antigas, os olmecas e os maias, tenham habitado essa área por 2.000 anos.

Por fim, sob os vulcões com nervuras azuis do México, tiveram o seu avanço interrompido por um povo muito mais numeroso que o seu punhado de soldados e pelo qual provavelmente ninguém havia passado antes:

81 | Templo Piramidal I, Tikal, Guatemala, c.687–730

escuro, pulsante, poderoso e belicoso. Eram os astecas, tribos migrantes que vieram para a área, matando pelo caminho, à procura de uma águia sentada em um cacto e devorando uma cobra — o sinal, segundo o seu perverso deus da guerra, o beija-flor Huitzilopochtli, que identificaria o lugar onde deveriam se estabelecer. O símbolo, que hoje adorna a bandeira mexicana, foi avistado em uma ilha no lago de água salgada Texcoco. Então, em 1325 eles fundaram em duas ilhas vizinhas as suas cidades de Tlatelolco e Tenochtitlán, onde a Cidade do México se espraia atualmente, usando um material vulcânico leve chamado *tezontle* — um tipo de pedra-pomes vermelha embaçada — para que as fundações da cidade não afundassem nos pântanos do lago.

83 | *Templo Piramidal de Santa Cecília*, perto da Cidade do México, c.500–900

Os espanhóis ficaram muito impressionados com Tenochtitlán, arranjada do modo característico das cidades mesoamericanas, baseada em princípios de planejamento de cidades amplas que seriam aceitáveis nos dias de hoje, com amplas praças circundadas por templos e palácios erguidos em grandes aterros piramidais as diferentes áreas ligadas pelo tráfego nos canais e por pontes conectando grandes calçadas com largura suficiente para comportar oito conquistadores cavalgando lado a lado; com a água potável trazida por canais especiais, além de exuberantes jardins floridos. Mas havia um mau cheiro no ar, e até mesmo os soldados espanhóis sedentos de sangue se horrorizaram com uma cidade tingida de vermelho com sangue humano. O sangue sempre figurava no culto ancestral ao jaguar (fig. 82), de Huitzilopochtli e de Quetzalcoatl, a serpente emplumada, que era comum à maioria das tribos mesoamericanas. Todas as noites, os sacerdotes mergulhavam no ritual de derramamento de sangue, e o culto público envolvia o sacrifício de animais e seres humanos. Foi para esse tipo de cerimônia que o centro da cidade padrão se desenvolveu: amplas praças para a reunião do público, danças religiosas e jogos, estabelecidas em frente aos templos piramidais, acima das quais grandes escadarias subiam para a pequena casa do deus no zênite. Haveria uma estátua do deus no topo da escadaria, e ali os sacerdotes realizavam os rituais públicos de sacrifício, minúsculas figuras impressionantemente perto do céu em um pedestal que se elevava sobre a praça apinhada de adoradores frenéticos. Um desses templos piramidais, o Templo de Santa Cecília, fora da Cidade do México (fig. 83), foi desenterrado por arqueólogos em boas condições sob uma superestrutura desintegrada, de modo que agora sabemos qual era o seu aspecto.

82 | Lintel de pedra de Yaxchilan, México, c.600–900, mostrando o Rei Maia chamado Jaguar Protetor sendo armado para a batalha

O ritual asteca era particularmente sanguinolento, pois Huitzilopochtli tinha que ser abastecido com uma dieta de corações humanos, cortados ainda batendo no peito das vítimas, para permitir que o sol continuasse a fazer a sua peregrinação diária pelo céu. E assim os sacerdotes desciam, puxavam sua vítima escadaria acima e a inclinavam para trás, com os sacerdotes puxando firmemente os braços e pernas para os lados, sobre a pedra sacrificial diante da imagem de Huitzilopochtli. 'Em seguida', afirma um cronista espanhol, 'abriam seu peito, retiravam o seu coração e deixavam o corpo rolar escadaria abaixo'. Do alto dos noventa e um degraus da pirâmide de Chichén Itzá eles lançavam os corações para baixo no colo de Chac, o cruel deus da chuva.

Até pouco tempo atrás, acreditava-se que tudo o que havia restado das cidades eram descrições em cartas e relatórios enviados

84 | *Observatório Caracol*, Chichen Itza, México, c.900

de volta para a Espanha e que haviam sido preservados nos arquivos reais e monásticos. Mas, nos últimos anos, a escavação de túneis para um sistema de transportes, esgotos e cabos elétricos na Cidade do México produziu descobertas empolgantes que combinam com os relatos dos espanhóis. No local da derrota final dos astecas, na Praça das Três Culturas, resta o Templo de Tlatelolco em rocha ígnea vermelha ao lado de uma igreja e monastério espanhol. Bem atrás da grande Catedral Barroca da Cidade do México, com a ampla praça de Zócalo do lado de fora, as fundações do próprio Grande Templo de Tenochtitlán foram desenterradas, local cuja consagração em 1487 envolveu o sacrifício de muitas vítimas, estimadas variavelmente entre 10.000 e 80.000, abatidas ritualmente quatro de cada vez, do nascer ao pôr do sol, durante quatro dias.

Se as culturas mesoamericanas ancestrais se desenvolveram de forma autônoma é motivo de discussão há muito tempo. Pode ter havido movimentos tribais do leste para o oeste, do Norte da África através do Atlântico, do Peru para as Ilhas Polinésias. Isso explicaria as intrigantes semelhanças nessas culturas tão vastas, incluindo a sua arquitetura. Isso poderia explicar por que um simples punhado de tribos — maias, olmecas, astecas, zapotecas, totonacas, toltecas e mixtecas —, todas desse cinturão intermediário, desenvolveram civilizações tão avançadas, enquanto ao norte e ao sul as tribos indígenas permaneciam em estágio primitivo. Poderia explicar por que, quando as tribos ao norte e ao sul faziam cabanas de galhos e folhas, esses povos, como os mesopotâmicos, usavam tijolos de adobe feitos de barro e palha para construir habitações quadradas, que às vezes exibiam características sofisticadas como vários pisos, calhas, ruas, esgotos e aquedutos. Isso explicaria por que na floresta ou nas costas desérticas eles levavam as pedras por longas distâncias para construir pirâmides escalonadas.

Sua agrimensura, cálculo do tempo e astronomia provavelmente superavam os da Babilônia e do Egito. Túneis e buracos em ângulo em seus observatórios para situar a ascensão e queda dos corpos celestes fornecem algumas pistas sobre como eram

85 | *Quadra de Jogos,* Chichén Itzá, México, *c.*900–1200

86 | Vista lateral das escadarias e da fachada do *Templo de Quetzalcoatl,* Teotihuacán, México, com as cabeças de Quetzalcoatl (embaixo no centro) e Chac, o deus da chuva (embaixo à direita), *c.*400–600

87 | Colunas de guerreiros com peitorais em forma de borboleta, originalmente apoiando o teto do *Templo de Quetzalcoatl,* Tula, México, *c.*700

um cruzamento de influências aqui; a mandala parece ser um símbolo universal, cheio de significados subconscientes e satisfação para os seres humanos. O Observatório Caracol em Chichén Itzá (*fig. 84*) data da época (ou antes) da ressurreição da cidade maia pelos toltecas nos séculos IX e X. O caracol é uma torre de 3 metros de altura, com duas camadas de visualização circulares em volta de uma escadaria central em espiral que lhe confere o nome; situada em uma série de terraços escalonados, é a única edificação circular encontrada até agora com uma mísula maia clássica.

Os complexos ameríndios se distinguem pela grandeza e espaço de suas áreas públicas, que são afastadas dos quarteirões domésticos da cidade. Até mesmo as construções de estilo Puuc dos maias do norte na planície de Yucatán, caracteristicamente compridas e baixas aí, onde se situam em espaço aberto sem precisar se erguer acima da selva, ainda assim são assentadas em plataformas elevadas. O Palácio do Governador, com 100 metros de comprimento, em Uxmal, por exemplo, fica em uma esplanada artificial de 13 metros de altura. Estima-se que 2.000 homens trabalhando durante três anos, com cada ano consistindo em 200 dias úteis, tiveram que deslocar entre si aproximadamente 1.000 toneladas de materiais de construção por dia para criar a esplanada. O padrão para a área cerimonial central foi estabelecido em Teotihuacán, a nordeste da atual Cidade do México, uma cidade que foi a capital cultural da Mesoamérica durante várias centenas de anos (*fig. 86*). Embora suas origens sejam questionadas, é provável que tenha sido fundada no século V d.C. pelos toltecas e por volta do século I d.C., sob o controle dos astecas, tenha sido maior que a Roma Imperial. Aqui, templos empilhados uns contra os outros estão situados em volta de uma área reservada para danças e banquetes antropofágicos.

Uma das primeiras colunatas mesoamericanas se encontra na última capital tolteca, Tula. Ali, os pilares contam a história da conquista tolteca: aqueles na porta do templo são os pilares-padrão de Quetzalcoatl, com a

feitos os cálculos astronômicos. No Monte Albán, a 'Cidade dos Deuses' do povo zapoteca, existe um observatório em forma de barco com um túnel central que data de 500 a 700 d.C. Aproximadamente na mesma época, antes de 600 d.C. em El Tajín, sua capital da Costa do Golfo, os totonacas construíram a Pirâmide dos Nichos (*fig. 94*). Os arqueólogos a batizaram com esse nome quando a escavaram nos anos 1950 porque acreditavam que seus muitos vãos de janelas recuados, um para cada dia do ano, tinham perdido suas estátuas. Hoje compreendemos que os nichos tinham um significado astrológico para os índios. Vista em planta baixa, a pirâmide tem uma forte semelhança com a planta da mandala de Borobodur. Porém, nada sugere cabeça da cobra espinhosa e emplumada na base e a cauda segurando o lintel da porta (um motivo comum a várias tribos), enquanto na frente estão enormes colunas no formato dos inexoráveis guerreiros toltecas, usando cocares emplumados e peitorais em forma de borboleta (*fig. 87*). Em Chichén Itzá, a influência Tolteca é vista nas colunatas e pórticos que ligam as áreas cerimoniais.

Também em Chichén Itzá encontra-se o maior e mais grandioso exemplo de outro espaço cerimonial mesoamericano: a quadra de jogos (*fig. 85*). O objetivo do jogo era golpear uma bola de borracha sólida (havia muita borracha no local; os espanhóis se referiam aos olmecas como o 'povo da borracha') com cerca de 25 centímetros de diâmetro através de anéis de pedra situados nas paredes da quadra, usando os quadris, cotovelos e coxas. Murais nas paredes das quadras mostrando que a equipe vencida às vezes era sacrificada ritualisticamente confirmam a importância religiosa do jogo, também sugerida pela colocação das quadras perto de templos, muitas vezes com um caminho de ligação para uma plataforma de visualização destinada aos sacerdotes e dignitários.

Em contraste com os vastos exteriores, o interior das edificações era apertado, sem janelas e escuro. Os pequenos templos situados sobre pirâmides elevadas eram cópias fidedignas das cabanas de adobe nas quais os camponeses maias ainda devem viver hoje. Mesmo os palácios, como o Palácio do Governador da Cidade Maia de Uxmal (*fig. 91*), carecem de janelas. Iluminados pela luz natural através das portas, eles tinham quartos estreitos e escuros, aparentemente individuais e às vezes de casal, como em Uxmal, mais para mostrar do que para habitar no dia a dia, o que acontece da porta para fora.

Existem detalhes singulares que podem ser utilizados como pistas para distinguir entre as ruínas de uma tribo mesoamericana e as de outras tribos. Características das primeiras cidades maias, que no último século foram libertadas do abraço sufocante da selva, estão as pirâmides íngremes coroadas por pequenos templos quadrados com tetos de abóbada em mísula encimados por um colar emplumado de pedras levantando-se atrás dos seus telhados, conhecidos em espanhol como *cresteria* (*fig. 89*). Muitas vezes eles se projetam acima da vegetação e conferem à pirâmide inteira um aspecto de trono ornamental elevado — a cadeira de uma autoridade. Presumivelmente, o deus olhava dessa pequena casa para o reino da selva. Isso era possível graças à abundância de madeira de lei tropical, que, usada nos lintéis, era suficientemente dura para suportar uma superestrutura como essa. Talvez os melhores exemplos sejam os cinco templos piramidais principais do centro religioso de Tikal (*figs. 81, 88*), que se erguem acima da selva de Petén,

89 | *Templo do Sol*, Palenque, México, *c.*700, com sua cobertura em pente, a *cresteria*

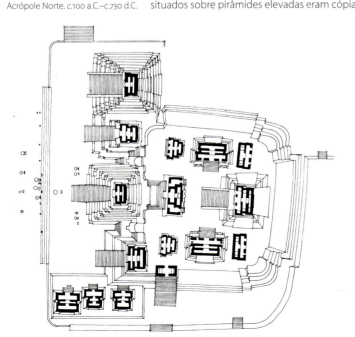

88 | *Tikal*, Guatemala, planta da Acrópole Norte, *c.*100 a.C.–*c.*730 d.C.

81

90 | *Casa Tartaruga*, Uxmal, Yucatán, México, c.600–900

no Sul da Guatemala. Esses templos piramidais pertencem ao alto período maia, que parece ter começado aproximadamente em 1000 a.C. e atingiu o seu apogeu entre 200 e 900 d.C. Os templos estão entre as 3.000 estruturas, aproximadamente, escavadas na selva até agora desde que Tikal foi explorado pela primeira vez, em 1877.

O nove era o número sagrado para os ameríndios, e muitas pirâmides têm nove estágios básicos. A disposição dos degraus varia. Alguns sobem em escadarias íngremes até o topo — como na Fortaleza em Chichén Itzá (*figs. 92, 93*), onde quatro lances de escadas em prefeita simetria varrem os quatro lados da pirâmide; em outros templos os degraus são dispostos em uma série de escadarias superficiais que muitas vezes

não correspondem aos estágios de aterro e entulho que formam o montículo verdadeiro do templo — como na Pirâmide do Bruxo Maia em Uxmal. Essa pirâmide exibe a característica maia de abóbada em mísula, na qual apenas os dois últimos cursos de pedras salientes

91 | *Palácio do Governador*, Uxmal, Yucatán, México, c.600–900

82

92 | *El Castillo*, Chichén Itzá, México, c.1000

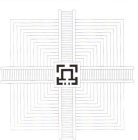

93 | *El Castillo*, planta baixa

se encontram sob uma grande viga em cruz cujo peso estabiliza a estrutura. Esse tipo de abóbada também é encontrado em outra cidade maia, Palenque, ao longo da fachada da Quadra Múltipla e na câmara da cripta do rei sacerdote no Templo das Inscrições, um raro exemplo mesoamericano de pirâmide sepultura, que é adentrada por uma porta triangular a partir de uma escadaria construída entre as paredes. Aberturas em mísula em ponta de flecha também ocorrem nas edificações mais recentes em estilo Puuc dos maias do norte, por exemplo, nos arcos que conectam duas alas ao bloco central do Palácio do Governador em Uxmal.

Os frisos bem preservados em volta das edificações da planície seca da área Puuc de Yucatán são notáveis não só porque sabemos que foram executados apenas com ferramentas de bronze e obsidiana, mas também porque são bem variados. A dignidade calorosa e suave da Casa da Tartaruga em Uxmal (*fig. 90*), quase grega ou egípcia clássica em sua simplicidade, contrasta com a faixa decorativa do Palácio do Governador, sendo em profundidade quase a metade da altura total do Palácio e conferindo-lhe uma aparência curiosamente interessante e quadradona de betão. Também complexas são as máscaras de repetição de Chac, o deus da chuva, que decoram o Codz-poop ou Palácio das Máscaras em Mayan Kabah, perto de Uxmal, onde a montagem de milhares de segmentos idênticos teria sido impossível caso ficassem meia polegada deslocados.

94 | *Pirâmide dos Nichos*, El Tajín, México, c.500–600

No istmo mexicano, na antiga capital tolteca de Teotihuacán e nas últimas cidades, as edificações eram diferenciadas, além do uso de proporções e silhuetas padrão, por painéis retangulares chamados *tableros*, que enfatizam os estágios da pirâmide escalonada: o *tablero* normalmente é posicionado em projeção sobre a face inclinada conhecida como *talude*. As silhuetas sugerem que os mesoamericanos tinham um bom olho para contornos incisivos e contrastes de luz e sombra criados por uma luz solar brilhante. As mesmas características são exibidas em Oaxaca, a área que se estende para o norte a partir da linha costeira do sul do México, na belíssima fachada sul do Palácio das Colunas em Mitla, uma cidade mixteca de aproximadamente 1.200 habitantes, com suas linhas longas e baixas e frisos geométricos nítidos reminiscentes do estilo Puuc dos maias; e na Pirâmide de Quetzalcoatl em Xochicalco perto de Cuernavaca, com a serpente emplumada contorcendo-se sobre ela. Xochicalco, uma fortaleza-cidade, exibe influências maia, tolteca, zapoteca e mixteca decorrentes de sucessivas ocupações por diferentes tribos.

Na Pirâmide dos Nichos em El Tajín (*fig. 94*) cornijas voadoras se projetam sobre recessos ocos, produzindo um maravilhoso efeito claro-escuro. A intenção dos construtores deve ter sido menos a de atender a uma demanda estética do que a de usar os nichos para reforçar a estrutura e manter no lugar o núcleo central de terra compactada. Traços de tinta vermelha, azul e preta remanescentes na pirâmide sugerem que a maioria dos templos pré-colombianos tinha uma camada de gesso em cores vivas, feita de calcário queimado assentado sobre a frente de pedra ou de tijolos de barro, e em alguns casos foram pintados murais sobre esse fundo.

Finalmente, precisamos examinar a contribuição feita pela arquitetura dos incas no Peru, que é diferente da arquitetura das culturas do istmo. Isso significa que os incas eram uma tribo indígena que, supostamente como as demais, haviam cruzado o Estreito de Bering vindos da Ásia na última Era Glacial, mas que através do milênio seguiram ainda mais para o sul do que as tribos do Istmo? Só podemos conjecturar, mas está claro que, tendo se estabelecido aproximadamente em 1000 d.C. no Vale de Cuzco, os incas criaram um grande império na época da chegada dos conquistadores liderados por Francisco Pizarro em 1531. A principal característica diferenciadora da arquitetura inca é a sua cantaria em larga escala, construída em porções e bem articulada sem qualquer argamassa. Algumas das mais habilidosas cantarias do mundo ainda podem ser vistas nas paredes inferiores de algumas ruas de Cuzco, que já foi uma capital inca; e a mesma escala das peças nesse quebra-cabeça ciclópico pode ser avaliada a partir da observação de um rebanho de lhamas se alimentando ou de um homem de pé embaixo das proteções de camada tripla de

Sacsahuaman, a fortaleza que monta guarda acima da capital. Essa cantaria provavelmente foi alcançada içando-se os grandes blocos sobre rolos com cordas de cipó e balançando-os para trás e para a frente até aterrarem no lugar entre suas pedras gigantescas adjacentes.

A cantaria no entanto não é a única realização inca. Hoje, à medida que se sobe cada vez mais os Andes em altitudes tão grandes que os guardas no trem oferecem oxigênio aos passageiros, pode-se observar evidências das fortalezas incas e da sua rede de comunicações — estradas e pontes sobre abismos e ravinas —, bem como estruturas hidráulicas e terraços agrícolas, soberbamente esculpidos em fileiras serradas nas laterais das gargantas de precipícios. Isso foi possível graças à existência de uma sociedade feudal altamente regulada e indubitavelmente tirânica, na qual os jovens e fortes eram recrutados anualmente para contribuir com as obras públicas. Como retribuição por esse serviço, funcionava um estado de bem-estar virtual, fornecendo seguro contra a fome, doença e velhice.

Uma fortaleza das montanhas, Machu Picchu, que pode ter sido o santuário procurado pelo Rei Inca, Manco II, quando da invasão dos espanhóis, é uma das realizações arquitetônicas mais impressionantes (fig. 95). As escavações não foram concluídas, mas as casas, escadas, quadras, templos, celeiros e cemitérios foram identificados, bem como um convento de noviças para as donzelas conhecidas como Virgens do Sol, que serviam nos templos dos incas. Como se estivessem cientes de que não podiam melhorar a grande concepção da natureza, os construtores enfiaram a cidade em uma sela inacessível entre dois picos majestosos cobertos pelas nuvens. Bem abaixo da guarnição de pura rocha viva, serpenteia o rio Urubamba. Sólidos e vazios desafiam a definição e o delineamento. Habitações fantasmas envoltas por neblina e neve materializam-se da montanha, pois o homem incorporou os afloramentos rochosos nas paredes da habitação em uma osmose cinzenta-verde de homem-vegetação-mineral, de passado e presente, de viver e morrer, de Terra e céu. Machu Picchu não apenas simboliza a emoção penetrante da experiência arquitetônica, mas também a interação do homem e seu ambiente proporciona um vislumbre passageiro de uma realidade elementar.

95 | *Machu Picchu*, Peru, c.1500

## 7    **A Paisagem dos Deuses:** Grécia Antiga

Com a arquitetura da Grécia antiga retornamos para a tradição dominante europeia. Um dos conjuntos de obras mais perfeitos em termos estéticos na tradição europeia ocidental, foi também a base de muitos estilos subsequentes em diferentes partes do mundo. Portanto, ocupa um lugar exclusivo em nossa história e deve ser examinada cuidadosamente para entendermos como tomou forma. Seu crescimento e desenvolvimento compõem um dos episódios mais fascinantes na história da arquitetura. Há uma lógica e uma inevitabilidade nela, assim como o drama que essa mesma civilização foi capaz de inventar e interpretar.

Para o viajante que se aproxima de Ática pelo mar e observa as colunas brancas do Templo de Poseidon no Cabo Sounion (*fig. 96*) pela primeira vez (não é uma das primeiras edificações; data de aproximadamente 440 a.C.), o impacto imediato, com as ruínas brilhando sobre o mar azul ofuscante, é de paisagem e de luz. O terreno, com seus morrotes e morros inesperados, seus momentos de drama, seus olivais desarrumados e a grama esbranquiçada, é evocativo, temperamental e memorável. A luz, elogiada por todos, desde Plutarco a John Henry Newman, que fala de sua 'pureza especial, elasticidade, clareza e salubridade', deve ter desempenhado um papel especial na evolução das ordens clássicas da arquitetura. A luz do sol clara e deslumbrante cria sombras fortes e estimula as formas limpas e poderosas na paisagem. E os materiais estavam lá para possibilitar isso — o calcário local, a princípio normalmente coberto com um estuque de mármore, e depois o mármore propriamente dito.

Contra esse pano de fundo emergiu a arquitetura mais impecável, a expressão de uma consciência nacional madura e refinada. Como essa consciência, ela tomou forma gradualmente. Porque a Grécia não foi um único país na maior parte de sua história. Com seu território montanhoso e ilhas dispersas, ela começou como um grupo de cidades-estados, normalmente em disputa umas com as outras. O que levou a cultura — e a arquitetura — a um clímax foi a supremacia de Atenas. Na era de ouro conhecida como período Helênico (800–323 a.C.), a cidade-estado foi estabelecida como a base da sociedade, novas cidades foram fundadas e após as vitórias decisivas sobre os invasores persas Atenas emergiu como o poder supremo. O apogeu foi alcançado no século V a.C., conhecido como alta idade clássica graças ao seu incrível florescimento da filosofia, arquitetura, arte, literatura e drama. O Partenon, que discutiremos com algum detalhe, foi uma das realizações supremas desse período. A independência das cidades-estados gregas foi destruída por Alexandre o Grande, cujas conquistas se estenderam até a Índia. Durante o período após a sua morte em 323 a.C., que é conhecido como período Helenístico, seu império foi dividido entre os reinos sucessores gregos, incluindo o Egito Ptolomaico. Esses

96 | *Templo de Poseidon*, Cabo Sounion, Grécia, c.440 a.C.

foram finalmente engolidos pelo Império Romano em 30 a.C., aproximadamente.

Como já vimos, a região que mais tarde se tornou a Grécia teve sua primeira civilização na ilha de Creta, que atingiu o seu apogeu no palácio de Cnossos (*fig. 18*). Era a civilização minoica (3000–1400 a.C.), e as plantas de suas grandes edificações (se não das estruturas) eram tão complexas (literalmente labirínticas nos redutos do Minotauro) quanto as de qualquer outro estado na época. Foi sucedida por uma cultura em Micenas e Tirinto no continente (*c.*1600–1050 a.C.), possivelmente menos elegante em termos arquitetônicos, mas, especialmente na Fortaleza de Micenas, sobrepondo-se de suas alturas ameaçadoras sobre a planície de Argivo, mais guerreira e formidável (*fig. 13*). As aspirações militares da maioria dos estados gregos continuaram até Alexandre o Grande, que, embora tenha sido tutelado pelo filósofo Aristóteles, deixou sua marca como um guerreiro feroz de incomparável vigor e talento, que muito fez para destruir a herança das grandes civilizações antigas; certamente os persas encararam suas vitórias sangrentas como a destruição da arte e da vida ordeira. O que torna isso ainda mais notável, por Atenas ter sido capaz de testemunhar esse florescimento da cultura no século V a.C. Em termos arquitetônicos, a história passa da fortaleza para o mercado local, da cidadela para a ágora. Um filósofo grego comentou que as terras altas eram o lugar da aristocracia e as terras baixas, o lugar da democracia. O que tomou o lugar da fortaleza foi o templo, no qual Atenas alcançou o auge da perfeição; o que completava o mercado local eram as edificações sociais e comunais que levavam as pessoas a conversarem, debaterem e negociarem. O que levou à unidade da arquitetura grega foi a coluna e o lintel.

Descartando o arco, embora eles o conhecessem e pudessem tê-lo utilizado se o quisessem, os gregos se concentraram em aperfeiçoar o elemento construtivo mais perfeitamente adequado ao clima, aos materiais e à sociedade que utilizava as edificações. Pois era uma sociedade que usava — e, portanto visualizava — a arquitetura não como cômodos internos, mas a partir do exterior. Tanto os templos quanto as demais edificações da ágora e do mercado local configuravam arquitetura exterior. Situavam toda a diversão e refinamento no lado de fora. Porque não era no escuro e inacessível interior que as coisas aconteciam; a interação entre homens e deuses ocorria a céu aberto, onde os dedos de boas-vindas da brisa brincavam pelas colunatas finas como se dedilhassem uma lira, onde um feixe de luz enfatizava a claridade de uma coluna jônica, e o pique-esconde do sol e das sombras ficava petrificado como em uma moldura.

Antes de prosseguirmos, precisamos examinar o templo, iniciando com aquele que foi construído de tal maneira que viria a se tornar o primeiro dos três principais estilos utilizados desde então no mundo inteiro — o estilo Dórico.

Se olharmos para um templo Dórico e o isolarmos mentalmente, conseguimos identificar de imediato os elementos estruturais primitivos que vimos reunidos pelos egípcios ou pelos persas. Vemos como os feixes de juncos amarrados formando umbrais ou suportes de telhado foram descartados e substituídos por colunas estriadas, primeiro em madeira, depois, por volta de 600 a.C., em pedra. Vemos que essas colunas penetram na terra — a base foi um refinamento que só surgiu com o estilo jônico. O bloco chato de madeira colocado no topo do feixe de juncos para suportar a estrutura do telhado ainda está lá como *capitel*. Essa é a característica de uma coluna que examinamos primeiro, para verificar qual ordem da arquitetura grega — Dórica, Jônica ou Coríntia — o arquiteto está utilizando na edificação. Durante três séculos (séculos VII a IV a.C.), as vigas de madeira que abrangem o espaço de uma coluna para outra (as articulações situadas no meio do capitel) se tornaram os blocos de pedra que formam a *arquitrave*. Às vezes um capitel largo carrega dois blocos de pedra paralelos, como podemos

observar ao caminharmos entre as colunas e olharmos para cima no chamado Theseion (o Templo de Hefesto) na ágora em Atenas (445 a.C.). O maior vão possível alcançava 6 metros, então qualquer coisa mais larga significava que era preciso inserir colunas adicionais. Acima da arquitrave encontra-se o friso decorativo, composto de *tríglifos* e *métopas*. Podemos deduzir facilmente que os tríglifos (que significam três frisos) — blocos projetados marcados com três ranhuras — se originaram nas extremidades das vigas de um telhado de madeira, e fica evidente que estamos olhando aqui para a interpretação de uma estrutura de madeira feita em pedra. Entre as extremidades dessas vigas os gregos penduravam placas de terracota decorativas, e nos templos de pedra a superfície desses espaços (as *métopas*) era entalhada com cenas figurativas. Uma série de pedras estreitas projetadas, chamada *cornija*, seguia ao longo da borda do teto e ao longo da base do frontão triangular que preenchia a extremidade da cumeeira sob os beirais inclinados e largos. Tanto a cornija quanto os beirais desempenhavam a tarefa prática de se livrar da água da chuva. Todas essas características do topo da coluna até abaixo do frontão triangular (que é a travessa que forma a

97 | **Mnésicles**, *Propileus*, Acrópole, Atenas, c.437 a.C.

98 | As ordens gregas: Dórica, Jônica, Coríntia, Compósita

Os gregos não usavam argamassa, mas faziam o leito das pedras ligeiramente côncavo e assentavam cada pedra em seu lugar com areia para produzir junções extremamente finas, de uma maneira parecida com a adotada pelos incas no Peru. Os tambores curtos, dos quais é feita uma coluna, eram erguidos junto com uma cavilha de madeira (mais tarde de ferro) envolta em chumbo: grampos de ferro fixados com chumbo fundido uniam os blocos de pedra, e barras de ferro eram utilizadas para reforço, como na arquitrave do Propileus na Acrópole (fig. 97). O entalhe dos frisos e das colunas foi bastante difundido, uma vez que o mármore entrou em uso generalizado nos templos a partir de 525 a.C., aproximadamente. O mármore pentélico brilhante escavado perto de Atenas era utilizado nos templos da Acrópole. Contudo, os gregos não estavam contentes com esse material. Eles pintavam suas edificações, estátuas e detalhes no que poderíamos considerar cores berrantes — vermelho, azul e dourado —, assim como os olhos, lábios e mamilos de suas estátuas de bronze eram incrustados com pedras coloridas.

O estranho é que, mesmo após a metade do século XVIII, quando a Grécia foi incluída no itinerário da moda do *Grand Tour* (tradicional viagem pela Europa feita por jovens de classe média alta), ainda se acreditava que não havia cores nos templos. Dizia-se que os gregos não estavam interessados na cor — apenas na forma. Mesmo hoje, a imagem com a qual abrimos este capítulo, da colunata branca delineada pelo céu e pelo mar azuis, é incrivelmente duradoura. O crítico de arquitetura Vincent Scully abre de fato o seu livro sobre arquitetura social da Grécia antiga fazendo alusão às 'formas brancas, tocadas com cores vivas', cujas formas geométricas contrastam com as montanhas e vales onde se encontram. Segundo ele, 'elas eram os templos dos deuses'.

Voltemos a esses mesmos templos. A planta clássica do templo do século V a.C. não se torna muito mais complexa em termos de estrutura do que o mégaron, a grande sala

arquitrave, o friso com seus tríglifos e métopas e a cornija) são conhecidas coletivamente como *entablamento*.

A madeira persistia como material de telhado, mesmo nos templos de pedra, e a sua suscetibilidade ao fogo oferece uma explicação convincente para o fato de tantos templos, como os da Acrópole, nos terem sido deixados como ruínas sem telhado. No entanto, os tetos em pedra ocorrem, tornando-se mais comuns na era Helenística (323–330 a.C.). O Templo de Hefesto tem um teto de pedra ornamentado com caixotões (isto é, cortado entre as vigas de pedra de modo que parece ter sido feito de caixas vazias viradas para cima) para aliviar o grande peso da pedra. A cidade helenística de Alexandria, no Egito, deve ter tido a maioria dos seus telhados feitos de pedra, pois Júlio César atribui a isso o fato de suas tropas terem produzido relativamente poucos danos à cidade.

99 | *Templo de Hera*, Paestum, Itália, c.530 a.C.

da civilização micênica (*fig. 8*). A estátua do deus substituía o coração, e a fileira de colunas abaixo do centro, necessária para suportar o telhado, foi reorganizada, formando uma colunata em volta do exterior da edificação retangular. Normalmente a entrada ficava entre as seis colunas habituais no lado mais curto, e através da porta aberta a estátua ficaria de frente para o nascente. Frequentemente, um pórtico de entrada era separado por uma segunda série de seis colunas, e, para compensar o pórtico, poderia haver uma tesouraria adentrada pelos fundos na outra extremidade do templo.

Começamos a descobrir o que diferencia esses templos dos demais de outras grandes civilizações — a sala do trono em Cnossos, o palácio de Dario o Grande em Persépolis (*fig. 19*), ou o Templo de Amon-Rá, em Karnak (*fig. 33*) — quando examinamos os três tipos de *ordens* sob as quais, conforme já observamos, os templos gregos podem ser agrupados. O termo 'ordem' é realmente bom, pois não só implica a organização dos componentes do templo, mas também sugere a relação adequada e a proporção que esses componentes conferem uns aos outros e ao todo. Na verdade, o escritor romano de arquitetura Vitrúvio introduziu o termo, que vem da palavra latina *ordo*, uma série; a palavra grega para 'ordem' no sentido de organização meticulosa era 'cosmos'. As duas primeiras ordens, a Dórica e a Jônica, evoluíram do século XVII ao XV a.C., a Jônica ligeiramente após a Dórica. A terceira, a Coríntia, veio mais tarde no século XV, na Grécia, e continuou a se sobrepor com os romanos, que criaram uma combinação entre a Jônica e a Coríntia, conhecida como Compósita (*fig. 98*).

Mais antigo e mais simples, o templo dórico, sem base, com capitéis simples e ranhuras não decoradas ao longo do eixo da coluna, surgiu entre 700 e 500 a.C. na Grécia continental, nas terras colonizadas pelos invasores dórios provenientes dos Bálcãs. A grandeza silenciosa e corpulenta das colunas Dóricas no antigo Templo de Hera em Paestum, uma colônia grega no sul da Itália

100 | *Monumento Corágico de Lisícrates*, Atenas, 335–334 a.C.

(c.530 a.C.; *fig. 99*) pode ser contrastada com a precisão de detalhes e a simplicidade serena que conferem uma dignidade inefável ao templo dórico posterior (490 a.C.), o Templo de Aphaia em Aegina.

O templo jônico normalmente é encontrado nas ilhas e nas costas da Ásia Menor, em áreas colonizadas pelos gregos que haviam fugido dos dórios. Suas colunas são mais finas, leves e delicadamente esculpidas, podendo ser facilmente identificadas pelas volutas nos capitéis que parecem chifres de carneiro ou um pergaminho levemente enrolado em ambas as extremidades. Uma visada no conjunto total dessa ordem revela sua maior complexidade em relação à Dórica. A delgada coluna assenta em uma base estratificada e decorada; as estrias ao longo da coluna são recortadas em cima e embaixo, e são separadas umas das outras por um filete liso e estreito; as métopas e tríglifos desaparecem, mas o friso e o frontão triangular tendem a ser totalmente entalhados. Os degraus para o *estilóbata* (o plinto sobre o qual o templo se encontra) no Jônico clássico frequentemente são menos maciços do que no Dórico — e portanto mais acessíveis para os fiéis subirem. Os jônicos tinham um tratado portuário no Delta do Nilo, e esse contato com os enormes templos egípcios influenciou a magnitude dos últimos templos Jônicos Helenísticos em comparação com o Dórico Ático. O Templo de Artêmis (Diana) em Éfeso, por exemplo, era tão grande que Antípatro, no século I a.C., o incluiu em sua lista das Sete Maravilhas do Mundo.

O capitel Coríntio, na forma de um sino virado para cima e circundado por folhas serrilhadas, por um lado esquivou-se do que sempre tinha sido um problema com as colunas de canto do Jônico, ou seja, o capitel é feito para ser visto de frente; e, por outro lado, oferecia possibilidades para a simetria elaboradamente entalhada, o que iria ganhar grande popularidade na dispersão do Império Romano. Porém, indubitavelmente tem seu próprio charme quando utilizado delicadamente, como no Monumento Corágico de Lisícrates em Atenas (335–334 a.C.; *fig. 100*), que foi o seu primeiro uso externo. Seu uso foi mais radical no Templo do Deus do Olimpo Zeus em Atenas, iniciado nos dias de tirania no século VI a.C., mas não concluído até o século I d.C. pelo imperador romano Adriano.

Mas, para obtermos exemplos clássicos das duas primeiras ordens, não precisamos ir além da Acrópole (*figs. 102, 103*). Hoje nos aproximamos da rocha por um impressionante lance de escadas, quebrado no meio por um caminho para animais rumo ao sacrifício no santuário, mas isso data apenas da época romana. Os antigos atenienses atravessavam a ágora diagonalmente pelo caminho da procissão e depois ziguezagueavam até o grande portão de entrada, o Propileus. Com as asas se projetando para frente nos dois lados, o Propileus abre seus braços para os

101 | **Calícrates**, *Templo de Atena Nice*, Acrópole, Atenas, c.450–424 a.C.

perspectiva, em ângulo. Os arquitetos gregos colocavam edificações simétricas em lugares assimétricos e irregulares e manipulavam os níveis do terreno de modo que a sensação de unidade fosse sentida a partir do deslocamento pelo lugar, como a procissão no dia principal do festival Panatenaico, em vez de visualizar as edificações a partir de uma posição estacionária.

Os primeiros templos da Acrópole, dedicados às deidades guardiãs da cidade, foram totalmente destruídos pelos persas. Porém Péricles, após as vitórias de Salamis e Plateia (480–479 a.C.), foi inspirado a dedicar parte do fundo de guerra coletado das cidades-estados gregas para reconstruir os templos, um movimento que iniciou a primeira controvérsia sobre a malversação de um fundo de catástrofes, o que acabou levando às Guerras do Peloponeso entre os estados gregos (431–404 a.C.), após o que Atenas perdeu sua supremacia.

A reconstrução foi feita sob a supervisão não dos arquitetos, mas do escultor Fídias. Um escultor como supervisor fazia sentido na época, pois os templos eram de certa forma salões de exibição para as esculturas de deidades ou até mesmo de atletas vencedores, sendo a escultura considerada a arte suprema. Assim, o primeiro encontro dos peregrinos teria sido com a estátua de bronze de Fídias de Atenas, que, sob todos os aspectos, era tão grande que o sol refletido pelo seu capacete era usado pelos marinheiros como um farol pelo qual determinavam o curso para Pireus, o porto de Atenas. A estátua de Fídias manteve o local de sua predecessora fora dos muros do templo anterior.

peregrinos vindos do oeste. Isolado em um bastião à direita da entrada encontra-se o templo Jônico de Atena Nice (a Vitória Sem Asas), projetado por Calícrates em c.450 a.C., mas construído apenas em 424 a.C. (*fig. 101*), e o único sobrevivente dos pequenos templos que originalmente cercavam a rocha. O Propileus foi construído por Mnésicles aproximadamente em 437 a.C. e usava o Dórico em suas colunas externas, o Jônico nas internas, de uma maneira apropriadamente contida para não se antecipar à glória que irrompia sobre o devoto à medida que passava pelo portão e entrava no santuário. Aqui podemos ver um aspecto importante desse esquema. Nada é direto, tudo está em

*página seguinte*
103 | Acrópole, Atenas

102 | Acrópole, Atenas, planta baixa mostrando o Partenon (A), Erecteion (B), Propileus (C), Templo de Atena Nice (D), Teatro de Dionísio (E)

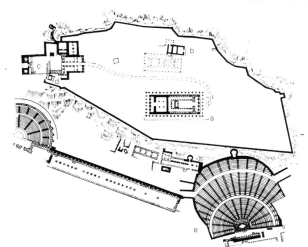

104 | *Pórtico das Cariátides, Erecteion,* Acrópole, Atenas, 421–406 a.C.

A estátua não está mais na Acrópole, e hoje, ao entrar no *temenos*, ou recinto sagrado, o olhar é atraído para o centro à direita, para o ponto mais alto na rocha, onde se situa o Partenon. Em tempos antigos, uma segunda estátua da deusa Atena por Fídias, dessa vez em ouro e pedras preciosas, situava-se dentro do próprio templo. Hoje é possível escalar as ruínas sobre o estilóbata, sem se preocupar com portas, mas no século V a.C. o templo ficava de costas para o Propileus e os peregrinos tinham que contornar até a entrada voltada para o sol nascente no lado oriental. Ao norte, além do local do predecessor do Partenon, encontra-se o pequeno templo de Erecteion (421–406 a.C.), que nessa época participava mais dos rituais da deusa Atena do que o próprio Partenon. Como o templo desce a colina em dois níveis, era impossível ter uma colunata contínua; porém, faz uso engenhoso do Jônico, elevando-se por dois níveis no lado em que a colina desce e a meia-altura da fachada adjacente. O mais incomum de todos é o pórtico, onde uma fileira de donzelas poderosamente construídas, conhecidas como Cariátides, substitui as colunas (fig. 104). Essas damas amazônicas foram tão erodidas pela poluição que nos últimos anos foram substituídas por moldes em fibra de vidro — uma iniciativa que suscitou muita controvérsia acadêmica.

Porém, precisamos fazer uma pausa no Partenon (figs. 105, 106), não só porque é a mais conhecida das edificações gregas, mas porque tem sido tema de estudos meticulosos que revelaram alguns dos segredos matemáticos de sua perfeição de forma e proporção. Construído entre 447 e 432 a.C. por Ictino e Calícrates sob a supervisão de Fídias, ele obedece os cânones das proporções Dóricas clássicas adotados geralmente após o século VI a.C., exceto em que as seis colunas habituais nas extremidades leste e oeste aumentaram para oito. Porém, o seu poder para encantar e satisfazer reside nas sutilezas de linha e proporção. Mesmo em sua época esses refinamentos eram lendários.

Quando no século XIX ele foi medido detalhadamente, descobriu-se que raramente há uma linha reta na estrutura inteira: todas as superfícies são ocas, dilatadas ou afuniladas de tal forma que o olhar pode deslizar pelos seus contornos sem ser obstruído pela distorção óptica, de modo que nada abala, tudo é harmonia. A maioria das edificações gregas desse período dourado usa a *êntase*, o método pelo qual as colunas afuniladas recebem uma ligeira dilatação aproximadamente a um terço de sua altura para se contrapor a uma tendência do olho para enxergá-las como objetos que se curvam para dentro em ambos os lados. O exemplo mais radical e destacado é o Templo de Hera em Paestum. Mas no Partenon esse exercício de ilusão de óptica não se limita às colunas. Todas as linhas horizontais (como a arquitrave e o estilóbata), que se por si sós parecem decair ligeiramente no meio, são corrigidas de modo similar; as colunas de canto são mais grossas e mais próximas de suas vizinhas para que não pareçam finas e compridas contra o céu; e, além disso, elas se inclinam ligeiramente para dentro na parte superior, para evitar a ilusão de caírem para fora; os tríglifos são cada vez mais espaçados à medida que atingem o centro da parte frontal e traseira da edificação, de modo que não vão criar linhas rígidas por estarem diretamente sobre uma coluna. O projeto do Partenon exigiu medições meticulosas; precisão

105 | **Ictino** e **Calícrates,** *Partenon,* Acrópole, Atenas, 447–432 a.C.

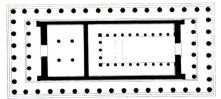

106 | *Partenon,* planta baixa

nos cálculos; maestria em cantaria; e uma elegância única de percepção e resposta. O resultado é impressionante.

Ainda em Atenas, vamos visualizar, a partir da Acrópole, a cidade como um todo. As habitações comuns nessa época eram uma barreira indistinta de cômodos individuais sem janelas que davam para os pátios, ligadas por ruelas estreitas e tortuosas sob a colina. Era onde as pessoas se reuniam que aconteciam os eventos arquitetônicos interessantes. Especialmente impressionante é o espaço aberto, a ágora (oficialmente o mercado local), que reunia em torno de si os salões de reunião utilizados para governar e legislar. Ali nasceu a democracia. Era uma democracia limitada (na realidade, o sistema romano atingiu uma maior equidade), já que o direito de voto, de ser eleito para a assembleia e de ocupar cargos públicos era negado às mulheres, aos escravos, dos quais dependia a economia ateniense, e aos estrangeiros, independentemente de há quanto tempo vivessem ou trabalhassem em Atenas. Mas, ali foi estabelecido o princípio da democracia representativa e com ele o direito

97

108 | *Stoa de Atalo*, Ágora, Atenas, c.150 a.C., restaurada

de livre expressão, um princípio que afetaria a educação e a evolução do pensamento no Ocidente. Ali Péricles fez a sua famosa oração fúnebre, celebrando o caráter diferenciado da civilização grega. Ali, sob as colunatas das *stoas* (arcadas protegidas alinhadas por lojas e escritórios que se tornaram uma característica da ágora), vagavam os filósofos e discípulos que assentariam as bases da investigação filosófica do mundo ocidental — Sócrates, Platão, Aristóteles e, naturalmente, os Estoicos (que, na verdade, inspiraram seu nome na estrutura).

A *stoa* foi uma invenção simples, porém altamente influente, dos gregos, que adotaram o princípio da coluna e lintel, mas os uniram, formando uma longa colunata que tinha muitos usos. Era um método de agrupar uma série de lojas e oficinas, que se não fosse assim pareceriam um conjunto aleatório de barracões e barracas, e de lhes conferir uma unidade digna. A *stoa* proporcionava espaço para as pessoas se sentarem ou caminharem sob a sombra, onde podiam conversar e trocar seus bens. E se tivesse um andar superior poderiam proporcionar escritórios e outros espaços. Era a principal característica unificadora da ágora. A Stoa de Attalus sob a Acrópole, com dois pavimentos, foi construída em torno de 150 a.C. (*fig. 108*) e restaurada pela American School of Archaeology como um museu; proporciona uma impressão bastante precisa de como uma *stoa* deve ter sido. Outras *stoas* foram espalhadas irregularmente ao norte e ao sul da ágora ateniense; nas cidades helenísticas planejadas posteriormente, a ágora e a *stoa* são definidas geometricamente e com um arranjo ordenado.

Outras edificações importantes eram o salão de assembleias, a prefeitura, o ginásio, o estádio e o teatro, que era uma parte importante na vida dos gregos. Em Atenas o teatro de Dionísio, datando do início do século VI a.C., situa-se ao sul da Acrópole, onde se localizaram sucessivos teatros de madeira. Fileiras de assentos primitivos, aproveitando os contornos mais baixos da rocha, só foram substituídas por assentos de pedra após os de terra e madeira desabarem, em 499 a.C. Enquanto para os templos não havia a obrigação de atender ao culto público, essa era uma função dos teatros. Eles estavam associados aos rituais frenéticos em homenagem a Dionísio e tinham que ser grandes o suficiente para incluir um palco circular ou semicircular, ou *orquestra*, para o coro e a dança envolvidos nos rituais, um altar para as libações que iniciavam as apresentações e espaço para uma grande audiência sentada. Foi aqui que Ésquilo, Sófocles, Eurípedes e Aristófanes apresentaram suas peças, definindo o padrão do drama e do teatro ocidentais. O teatro em Epidauro, construído pelo arquiteto Policleto em 350 a.C. (*fig. 107*), podia abrigar 13.000 pessoas, e a acústica era tão perfeita que qualquer sussurro proveniente da orquestra circular podia ser ouvido em qualquer um dos assentos, um efeito que se deve em parte à intensificação do formato em concha fazendo a inclinação do conjunto superior de assentos mais íngreme do que o inferior, em parte ao uso de ressonadores na forma de grandes urnas de cerâmica por baixo das fileiras de assentos de pedra. Nas cidades helenísticas planejadas, o teatro tendia a se situar fora da cidade propriamente dita. O formato em concha, considerado eficaz em termos acústicos, não se adequava ao plano ortogonal, e, além disso, era hábito dos gregos procurarem um local onde os contornos naturais do terreno pudessem ser facilmente convertidos em anfiteatro. E esses teatros tinham que ser muito grandes.

107 | **Policleto**, *Teatro*, Epidauro, Grécia, c.350 a.C.

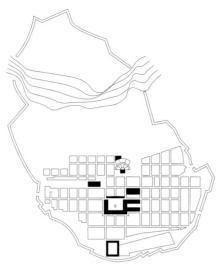

109 | Priene, Ásia Menor, planta baixa, datando principalmente de c.350 a.C.

O outro tipo de edificação importante era o estádio de jogos. Os estádios precisavam ter pelo menos um *campo* de comprimento (183 metros) para as corridas, e também eram posicionados fora dos muros da cidade. O estádio ateniense de 331 a.C. podia acomodar 60.000 espectadores. O talude de terra em volta do estádio estreito em Olímpia, a pequena cidade no Peloponeso que estabeleceu, a partir do século VIII a.C., os jogos olímpicos a cada quatro anos, abrigava 40.000 pessoas. Além do estádio, todas as cidades gregas dispunham de um ginásio onde os homens jovens locais treinavam como parte essencial de sua educação — um princípio que vemos firmemente arraigado nos sistemas educacionais europeu e americano. Salamis em Chipre tem bons exemplos de teatro e ginásio, esse último remodelado pelos romanos.

Todos esses tipos de edificações eram representados e agrupados em uma síntese nas novas cidades planejadas do período helenístico. Alguns foram reconstruídos em terreno mais elevado acima das cidades dos gregos jônicos, situados originalmente nos estuários dos rios que haviam assoreado; outros, na Ásia Menor, foram fundados após as conquistas de Alexandre. O padrão comum, adotando princípios atribuídos a Hipódamo de Mileto (século V a.C.), era a cidade assentada em um plano em grelha abaixo de uma acrópole, com uma ágora central, ruas cruzando a cidade e zonas separadas destinadas à vida comercial, religiosa e política. O próprio Hipódamo foi trazido para Atenas por Péricles para esquematizar o porto de Pireus, que está a 8 quilômetros da Acrópole e conectado à cidade por uma estrada murada conhecida como "paredões". Mileto foi planejada de modo similar em 466 a.C. após as Guerras Persas. Priene (*fig. 109*) e Pérgamo são exemplos clássicos e helenísticos posteriores na Ásia Menor. A vida agradável surgiu nessas cidades; as ruas eram largas e pavimentadas, os templos amplos, os teatros, ginásios e a câmara da assembleia eram suficientemente espaçosos para acomodar todos os homens adultos com direito a voto; o saneamento era aperfeiçoado, e algumas habitações privadas tornaram-se mais imponentes.

A capacidade grega para reunir o homem, a natureza e os deuses em uma unidade inspiradora pode ser encontrada em sua forma mais dramática em Delfos (*fig. 110*). Delfos era o mais sagrado dos locais sagrados da Grécia antiga, o santuário de Apolo e o local do oráculo. Como muitos locais sagrados bem-sucedidos, era um ímã para os peregrinos; e, como em muitos outros, o comportamento dos habitantes locais de ganhar o máximo de dinheiro possível com os devotos era deplorável. Mas, como uma experiência total de paisagem e edificações habilmente localizadas, embora nunca de modo óbvio (pois, como vimos em Atenas os gregos nunca produziam simetria axial elementar em suas paisagens, o que quer que fizessem nas edificações nelas incorporadas), Delfos é uma obra-prima de arranjo criativo, cada volta e esquina do percurso consideradas atentamente quanto ao impacto emocional sobre o peregrino.

A primeira edificação que o viajante avistava após subir as colinas irregulares vindo de Atenas era o Tholos, um templo circular cuja finalidade arquitetônica era chamar a atenção para as encostas do Parnaso, onde o santuário de Apolo foi construído (basicamente do século VI em diante). O Caminho Sagrado leva

110 | Delfos, Grécia, vista de cima a partir do *Teatro* (c.150 a.C.) para o *Templo de Apolo* (c.510 a.C.) e a *Tesouraria Ateniense* (embaixo à direita, c.490 a.C.)

para cima a partir do santuário, nunca em linha reta, mas voltando sobre si mesmo após a Tesouraria Ateniense (a primeira edificação Dórica inteiramente construída de mármore), ziguezagueando, para proporcionar uma sucessão de vistas cuidadosamente planejadas para o Templo de Apolo, orgulhosamente situado em sua majestade Dórica sobre um imenso pedestal de pedras ciclópicas. Depois, sempre subindo, para o Teatro (início do século II a.C.), que é acusticamente soberbo, com uma vista dramática através da hostil ravina abaixo. Ainda mais para cima e para o lado está o Estádio. É um lugar mágico — conforme a intenção. E a mágica é produzida pela unidade e coerência das edificações com o sítio.

# 8 A Autoridade da Competência: Roma Antiga

Sob o Império Romano, a arquitetura, impulsionada por novas técnicas, alcançou uma destreza que, em algumas áreas, a arquitetura europeia só alcançaria novamente com a chegada dos séculos XVII, XVIII ou até mesmo XIX. Mas isso não é aparente à primeira vista, particularmente se estivermos olhando apenas para a arquitetura grega e os nossos olhos estiverem sintonizados nas proporções e ordens gregas, pois, satisfeitos em deixar as questões da arte para os gregos, os romanos tomaram emprestada grande parte das armadilhas da arquitetura externa dessa civilização mais antiga. Assim, visualizando o Fórum de Roma a partir do oeste (*fig. 112*), poderíamos à primeira vista vê-lo como uma tradução direta de uma ágora.

Somente quando examinamos em detalhes algumas edificações é que percebemos o quanto são superficiais as diferenças entre os dois povos. Onde os gregos buscavam a harmonia do homem com o universo, comungando com o abstrato, e expressavam sua consciência cósmica na arte tão bem quanto os mais puros ideais do homem, os romanos não tinham tempo para tal idealismo. Eles eram um povo prático e robusto com mentes lógicas afiadas, que se destacava na criação de leis, em feitos de engenharia e na administração de territórios. As harmonias que buscavam não eram do espírito nem entre as esferas celestiais, mas em seu círculo doméstico imediato e nos territórios que haviam conquistado. Sua religião girava em torno da família, com tochas acesas diante de seus deuses domésticos, os *penates*, no *átrio* ou salão de suas moradias; as virtudes que eles mais exaltavam (além da coragem física) eram a *pietas* (lealdade aos pais e ancestrais) e a *gravitas* (responsabilidade). Eles consideravam os gregos decadentes. Estavam convencidos de que o modo de vida romano estava correto, como vemos na seguinte citação de Vitrúvio, um engenheiro militar a serviço de Júlio Cesar e mais tarde de Augusto, entre os séculos I a.C. e I d.C., que escreveu o único tratado de arquitetura existente até o século XV.

*Porém, embora as nações do sul tenham maior sagacidade, e sejam infinitamente mais inteligentes na formação de esquemas, quando se trata de exibir valor elas sucumbem, pois toda a virilidade da alma lhes é sugada pelo sol. Por outro lado, os homens nativos de países frios estão mais aptos para enfrentar o choque de armas com grande coragem e sem timidez, mas a sua sagacidade é tão lenta que vão partir para o combate de modo inconsequente e desajeitado, frustrando assim a sua própria sorte. Sendo esse o arranjo natural do universo e todas essas nações com temperamentos que carecem da devida moderação, o território verdadeiramente perfeito, situado sob o meio do céu, e tendo em cada lado a extensão inteira do mundo e seus países, é aquele ocupado pelo povo romano.*
*Dez Livros sobre Arquitetura,* Livro VI.

111 | *Aqueduto Pont du Gard*, Nîmes, França, 14 d.C.

112 | *Fórum Imperial*, Roma, *c.*27 a.C.–14 d.C., vista do oeste

As origens lendárias dessa raça pretensiosa são estranhamente românticas, envolvendo a ilustre, porém ilícita, união de Marte, deus da guerra, com uma virgem vestal e o subsequente resgate de seus filhos gêmeos abandonados por uma loba, cuja estátua de bronze se encontra hoje no Monte Capitolino em Roma, no ponto em que um dos gêmeos, Rômulo, fundou a cidade. Isso foi, supostamente, em 753 a.C., o ano a partir do qual os romanos iniciaram seu calendário (*ab urbe condita*), mas, na verdade, é provável que só tenha existido uma cidade propriamente dita depois de 600 a.C., e o célebre bronze data da Renascença.

De fato, em uma época em que no mundo grandes feitos ocorriam — Buda ensinando na Índia; Confúcio na China; Jimmu, o primeiro imperador do Japão, subindo ao trono; Judá sendo submetida ao cativeiro babilônico; e os persas varrendo tudo diante de si e ainda a se deparar com os gregos —, Roma era pouco mais do que uma entre muitas aldeias-estados no meio da Itália. Então, em 509 a.C. deu seu primeiro passo rumo à grandeza expulsando os tirânicos reis etruscos e se declarando uma república. O temperamento nacional agora começava a se mostrar na conquista sistemática de seus vizinhos, de modo que por volta do século III a.C. havia dominado a Itália; nos séculos III e II a.C., as três Guerras Púnicas garantiram o Norte da África e a Espanha. Por volta do primeiro século a.C., Roma possuía o mundo helênico em sua totalidade, e quando Augusto estabeleceu o império (30 a.C.), todo o mundo conhecido era deles, e o Mediterrâneo realmente era, como seu nome sugere, o mar no centro do mundo.

Com a vitória conquistada, os vencidos não eram obrigados a sepultar a sua identidade nacional e seus costumes. Eles podiam ser mantidos com a cidadania romana, desde que estivessem preparados para aceitar as leis, os impostos, o serviço militar e a religião pouco ortodoxa de Roma. A tolerância de raça e religião provavelmente era maior do que sob a exaltada democracia dos gregos. Até mesmo no que diz respeito à classe social: embora os patrícios aristocratas dominassem o Senado, os plebeus tinham um direito constitucional estabelecido; e embora a força de trabalho escravo — inchada a cada nova conquista — não tivesse voz política, havia um tipo de sistema de aprendizagem para a cidadania.

'O Império Romano', afirma A. N. Whitehead (em *The Aims of Education* [Os Objetivos da Educação], capítulo V), 'existia em virtude da maior aplicação da tecnologia que o mundo havia visto até então: suas estradas, pontes, aquedutos, túneis, esgotos, amplas edificações, marinha mercante organizada, ciência militar, metalurgia e agricultura'. Significava a dissolução das fronteiras políticas e comerciais e um suprimento de mercadorias provenientes do exterior. Significava água corrente nos lares; lavatórios públicos, às vezes dispostos em grupos (fig. 113), em cuja grandiosidade o povo sentava em assentos de mármore entre golfinhos esculpidos, lendo e conversava entre si como cavalheiros em lazer em seus clubes. Significava termas públicas quentes e frias para relaxar, fóruns para leis e política, circuitos duplos em formato oval para corridas de bigas; e anfiteatros para combates de gladiadores ou para assistir cristãos serem comidos por leões; e teatros para as artes dramáticas, nos quais o mais popular não eram as intensas tragédias como as da Grécia clássica, mas a comédia vulgar e social de Plauto e Terêncio.

Portanto, não é de surpreender que a arquitetura construída por esse tipo de pessoas fosse direcionada às finalidades práticas imediatas em vez da satisfação estética. Os romanos estavam prontos a deixar as questões de arte para os gregos, e se apoiaram fortemente nas formas e gostos gregos quando foram necessárias as edificações de serenidade, dignidade e poder, adequadas a um grande império. Essas qualidades são evidentes na série de novos fóruns construídos por sucessivos imperadores a fim de acomodar as crescentemente mais complexas necessidades sociais, legais e comerciais. Augusto (31 a.C.–14 d.C.) começou primeiro ao construir um novo Fórum em Roma em contraste com o acúmulo de construções que haviam crescido pouco a pouco em volta do antigo; ele colocou um pórtico de colunatas ao longo dos dois lados de um grande espaço retangular, fechando a paisagem ao final com um Templo para Marte. Embora a inspiração original tenha sido helenística, a marca romana aparece rapidamente. As edificações não são localizadas em resposta ao ambiente natural, em comunhão mística com os contornos do local; em vez disso, surge um novo conceito: o espaço planejado configurado pela arquitetura. Os novos fóruns têm menos relação com templos individuais do que com o todo edificado, concebido como um conjunto de partes de inspiradora reverência que demonstram o poder imperial. Uma série de formas geométricas se desdobra à medida que percorremos o fórum de Baalbec, no Líbano; e no Fórum de Augusto em Roma, vistas e panoramas planejados são envolvidos por uma fachada de templo.

No anfiteatro conhecido como Coliseu, a arquitetura era caracteristicamente romana. Enquanto os gregos usavam seus teatros exclusivamente para o drama, os romanos necessitavam de circos e anfiteatros para corridas e competições. Muitos teatros e

113 | Lavatórios públicos na cidade romana em Dougga, Tunísia, século III d.C.

114 | *Teatro*, Orange, França, *c.*50 d.C.

115 | *Teatro*, Orange, planta baixa

anfiteatros romanos ainda estão de pé. O teatro de Orange (*c.*50 d.C.; *figs. 114, 115*), no sul da França, de proporções impressionantes, está particularmente bem preservado, embora a cobertura de madeira que protegia o palco, suportada na frente por duas grandes correntes presas a mastros altos erguendo-se de píeres em mísula na parte traseira, não mais exista. Os anfiteatros em Arles e Nîmes na Provença (ambos do final do século I) ainda são usados para touradas. Mas o teatro de Orange é incomum por ser, como os teatros gregos, ao menos parcialmente escavado na encosta. E aqui temos a diferença básica entre as formas grega e romana. No teatro, a concentração no exterior se inverte: o teatro não tem lado de fora, estando situado em uma cava natural no sopé de uma encosta, normalmente fora da urbe principal. Seus assentos escalonados eram construídos na encosta, e a natureza fornecia o seu próprio pano de fundo de colinas ou de mar para os que se apresentavam no palco.

O Coliseu, ao contrário, construído pelos Imperadores Vespasiano, Tito e Domiciano entre 72 e 82 d.C. (*fig. 116*), situa-se no centro da cidade, com sua forma elíptica no nível do solo. Para anfiteatros como esse era necessário tanto uma arquitetura interna quanto uma externa, e para o drama até mesmo o pano de fundo precisava ser feito pelo homem, como as *scenae frons*, hoje reconstruídas atrás do palco no teatro Romano em Sabratha, no Norte da África, de 200 d.C., aproximadamente. Uma vez dentro do Coliseu, cujo imenso auditório podia abrigar 55.000 espectadores sentados, e que continuou a ser usado para jogos com animais até o século VI, podemos vislumbrar acima as ruínas de quatro fileiras de assentos e abaixo, por volta de onde se estendia o piso da arena, uma rede de corredores de circulação; e não restará dúvida de que essa é uma arquitetura de interior com o desenho dos mais complexos. Passagens abobadadas entre os assentos (todas elaboradas matematicamente) em cada nível proporcionam acesso rápido para sentar e, mais importante, para sair rapidamente, de modo que o auditório pudesse ser evacuado prontamente em caso de incêndio. Abaixo do palco, jaulas e áreas de detenção para animais e criminosos eram propiciadas por passagens fechadas por portas corrediças, e elevadores e rampas mecânicas eram utilizados para levar os participantes para o nível da arena.

Claramente, era uma construção muito mais sofisticada e intrincada do que um templo retangular que dependia de colunas para suportar os lintéis. O que nos transmitiu a noção de que o anfiteatro romano era uma tradução direta do grego? Se voltarmos

116 | *Coliseu*, Roma, 72–82 d.C.

novamente para o lado de fora, veremos imediatamente o que foi que nos ludibriou: os quatro níveis do Coliseu apresentam uma fachada imitando as ordens gregas: Dórica no piso térreo, Iônica no segundo piso, Coríntia no terceiro e nas pilastras ao longo do piso superior. Agora porém percebemos que as ordens não fazem parte da estrutura: os membros de suporte são construídos no corpo da edificação, e as colunas são simplesmente um dispositivo decorativo aplicado sobre a face do edifício.

Os romanos fizeram muito uso das ordens. Sua favorita era a Coríntia, com suas possibilidades floridas e pomposas. Se há alguma verdade na história de que seu projetista se inspirou em um banquete pela visão de um cálice enrolado com folhas de acanto, há certa sensação de troça bacanaliana a respeito dessa ordem, que é mais alta que a Dórica ou a Iônica e parece estar de acordo com as enormes dimensões de alguns templos romanos, como os situados (agora em ruínas) em Baalbec, no Líbano (*fig. 117*). Nesse caso, o menor dos dois templos, o Templo de Baco, é maior do que o Partenon. Os romanos adotaram mais duas ordens em seu repertório — a *Compósita*, uma combinação de Iônica e Coríntia, e a *Etrusca*, ou Toscana, uma versão mais atarracada da Dórica. Uma característica porém da arquitetura romana é o uso de colunas sem função estrutural, frequentemente total ou parcialmente embutidas nas paredes — uma técnica conhecida como colunas *envolvidas* ou *semienvolvidas*; às vezes as colunas são achatadas e quadradas, sendo então chamadas de *pilastras*.

117 | *Templo de Baco*, Baalbec, Líbano, século II d.C.

A técnica é exibida claramente em outro tipo de arquitetura romana: o arco triunfal. Frequentemente situado na entrada de um fórum, esse tipo de arco era erigido para comemorar as vitórias. Eles precisavam ser largos e grandes o bastante para permitir a marcha de uma procissão triunfal entre as multidões entusiasmadas, trazendo antes de si carroças carregadas com butim e prisioneiros acorrentados. A caligrafia usada nas inscrições nesses arcos, detalhando as vitórias de um Tito, de um Constantino (*fig. 118*) ou de um Severo, e a gratidão do Senado e do povo de Roma ao seu poderoso governante, é tão clara e impressionante que forma a base das fontes tipográficas da Renascença e de nosso próprio tempo. Quer tenha a forma de um arco, como no Arco de Tito à beira do Fórum (*c.*81 d.C.), quer seja desenhada em motivo triplo (pequena, alta, pequena), como no Arco de Constantino (315 d.C.), a arquitrave maciça na qual a dedicatória é entalhada é carregada como um estandarte, intrépida como se carregada por um legionário marchando para a batalha.

Como as ordens e os motivos clássicos não eram mais necessários estruturalmente, foi aberto o caminho para brincar com as formas decorativamente. A decoração de interior em Pompeia prenunciou os caprichos barrocos em falsa marmorização e paisagens arquitetônicas pintadas. Um dos mais atrativos desses caprichos arquitetônicos, que, segundo se acredita, data do século II d.C., é o templo redondo em miniatura situado entre os

118 | *Arco Triunfal de Constantino*, Roma, 315 d.C.

lados de um frontão partido do piso superior na fachada esculpida na rocha do Templo (Monastério) de El-Deir em Petra, uma antiga cidade de comércio de caravanas, cortado nas rochas róseo-avermelhadas do deserto árabe (fig. 119).

Os romanos não precisaram contar com a estrutura de coluna e lintel dos gregos porque desenvolveram um método muito mais eficaz de suporte no arco verdadeiro. Eles não o inventaram: o arco verdadeiro pode ter surgido em 2500 a.C. no Egito, e temos um exemplo ainda existente no túmulo de Ramsés II em Tebas, datando de 1200 a.C., aproximadamente. Os romanos não eram um povo particularmente inventivo — provavelmente menos do que os gregos. Mas, talvez os excelentes comentários de Vitrúvio tenham alguma justificativa: os gregos tinham ideias, mas frequentemente não as colocavam em prática, como se não quisessem sujar as mãos com as coisas práticas. O domínio romano da geometria abstrata e da ciência teórica pode ter ficado atrás do domínio dos gregos, mas eles não tinham vergonha de colocar em prática o conhecimento dos outros. Então, enquanto os dispositivos mecânicos e hidráulicos dos gregos frequentemente permaneciam no papel como brinquedos engenhosos — portas operadas a vapor para templos ou oráculos, ou distribuidores de água sagrada, operados por moedas inseridas em fendas (como as máquinas de refrigerante de hoje) —, os romanos empregavam o seu conhecimento no aprimoramento da vida diária.

O mesmo acontecia com as estruturas. Eles aperfeiçoaram rapidamente a construção de telhados com armação de madeira, com os quais os gregos do século III tinham apenas brincado. Sua atenção se voltou então para o arco verdadeiro que (ao contrário do arco em mísula, em que as pedras se projetam dos dois lados, encontrando-se no meio) se mantém unido pela pressão sobre as pedras em forma de cunha, chamadas *aduelas*, irradiando em torno do arco. Durante sua construção o arco era suportado por um andaime temporário chamado *cimbre de centragem* — normalmente uma estrutura de madeira ou um monte de terra. Uma série de arcos com enchimento entre eles para formar um túnel produzia uma *abóbada de berço*, e onde duas abóbadas de berço se encontravam em ângulo reto elas formavam uma *abóbada de aresta*.

A exploração da estrutura seguiu de mãos dadas com o desenvolvimento do concreto. As propriedades do solo vulcânico misturado com cal para criar um concreto à prova d'água foram reconhecidas primeiramente na ilha vulcânica de Thera (rebatizada Santorini durante a Quarta Cruzada), mas a melhor substância para fazer concreto era a *pozzolana*, um solo vulcânico vermelho proveniente de Puteoli (hoje Pozzuoli), um porto perto de Nápoles. Os romanos usavam vários tipos de agregado de concreto, chamados coletivamente *cimento*, que variavam de um conjunto aleatório de pedras e entulho de tijolos e até mesmo cacos de louça até camadas cuidadosamente organizadas de tijolo e pedra-pomes, como o tufo calcário, particularmente adequado para a cúpula ou a parte superior de uma estrutura em que era exigido pouco peso. Como regra, eles derramavam concreto em um molde permanente ou invólucro, preferindo isso a fôrmas removíveis que deixam uma face de concreto exposta, como é frequentemente utilizada hoje. O molde poderia ser em blocos quadrados tradicionais de pedra (*opus quadratum*) ou uma armação em pedra bruta (*opus incertum*); se a armação fosse de tijolo, os tijolos eram assentados diagonalmente para formar dentes que seriam engastados pelo

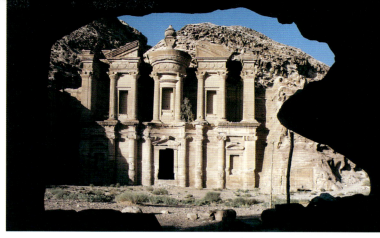

119 | *Templo (Monastério) de El-Deir*, Petra, Jordânia, século II d.C.

120 | *Panteão*, Roma, 120–124 d.C.

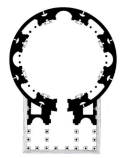

121 | *Panteão*, planta baixa

concreto (*opus reticulatum*) ou tinham formato triangular, apontados para dentro (*opus testaceum*).

    A estrutura combinada de arco/concreto, ao tornar desnecessárias as colunas, abriu um novo mundo ao projeto espacial. A invenção de engenharia floresceu em estruturas que só seriam imitadas quando os arquitetos da Renascença lessem os manuais de Vitrúvio ou usassem os modelos clássicos. Por exemplo, a cúpula do Panteão (*figs. 120–122*), o templo dos deuses construído pelo Imperador Adriano entre 120 e 124 d.C., com um diâmetro de 43,5 metros, foi a maior cúpula até o século XIX.

122 | *Panteão*, interior, pintura por G. P. Panini, c.1734

Ela é construída em concreto entre paredes estruturais permanentes, com uma espessura total de 7 metros, tijolos no lado de fora e mármore revestindo o interior. Esse era um templo, em contraste direto com os templos gregos, concebido para ser visto de dentro e também de fora. Uma luz uniforme e difusa penetra por toda parte, e basta um momento para se perceber que, como não há janelas (do lado de fora a edificação inteira parece sólida), a luz deve se infiltrar pelo buraco não vidrado, o *oculus*, ou olho, no centro da cúpula. As dimensões são planejadas com exatidão; a cúpula é um hemisfério perfeito, seu raio igual à sua altura, e inicia a sua ascensão em uma altura igual ao raio do cilindro que forma o corpo do templo. As partes superiores da cúpula são feitas de tufa vulcânica, para conferir leveza, cortadas em painéis almofadados quadrados, quadro a quadro, um recurso tanto decorativo quanto estrutural. O *oculus* distribui inteligentemente o peso no topo da cúpula. Mas há outra maneira inteligente de suportar a cúpula. Se olharmos a edificação a partir de seu interior, veremos que a cúpula brota do segundo andar, mas se olharmos de fora perceberemos que existem três andares indicados na parede externa. A cúpula parte, na verdade, do corpo cilíndrico principal no interior do templo, e um pavimento do cilindro se eleva em torno dele no lado de fora, formando um contraforte. Os romanos usavam muito os contrafortes, e todo tipo de contraforte então conhecido ocorre no Panteão. O pórtico de entrada, escudado a partir do interior por colunas Coríntias, foi construído com o uso de restos de um pequeno templo, construído por Agripa, genro de Augusto, em 25 a.C.

O poder do arco e do concreto para atuar no ambiente se espalhou para todas as áreas do cotidiano — estradas, pontes, aquedutos, portos, teatros, habitações, abastecimento e drenagem de água. Geralmente a água era transportada por tubulações subterrâneas, mas onde as tubulações precisavam emergir para atravessar um vale os aquedutos a transportavam ao longo de pontes em arco, que, como aquelas que faziam parte das estradas, estão entre as mais belas obras arquitetônicas funcionais existentes. O aqueduto de Augusto em Segóvia, na Espanha, tem 128 arcos de granito branco com 27,5 metros de altura. O abastecimento de água em Nîmes, França, que tinha 40 km de comprimento, inclui a famosa Pont du Gard (14 d.C.; *fig. 111*), com sua alvenaria de pedra seca, ainda de pé como um tributo eloquente à engenharia romana.

As civilizações anteriores aos romanos conheciam, é claro, o saneamento. Tubulações de terracota levavam água para os banhos de terracota, e a água corrente passava por baixo dos lavatórios no Palácio de Cnossos em 2000 a.C.; Sargão I da Assíria (721–705 a.C.) tinha jarros de água em seus lavatórios; seu sucessor Senaqueribe (704–681 a.C.) e Polícrates de Pérgamo construíram aquedutos.

123 | *Termas de Caracalla*, Roma, 212–216 d.C.

No entanto, os romanos planejaram a drenagem para cidades inteiras. A descarga principal para dentro do Tibre, a Cloaca Maxima, construída pelos etruscos antes de 510 a.C., era o único grande esgoto na Europa até o século XVII.

Dentro das casas (*domus*) das pessoas abastadas, a água corria de torneiras, a água do banho era levada por tubulações desde aquecedores no topo de fornalhas, e havia

124 | *Ínsulas*, Ostia Antica, perto de Roma, século II d.C.

lavatórios individuais. O aquecimento era feito principalmente por braseiros de carvão levados de um cômodo para outro; mas nas áreas frias como a Grã-Bretanha e a Gália, e nas casas de campo e termas públicas, era utilizado o *hipocausto*, isto é, o piso ficava acima de pilares de tijolo e o calor das fornalhas abaixo subia lentamente para os cômodos através de ranhuras padronizadas.

A vida era menos luxuosa para os trabalhadores que habitavam as 46.602 *ínsulas*, ou cortiços, listados no censo da cidade de Roma em 300 d.C. Eles tinham sorte se houvesse um lavatório comum no piso térreo, e tinham que coletar a água de uma torneira na rua. O destino, entretanto, dos homens, em particular, foi bastante melhorado pelo alto padrão dos serviços públicos. As termas públicas eram gratuitas ou custavam muito pouco, e costumavam ser edificações suntuosas. As termas públicas do Imperador Caracalla em Roma (212–216 d.C.; *fig. 123*), hoje utilizadas como um teatro lírico, eram circundadas por jardins e ginásios, e ostentavam um cômodo arredondado com uma cúpula que era dividida em uma sala quente (*calidarium*), uma sala morna (*tepidarium*), abobadada e iluminada a partir do clerestório, e uma piscina a céu aberto (*frigidarium*). As plantas baixas das termas, assim como as dos últimos fóruns, como o de Baalbec no Líbano, demonstram a capacidade romana para organizar volumes de espaço, algo que mais tarde inspirou os arquitetos da Renascença.

As ínsulas costumavam ter três ou quatro andares de altura, e podem até mesmo ter chegado a cinco ou seis em determinado estágio. As do porto de Roma, Ostia Antica (*fig. 124*), embora hoje em ruínas, mostram a organização comum de lojas com arcadas no piso térreo. O padrão foi adotado na Renascença pelos projetistas dos palácios dos príncipes mercadores e ainda é seguido hoje. Como nos cortiços atuais, os habitantes das ínsulas eram vítimas de exploração, e o poeta Juvenal, em suas sátiras escritas no final do século I d.C., fala sobre como os senhorios evitaram o colapso de suas propriedades escorando-as 'com suportes e estacas' e 'cobrindo com papel de parede as grandes rachaduras na estrutura decrépita'. Também eram vítimas fáceis do fogo, tanto que, afirma Juvenal, 'no momento em que a fumaça chegou ao seu apartamento no terceiro piso (e você ainda está dormindo), seu heroico vizinho do andar de baixo está urrando por água e passando suas coisas para um lugar seguro. Se o alarme for no nível térreo, o último a fritar será o inquilino do sótão'. De acordo com Tácito, após o incêndio de 64 d.C.,

125 | *Residência dos Vetti,* Pompeia, século II a.C.

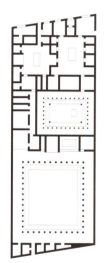

126 | *Residência dos Vetti,* planta baixa

a altura das ínsulas foi limitada a 21 metros e as paredes divisórias foram proibidas; em vez da madeira, foi recomendado o uso de pedra resistente ao fogo proveniente das Colinas Albano, e os tetos planos nos pórticos para permitir o acesso dos bombeiros passaram a ser obrigatórios. Quando a cidade incendiada foi reconstruída, as estradas arteriais como a presente Via del Corso foram cortadas em locais preestabelecidos para funcionar como corta-fogo nas emergências futuras. Um corpo de bombeiros, cujos oficiais tinham *status* militar, já havia sido criado por Augusto quando um incêndio em 6 d.C. destruiu um quarto da cidade.

O padrão de vida dos ricos ultrapassava em muito as necessidades físicas e as precauções de segurança dos pobres. A erupção do Vesúvio em 79 d.C. colocou uma máscara mortal de lava derretida sobre a cidade comercial de Pompeia (*figs. 125, 126*) e sua vizinha litorânea, Herculano. Tudo foi petrificado — ruas pavimentadas, fontes nas paredes em mosaico, onde a água antes brotava das cabeças de leões, lojas e tavernas, casas graciosas com pinturas em murais, pisos em delicados mosaicos, claraboias, arquitraves sobre portas e peristilos em colunata.

Os ricos usavam suas casas de campo como refúgio da barulhenta Roma. Situadas em pequenos imóveis autossuficientes, eram administradas, na ausência do dono, por um oficial de justiça e uma equipe de libertos e escravos, e incluía terra arável, olivais, vinícolas, pomares, celeiros e oficinas. Adentradas discretamente a partir da estrada, as casas romanas (como as habitações chinesas) se voltavam para dentro do *átrio,* um pátio pavimentado com mosaicos com uma piscina central, um *implúvio,* usado para tomar banho ou simplesmente para abrigar peixes dourados. O implúvio também servia para coletar água da chuva dos telhados vermelhos inclinados que cercavam o átrio e se projetavam para a frente para proporcionar um pouco de sombra. Do átrio se abria a sala de jantar com três longos sofás posicionados em três lados de uma mesa (para os romanos comerem na posição reclinada), o estúdio, a biblioteca, os quartos de hóspedes e o do proprietário e os lavatórios. Às vezes os cômodos formais eram agrupados em volta do átrio e a família vivia em aposentos de dois andares em um dos lados. As casas maiores se estendiam em volta de um pátio aberto com um átrio grego, e esse, como o jardim formal que a maioria das casas possuía, tinha grama, fontes e estátuas, cercas vivas, caminhos de treliça com roseiras e videiras, e às vezes até mesmo um pombal. O volume de cuidado e orgulho que eram depositados no projeto desses retiros de campo pode ser captado em uma carta de Plínio o Jovem para um amigo

127 | *Villa Adriana*, Tivoli, Itália, 118–134 d.C., exibindo as ruínas do Teatro Marítimo

que ele estava tentando atrair para a sua casa de campo em Laurentum, não muito distante de Roma. Entre suas atrações havia um pátio em forma de D cercado de colunatas, uma sala de jantar com portas de dois batentes, janelas por toda a volta e uma vista do mar a partir de três lados, uma biblioteca com estantes, um quarto de inverno com aquecimento sob o piso, um solário, alecrim e cerca viva ao longo do caminho, um jardim onde cresciam amoras e figos e um terraço preenchido com o aroma das violetas.

Quanto aos palacetes, habitados por imperadores deificados, é de surpreender que seus apartamentos e jardins opulentos nos remetam à China Imperial. Em Spalato (Split, Croácia), Diocleciano construiu um palácio para se aposentar em 305 d.C. Inspirado em uma fortaleza legionária, é quase uma cidade em si, com entrada por uma via lateral, jardins se estendendo para uma fachada em arcada e cais no Adriático. A Villa Adriana em Tivoli (118–134 d.C.) era praticamente um reino. Ainda se pode ver o que resta de seus onze quilômetros de jardins, pavilhões, palácios, termas, teatros e templos (fig. 127).

No setor público, um novo tipo de salão nobre, a *basílica*, apareceu pela primeira vez na cidade na Basílica Porcia de 184 a.C. e ganhou popularidade no Império para abrigar as atividades legais e comerciais cada vez mais sofisticadas. Às vezes feito de pedra, às vezes de tijolo e concreto, o que permitia grandes espaços livres de colunas, foi desenvolvida uma planta baixa para abrigar grandes assembleias. O padrão foi adotado pela Igreja

128 | *Basílica de Maxêncio*, Roma, c.306–325 d.C.

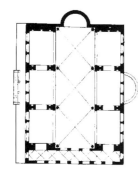

129 | *Basílica de Maxêncio*, planta baixa

Cristã e estabelecido como norma no início da era Cristã e Bizantina. Normalmente retangular, com o comprimento o dobro da largura, a basílica se divide em um salão principal (a nave) e um ou dois corredores laterais divididos com colunas. O teto normalmente era de madeira, e, como a nave principal erguia-se acima dos corredores laterais, a luz entrava por uma fileira de claraboias em ambos os lados das paredes superiores da nave. Um pórtico em forma de arco em uma extremidade sustentava o tribunal, às vezes elevado, para o assento do magistrado que presidia a assembleia. No que restou da Basílica do Imperador Maxêncio, concluída por seu sucessor Constantino (c.306–325 d.C.), podemos avaliar como devem ter sido impressionantes para os Romanos a simplicidade e grandiosidade da basílica em forma de celeiro (*figs. 128, 129*). Havia dois pórticos em forma de arco nessa basílica, o segundo acrescentado por Constantino, e o teto era profundamente abobadado em almofadas de concreto hexagonal entre reforços de alvenaria de tijolos.

A basílica nos conduz, em termos arquitetônicos, através da divisão entre o Império Romano do Ocidente e o Império Bizantino do Oriente, com a ligação feita pela nova religião, o Cristianismo, que se tornaria a principal inspiração arquitetônica dos dez séculos seguintes. Constantino e sua basílica fornecem a ponte, pois, antes de sua morte, em 337 d.C., ele havia começado a construir a igreja de São Pedro em Roma, e transferido a capital imperial para Bizâncio, rebatizada de Constantinopla (hoje Istambul).

# 9    **A Comunidade em Adoração:** Paleocristão e Bizantino

A arquitetura paleocristã parte do legado deixado pelos romanos: a basílica. Esse iria se tornar o padrão de igreja ocidental dos próximos 700 anos que levou diretamente à fase arquitetônica subsequente, a Romanesca. Mas, como vimos, ele começou como um palácio da justiça laico, e não como uma edificação religiosa. Na verdade, durante os primeiros séculos, os cristãos não construíram igrejas. A pobreza e a necessidade de se esconder da perseguição não foram os únicos motivos para isso. Todo o etos do cristianismo nesse estágio estava diretamente em oposição ao aparato combinado do Estado e da religião a ser encontrado nos templos pagãos, onde deuses e imperadores eram adorados lado a lado. Uma instituição de tijolo e cimento despertava pouco interesse nos primeiros fiéis; sua preocupação recaía sobre a segunda vinda prometida de Cristo, e viviam na expectativa diária de encontrá-lo na rua ou no mercado local.

Os Atos dos Apóstolos nos dão alguma noção de como eles compartilhavam esse período de espera, vivendo sempre que possível em uma comunidade. Como a maioria deles era de trabalhadores comuns, seus pequenos quartos provavelmente situavam-se em cima de uma oficina pertencente a um deles ou em uma casa comum vernacular — uma sucessão de quartos se abrindo para um pátio. Uma atitude similar em relação à comunidade levou ao desenvolvimento das catacumbas. Os cristãos, acreditando na ressurreição do corpo, não adotaram o costume romano da cremação; eles gostavam de ser enterrados ao lado de seus irmãos e irmãs, se possível perto do túmulo de um apóstolo, muitas vezes sob lápides feitas simplesmente de ardósia cravadas no solo. À medida que os cemitérios ficavam lotados, cavavam a terra para criar catacumbas em que as passagens eram alinhadas a fileiras de alcovas para os corpos (*fig. 131*).

Porém, remanescentes Cristãos não são os únicos provenientes desse período que são escassos; há muito poucas reminiscências pós-romanas de modo geral. Enquanto o império entrava em um longo período de declínio, as estruturas de alvenaria de todos os tipos — templos, estradas, pontes — passaram a ser negligenciadas, dilapidadas, e por fim utilizadas como pedreiras. Esse foi o período chamado superficialmente de Idade das Trevas, o período de esfacelamento do antigo Império Romano, quando a Europa se sujeitou às incursões das tribos germânicas chamadas coletivamente de bárbaros, um nome cunhado havia muito tempo pelos gregos para classificar todos os estrangeiros cujo discurso tosco lhes soava como 'Ba-ba-ba'. Anglos, saxões, jutos, francos, hunos, godos e vândalos se infiltraram nas províncias romanas, promovendo uma reestruturação racial e cultural de todo o mundo civilizado que não pertencesse ao Extremo Oriente.

Assim como acontece com qualquer grande instituição, a erosão veio tanto de

130 | *Santa Costanza*, Roma, c.350

131 | *Catacumba* nos arredores da Via Latina, Roma, século IV

fora como de dentro, simultaneamente. No século III, Diocleciano abandonou Roma como capital e a transferiu para Nicomédia, a cerca de 80 km de Bizâncio. Imperadores posteriores estabeleceram capitais em Trier, na Alemanha, e em Milão. Em 402, atormentado pelos godos e pela malária dos pântanos circundantes, Honório mudou a capital ocidental de Roma para Ravena, uma mudança com consequências arquitetônicas. Oito anos mais tarde, Alarico, o Godo, saqueou Roma, mas foi em Toulouse que os godos optaram por estabelecer sua capital. Por volta de 475, Roma foi finalmente ocupada — e o Império Romano do Ocidente virou pó.

Em 285, Diocleciano nomeou um coimperador para o Oriente, e, embora Constantino tenha reunificado brevemente o império no século IV (como Justiniano iria fazer de novo no século VI), a divisão foi finalizada quando, na morte de Teodósio, em 395, as possessões imperiais foram divididas entre seus dois filhos — Honório, que governaria o Ocidente a partir de Roma, e Arcádio, que governaria a partir de Constantinopla, a cidade de Constantino no Bósforo. Em 476, o último imperador do Ocidente, Rômulo Augusto, abdicou, e Roma Ocidental acabou como havia começado — com um Rômulo.

Os Cristãos, defendendo heroicamente a sua nova crença, podem ser encarados como um câncer interno, devorando o Império. Mas, de certa forma, a nova Igreja e o velho Império parecem ter nutrido um ao outro através dos séculos de invasão bárbara. Depois que compreenderam que a mensagem do Cristo não era apenas para os judeus, mas para o mundo inteiro, os cristãos encontraram no Império um veículo internacional imediato. E após Constantino ter declarado o cristianismo a religião oficial do Império, em 313, Roma encontrou na Igreja um refúgio e um santuário para as suas tradições clássicas. Não é de surpreender que com a Europa em um cadinho tenha havido um longo período de ambivalência entre a religião antiga e a nova, e as formas exclusivamente Cristãs demoraram algum tempo para aparecer. Uma pia batismal na Toscana exibe gárgulas pré-cristãs, e o ornamento entrelaçado dos celtas continua a ser composto, em grande parte, por formas pagãs, mesmo nas cruzes cristãs posteriores, como as do século VIII. Constantino, que se considerava o décimo terceiro apóstolo e dedicou a sua nova cidade de Constantinopla à Virgem Maria, ainda assim instalou uma estátua do Apolo de Delfos no Hipódromo e um templo dedicado a Reia, mãe dos deuses, em seu novo mercado local.

Para agravar a confusão, após Teodósio, em 380, declarar heréticas todas as religiões, exceto o cristianismo, os templos foram tomados em sua totalidade como igrejas Cristãs ou saqueados para a construção de novas igrejas. As colunas coríntias da nave da basílica de Santa Sabina em Roma (422–432), por exemplo, provêm da antiguidade clássica.

As basílicas passaram a ser cada vez mais utilizadas para abrigar os corais e as grandes reuniões que faziam parte da religião agora oficial. Mas, a princípio, os Cristãos simples insistiam em usar as basílicas para a vida comunal como se fossem cômodos em suas igrejas-habitação. Eles isolavam os corredores laterais e os utilizavam para discussão e instrução dos catecúmenos que, até receberem o batismo, não podiam participar do rito eucarístico. Como a eucaristia originalmente fazia parte de uma refeição comunal, o altar era colocado em qualquer

132 | *Santa Maria Maggiore*, Roma, 432–440

lugar da basílica — em frente à abside, onde os romanos colocavam seu altar pagão para o sacrifício no início das atividades, ou até mesmo no centro da nave, mas não na abside propriamente dita. Em torno dela, de onde o tribuno, os assessores e o magistrado presidiam, foram mais tarde construídos bancos de pedra para o clero e, no caso das catedrais, um trono central para o bispo.

No Oriente, menos atormentado pela invasão bárbara, havia mais tempo livre para a controvérsia teológica e as mudanças litúrgicas, e o clero ia ocupando cada vez mais a nave. Por vezes, particularmente na Síria, a nave possuía um presbitério semicircular elevado, chamado *bema*, com corrimões à volta, para o clero sentar durante a primeira parte da missa. A congregação foi empurrada para os corredores, que se tornaram cada vez mais largos de modo a acomodá-la, em uma tendência que acabou resultando na igreja cruciforme característica do Oriente e em galerias construídas sobre os corredores laterais. No Ocidente, a planta e a forma do antigo salão da basílica foram mantidas à medida que a liturgia se formalizava. A principal variação nesse estágio residiu no fato de a arcada da nave ter adotado o estilo clássico de vigas horizontais (não arqueado), no qual uma série de lintéis repousa sobre colunas, como em Santa Maria Maggiore, Roma (*fig. 132*), que data do renascimento clássico do Papa Sisto III (432–440), ou ter sido formada por arcos sobre pilares, como em Santa Sabina no Monte Aventino em Roma (422–430; *fig. 133*), permitindo que a nave e os corredores se interpenetrassem com mais luz e liberdade. Esse segundo tipo se tornou característico das igrejas de Ravena, quando capital durante os séculos V e VI, e continuou popular na Itália até depois do século XII.

A primeira onda de construções para o novo credo veio após 330, quando Constantino, o primeiro imperador cristão, transferiu sua capital para Bizâncio, uma velha colônia comercial grega no Bósforo, e criou uma cidade inteiramente nova, com estradas, espaços cívicos e uma profusão de igrejas. Um de seus primeiros atos como imperador foi entregar o Palácio Imperial de Latrão ao Bispo de Roma e construir ao seu lado a igreja de São João de Latrão (*c.*313–320), uma igreja semelhante a uma basílica, usando como modelo a sala de audiências basílica que havia construído em Trier, Alemanha, quando foi coimperador do Ocidente nessa cidade. Na Terra Sagrada, ele construiu a igreja da Natividade em Belém (*c.*339; reconstruída após 529; *fig. 134*) sobre o famoso local da caverna em que Cristo nasceu. Seu átrio, ou pátio frontal, hoje faz parte da Praça Manger, onde estacionam os ônibus. Ele substituiu a costumeira abside na extremidade por uma capela octogonal, de onde os peregrinos podiam espiar, através de um *oculus* ou deitados no chão, a caverna sagrada abaixo. Esse octógono foi substituído no século VI por um santuário com uma abside externa em trevo. Hoje, ao entrar na igreja pela porta

133 | *Santa Sabina*, Roma, 422–430

136 | *Santo Apolinário em Classe*, Ravena, c.534–549

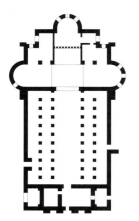

134 | *Igreja da Natividade*, Belém, reconstruída no século VI, planta baixa

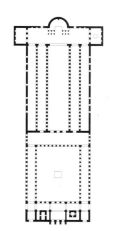

135 | *Antiga Basílica de São Pedro*, Roma, c.330, planta baixa

baixa, colocada para fins defensivos ou para evitar que animais vagueiem por ali, é fácil ser arrastado, sem que se tenha consciência disso, através dos trechos cavernosos da igreja de Constantino com suas colunas coríntias vermelhas embotadas no caminho da caverna do nascimento com a estrela no solo.

Em Roma, a primeira igreja de São Pedro, construída aproximadamente em 330 sobre um cemitério perto do local do Circo de Gaio e Nero, tinha uma nave impressionante de 122 metros de comprimento e corredores duplos, todos terminando em arcos que levavam ao primeiro transepto ou corredor cruzado registrado, disposto ortogonalmente à parede na extremidade com uma abside central saliente (*fig. 135*). O transepto foi projetado para que os peregrinos pudessem reverenciar o túmulo do apóstolo — uma *edícula* típica do período, composta de uma laje sobre dois pequenos pilares ante um nicho na parede. Essa planta continuaria a existir, particularmente na arquitetura carolíngia e franca em Tours (995) e na igreja de San Rémi, em Rheims (1000), mas aquele primeiro é o transepto especialmente importante.

Existem duas características marcantes nessas primeiras igrejas basílicas. Primeiro, elas se abstiveram da tecnologia complicada das abóbadas desenvolvidas pelos romanos para suas termas; possivelmente por motivo de economia, elas reverteram para a construção simples de paredes finas — concreto revestido em tijolo, em Roma, e pedra ou tijolo em outros lugares — e colunas sustentando tetos de madeira. Segundo (exceto em Constantinopla, onde Constantino estava construindo uma cidade inteiramente nova), elas em geral eram posicionadas na periferia da cidade, por dois motivos: a comunidade cristã pobre não podia arcar com locais caros nas áreas construídas ou devido ao desejo de construir sobre o local de enterro de um santo, e os cemitérios romanos ficavam fora dos muros limítrofes. Encontramos igrejas como a de Sant'Agnese fuori le Mura, em Roma, construída em 630 para substituir a que Constantino havia construído em 324 sobre o túmulo do santo, e a de San Paolo fuori le Mura, um dos melhores exemplos iniciais remanescentes, mais ornamentada do que Santa Sabina, com uma planta semelhante à de São Pedro, que ainda podemos ver, pois, embora tenha se incendiado, foi reconstruída em réplica em 1823. Torres duplas na fachada, que tendemos a associar às igrejas Romanescas, surgiram impressionantemente cedo. Um caixão de marfim entalhado datando de aproximadamente 400 e simbolizando Jerusalém, a cidade sagrada, mostra torres gêmeas redondas que eram bem comuns na Síria do século V em diante. A torre do sino em monobloco, ou *campanário*, que aparece nas igrejas de Ravena do século VI, também se desenvolveu precocemente. A de Santo Apolinário em Classe (*c.534–549; fig. 136*), erguida por Justiniano no local de um templo para Apolo, é um dos primeiros exemplos de torre redonda.

O exterior da igreja basílica tendia a ser simples e austero, talvez para preparar o humilde penitente para a visão do céu que esperava por ele no interior da igreja. Aqui as cores suaves dos pavimentos no estilo romano, construídos através dos mármores das colunas, deram lugar a uma profusão de mosaicos recobrindo as paredes. O pequeno Mausoléu de Gala Placídia (420; *fig. 137*), que segundo dizem abriga o seu túmulo e os de seu marido e seu irmão, o Imperador Honório, tem um caráter profundamente espiritual que lhe dão os mosaicos azuis criados por artesãos

137 | *Mausoléu de Gala Placídia*, Ravena, 420

esse revestimento de parede se tornaria totalmente liberado na estrutura bizantina de arcos e cúpulas. Em harmonia com a estrutura, agora os padrões podiam fluir desimpedidos, subindo do chão pelas paredes, inchando e refluindo sobre os arcos, e se encontrando para uma finalização na cúpula central, normalmente em uma grande figura do Cristo, com a face pálida e olhos cativantes — um semblante de poder, ensinando sem palavras a lição do misticismo oriental: Fique tranquilo e saiba que Eu sou Deus.

Entre a primeira basílica cristã e a igreja abobadada do período bizantino houve um terceiro tipo de igreja ligando as duas formas — a igreja centralizada. Esse tipo começou como um mausoléu, ou santuário, e depois foi utilizado em batistérios e relicários. Uma rotunda foi construída sobre o santuário do Santo Sepulcro, em Jerusalém, no final do século IV. A igreja de São Pedro em Roma, apesar de ser uma basílica, foi construída como um santuário, não uma igreja, então a atenção se concentrava no túmulo, e, por isso, originalmente, não possuía altar. Seu lugar foi ocupado pelo primeiro transepto, que proporcionava espaço de circulação para os peregrinos que visitavam o túmulo. Inspirada pelos mausoléus clássicos romanos ou pelas salas de audiência poligonais, como a do chamado Templo de Minerva Médica em Roma ou pela rotunda incorporada no palácio de Diocleciano em Split, a adequabilidade da forma circular ou octogonal para as reuniões em torno de um objeto sagrado começou a ser apreciada. Nas igrejas quadradas ou retangulares, e também nas circulares, essa planta centralizada muitas vezes era indicada no exterior pelo teto que se elevava sobre o espaço central, como uma pirâmide de madeira ou como uma cúpula. Vemos isso no mausoléu da filha de Constantino, Constância, em Roma (c.350; convertido em uma igreja, Santa Costanza, em 1256), que é uma rotunda com um corredor externo circundante, enquanto o teto de tijolo abobadado é suspenso sobre o espaço central do túmulo por uma cinta interna de pilares que, na

bizantinos, cujos padrões acompanham as linhas dos arcos estruturais, e o brilho dourado das janelas de alabastro. Em Ravena, os mosaicos foram os mais fabulosos durante o amplo programa de construção do império de Justiniano (527–565).

A intensidade particular da luz e da refração no mosaico bizantino vem do fato de que os cubos são cobertos com uma fina camada de folha de ouro ou vidro colorido, e com um acabamento de fina película de vidro. Iniciado nas basílicas de tijolo e argamassa, onde o projeto dos mosaicos era necessariamente interrompido com frequência pela angularidade da estrutura,

138 | *Santa Costanza*, Roma, c.350, planta baixa

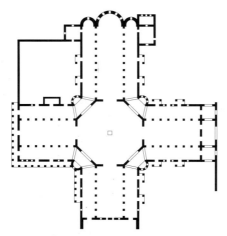

139 | *Mosteiro e Igreja dos Peregrinos de São Simeão Estilita*, Qal'at Sim'an, Síria, 480–490, planta baixa

verdade, forma um dodecágono interno (figs. 130, 138).

A igreja de Constantino dos Apóstolos Sagrados em Constantinopla, que não existe mais, representou, segundo todos os relatos, a fase seguinte de desenvolvimento: a fusão da basílica congregacional com o santuário centralizado. Uma vez que Constantino se considerava o décimo terceiro apóstolo, seu túmulo tinha que ficar no espaço central, circundado por doze colunas para simbolizar os outros doze apóstolos. Desse centro, não uma, mas quatro grandes naves se projetariam na forma de uma cruz. Uma planta semelhante foi utilizada em Qal'at Sim'an, no norte da Síria (480–490), onde um octógono de oito arcos foi construído em volta da cela do eremita em que o excêntrico São Simeão Estilita se agachou por trinta anos. Quatro igrejas, cada uma com uma nave e dois corredores, irradiavam em forma de cruz a partir do octógono (fig. 139), e o complexo inteiro do santuário, completo com mosteiro em pórtico, foi estabelecido entre as pedreiras, que forneceram a pedra e o portão cerimonial do qual descia uma via sagrada até uma cidade de peregrinação com hospedarias e conventos.

No Império Oriental (que, nesse estágio, incluía a Grécia e os Bálcãs, Anatólia, Síria e Egito), a planta da cruz grega com quatro braços de comprimentos iguais se tornaria padrão. Ela era teologicamente aceitável, já que a Igreja Oriental enfatizava muito a cruz, assim como insistia na observância de uma hierarquia em suas pinturas de parede — os santos embaixo, depois a Virgem Maria e a Trindade ou Deus no topo, pintados na cúpula. Também era liturgicamente aceitável. Não havia necessidade de amplas áreas para o coro ou congregação na liturgia oriental, que era realizada praticamente pelo padre atrás de uma tela, enquanto as pessoas veneravam individualmente, talvez à luz de velas ante os ícones fixados na iconóstase ou tela de ícones, nos espaços escuros e misteriosos da igreja. A planta tipo santuário, onde os braços da cruz se projetavam de um espaço central — quadrado, circular ou octogonal —, não era, porém, o único arranjo; frequentemente a cruz inteira estava contida em uma planta quadrada ou retangular, ou então os braços eram absides em quadrifólio contidos em um quadrado, círculo ou octógono. E essa forma de cruz dentro de um quadrado era útil em termos estruturais devido ao suporte que as *êxedras*,

140 | *San Vitale*, Ravena, 540–548

141 | *Santa Fosca*, Torcello, século XI, interior da cúpula exibindo a estrutura arqueada

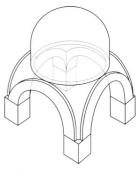

142 | Cúpula com pendículos

ou áreas que se abrem a partir de um espaço central, conferiam a esse espaço e à cúpula que tendiam a suportar.

O aspecto revolucionário da cúpula bizantina é que ela se situava em uma edificação de planta quadrada. Cúpulas haviam sido construídas antes, nas termas romanas e nas paredes circulares maciças do Panteão. Existem cúpulas até mesmo nos túmulos circulares dos santos na Pérsia, mas, como são construções minúsculas com uma cúpula pequena, era possível assentá-la em um octógono, simplesmente lançando-se mão de uma ponte de pedra cruzando diagonalmente cada canto. Essa solução não serviria para uma cúpula pesada, então em vez disso era usado um teto piramidal de madeira, como no Martírio de São Byblas na Igreja de Kaoussie na Antioquia (*c.*379). San Vitale em Ravena (*c.*540–548; *fig. 140*) contornou o problema com uma estrutura incomum de potes leves encaixados. Depois, algum gênio anônimo na Pérsia sassânida se inspirou para substituir o lintel de canto por um arco, conhecido como *ogiva*; o primeiro exemplo conhecido é proveniente do palácio do século III em Firuzabad. A igreja do século XI de Santa Fosca em Torcello usava duas ogivas, uma acima da outra, trazendo para cima e para dentro as paredes verticais a fim de carregar o tambor redondo que suporta a cúpula (*fig. 141*).

No entanto, as ogivas não eram a resposta, especialmente onde, como em uma igreja cruciforme, a cúpula repousava não em quatro paredes sólidas, mas nos quatro arcos que davam entrada para os braços da cruz. O peso de uma cúpula grande e pesada não só pressiona para baixo, esmagando os pilares de suporte, mas também tende a empurrar esses pilares para fora. A solução, chamada *pendículo* (*fig. 142*), surgiu ao se recorrer à técnica elementar de construir fiadas de tijolos para criar uma cúpula em colmeia. Cada forma de colmeia começaria na junção de canto de dois

143 | *Hagia Sophia*, Istambul, 532–562, interior

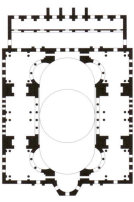

145 | *Hagia Sophia*, planta baixa

arcos de suporte, mas pararia quando nivelada com o topo dos arcos, formando triângulos curvos (os pendículos) que se encontram em um anel posicionado em cima de um dossel formado pelos pilares e arcos. Nesse anel a cúpula repousaria, empurrando o peso de volta para baixo nos maciços pilares de canto. Agora a cúpula podia ter tamanho variável, às vezes, como em Hagia Sophia, perfurada em toda a volta com janelas.

É difícil exagerar o efeito dessa invenção. O que foi alcançado pelo pendículo pode ser avaliado se compararmos o Panteão, a maior edificação abobadada dos romanos, ao interior de Hagia Sophia (ou Santa Sofia), a obra-prima bizantina, construída por Justiniano para substituir a igreja de Constantino, que havia sido destruída por um terremoto em 532 (*figs. 143–145*). A cobertura uniforme de luz no Panteão ilumina o seu conteúdo de paredes em forma de iglu, suas molduras fortes, lisas e bem definidas, arquitraves triangulares exatas sobre os nichos — tudo calculado com a precisão matemática que se poderia esperar de um império que havia classificado e organizado o mundo conhecido com eficiência admirável. Estruturalmente, tinha um desempenho seguro ao incorporar todas as formas de sustentação conhecidas em Roma. Por outro lado, Hagia Sophia mostra a capacidade de correr riscos, essencial para ser pioneiro em uma nova estrutura. Nossa admiração não depende de uma enumeração das estatísticas dessa grande edificação — que possui uma planta quadrada com uma nave e corredores em galerias; que possui uma cúpula central oca (quase tão grande quanto a do Panteão e apenas 2,5 metros menor que a de São Paulo, em Londres) com 40 nervuras de tijolos e sustentada por quatro arcos em pilares maciços; que sua cúpula é sustentada em qualquer um dos lados por uma semicúpula de mesmo diâmetro, cada uma com três pequenas cúpulas satélites para apoiá-la; que no exterior a edificação é austera, exceto pelos minaretes em forma de foguete acrescentados aos quatro cantos quando ela se transformou em mesquita após a queda de Constantinopla para os turcos em 1453 — todos esses detalhes parecem irrelevantes em comparação com a impressão de que uma pessoa é uma criatura minúscula em um espaço vivo.

144 | *Hagia Sophia*

146 | Capitel bizantino de San Vitale, Ravena

Essa arquitetura estonteante só pode ser alcançada por uma estrutura revolucionária. No decorrer da construção foi preciso fazer adaptações e em certo estágio os arquitetos, Antêmio de Trales e Isidoro de Mileto, disseram a Justiniano que duvidavam que fosse se sustentar. Justiniano, com a coragem da fé ou perspicácia arquitetônica, lhes disse para continuar a construir os arcos até se encontrarem, quando então apoiariam uns aos outros. Eles se sustentaram. Um historiador da época, Procópio, conta como as partes foram 'encaixadas com incrível habilidade em pleno ar e flutuando uma longe da outra, apoiando-se apenas nas partes próximas a elas, produzindo uma única e extraordinária harmonia à obra'. Em seu sermão inaugural, Paulo Silenciário disse que a cúpula parecia estar 'suspensa do céu por uma corrente dourada'. Quanto a Justiniano, quando viu a obra-prima, declarou: 'Ó Salomão, eu te superei!' Enquanto no Panteão a luz limita e define a área enclausurada, feixes das 40 janelas em volta do tambor abaixo da cúpula rasa e flutuante se misturam com a luz derramada através dos arcos a partir das janelas em absides ou das janelas acima das galerias dos corredores laterais, de uma maneira que torna difícil distinguir entre espaço e luz. Onde os romanos ocultaram arcos na estrutura de paredes e abóbadas de concreto, os bizantinos abriram arcos em abside, cúpula ou semicúpula, dando a impressão de que, em vez de construírem paredes e tetos para marcar e confinar trechos de espaço utilizável, os arquitetos construíram um túnel no próprio espaço.

Hoje Hagia Sophia é um museu, e, apesar do trabalho admirável realizado pelo Instituto Bizantino da América em substituir o mármore com veios que revestia as paredes que levavam às galerias, parte do seu esplendor anterior desapareceu sob a caiação com que os proprietários turcos apagaram as figuras humanas proibidas pelo Islã, deixando sua escrita cúfica ainda pintada em volta das cúpulas. Contudo, a glória permanece. Aqui também, como em Ravena, encontramos o capitel bizantino almofadado, frequentemente entalhado com uma filigrana de folhas (fig. 146).

Essa primeira obra-prima Bizantina nunca foi superada. Mas o estilo por ela estabelecido assumiu uma qualidade mais nova e caseira — menos penetrado pela luz, mais escuro e cavernoso, com velas capturando o dourado do mosaico ou ícone — e se propagou da Sicília no sul (há mosaicos famosos em Cefalù, 1131, Monreale, 1190, e Palermo, 1170–1185) através da Itália, Turquia, Bulgária, Armênia e ao norte em direção à Rússia, onde, expulsos de Bizâncio pelas invasões Mongóis, os russos criaram seu estilo próprio em 1714, na Igreja da Transfiguração, na Ilha Khizi.

Cada área desenvolveu a sua própria versão. Típicos da Grécia e dos Bálcãs eram os mosteiros em Daphni (fig. 147) e Hosios Loukas, onde a planta cruzada se manifesta no exterior

147 | Igreja do Mosteiro, Daphni, Grécia, c.1080

148 | *Mosteiros,* Monte Athos, Grécia

por coberturas de telhas separadas sobre os diferentes setores. Um florescimento posterior do estilo é visto nas igrejas do século XIV em Mistra, que se debruçam sobre uma encosta acima da planície de Sparta. Uma fantástica elaboração ocorre nos vinte mosteiros do íngreme Monte Athos, no nordeste da Grécia (*fig. 148*), onde nenhuma fêmea — humana ou animal — teve autorização para entrar durante mil anos. Como nesse período a Grécia era uma província do Império periférica e sem importância, sua catedral do século XIII em Atenas, a Pequena Metropolitana, é a menor do mundo — 10,7 × 7,6 metros, e uma minúscula joia bizantina.

No século V, refugiados das hordas bárbaras cruzaram as lagoas do Adriático e criaram Veneza como parte integrante do Império Bizantino oriental; isso assim permaneceu por 500 anos. No século IX, alguns de seus comerciantes voltaram para Alexandria com o corpo de São Marcos, o Evangelista, e construíram em sua homenagem um santuário, substituído no século XI pela atual Catedral de São Marcos (*figs. 149, 150*). O arquiteto grego baseou a sua igreja de cinco cúpulas em cruz grega na Igreja de Justiniano dos Apóstolos Sagrados em Constantinopla, que não existe mais. Apesar dos enfeites acrescentados à parte externa, incluindo antigos cavalos de bronze

149 | *São Marcos,* Veneza, século XI

150 | *São Marcos*, Veneza, interior

saqueados de Constantinopla, modilhões ou minipináculos e mosaicos religiosos em lunetas semicirculares, ela manteve algo da magia de Hagia Sophia. A fachada se ergue em três camadas de formas semicirculares: no piso térreo, cinco entradas magníficas, profundamente embutidas na superfície entre uma paliçada de dupla camada de pequenos pilares; no piso acima, cinco empenas arredondadas abrigam as lunetas, cada uma com uma sobrancelha em ogiva interrogativa (uma forma feita de uma curva convexa e côncava) que nos lembra das atrações da Veneza Oriental; no telhado, a forma ecoa nas cúpulas revestidas com chumbo, com seus remates de bulbo de alho. Por dentro é inteiramente revestida com uma pele fundida de mosaico dourado.

Na Armênia, em um planalto elevado a leste do Eufrates, o período bizantino alcançou seu melhor momento. Hoje abandonada em um matagal, Ani, a capital, já foi conhecida como a cidade de mil igrejas. A reputação dos seus arquitetos era tal que em 989, após

151 | **Trdat**, *Catedral*, Ani, Armênia (hoje Kemah, leste da Turquia), 1001–1015

a cúpula de Hagia Sophia ter sido destruída em um terremoto, o arquiteto armênio Trdat, que mais tarde construiu a Catedral de Ani (*fig. 151*), foi convidado a restaurá-la. A Armênia foi o primeiro país a adotar o cristianismo como religião oficial em 301. Há uma qualidade infantil nos entalhes primitivos das cenas bíblicas nas paredes de suas igrejas e nas tampas cônicas encaixadas sobre as cúpulas que nos lembram as primeiras pinturas de parede cristãs.

  Quanto à Rússia, sua contribuição especial para o estilo bizantino é a cúpula em forma de cebola, que aumenta de volume para o exterior antes de se curvar para dentro. Isso parece ter evoluído no século XII em Novgorod, o ponto mais setentrional que o estilo atingiu, onde as cúpulas rasas tendiam a ceder sob o peso da neve do inverno. As primeiras igrejas de madeira, construídas pelo Príncipe Vladimir de Kiev depois de estabelecer o cristianismo como religião oficial em 988, sucumbiram. A primeira igreja de alvenaria, Santa Sofia em Kiev (1018–1037), construída originalmente com uma grande cúpula para representar o Cristo e doze cúpulas menores representando os apóstolos, foi tão elaborada durante os séculos XVII e XVIII, com corredores e cúpulas adicionais, que hoje dificilmente se percebe sua forma original.

  É tarefa árdua conciliar a solene Praça Vermelha, em Moscou, com a aparência alegre e arisca de sua catedral, São Basílio, construída por Ivan, o Terrível, em 1550–1560

152 | *Catedral de São Basílio*, Praça Vermelha, Moscou, 1550–1560

em agradecimento por suas vitórias. Sua torre central, recortada com sobrancelhas levantadas, é cercada por um conjunto de cúpulas menores, que devem ter sido suficientemente individuais quando foram originalmente construídas, mas que, por terem adotado uma cobertura de telhas multicoloridas no século XVII, apresentam uma aparência de extravagância oriental que se espera de um parque de diversões (*fig. 152*).

## A Ordem e o Santuário: Românico

Foram os críticos do século XIX os primeiros a reconhecer e batizar um estilo arquitetônico que alcançou o seu apogeu na Europa Ocidental durante os séculos XI e XII. Eles o chamaram Românico porque a sua base estrutural derivou da construção da Roma antiga. Isso não significa que seus construtores estavam preocupados com os elementos clássicos, como as ordens — embora pudessem aproveitar e incorporar a estranha coluna clássica como fizeram os primeiros arquitetos cristãos. Mesmo nos lugares (normalmente na Itália) onde os detalhes quase clássicos eram projetados de modo específico, podemos observar um caráter distinto que não pertence nem ao período clássico original e nem ao seu ressurgimento na Renascença. Isso pode ser visto nas colunas coríntias da igreja de San Miniato al Monte, de tipologia basílica, em Florença (1018–1062; *fig. 154*), ou na catedral em Pisa (1063–1272; *fig. 156*), onde camadas de arcadas delicadas no oeste culminam em um pequeno templo na extremidade. Porém, é a sua forte base na abóbada romana que coloca o termo 'Romano' na palavra 'Românico'. Isso é gerado por uma obsessão com segurança; cada edificação, seja um castelo, igreja ou abadia, é um baluarte, uma fortaleza. De fato, o propósito de todas as edificações nessa época era semidefensivo.

Uma das coisas extraordinárias sobre o Românico é que tanto as construções seculares quanto as religiosas parecem ter adquirido dignidade com sua inspiração ambivalente. A qualidade de fortaleza não surpreende quando nos lembramos que esse foi o primeiro programa de construção estabelecido e coeso a aparecer na Europa em 700 anos de desordem. O que aconteceu foi que no curso dos vários séculos que precederam o milênio as hordas bárbaras que vimos na Idade das Trevas devastando cidades e destruindo a cultura sofreram uma transformação. Os bárbaros não apenas se assentaram, mas gradualmente se tornaram povos cujos líderes, em parceria com a Igreja, estabeleceriam uma nova ordem — a cristandade medieval.

Os primeiros a se tornarem uma 'classe dominante' foram os francos, quando o Papa Zacarias aprovou a eleição de Pepino como Rei em 751. Depois, Carlos Magno reviveu a ideia perdida de império — uma entidade política abrangendo vários povos — ao unir o reinado franco ocidental. Ele era um homem sagaz. Embora mal conseguisse escrever o próprio nome, trouxe para Tours o monge instruído Alcuin da escola da Catedral em York para estabelecer uma escola onde a nova geração de governantes francos poderia ser educada na cultura clássica, que havia sido preservada através dos escritos de cristãos como Santo Agostinho e Boécio. O papa o coroou imperador no Dia de Natal do ano 800. Trovadores errantes dos séculos XI e XII cantaram seus feitos valorosos em suas *chansons de geste* (canções de gesta). Alguns até mesmo o queriam canonizado. O melhor exemplo do que se conhece

153 | *Catedral de Aachen*, 792–805

154 | *San Miniato al Monte*, Florença, 1018–1062, interior

como arquitetura carolíngia é a Catedral de Carlos Magno em Aachen (Aix-la-Chapelle) de 792–805 (*fig. 153*). Tendo como modelo a Catedral de San Vitale, Ravena, ela é do tipo túmulo/santuário centralizado, construída por Carlos Magno para o seu sepultamento. Ela consiste em um polígono externo de 16 lados, com um octógono interno de colunas leves, que suporta uma cúpula. Outras capelas, corredores e um coral gótico foram acrescentados mais tarde. O foco da atenção, porém, está no túmulo: 'Abaixo deste túmulo jaz Carlos, o grande e ortodoxo Imperador, que expandiu nobremente o reino dos francos e reinou prosperamente por 47 anos. Morreu aos 70 anos em 814.'

As contribuições à nova era realizadas pelos antigos bárbaros foram modeladas por meio de uma nova cultura. A mão de obra dos ornamentos francos, lombardos e visigodos — largas faixas de ouro cravejadas com enormes pedras preciosas — encontrou seu caminho no mobiliário religioso da Igreja medieval, na cruz, no cálice, no relicário e nas portas do tabernáculo. O esplendor e o barbarismo estão exemplificados no relicário do século X de Ste Foy na igreja de peregrinação em Conques, Auvergne. O caixão que consagra os restos mortais da pequena mártir que se recusou a dar seu corpo a um imperador libertino e pagão foi, ironicamente, homenageado recebendo como decoração a máscara de ouro da face de um imperador do século V,

enviada como presente para a igreja pelo Papa Bonifácio.

Um grupo posterior de bárbaros, os escandinavos, fez uma contribuição notável para a cultura emergente, não menos importante na arquitetura. A partir da época de Carlos Magno, seus barcos viquingues saquearam o litoral da Europa, e, como sabemos hoje, chegaram a cruzar o Atlântico até a América do Norte. Os normandos aplicaram sua habilidade em usar nas proas de seus barcos troncos de árvore naturalmente curvos para fazer o *cruck*, a estrutura combinada de poste e teto de madeira da Inglaterra e norte da Europa. Em todos os lugares onde estabeleceram sólidas colônias — Normandia em 911, Inglaterra em 1066, sul da Itália e Sicília —, eles criaram uma forma característica e influente de Românico, conhecida como estilo normando, visto em seu esplendor no interior da Catedral de Durham, construída durante o século XII (*fig. 155*).

Ao mesmo tempo, florescia uma forte tradição independente nas orlas celtas que haviam permanecido intactas nas disputas europeias. A partir da Irlanda, convertida ao cristianismo através da ocupação romana no século V, o cristianismo fluiu de volta para o continente através do território britânico. Da Irlanda surgiu a decoração trançada nas cruzes de pedra, nas igrejas e nos evangelhos iluminados (por exemplo, o Livro de Kells); e, naturalmente, os missionários — Columba, Aidan, Alcuin e Bonifácio. A pequena igreja anglo-saxônica de St. Lawrence em Bradford-on-Avon, Wiltshire (*fig. 157*), que data da renascença cultural após Alfred, vencedor dos dinamarqueses, cuja bela cantaria em pedra bem pode ter sido cantaria romana reutilizada, é um exemplo da tradição cristã que existiu na Inglaterra durante os 600 anos antes da chegada de Guilherme o Conquistador, proveniente da Normandia.

Houve ainda a influência sarracena. A onda do avanço islâmico havia atingido a parte central da França quando Carlos Martel, avô de Carlos Magno, estancou essa maré na

155 | *Catedral de Durham*, nave, 1110–1153

Batalha de Poitiers, em 732. Mesmo na época da Primeira Cruzada (1096), os mouros ainda ocupavam o sul da Espanha — na verdade, o Reino de Granada continuou sendo um estado muçulmano até 1492. Podemos observar essa influência nos capitéis mouros dos claustros de Segóvia e, combinada com a influência normanda, na Catedral em Cefalù, Sicília (1131–1148).

O que tinha sido o Império Romano Ocidental — França, Alemanha, Itália, Inglaterra e norte da Espanha — estava assumindo uma identidade mais consolidada. O princípio inspirador foi fornecido pela Igreja. O sistema que unificou e controlou a sociedade foi aquele desenvolvido pelos normandos e expressado em suas tipologias construtivas dominantes. Assim foi o feudalismo, um sistema hierárquico de obrigações mútuas no qual as pessoas deviam serviço a seus mestres em troca de segurança. Se a abadia era a expressão da Igreja, o castelo era a expressão direta do feudalismo.

De muitas maneiras, o sistema feudal era severo, no qual a vida era pobre e tosca para o servo na base da pirâmide social e não muito mais refinada ou sensível para o seu senhor. Ambos eram, muito provavelmente, analfabetos, já que a leitura era uma prerrogativa do clero. O trabalhador vivia em

*página oposta*
156 | *Catedral, Batistério e Torre Inclinada*, Pisa, 1063–1272

157 | *Igreja de St. Lawrence*, Bradford-upon-Avon, Wiltshire, séculos X–XI

uma cabana feita de palha ou pau a pique, uma construção em que ripas finas de madeira, entrelaçadas como um cesto, eram recobertas por uma mistura de esterco e crina de cavalo e finalizadas com caiação ou gesso. A casa do senhor, precursora da mansão e do castelo, era também primitiva: um quarto amplo, aquecido por uma lareira central subjacente a um lanternim com venezianas no teto para a saída da fumaça e mobiliado com bancos de dormir junto às paredes. Os servos dormiam em volta do fogo com os cães.

A mudança veio à medida que a vida cotidiana se tornava mais civilizada. Chaminés começaram a ser construídas nas paredes externas dos castelos. Depois, as escadas passaram a conectar o salão aos quartos superiores da família, e bem mais tarde foram acrescentadas a cozinha e as alas dos servos. A iluminação era primitiva, talvez por misericórdia, já que até o século XII, quando o sabão se tornou mais comum, as pessoas não primavam pelo asseio pessoal. O fornecimento de água e saneamento insuficientes contribuía para a falta de higiene. Nas cidades a situação era pior. Por volta do século XI, todos os antigos aquedutos em Roma haviam parado de funcionar. O aqueduto que o Imperador Juliano construíra para levar água a Paris fora destruído pelos escandinavos no século IX. Somente quando os mosteiros, sempre localizados cuidadosamente de acordo com as fontes e cursos d'água, começaram a canalizar água potável e a levar o esgoto, e os textos médicos gregos e árabes foram reintroduzidos, algo de prático foi feito a respeito dessas questões vitais.

Dois outros fenômenos são cruciais para se compreender o Românico. O primeiro compreende a paixão pela peregrinação. As rotas de comércio já estavam abertas, mas era o entusiasmo religioso que fazia o coração da comunidade bater, e se manifestava em visões, milagres, lendas, santos e relíquias, envoltos em superstição e revestidos de ouro batido incrustado com pedras preciosas, cada qual com seu significado místico; e isso fez fluir o tráfego da época — monges e frades, peregrinos e cruzados — através das artérias do mundo cristão. Por conta desse tráfego houve a disseminação da arquitetura românica, com suas amplas naves e transeptos que proporcionavam espaço para o ritual diário e as procissões para um santuário. As peregrinações locais (como a peregrinação de Canterbury que Chaucer retrata de forma tão vívida) criavam oportunidade para encontros sociais. Como os santos eram os heróis do dia, visitar o santuário de Becket em Canterbury ou de Ste Foy em Conques e ver de fato seus restos mortais deve ter proporcionado o glamour e a animação que os fãs sentem hoje ao assistir a um show ao vivo do seu ídolo pop. E alguns peregrinos percorriam um longo caminho, até Roma ou Jerusalém. Após os árabes terem sido obrigados a sair da região basca, a popularidade do santuário do

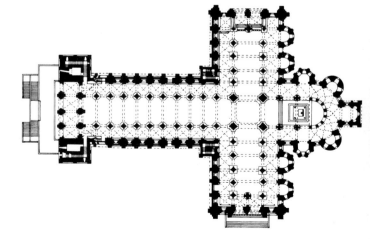

158 | *Igreja de Peregrinação de São Tiago*, Santiago de Compostela, Espanha, 1078-1122, planta baixa

apóstolo Tiago em Santiago de Compostela no noroeste da Espanha (*fig. 158*) originou uma nova atração, e os beneditinos de Cluny organizaram um leque de rotas atravessando a França diagonalmente, de St. Denis e Vézelay e Le Puy e Arles.

O segundo fenômeno foram as Cruzadas, as tentativas dos reis, barões e seus servos, incitados por papas e bispos, para resgatar a Terra Santa dos turcos. Os Cruzados, alguns dos quais passavam dez anos fora, trouxeram de volta do Oriente não apenas o impacto de caminhar sobre o solo em que o Cristo havia posto os pés, mas também contos sobre o sol cintilando nas cimitarras e cotas de malha, o cheiro forte dos doces e do perigo, textos científicos gregos preservados em árabe, decoração e técnicas de guerra sarracenas. Seus túmulos ganharam lugar de destaque até mesmo nas igrejas interioranas, onde suas efígies com as pernas orgulhosamente cruzadas indicavam sua provável participação nessa grande aventura para a Glória de Deus.

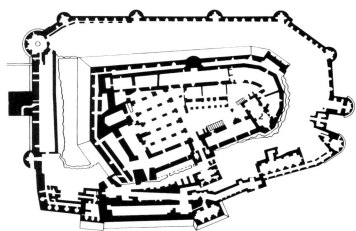

160 | *Krak des Chevaliers*, planta baixa

159 | *Krak des Chevaliers*, Síria, c.1142–1220

As ordens dos Cavaleiros da Ordem de São João de Jerusalém e dos Cavaleiros Templários foram explicitamente fundadas para proteger a Terra Santa dos sarracenos. Eles deixaram em seu rastro não apenas belas igrejas, edificações monásticas e hospedarias para peregrinos, como também maravilhosos e robustos castelos como o Krak des Chevaliers na Síria (c.1142–1220; figs. 159, 160), mencionado por um contemporâneo como a 'espinha na garganta dos sarracenos'.

A abadia foi a principal edificação para a disseminação da devoção, e seus criadores foram as ordens religiosas. Nem São Benedito, que de sua caverna em Subiaco no final do século V fundou a primeira ordem monástica, nem São Bernardo de Clairvaux (1090–1153), o reformador cisterciano asceta, que, segundo se diz, desviou os seus olhos de um pôr do sol por medo de distrair seus pensamentos de Deus, nem São Francisco, nascido em 1181, que queria que seus frades errantes dormissem ao rés do chão da floresta com seus irmãos, os pássaros e as feras, poderiam ser considerados patronos das artes. Contudo, à medida que as ordens se espalhavam e ficavam mais ricas, as abadias eclodiram por toda a Europa. O abade beneditino Hugo de Cluny (1024–1109) (cuja nova abadia era então a maior igreja do mundo cristão) era o superior de várias centenas de abadias. A Abadia de Cluny, fundada por Guilherme de Aquitânia em 910 e consagrada por ele a 'São Pedro e seus sucessores, os papas', ou seja, a Igreja, foi responsável por construir a maioria das igrejas nas rotas dos peregrinos, com plantas similares às da abadia de Hugo. Cluny se tornou muito poderosa, particularmente a partir de 1309, quando os papas se mudaram para Avignon, e sua abadia desempenhou para o Românico um papel similar àquele que a igreja do abade Suger em St. Denis viria a desempenhar para o Gótico.

Os mosteiros se situavam com frequência nos arredores dos portões da cidade, gerando um pequeno subúrbio, com lojas próprias, por sua importância social em fornecer trabalho, atendimento médico, hospedagem para os viajantes e até mesmo um refúgio para criminosos caçados. Eram as usinas do talento criativo. Os cistercianos, a maior ordem agrícola, iniciaram o desenvolvimento da agricultura na época, especialmente na produção de grãos, criação de ovelhas, técnicas de construção com pedras encaixadas sem cimento, rodas-d'água e drenagem do solo. As oficinas se anexavam a todas as abadias, onde pedreiros, entalhadores, marceneiros e engenheiros trabalhavam na inspiração, experimentação e técnicas de construção que floresceriam no estilo românico.

O primeiro desenho conhecido de uma grande abadia, a abadia beneditina de St. Gall, na Suíça, foi elaborado no ano de 820 e ilustra a escala e a complexidade das edificações habitadas por essas grandes comunidades (fig. 161), que desempenhavam um papel

161 | Planta da *Abadia de St. Gall*, Suíça, desenhada pelo monge Eginhart, 820

162 | *Notre-Dame la Grande*, Poitiers, França, 1130–1148, fachada oeste

central na economia da época, na indústria e na agricultura. Em suas igrejas e edificações associadas, elas refletiam a dominação da Igreja. Aproximadamente a partir do ano 1000, o poder da Igreja aumentou, até por volta de 1500 definir todos os aspectos da vida. 'Logo após o ano 1000', escreveu Raoul Glaber, um monge da época, 'todos os povos cristãos foram capturados por um grande desejo de sobrepujar uns aos outros em grandeza. Era como se o mundo tivesse sacudido e rejeitado a sua velhice, todos os lugares se recobrindo com um manto branco de igrejas'. Como as margaridas em floração, em pedras brancas ou caiadas, elas se espalhavam pelos campos verdes do mundo cristão em uma onda de alívio, já que a celebração do milênio do nascimento ou da morte de Cristo não havia trazido, afinal, o prenunciado fim do mundo.

A abadia típica tinha uma planta cruciforme, orientada liturgicamente com o altar a leste, na direção do sol nascente, e a porta principal a oeste, mantendo a obsessão contemporânea com o simbolismo. A extremidade leste era às vezes construída com o altar sobre uma cripta e, em uma igreja de peregrinação, tinha um *chevet* — um ambulatório com capelas se abrindo para fora — atrás do altar, cujo amontoado de telhados com coberturas semicônicas enfatizava adequadamente a posição do altar no exterior. O mesmo padrão era evidente nas igrejas monásticas, onde a cripta ou as capelas de *chevet* proporcionavam espaço para uma grande congregação de padres celebrar a missa diária, como gradativamente se tornou hábito. Algumas igrejas apresentavam uma torre sobre o cruzamento, mas o padrão alemão desenvolveu um segundo transepto, como o de St. Michael, Hildesheim (1001–1033), que frequentemente apresentava duas torres dominando uma fachada oeste maciça, conhecida como *Westwerk* (fig. 164).

Caracteristicamente, a fachada oeste das igrejas da Borgonha é decorada por portais maciços recuados e é ricamente esculpida com figuras vertendo de uma figura do Cristo no tímpano sobre a porta principal para cobrir toda a fachada, de uma maneira hoje reconhecida como característica do Românico. Essa igreja é a Notre-Dame la Grande em Poitiers (1130–1148; fig. 162). Sabemos quem entalhou o tímpano da Catedral de Autun (fig. 163) pela assinatura 'Gislebertus hoc fecit' ('Gislebertus fez isto'). Ele retrata o Cristo no

164 | *Catedral de Worms*, Alemanha, c.1016, exibindo as duas torres da abside oeste

163 | **Gislebertus**, *escultura dos Três Reis Magos Dormindo*, Catedral de Autun, França, c.1120–1140

165 | *St. Sernin*, Toulouse, França, 1080–1100

Juízo, com os condenados se contorcendo em um friso abaixo de seus pés, enquanto em uma coluna próxima os Reis Magos são despertados de seu sono por um anjo sob uma manta de crochê semicircular.

    A pedra é o material usual, mas muitas igrejas italianas aderem ao costume local de usar tijolos com revestimento de mármore, como em San Miniato al Monte, em Florença. Podemos reconhecer uma construção românica (seja uma catedral ou um castelo) por seus trechos maciços e escarpados de cantaria — cantaria em igrejas, pedra bruta em castelos — cobertos com marcas do pedreiro dizendo em que "loja" ou oficina o pedreiro foi treinado. Isso sugere que a habilidade em cantaria era apreciada. A cantaria, simples ou entalhada, era cortada por relativamente poucas aberturas de janela, uma característica geradora da aparência de fortaleza do estilo. Isso contrasta diretamente com a arquitetura gótica da segunda metade da Idade Média, do século XII em diante, em que uma nova estrutura permitiu paredes quase totalmente envidraçadas.

    Talvez a característica clássica da igreja românica seja sua forma semicircular, a forma de um arco arredondado e sua extensão, a abóbada de berço, que foi adotada a partir dos antigos romanos como estrutura de suporte principal da época. Ela é executada através de uma estrutura tridimensional plana e até mesmo decorativa — na seção de um pilar liso e redondo, no *chevet* com suas capelas semicirculares abaulando-se para fora, nas coberturas semicônicas dos telhados.

    Na Aquitânia essa forma geométrica aparece nas igrejas abobadadas, as cúpulas sobre seções quadradas, o que pode indicar influência do Oriente. Nos exteriores, há vestígios de faixas de pilastra e arcadas cegas, muitas vezes entrelaçadas, que apareceram pela primeira vez na Lombardia. Por isso, são também chamadas faixas lombardas e servem tanto como decoração, quanto como uma forma de sustentação. Até mesmo nos castelos, aparecem torres redondas abaulando-se nos cantos, assim como as capelas laterais se projetam dos *chevets*, e mais uma vez o modelo é estruturalmente válido, pois as torres redondas possibilitam o fogo cruzado e os cantos arredondados dificultam a destruição da parede.

O tema semicircular é petrificado no arco da abóbada de berço, que é a base estrutural da arquitetura românica. Ele atinge sua beleza máxima na nave em túnel abobadado de St. Sernin, Toulouse, a igreja de peregrinação reminiscente na rota de Santiago de Compostela, construída entre 1080 e 1100 (*fig. 165*). No entanto, as abóbadas de berço são pesadas, exigindo paredes maciças e botaréus; duas abóbadas que se cruzam em ângulos retos formando uma abóbada de aresta podem ser particularmente deselegantes. Experimentos na Lombardia no final do século XI levaram à adoção generalizada das abóbadas nervuradas. Primeiro as nervuras eram calculadas e construídas como as hastes de um guarda-chuva, definindo e enfatizando as arestas, com preenchimento nos intervalos. A abóbada provavelmente chegou à Borgonha vindo do Oriente. Já observamos o seu uso nos palácios persas. A Catedral de Autun (1120–1132), por exemplo, provavelmente se baseou no mosteiro beneditino em

166 | *Castelo de Rochester, Kent*, c.1130

Monte Cassino de 1066–1071, no qual eram empregados trabalhadores de Amalfi, uma cidade que negociava com Bagdá. Como essa estrutura se situa melhor sobre uma planta quadrada, a nave ou o corredor era dividido em compartimentos quadrados por arcos em *diafragma*. O telhado de cada compartimento consistia em uma abóbada de aresta. Onde o arco da nave era particularmente alto, dois compartimentos do corredor eram destinados para cada abóbada de aresta. Essa estrutura pode ser reconhecida à medida que se percorre a nave, mesmo antes de se olhar para o teto, pois as arcadas do corredor têm alternativamente um pilar e uma pesada pilastra de pedra para suportar o peso.

No final do período a evolução da estrutura estava explicitamente indicada no tecido da construção — em contraste com os primeiros modelos romanos, em que arcos de tijolo e abóbadas eram escondidos, embutidos nas paredes de concreto. Possivelmente o arco que envolve a abóbada, como o abraço de uma mãe, invocava, em uma época suficientemente conturbada, a busca por segurança. Tanto espiritualmente como fisicamente, o homem estava seguro dentro da igreja.

No castelo, o mesmo recurso é também aparente. Aqui as torres de observação que se projetam da varredura defensiva íngreme do torreão, ou *donjon*, fazem um gesto agressivo e defensivo que reflete as razões de terem sido construídas. No entanto, na sociedade feudal sua função não era apenas militar, mas também administrativa. O castelo se transformou na sede do governo local.

Entre 1066 e 1189, os normandos construíram cerca de 1.200 castelos. A forma do castelo original era a mota e o recinto fortificado, sendo a mota um monte de terra, por vezes uma encosta natural e frequentemente artificial, circundado por uma vala ou fosso, sobre o qual repousava uma estrutura de madeira que podia ser qualquer coisa, desde um posto de vigia até uma casa, de acordo com o espaço disponível. A partir do sopé da mota e conectado a ele por uma ponte de madeira estava o recinto fortificado, uma área ampla protegida por muralhas e terraplanagem. O cerco fortificado atuava como uma praça de armas e área de armazenamento, e incluía casas de servos, estábulos e até mesmo arsenais, dependendo do seu tamanho. O desenvolvimento normando transmutaria a frágil habitação de madeira no topo da mota em uma fortaleza de pedra. Os primeiros exemplos eram retangulares, abrigando um salão comum e uma câmara privativa, lado a lado no primeiro piso, sobre a área de armazenamento no piso térreo. Após 1125, transformou-se em uma torre redonda, com a câmara privativa acima de um grande salão. Exemplos posteriores apresentavam fortalezas circulares ou octogonais com plantas mais complexas. Em algumas ruínas, como a fortaleza no Castelo de Rochester, em Kent, datando de aproximadamente 1130 (*fig. 166*), o crucial eixo do poço que fornecia água de cima para baixo da fortaleza ainda pode ser visto.

As famílias feudais nas cidades-estados italianas construíam suas casas na forma de torres, sólidas na base com apartamentos individuais nos pisos superiores e algumas vezes um sino de alerta colocado no topo. San Gimignano na Toscana abunda esplendidamente com exemplos de tais desafios (*fig. 167*). Em Bolonha, onde já existiram 41 torres, duas das remanescentes, a Gli Asinelli a 98 metros e a La Garisenda, chamam a atenção, inclinando-se perigosamente apenas um pouco menos que a famosa torre do sino em Pisa. A inclinação dessas torres se deve quase certamente às fundações inadequadas, uma falha comum nesse período, sendo o provável motivo pelo qual, dentre as catedrais românicas inglesas, apenas Norwich manteve a torre intacta sobre o cruzamento. No entanto, elas proporcionavam a segurança necessária na época, e, dado que as torres de Bolonha vêm se inclinando desde 1119, elas não se saíram tão mal, afinal.

Mas, essencialmente, um castelo indicava o começo de uma cidade, muitas

167 | *Casas da torre,* San Gimignano, Itália

vezes murada como o castelo. A maioria dos muros existentes data do período entre 1000 e 1300. As torres do castelo e da igreja ficavam na retaguarda de uma paisagem de telhados maravilhosamente variada que resultava do fato de que as fachadas das casas (as melhores com arcadas) não eram alinhadas, mas dispersas ao longo de ruas sinuosas que subiam e desciam sobre contornos indomáveis. Parece ter havido pouca sensibilidade para o planejamento espacial, e de qualquer modo o orgulho cívico se expressava nas procissões em honra de um santo padroeiro em vez de se expressar no planejamento da cidade. Mas o castelo, como a abadia, estava no centro de uma sociedade emergente que veremos em alguns de seus momentos mais gloriosos no período gótico. No entanto, nesse ponto precisamos examinar a arquitetura islâmica que se desenvolveu no Oriente concomitantemente ao movimento românico na Europa.

## 11    O Florescimento do Deserto: Islã

Por duzentos anos após 1096 os cavaleiros cristãos da Europa combateram os muçulmanos em Cruzadas mais ou menos contínuas para manter os lugares santos — Palestina, onde o Cristo viveu, e Constantinopla, onde Constantino estabeleceu a sede do primeiro império cristão. Contudo, quando se vai lá hoje, a arquitetura deixada pelo Islã é o que mais impressiona. E isso é o mais estranho, pois a religião muçulmana se originou de um povo árabe nômade que vivia sob tendas pretas no deserto e tinha, antes de o fervor religioso levá-los a conquistar o mundo, poucas pretensões arquitetônicas. Para acompanhar essa história e tentar explicar o que aconteceu não há lugar melhor para começar do que Jerusalém.

Desde que foi construída, entre 688 e 692, a cúpula dourada do Domo da Rocha (*fig. 169*), erguendo-se acima do muro oeste e da paisagem creme-acastanhada da cidade de Jerusalém, chama a atenção dos peregrinos, sejam eles judeus, muçulmanos ou cristãos, independentemente da direção em que se aproximavam das colinas. Nas proximidades, alguns níveis abaixo, mas no mesmo eixo, o Califa al-Walid, filho de Ibn el-Malik, que construiu o Domo da Rocha, começou em 710 a construir a mesquita de Al-Aqsa (*fig. 170*), reconstruída muitas vezes desde então e que tem atualmente uma cúpula prateada. Essas são duas das mais antigas construções islâmicas ainda existentes. Situam-se em um pódio branco descoberto, com árvores tufadas escuras em seu perímetro, envolvido por casas congestionadas e túneis de bazares da Cidade Velha por um lado e terraços que se elevam do Monte das Oliveiras pelo outro lado. Na verdade, o pódio é o topo desnivelado do Monte Moriah sobre o qual Abraão trouxe seu filho Isaac para sacrifício. Também é conhecido como Monte do Templo, pois o templo de Salomão foi construído em uma de suas laterais.

Nem a sua posição exposta e nem a sua arquitetura são inteiramente características das edificações islâmicas, que tendem a ser escondidas atrás de muros e a se concentrar em sua organização interna, mas representam uma tradição em seus estágios evolutivos iniciais. O Domo da Rocha é usado hoje como mesquita, mas é basicamente um santuário, sagrado tanto para os judeus quanto para os muçulmanos. É construído em torno da rocha oca da qual se diz que Maomé saltou para o céu em 639. Estruturalmente é bizantina. Sua planta octogonal foi sugerida pelo santuário do Santo Sepulcro, já construído na Cidade Velha, não muito distante. Um anel duplo de colunas proporciona um ambulatório externo, parecido com os dos túmulos e santuários bizantinos inspirados nos romanos, por exemplo, Santa Costanza, em Roma. Seu telhado tem pouca inclinação, imperceptível do lado de fora por meio do estratagema — mais tarde levado ao extremo nos portões persas — de terminar a parede em um parapeito para proporcionar uma superfície

168 | Minarete espiralado da *Mesquita al-Malwiya*, Samarra, Irã, iniciado em *c.*848

169 | *Domo da Rocha*, Jerusalém, 688–692

contínua para decoração. Originalmente em mosaico de vidro, a decoração, que data do século XVI, hoje é um revestimento de azulejos cerâmicos azuis e dourados. O tambor, também revestido de azulejos, é suportado por uma arcada de pilares antigos e carrega a cúpula de madeira com revestimento duplo, originalmente revestida externamente com chumbo dourado e hoje em alumínio anodizado. As colunas, recolhidas de sítios arqueológicos, não combinam bem e foram encravadas entre bases e capitéis tipo bloco. A excentricidade islâmica ou uma atitude saudável voltada à reciclagem é uma explicação provável para isso, já que na Grande Mesquita em Córdoba, Espanha (cerca de 785; *fig. 172*), existem colunas clássicas serradas e encravadas da mesma maneira. Os primeiros exemplos do arco ogival, um tipo recorrente na arquitetura islâmica, podem ser encontrados nas paredes divisórias.

O estilo da Mesquita de Al-Aqsa, apesar das muitas reconstruções, revela suas origens cristãs; contudo, sua atmosfera é a de uma mesquita. É o santuário mais sagrado do Islã depois de Meca e Medina, e mais acessível do que ambas, pois a Mesquita do Profeta em Medina e o santuário central do Islã, a Caaba em Meca (uma edificação estranha em forma de cubo que abriga a pedra negra sagrada — uma relíquia da adoração pré-muçulmana; *fig. 171*) são proibidos para os não muçulmanos. A Al-Aqsa consiste em um longo e acarpetado salão de orações e possui vigas de madeira

146

de sustentação típicas, niveladas no capitel cruzando cada arco da galeria. Possui ainda arcos transversais para que os devotos possam se ajoelhar virados para a *qibla*, ou parede virada para Meca.

Em Damasco, outra cidade a ter a sua vez como capital muçulmana, a Grande Mesquita (*fig. 173*), a primeira a sobreviver intacta, preserva outras características típicas dessas construções em sua fase de desenvolvimento. Em 706, o Califa al-Walid apoderou-se de *temenos*, originalmente um precinto sagrado helenístico contendo um templo que mais tarde abrigou uma igreja cristã, e o transformou em uma mesquita congregacional. O califa usou as torres quadradas existentes e as transformou nos primeiros minaretes. As texturas de pedra perfurada nas grelhas das janelas, por outro lado, demonstram o tipo de detalhe geométrico que se tornaria o padrão islâmico, depois que as ornamentações figurativas foram proibidas para os muçulmanos no século VIII (como já eram proibidas para os judeus a partir da proibição da criação de imagens esculpidas).

Essas três mesquitas são edificações impressionantes, qualquer que seja o ângulo de análise. Mas o que inspirou os homens no Oriente a construírem esse tipo de edificação, um século e meio antes de Carlos Magno ter sido coroado imperador em Roma, em uma época em que no Ocidente a forma basílica da arquitetura primitiva cristã ainda não havia sido desafiada? O profeta Maomé, nascido em 570 em Meca, uma cidade na rota de camelos,

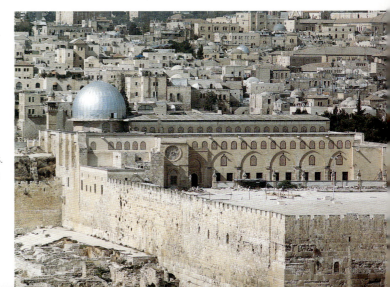

170 | *Mesquita Al-Aqsa*, Jerusalém, 710

171 | A *Caaba*, Meca, c.608

foi a inspiração. Suas revelações, redigidas em prosa rimada e dispostas conforme seu comprimento, formaram o *Qur'an* (Corão), que os muçulmanos aprendem de cor e recitam diariamente. Isso, com a adição posterior de outros dois livros sagrados (o *Hadith*, que consiste nos ditos de Maomé, e a *Lei*, extraída dos dois primeiros), formou a base sobre a qual as tribos beduínas dispersas se uniram para avançar a partir do deserto árabe e ao longo do Mediterrâneo até a França, em uma maré de guerra santa.

Foi somente em 732, na Moussais-le-Bataille, perto de Poitiers, que Charles Martel conseguiu deter a invasão das tribos árabes na Europa. Uma medida de sua realização é o início da construção de uma Grande Mesquita em Kairouan, Tunísia, a 3.200 km de Meca, por volta de 670 (*figs. 174, 175*), menos de 40 anos depois da morte de Maomé. Ela foi reconstruída em 836, mas a base do seu minarete é a mais antiga estrutura muçulmana existente.

O Islã apresenta uma vida tão simples, prática e completa que nunca perdeu o seu encanto através dos séculos. Existe apenas um dogma básico: existe um Deus, Alá, e Maomé é o seu profeta; e uma exigência básica: submissão à vontade onipotente de Alá. *Islã* significa rendição, e *muçulmano* é aquele que se rende. Essa exigência prática é expressada no modo de vida cotidiano, que inclui orações diárias cinco vezes ao dia, o jejum, o pagamento de impostos para apoiar os pobres e uma peregrinação (*hajj*) a Meca ao menos uma vez na vida.

As edificações do Islã consagram esse estilo de vida cotidiana. A importância da liderança foi imediatamente aceita pelo beduíno fiel, que sabia por experiência própria que era necessário um líder para protegê-lo da ameaça de um pastor duplicar a sua fortuna matando o seu vizinho e saqueando o seu rebanho. Esse líder sob Alá era o califa, que ocupava o lugar de Maomé. São estes os três oficiais da mesquita: o *muezzin*, que chama os fiéis para orar, o *khatib*, que prega e lidera as orações de um púlpito chamado *minbar* — frequentemente o único móvel em uma mesquita — e o *imã*, o oficial remunerado que

172 | *Grande Mesquita*, Córdoba, Espanha, c.785, interior

173 | *Grande Mesquita*, Damasco, 706–715

representa o califa. Eles não são sacerdotes: não há ritual de sacrifício e, portanto, nenhum santuário como tal em uma mesquita. Todos os fiéis têm direitos iguais à oração.

A arquitetura islâmica desenvolveu inevitavelmente diferenças regionais, que se misturaram com o sabor da Síria, Pérsia e Samarkand, e também de Meca e Medina. Nenhuma delas, no entanto, explica o caráter da arquitetura islâmica. O fato fundamental é que o Islã era uma sociedade altamente poderosa que não tinha nenhuma tradição de 'grandes' construções. E o que então se tornou a arquitetura islâmica originou-se, como os seus rituais, diretamente da vida cotidiana dos fiéis: é uma arquitetura do oásis. Isso se aplica aos atributos característicos não apenas das mesquitas — em particular as mesquitas religiosas de *Ulu Jami* (Sexta-feira) que se desenvolveram do século VII ao XI — e das *madraças*, os colégios teológicos que datam do século X em diante, mas também dos palácios, casas de luxo e albergues de dervixes nas rotas de comércio e peregrinação. Todos eles consistem em um complexo de muros altos para proteção contra os inimigos, os ladrões e o sol, com galerias sombreadas e salões em sua volta, e uma fonte d'água, piscina ou poço, em alguns casos, hoje em dia, um tanque grande, frequentemente no centro do pátio interno.

A principal preocupação dos moradores dessas terras áridas era a água, e isso logo foi incorporado ao dia a dia dos muçulmanos com os banhos rituais que precediam as preces. Sob as tendas dos nômades, não era feita distinção entre *dentro* e *fora*, e uma expressão disso pode ser observada na maneira como as edificações e jardins das mesquitas e palácios podem espelhar uns aos outros — o arranjo simétrico dos tapetes no interior, ou os cursos d'água e canteiros de flores no exterior, repetindo um ao outro. Podemos observar isso nos tapetes do Oriente Médio, em que 'rios de vida' fluem por entre caramanchões de flores, canteiros e lagos (*fig. 176*). Um arranjo similar pode ser visto na axialidade e simetria do Jardim Shalimar, Lago Dal, Caxemira (1605–1627; *fig. 177*), que está ligado em três níveis por elegantes canais e lagos, com um pavilhão de mármore negro em seu ponto focal, circundado por fontes.

Os primeiros palácios, cujos altos muros delimitadores frequentemente os fazem parecer fortalezas pelo lado de fora, revelam-se estruturalmente a partir de dentro como uma série de pavilhões simples sobre parques ou jardins. Seu mobiliário pode ser rico e suntuoso, com cortinas de seda e obras em ouro e prata, mas em termos arquitetônicos são pouco mais sofisticados do que as tendas dos beduínos. Torna-se tão fácil nos

174 | *Grande Mesquita*, Kairouan, Tunísia, *c.*670, interior exibindo vigas de reforço

175 | *Grande Mesquita*, Kairouan

impressionarmos pelo aspecto de gruta de fadas do Palácio de Alhambra do século XIV (Qalat al-Hamra) em Granada, Espanha, com sua filigrana xadrez de grega e estalactites, que não conseguimos perceber que sua planta consiste simplesmente em uma série de pavilhões ligados por pátios elaborados (*figs. 178, 179*). Até mesmo nas edificações mais complexas constatamos (como na China e Japão) que os quartos e áreas raramente são projetados para funções particulares como comer e dormir, mas mais propensos a serem sazonais — áreas de inverno e verão.

As principais edificações estão nas cidades. Mesquitas e palácios ficavam isolados atrás dos muros no coração das cidades, tanto para proteção quanto para simbolizar o desapego com as preocupações mundanas. Do mesmo modo, dentro da mesquita o salão de oração era posicionado o mais distante possível da entrada.

Em nenhum outro lugar, o princípio de planejamento defensivo foi levado tão longe quanto na cidade mágica de Bagdá no rio Tigre, cidade de Harum al-Raschid e das Mil e Uma Noites, não muito longe das ruínas da Babilônia e de Ctesifonte, as magníficas capitais dos impérios do passado.

O Califa Mansur no século VIII planejou a cidade de forma que seu palácio e prédios administrativos se encontravam no meio de um grande espaço aberto, circundado por três anéis concêntricos de muros com uma circunferência externa de 6,5 km. A cidade propriamente dita situava-se entre o muro interno e o intermediário e era dividida em quatro quartos por duas estradas que se cruzavam. Os quatro portões nos pontos cardeais foram batizados em homenagem às províncias às quais davam acesso e tinham entradas inclinadas — um recurso adotado pelos Cruzados. Barracas militares cobriam as estradas junto aos portões, e o círculo entre o muro intermediário e o externo permanecia aberto para que o califa ficasse em uma posição apropriada para mobilizar as tropas a fim de se defender da agressão externa e também de rebeliões que partissem das fileiras de seu próprio povo.

176 | *Tapete de jardim persa*, c.1700. Victoria and Albert Museum, Londres

149

177 | *Jardim Shalimar*, Lago Dal, Caxemira, Índia, 1605–1627

Isfahan, uma cidade real de Shah Abbas, um contemporâneo da Rainha Elizabeth I da Inglaterra, exibe um planejamento de proteção semelhante, culminando em um grande espaço aberto, o *maidan*, que era o campo de polo real, ladeado por duas mesquitas, o palácio e a hospedaria real. A entrada para o Masjid-i-Shah a partir do *maidan* é através de um grande *iwan*, ou portão abobadado, suportado por uma meia-cúpula cortada na fachada extraordinariamente plana, com minaretes gêmeos de 33,5 metros de altura em seu portal. O *iwan* leva a um pátio interno, cujo *iwan* correspondente que leva à mesquita tinha que ser definido em um ângulo de 45 graus para orientar a mesquita corretamente. Sobre os pátios internos se ergue a grande cúpula da mesquita, posicionada em um tambor perfurado e sutilmente bulboso, brilhante em faiança de pavão, martim-pescador e jade salpicado de branco como a glória dos céus sulinos à noite.

178 | Pátio dos Leões, *Palácio de Alhambra*, Granada, Espanha, c.1370–1380

Masjid-i-Shah (*figs. 180, 182*) era uma mesquita real. Todas as mesquitas apresentavam certas características essenciais. Possuíam telhados planos suportados por vigas e colunas de madeira ou telhados ligeiramente inclinados que repousavam em arcadas ao longo de três lados do pátio. As arcadas serviam de estábulo para os camelos e também para fornecer sombra e abrigos para dormir, pois as mesquitas tinham muitas funções que não eram estritamente religiosas. Uma vez que a administração e as leis da comunidade faziam parte da tradição muçulmana, os clérigos estavam permanentemente fixados à mesquita, e a lei era tratada ali. Os tesouros eram

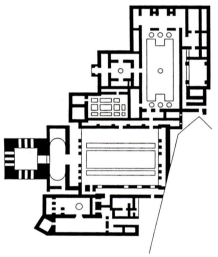

179 | *Palácio de Alhambra*, planta baixa

também lá armazenados. A preocupação com a ventilação impunha arcadas abertas, e mesmo depois de essas arcadas se tornarem enclausuradas por salões de oração percorrendo todo o comprimento da *qibla* interna, ou parede do pátio voltada para Meca, elas ainda mantiveram os arcos imponentes como uma característica para incentivar o frescor.

A forma clássica da mesquita, que se desenvolveu a partir de considerações clássicas óbvias, é bem ilustrada na planta da Grande Mesquita em Samarra, Iraque, de 847, de tijolo queimado reforçado com torres redondas, as maiores já construídas, possuindo

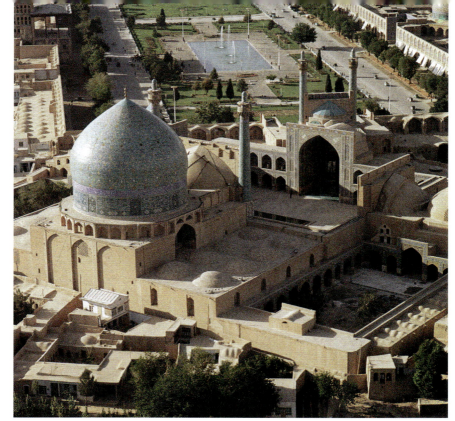

180 | *Masjid-i-Shah*, Isfahan, Irã, 1612–1638

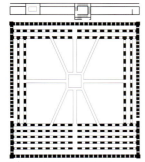

181 | *Mesquita Ibn Tulun*, Cairo, 876–879, planta baixa

um invólucro externo (uma *zyiada*) que mede mais de 10 hectares; e na Mesquita de Ibn Tulun, Cairo, de 876–9 (*fig. 181*). O pátio de qualquer mesquita precisa ter um suprimento de água, normalmente uma fonte no centro, para beber e para os banhos rituais que se tornaram obrigatórios antes das orações. O muro da entrada do pátio era perfurado pelo grande portal *iwan*, que podia ser ladeado por minaretes ou ter um único minarete central, de acordo com o padrão regional. As arcadas, para fornecer abrigo do sol, às vezes com profundidade dupla, normalmente contornavam o muro de entrada interno e os dois muros adjacentes do pátio. Na Mesquita de Ibn Tulun, tamareiras compõem o telhado das arcadas, uma técnica muito utilizada na antiga Mesopotâmia. Mas, na parede oposta do pátio, a parede da *qibla*, que era a área sagrada de orações, poderia haver quatro, cinco ou até seis fileiras de arcos. Quando o Islã se espalhou para as áreas mais frias, foram esses arcos consagrando a parede da *qibla* que receberam uma cobertura para formar uma mesquita fechada.

Os pátios, o minarete, a fonte ou o lago dos banhos rituais, as arcadas e a parede da *qibla*, junto com o *mihrab* (um nicho embutido no centro da parede da *qibla*), compõem as características essenciais da mesquita. A função do *mihrab* era indicar a direção de Meca para que os fiéis soubessem para onde se voltar durante as orações. Originalmente, uma lança enterrada na areia era utilizada para esse fim. No entanto, a alcova se tornou precocemente um atributo característico ao qual foi dispensada a mais bela decoração. Entre os trabalhadores egípcios utilizados na renovação da Mesquita da Casa do Profeta em Medina em 707, havia cristãos coptas que, talvez acostumados a construir absides nas paredes laterais, decidiram incorporar um ali. Ao menos essa é uma das razões frequentemente citadas para a *mihrab* tomar a forma de um grande nicho. Dali o imã poderia liderar as preces enquanto permanecia visível aos fiéis, e ele mesmo podia inspecionar sua congregação de onde quer que se ajoelhasse no chão. A conversão das igrejas cristãs, com seu longo

182 | *Masjid-i-Shah*, Isfahan, Irã, 1612–1638, interior azulejado

eixo leste-oeste, nas primeiras mesquitas na Síria, onde Meca se situa ao sul, estabeleceu um padrão para a *qibla* ser uma longa parede lateral ante a qual os fiéis se prostravam em oração. Isso estabeleceu um padrão, de modo que quando o Islã se espalhou pelo mundo havia muitos exemplos — na Grande Mesquita em Kairouan, Tunísia, por exemplo — de uma orientação para o sul bem incorreta naquela parte do mundo. A *mihrab* na parede sul significava que a mesquita tinha que ser adentrada pelo meio da longa parede norte, o que tornou necessário enfatizar a *mihrab*. Isso normalmente era feito com a introdução de outro conjunto de arcadas na área de orações oposta à *mihrab*, seguindo em ângulo reto até a *qibla*, para que em uma edificação com orientação leste-oeste ela seguisse de lado a lado cruzando toda a largura da mesquita. A arcada central podia ser mais alta do que as demais e terminar mais baixa com uma cúpula sobre o centro do espaço de orações oposto à *mihrab* para enfatizá-la ainda mais — externa e internamente, fazendo com que pudesse ser identificada pelo teto elevado no lado de fora. Esse tipo de cúpula aparece na Mesquita de Aghlabid, de 836, em Kairouan, e em muitas mesquitas abobadadas da dinastia turca Seljúcida. Tapetes no chão, um púlpito chamado *minbar* à direita da *mihrab* e às vezes uma área delimitada com corrimões para devotos especiais, como o califa ou as

183 | **Koca Sinan,** *Mesquita Suleymaniye*, Istambul, 1551–1558

mulheres, normalmente completam o escasso mobiliário da mesquita.

Presumivelmente Maomé, em seu jardim em Medina, pedia a um de seus seguidores para subir no muro e chamar os outros quando era hora de rezar. Assim como a *mihrab* possivelmente é uma adaptação da abside lateral, as torres da igreja cristã em Damasco originaram outro componente islâmico: o minarete. O primeiro minarete construído intencionalmente, do qual há registros datados, é de 670 e se encontra na Grande Mesquita em Kairouan, de 16 corredores e pátio aberto, onde, por acaso, encontramos o primeiro uso dos suntuosos azulejos vitrificados que se tornariam marca registrada da arquitetura islâmica. As mesquitas na Mesopotâmia e no Norte da África costumam ter um único minarete posicionado na entrada do pátio; os pares de minaretes são típicos da Pérsia da dinastia Seljúcida e pós-Seljúcida, enquanto na Turquia é mais comum um único minarete descentralizado entre o pátio e o salão de orações. Alguns califas expressaram seus conceitos grandiosos construindo quatro ou até seis minaretes em volta do salão de orações. A Mesquita de Caaba em Meca é incomum pelo fato de contar com sete minaretes.

Os minaretes podem ser cilíndricos ou cônicos — parecendo uma chaminé de fábrica, exceto que alguns são revestidos com padrões incríveis, como texturas semelhantes a um cesto e com formas geométricas e caligráficas. Alguns minaretes são cinzelados, alguns são em camadas e escalonados, terminando talvez, em um modo peculiar ao Cairo, em um pavilhão aberto. Alguns são independentes e exibem as idiossincrasias de sua origem. Em Samarra, que já foi capital no Tigre, o minarete na extremidade norte da Mesquita de al-Malwiya do século IX é uma rampa em espiral reminiscente dos primeiros zigurates assírios não muito distantes, tão larga que o califa podia cavalgar até um pavilhão 45,5 metros acima do chão (*fig. 168*). Quatro agulhas finas erguendo-se nos quatro cantos de um complexo quadrado são a marca registrada das construções otomanas na Turquia e em Istambul, especialmente as do maior entre os primeiros arquitetos turcos, Koca Sinan (1489–1578 ou 1588), como a

153

184 | *Mesquita Jami (Sexta-feira),* Yazd, Irã, 1324–1364

século X, particularmente em Anatólia, na Turquia da dinastia Seljúcida, pois os turcos eram propagandistas religiosos. Ligada à mesquita ou ao palácio, e fazendo parte de um complexo ampliado, em geral assumia a forma de uma série de celas em volta de um pátio. O que provavelmente foi a primeira universidade do mundo estava ligada à Mesquita de El-Ashair no Cairo em 971. Alguns dos melhores exemplos foram construídos sob os mamelucos *bahri* no Egito durante os séculos XIII e XIV. Frequentemente, eram construídas de tijolo reutilizado, mas na Anatólia elas demonstram o quanto a Turquia aprendeu com as soberbas tradições sírias da cantaria de *ashlar*. Às vezes elas abrigavam o túmulo de seu fundador, como na Madraça do Sultão Hassan (1356–1362) no Cairo.

A entrada para o pátio da madraça se dava através de câmaras abobadadas, as *iwans*, com seus enormes portais esculpidos em uma série de arcos recuados e gradualmente reduzidos e às vezes abobadados com uma semicúpula. No século XII, a ênfase no portão principal tornou-a maior e circundada por um painel retangular perpendicular (conhecido como *pishtaq*), que criou uma base soberba para os elegantes mosaicos de azulejos em azul, verde e dourado que derivaram de fontes persas e mesopotâmicas. O melhor exemplo de uma *pishtaq* provavelmente é a Mesquita Jami em Yazd, Irã (1324–1364; *fig. 184*), Mesquita de Suleymaniye em Istambul (1551–1558; *fig. 183*). Alguns desses minaretes erguem-se como chifres em ambos os lados da fachada da *iwan* da mesquita ou da madraça. (Os governantes otomanos expulsaram a dinastia turca Seljúcida no século XIII e estabeleceram o enorme Império Otomano, que durou até 1918.)

A madraça é a última das formas de pátio que devemos examinar. É uma escola de teologia ou ensino que se desenvolveu no

185 | Túmulo do Sultão Iltumish, *Quwwat-ul-Islam,* Délhi, Índia, 1230, exibindo alvenaria decorativa

154

uma cidade no deserto, mas que possuía seu próprio suprimento de água, possibilitando a criação de uma cidade e até mesmo o cultivo de amoreiras para o comércio de seda por Tamerlão (Timur, o Coxo), o conquistador turco que, com seu filho, reviveu essa área após a devastação provocada pelas invasões das tribos mongóis e turcas durante os séculos XIII e XIV.

O que fascina na arquitetura islâmica é como a sua extrema simplicidade de organização e estrutura conseguiu originar formas e decorações tão diversas e numerosas, muitas delas carregando as sementes de desenvolvimentos estruturais futuros. As arcadas das mesquitas, por exemplo, começaram como meros suportes para telhados leves, como os toldos, e isso deixou seus criadores livres para inventar uma série de formas arqueadas: ogival, escalonada, redonda, ferradura, trifólio, recortada, cimácio ou moldada como quilha de navio invertida, ou em camada dupla como nos arcos com aduelas variegadas em Córdoba. Enquanto um arco redondo tem apenas um centro (como é um semicírculo, tanto a altura quanto a largura são o raio do ponto central), esses arcos de desenho complexo podem ter dois ou até três centros.

O fato de a representação figurativa ter sido proibida talvez tenha impulsionado a exploração das formas, resultando em um rico espectro de muralhas robustas de origem Cruzada até intrincados, porém delicados, arabescos entrelaçados, desenvolvidos a partir da caligrafia. Parte da magia surge da liberdade com que as formas e padrões podem passar de um uso ou instrumento para o outro: onde mais as pinceladas de tinta ou escrita cursiva foram traduzidas em tijolo (*fig. 185*)? Quando, mais tarde, a fé islâmica se estendeu para as regiões mais frias, como a Anatólia, onde os Seljúcidas tiveram que abandonar as mesquitas de pátio aberto e adotar edificações muradas, a experimentação com as arcadas continuou, auxiliada pela forma de pavilhão na qual não havia a demanda para suportar um andar superior.

Os países que adotaram o Islã não estavam de forma alguma atrasados na evolução estrutural. Vimos como os persas estavam originalmente bem mais adiantados em relação a Bizâncio quanto à ogiva, precursora do pendículo, para suportar um teto abobadado de tijolos. A ogiva foi utilizada originalmente nos cantos, mas após o século XI seu uso foi ampliado para cobrir por inteiro o compartimento, ou portal recuado ou salão-pavilhão. Não mais empregadas como

186 | *Mesquita Azul*, Istambul, 1606–1616, exibindo camadas de cúpulas

187 | *Taj Mahal*, Agra, Índia, 1630–1653

um método de suporte para uma cúpula ou abóbada, uma grande quantidade de minúsculas ogivas era utilizada com frequência na arquitetura islâmica como um conceito decorativo; elas eram construídas em camadas sobrepostas, como as escamas de um abacaxi ou como a pinha do abeto, até criarem uma caverna mágica de pequenas estalactites (chamada *muqurnas*). Podemos ver como no Salão dos Leões e no Salão do Julgamento no Palácio de Alhambra, Granada, as *muqurnas* de ripa, gesso e estuque foram transformadas em filigrana lembrando flores de geada no vidro de uma janela. Vemos esse padrão islâmico persistir pelo período medieval na Sicília, em Cefalù e no Palácio Real em Palermo.

As estruturas e a decoração fluida se reúnem na silhueta do telhado. O túmulo, uma importante contribuição para a arquitetura islâmica, possibilitou a invenção em pequena escala das formas de cúpula, mais uma vez denunciando as origens locais. As cúpulas eram colocadas em pontos importantes, como sobre a entrada ou sobre as divisões antes da *mihrab*. Às vezes na Pérsia e na Mesopotâmia cada divisão da mesquita, madraça ou palácio tinha a sua própria cúpula. O esforço otomano para tornar tudo subordinado à cúpula central pode ser visto na Mesquita Selimiye, Edirne, Turquia (1569–1574), e na Mesquita Azul, Istambul (1606–1616, *fig. 186*). Quando o Islã chegou à Índia com os conquistadores

188 | *Gur-i-mir*, Samarkand, 1404

mongóis em 1526, eles também adotaram as cúpulas de seu passado cultural persa, mas tinham um aspecto um pouco diferente das cúpulas persas ou otomanas. As cúpulas nos complexos de túmulos indianos exibem uma beleza tranquila, desencarnada, embora tendam a ter uma silhueta mais bulbosa. O melhor exemplo é o Taj Mahal em Agra (1630–1653), o belo palácio de mármore que o imperador Shah Jehan construiu em memória de sua esposa. Ele posicionou o palácio no meio dos jardins com o rio entre quatro minaretes sentinela. Há uma perfeição estática e emocionante em relação à sua volumetria, com quatro torres octogonais delimitando o pavilhão central (*fig. 187*). Na fachada, uma grande *iwan* aberta ergue os dois andares do tambor e a cúpula flutuante inspirada na primeira Tumba de Humayun em Délhi (1565–1566).

    O Irã, entretanto, construiu por vezes torres sepulcrais de altura bizarra, com coberturas cônicas, parecendo silos de fazenda muito altos como os de Gunbad-i-Qabus que datam de 1006–1007. Em Samarkand, hoje no Uzbequistão, uma cidade na rota da seda e que já foi capital do califado de Abbasid (750–1258), Tamerlão nos deixou um legado exótico, que inclui uma cidade sepulcral e o adorável Gur-i-mir (O Túmulo do Soberano), seu mausoléu (1404). Sua cúpula turquesa em forma de figo e com nervuras características se ergue em meio a uma revoada de pombos até um céu noturno lilás (*fig. 188*). Muito da influência tranquilizadora que o túmulo do tirano exerce sobre o observador se deve às proporções da subestrutura, tambor e cúpula criadas pelo construtor, de acordo com regras estéticas rigorosas, de modo que elas estão em uma relação perfeita de 3:2:2.

    Não há dúvida de que grande parte da arquitetura islâmica se inspirasse no efeito que o sol forte exerce sobre as formas e os entalhes e ornamentos de estuque em relevo, enfatizando depressões, sombras, arestas afiadas e áreas elevadas e fazendo com que pareçam ainda mais incrivelmente extravagantes.

## 12   A Metafísica da Luz: Medieval e Gótico

Ocasionalmente na história da arquitetura surge uma pessoa, um lugar ou uma edificação em particular que podemos indicar como um divisor de águas, e dizer *aqui* se iniciou tal estilo. Na transição entre a primeira e a segunda metade da Idade Média, ou seja, do Românico para o Gótico, temos esse divisor de águas. O homem é um abade beneditino chamado Suger; o lugar, a Abadia da Igreja de St. Denis, nos arredores de Paris; o ano, 1144; e a ocasião magnífica — a consagração do novo coro da abadia (*figs. 190, 191*), reconstruída após um daqueles devastadores e comuns incêndios, em uma época na qual os telhados de madeira eram vulneráveis aos relâmpagos vindos de fora e às chamas e velas do interior.

O abade Suger pertencia à ordem religiosa que por longo tempo havia controlado a construção da igreja românica de Cluny. Era um homem importante tanto no âmbito da Igreja quanto do Estado, conselheiro de reis e papas, um reconhecido teólogo e um soberbo administrador. Antes de embarcar na reconstrução de St. Denis, ele meticulosamente escolheu todas as terras da abadia para assegurar uma renda estável durante o período de construção. E ainda registrou em papel seu pensamento e objetivos na reconstrução de St. Denis.

Os escritos de Suger — um panfleto sobre a *Consagração da Igreja de St. Denis* e um *Relatório Administrativo* — nos apresentam uma rara descrição das fontes da arquitetura gótica. Sua tese era a de que 'a mente insensível se levanta à verdade através daquilo que é material'; e sua engenhosidade compreendeu como se poderia apelar em diversos níveis à mente insensível com o uso da abóbada nervurada; ele poderia criar arcos ascendentes que levariam o espírito do homem ao paraíso; poderia transformar paredes em painéis envidraçados que ensinariam ao venerador a doutrina e as origens de sua fé em histórias pintadas, enquanto submergiria sob a luz celestial. Qualquer um que tenha caminhado ao longo da galeria do trifório, se banhado no fogo líquido rubi e verde-mar que cintila nas batinas dos profetas, saberá o quão auspiciosamente os seguidores de Suger deram vida à sua visão. A igreja proporcionava a experiência do paraíso na terra.

'Esta é a Casa de Deus e o Portão do Paraíso', recita o salmista na liturgia da consagração de uma igreja, sistematizada nesse período (a mente gótica era repleta de sistemas).

Suger captou o temperamento da época, o qual estava se afastando da obsessão do início da Idade Média com os aspectos mais severos da vida — pecado, culpa e morte — na direção de uma Igreja triunfante que havia vencido os hereges albigenses e alcançou um sucesso romântico nas Cruzadas. A visão das palavras de Deus era então de beleza e comparativa segurança, na qual o homem ordinário poderia regozijar-se. Deixava-se a natureza livre nos bancos do coro, portais, abóbadas e casas de cônegos em uma exuberância de cachos e folhas, pássaros,

189 | *Capela da Coroa de Espinhos (La Sainte-Chapelle)*, Paris, 1242–1248

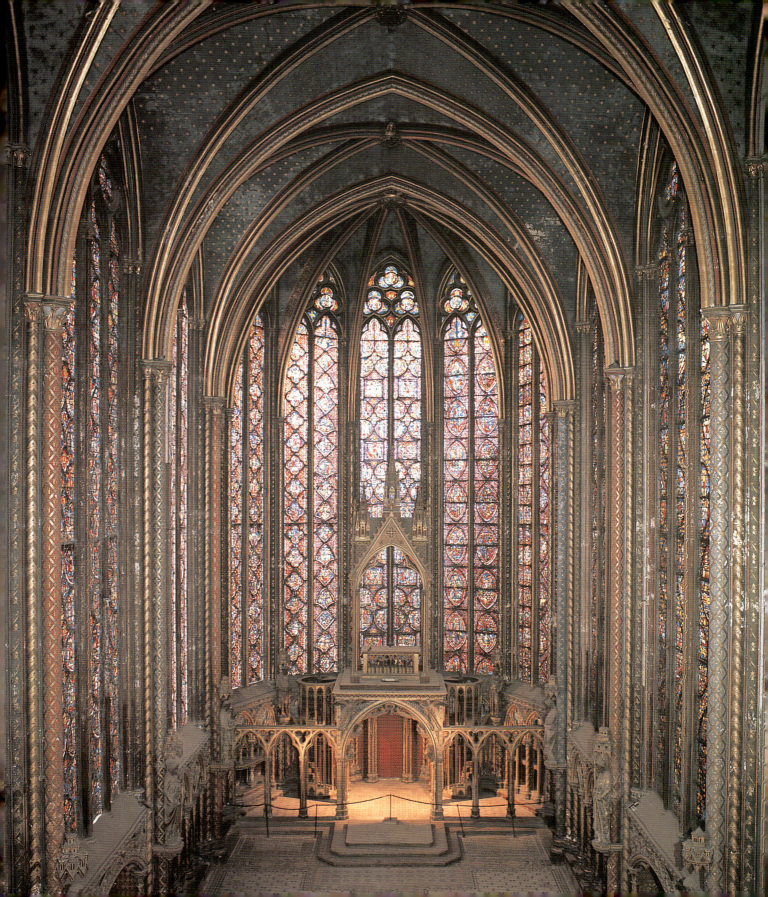

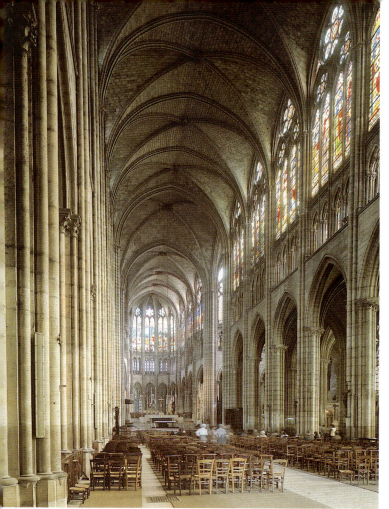

190 | *St. Denis*, Paris, 1144, coro

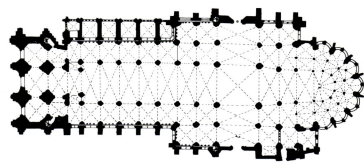

191 | *St. Denis*, planta baixa

animais e flores. São Francisco, fundador de uma das novas ordens monásticas, circulava exortando seus irmãos e irmãs — homens, mulheres, animais, pássaros — a louvar e exaltar a Deus sobre todas as coisas e para sempre.

Os franceses denominavam essa nova tradução da beleza em pedra 'o estilo ogival', reconhecendo a dívida que suas formas tinham com o Oriente. Mas o nome com que se tornou conhecido foi o desdenhoso apelido 'gótico' ou bárbaro, com o qual o estilo foi designado pelo historiador de arte do século XVI Giorgio Vasari. A prestigiosa congregação na consagração de St. Denis, que incluía Luís VII de França e sua rainha, dezessete arcebispos e bispos de toda a França e vindos de tão longe quanto Canterbury, não percebia o estilo como bárbaro. As elevadas abóbadas de nervuras finas e as paredes, incandescentes com a 'luz aniquilada da divindade', claramente os impressionaram. Parece que, no retorno para casa, todos aproveitaram a primeira oportunidade a eles oferecida pelo fogo ou pela dilapidação para construir no estilo gótico. Nos vinte e cinco anos seguintes à consagração, cada diocese representada na cerimônia havia erigido em direção aos céus sua catedral gótica.

O novo estilo oferecia em termos práticos o seguinte. Liturgicamente, preservava a planta cruciforme básica com o altar na extremidade leste; espaço para processões ao longo da nave; e capelas laterais para a celebração de missas privadas. Estruturalmente, eliminou a necessidade de alvenaria pesada, permitindo, contudo, abóbadas ainda mais altas e mais variadas. O espaço da parede assim liberado poderia ser usado como meio para instruir o humilde fiel por meio da escultura, da pintura e do vidro. Desse modo, foi criada uma síntese arquitetônica, coerente na estrutura e no detalhe, e capaz de inspirar uma visão da verdade e da realidade essenciais.

Ainda assim nenhuma das características que distinguem a arquitetura gótica era novidade — nem o arco ou a janela apontada, nem a abóbada ogival, os arcobotantes ou as torres gêmeas na fachada. Então, o que então seria essencialmente gótico no modo com que esses componentes se combinavam estruturalmente nas catedrais que derivaram de St. Denis? Uma das primeiras coisas a se explorar é a liberdade proporcionada pelo arco apontado. No caso do arco românico, a altura e a largura de um ponto central teriam que ser iguais, é claro, sendo o raio de ambas originado no mesmo círculo. Entretanto, o arco apontado, tendo diversas curvaturas diferentes, poderia ser variado em largura e ainda manter sua altura original, tornando possível, dessa forma, uma arcada com algumas colunas mais próximas entre si do que outras, todas mantendo, ainda assim, o topo de seus arcos no mesmo nível. Adicionalmente, eles poderiam variar tanto em altura quanto em largura e se conectar em ângulos retos às abóbadas que também poderiam variar em altura e largura. Dessa forma, um corredor lateral mais baixo poderia terminar em um transepto mais alto e o transepto em uma nave mais alta e mais larga. Os arquitetos reconheceram uma possibilidade adicional proporcionada pelo arco apontado. Deram-se conta, ao pensar que os principais elementos estruturais estão dispostos tanto transversalmente à catedral, como se organizam ao longo de seu comprimento, que poderiam enviar as cargas principais do telhado sobre os corredores e, então, por meio de arcobotantes, em direção ao solo. Isso permitiu tratar as paredes externas não mais como estruturas de suporte, mas como painéis que poderiam ser inteiramente envidraçados. A catedral se tornaria então uma lanterna de vidro.

O arco apontado, e tudo aquilo que ele significava, poderia coexistir com a planta cruciforme. Na França, a abside poderia ser marcada por capelas laterais correndo em torno da extremidade leste por trás do coro. A planta permanecia aberta; nave e transeptos poderiam ser adicionados conforme ditavam a necessidade e o coro monástico atrás do altar, a partir do qual o ofício diário era cantado, e a abside ou as capelas laterais, onde cada padre oferecia sua missa privativa diária, poderiam ser estendidas.

A base de todo o projeto se diferenciou radicalmente do românico por esta razão: os construtores não mais tinham que montar a estrutura sobre uma série de unidades cúbicas de espaço. O espaço que eles estavam encerrando poderia ser então alargado ou estreitado, e, sobretudo, se alongar para o céu. Tetos abobadados não mais apoiavam seu peso, desajeitado, nos ombros maciços das paredes laterais; em vez disso, o peso se distribuía através de arcos simples construídos transversalmente e diagonalmente entre cada vão, como as hastes de um guarda-chuva. Até recentemente, se pensava que as arestas carregavam todo o peso e o transferiam por meio dos contrafortes até o chão. Entretanto, eventos na Segunda Guerra Mundial, em que as arestas do teto foram destruídas e os vãos preenchidos (similarmente à membrana natatória dos patos) permaneceram intactos, demonstraram que a estrutura depende de um equilíbrio delicado e da disposição de cargas e

192 | *Catedral de Rheims*, 1211–1481

193 | *Catedral de Chartres*, 1194–1221, arcobotantes

pressões do edifício como um todo. O caderno de croquis de pergaminho com 33 páginas de Villard de Honnecourt (provavelmente executado como um livro de referências para sua oficina de construção), elaborado no século XIII, é uma rica fonte de informações sobre métodos de construção medievais. Seu desenho do corte transversal da grandiosa Catedral Régia de Rheims (1211–1481; *fig. 192*), o lugar onde os reis de França eram coroados desde o século V, nos dá uma ideia do intricado problema de distribuição de cargas, muitas vezes ajustado no decorrer da construção. Pistas adicionais de métodos construtivos foram fornecidas por procedimentos de trabalho que foram deixados em alguns sítios. Em York e Wells encontramos a base de traçado em gesso reutilizável na qual os mestres de obras desenhavam plantas e diagramas para serem seguidos pelos aprendizes. No trabalho de restauração da Abadia de Westminster se revelaram pedras mestras de nivelamento no ponto em que as arestas da abóbada se encontram, marcadas para mostrar onde as linhas das nervuras deveriam chegar.

Surpreende a frequência com que o que tomamos como mero ornamento se mostra, em um exame posterior, uma parte integral desse delicado equilíbrio de forças. Os pináculos no topo de contrafortes externos, por exemplo, não configuram apenas um ornato pontudo, mas foram construídos para se opor à pressão das paredes da nave.

Tampouco o telhado gótico duplo — madeira por fora e abóbada em pedra por baixo — surge por mero capricho. As edificações altas eram presas fáceis de relâmpagos, até que Benjamin Franklin inventasse o para-raios no século XVIII. Embora o telhado externo pudesse ser atingido e queimado, a abóbada de pedra interna protegia a igreja. Em tempo chuvoso, entretanto, os papéis se invertiam; o telhado em madeira protegia a abóbada contígua abaixo. O telhado fornecia ainda espaço para as engrenagens de içamento necessárias para erguer e posicionar as pedras da abóbada. É por isso que, à medida que as abóbadas se tornaram mais complicadas nas igrejas inglesas, alemãs e austríacas do Gótico tardio, os telhados se tornaram mais íngremes, como na Catedral de Santo Estêvão em Viena. Existem catedrais medievais que ainda abrigam suas engrenagens de içamento entre os dois telhados.

Pouco a pouco, os construtores góticos aprenderam o quanto poderiam reduzir a parede, o arco ou o contraforte sem enfraquecer o funcionamento da estrutura. Os lindos porém simples arcos dos contrafortes primitivos em Chartres do final do século XII (*fig. 193*) haviam se transformado, por volta de 1500, em uma traceria de gregas e arcobotantes, tais quais os de La Trinité, em Vendôme (1450–1500), e St. Maclou, em Rouen (1436–1520). A extensão da parede mais sólida, exemplificada na antiga catedral de Sens (1145), se torna mais e mais

194 | *Catedral de Bourges*, 1190–1275

162  A Metafísica da Luz: *Medieval e Gótico*

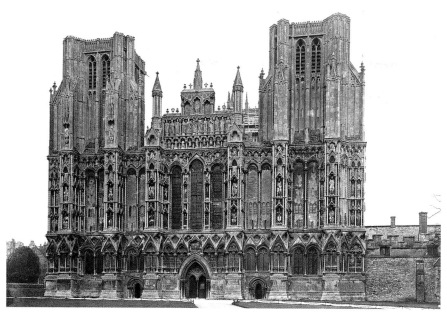

195 | *Catedral de Wells*, fachada oeste, 1215–1239

aerada conforme a confiança na estrutura evolui. Em Chartres, uma circulação em trifório é recortada na espessura da parede; a Catedral de Bourges (1190–1275), com sua singular forma piramidal da nave ladeada por dois deambulatórios de altura decrescente (*fig. 194*), é perfurada diretamente através do exterior entre os corredores; e na Capela da Coroa de Espinhos, construída por São Luís em Paris, usualmente conhecida como La Sainte-Chapelle (*fig. 189*), a tradução da parede sólida para o painel envidraçado se completa. Ali, os montantes de pedra para fixação dos vidros são tão delgados que se torna difícil percebê-los em função do deslumbramento dos vitrais. O que o arquiteto de 1242 efetivamente realizou foi conduzir o exemplo de Suger à sua conclusão lógica. Ele estendeu a área mais alta, envidraçada, da abside de Suger, na extremidade do coro em St. Denis, ao longo da capela como um todo, com o vidro até o chão, de modo que o edifício brilhasse como um relicário esculpido a partir de uma joia multifacetada.

A redução das sólidas paredes significou o domínio gradativo do vidro. As janelas góticas primitivas eram simples lancetas, como em Coutances (1220–1291), e na traceria do frechal, como em Chartres e na Basílica de São Francisco em Assis (1226–1253), uma textura geométrica como que simplesmente perfurada na superfície da parede. Em 1201, foi inventado o arabesco: em vez de a face da parede de pedra ser perfurada em vãos entalhados, o vidro foi encaixado em molduras lineares — frechais e gradis da janela em pedra esculpidos em padrões delgados como peças de escultura em si. Essas tracerias não são apreciadas em sua totalidade desde o interior, onde a glória dos vitrais na contraluz reivindica toda a atenção. Mas no exterior elas ocupam seu lugar de destaque em um intricado padrão de linhas e figuras de ponta a ponta, que pode recobrir toda a fachada de uma catedral gótica, à maneira francesa como em Rheims ou Estrasburgo (1245–1275), ou criando uma fachada como que feita de madeira entalhada, no característico estilo inglês de Wells, Somerset (1215–1239; *fig. 195*). Aqui a face frontal com 46 metros de largura obscurece qualquer indicação das unidades componentes e é sobreposta com quatrocentas estátuas — uma visão corajosa na Idade Média, sem dúvida, quando todas eram pintadas e douradas, mas que hoje geram uma enorme dor de cabeça aos arquitetos da catedral que tentam preservar sua fachada.

O formato básico da janela primitiva com dois vãos em lancetas, um círculo suspenso entre seus topos, tudo envolvido por uma moldura de janela apontada, mais tarde se liberou da forma circunscrita, como uma planta

196 | *Catedral de Milão*, Itália, 1385–1485

197 | *Catedral de Burgos*, Espanha, 1220–1260, lanterna estrelada

198 | *Igreja do Convento de Cristo*, Tomar, Portugal, 1510–1514, face oeste

crescendo e lançando gavinhas. Os círculos projetavam pétalas ou raios de uma forma enérgica, o que acabou por conferir a essa fase do Gótico francês o nome de Radiante (*Rayonnant*). Na Inglaterra, os padrões de trevos e folhas desenvolveram-se junto com texturas geométricas para designar com o termo Decorativo a fase correspondente. A partir do final do século XIII, as ideias predominantes viriam da Inglaterra, cujo período Gótico culminaria na calma dignidade vertical do Perpendicular da extremidade leste da Catedral de Gloucester (1337–1377). Mas antes desse exemplo de reserva indiferente tipicamente inglesa, a fase Decorativa tornou-se mais extravagante no estilo Curvilíneo, o qual indubitavelmente deve muito aos contatos da Inglaterra com o Oriente, por meio de intercâmbios comerciais e das Cruzadas, nos proporcionando formas excitantemente dinâmicas que alcançaram seu auge nos cimácios das tracerias e nos topos entalhados dos assentos na Capela de Nossa Senhora, em Ely (1321), uma edificação separada da catedral principal na forma de residência do cônego. Mesmo na pureza da fase Perpendicular, em que todas as linhas das tracerias se projetavam para cima, retas e suaves dentro de um painel retangular vertical, há ali mais do que apenas um eco dos *pishtaqs* de Isfahan.

Os modismos no Gótico foram levados através da Europa, desde a Noruega até a Espanha, pelos mestres de obras, que viajavam grandes distâncias de trabalho em trabalho, tanto que lá pelo século XIV referiam-se a si mesmos como pedreiros 'livres' (muito embora deva ser mencionado que alguns historiadores acreditam que o termo indicava na verdade os pedreiros 'livres' como aqueles qualificados para trabalhar em pedra de cantaria, ou seja, em pedra calcária ou arenito em grãos finos que se prestavam ao entalhe). Carlos VII da Boêmia agarrou a oportunidade do auspicioso escape da peste de Praga para empregar Matthew de Arras de Avignon e um membro de uma das famosas famílias de pedreiros, Peter Parler de Gmünd, em sua nova catedral (1344–1396). William de Sens construiu a Catedral de Canterbury (1174–1184); Etienne de Bonneuil saiu de Paris para trabalhar em Uppsala, na Suécia; e uma equipe de especialistas estrangeiros de Paris e da Alemanha trabalhou na Catedral de Milão (1385–1485; *fig. 196*).

Por meio desses intercâmbios a forma do decorativismo inglês curvilíneo fluiu e chegou ao continente, onde seria traduzido em versões nacionais singulares, desde o século XIV até século XVI. Na Espanha manifestou-se no estilo ornamentado conhecido como Plateresco, relativo aos tão valorizados trabalhos em prata da época, por exemplo, a Catedral de Burgos (1220–1260; *fig. 197*). A versão portuguesa, conhecida como Manuelina (*fig. 198*), possui um sabor náutico com cordas com nós e incrustadas com símbolos marítimos, porque, como os ingleses, os navegantes portugueses estavam embarcando nas explorações mundiais. Na Alemanha, a influência inglesa foi abrangente, como veremos ao compararmos suas formas abobadadas. E na França em seu florescer tardio — o Gótico flamejante das igrejas de Rouen, por exemplo — inspirou tracerias que rodopiam e salpicam pelas janelas como folhas lançadas pelas tempestades de outono ou chamas de fogueiras consumidas ao ar livre. Nas rosáceas, uma das mais gloriosas formas da arquitetura gótica (*fig. 199*), texturas se transmutaram de rodas em rosas e de rosas em chamas, ao longo dos anos.

Está claro que tentativa e erro cumpriram seu papel no desenvolvimento da abóbada. As primeiras abóbadas eram divididas em quatro partes pelas duas nervuras arqueadas diagonais que se interceptavam na pedra mestra. No século XII, na Catedral de Sens, o número de nervuras aumentou para três arcos, de modo que a subdivisão da abóbada passou a ser seis. Estreitamente ligada ao desenvolvimento da abóbada havia a questão da altura, um importante fator na produção da verticalidade tão característica do Gótico francês. Acredita-se que cada oficina de cantaria tinha sua própria regra quanto à relação da altura com a largura, mas pouco mais do que essa proporção genérica foi especificada. Se compararmos o corte transversal de Rheims, mostrando as cargas, os contrafortes e as posições do telhado, com o interior de Chartres, teremos algum discernimento sobre os fatores que controlam a construção de abóbadas.

200 | *Catedral de Chartres*, interior, com as arcadas da nave, passagem do trifório e janelas do clerestório

Chartres é um exemplo clássico do Gótico francês inicial (*figs. 193, 199-201*). Seu formato básico foi construído em 27 anos, entre 1194 e 1221; isto é, exceto por suas torres, construídas com séculos de diferença, o pináculo octogonal simples ao sul no início do século XIII e o mais elaborado, ao norte, em cerca de 1507, sendo importante mencionar que em sua construção não houve qualquer intenção de combinar o posterior com o primeiro. Entretanto, não é apenas em relação às torres que Chartres se tornou um clássico. Distintamente da igreja românica típica, construída e financiada por uma grande abadia, as catedrais góticas pertenciam à cidade. Eram construídas não somente pela competição entre cidadelas vizinhas em Glória a Deus, mas também pelo orgulho cívico. Como em St. Denis, a maior parte do trabalho físico era realizada pelos próprios paroquianos:

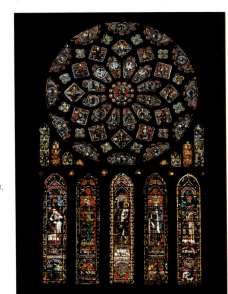

199 | *Catedral de Chartres*, 1194–1221, rosácea norte

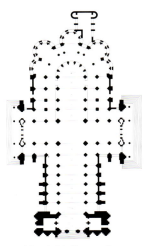

201 | *Catedral de Chartres*, planta baixa

202 | *Catedral de Amiens*, 1220–1270

e alguns em que um quarto nível, uma galeria, foi introduzido, mas isso foi um modismo de vida relativamente curta.

Entre as janelas há os arcobotantes, conectados aos pilares da abóbada. Esses pilares são sempre mais delgados que os troncos extensos e lisos característicos das colunas românicas, mas em algumas das catedrais mais antigas como Laon (1160–1230) e Notre-Dame, Paris (1163–1250), a arcada é ainda feita de colunas simples redondas, pelo menos até a altura dos capitéis e bases dos arcos; é somente a partir dali que encontramos os característicos aglomerados de hastes semelhantes a feixes de varetas. Entretanto, da construção de Bourges em diante, no século XIII, tais pilares fasciculados se tornaram típicos. Em Chartres, Rouen, Soissons, Rheims, Amiens (*fig. 202*), Tours, Estrasburgo, Auxerre, Colônia, Toledo e Barcelona e em muitas catedrais inglesas, o movimento ascendente dos pilares fasciculados, como em um chafariz, inicia-se a partir do chão e jorra desimpedido na direção das abóbadas do teto. O estilo atinge seu ápice no coro da Catedral de Bristol de 1300–1311 (*fig. 203*), onde nem mesmo o capitel causa qualquer interrupção no movimento ascendente.

camponeses arrastando carrinhos carregados com rochas das pedreiras, comerciantes e artesãos largando seus instrumentos e abrindo mão de seus ofícios para receber as carroças no portão da cidade e puxando-as até o canteiro da catedral.

Estruturalmente, Chartres produz o modelo clássico em três seções: uma *arcada*, ou fileira de arcos, ao longo de cada lado da nave, suportada sobre pilares; uma fileira intermediária de arcos, frequentemente bem baixos, com um deambulatório no interior da igreja, denominado *trifório*; e uma fileira mais acima, ou *clerestório*, amplamente envidraçado. A figura 200 mostra as duas principais fontes de luz: primeiro, a partir dos corredores laterais, filtrada através das arcadas da nave, e, depois, pelo clerestório. O trifório flui por dentro do espaço do telhado sobre os deambulatórios, sem aberturas para o exterior. Há exemplos em que o trifório é perfurado para a entrada de luz,

O quanto eles poderiam carregar sem sobrepor a si próprios teve que ser aprendido com a experiência. A Catedral de Beauvais, cujo bispo dizia-se sofrer do pecado do orgulho, cortejou o desastre: o coro duplo (iniciado em torno de 1220), provavelmente construído por Eudes de Montreuil, um mestre de obras que acompanhou São Luís em sua Cruzada, exprime voluvelmente a ambição, assim como sua arrojada abóbada. E, de fato, primeiro o telhado e depois a torre vieram a ruir. Ainda assim, reconstruída com 48 metros, permanece como a mais alta abóbada gótica.

Mas a régia Catedral de Rheims alcançou a altura de 38 metros sem incorrer em desgosto sagrado. No interior, a sensação de altura é inteligentemente exagerada ao colocar as bases dos pilares na altura dos ombros, fazendo com que os pilares nos transformem em seres diminutos antes mesmo de iniciar sua ascendência. O formato incomum de pirâmide

203 | *Catedral de Bristol*, coro, 1300–1311

204 | Capela de Henrique VII, *Abadia de Westminster*, Londres, 1503–1519

(1469), na qual (para continuar com a metáfora) o matagal se transforma em uma floresta tropical, com pilares extravagantes espiralando como gavinhas em direção aos capitéis com formato de estrela, que então explodiam em uma copa abobadada em folhas de palmas — e, para completar, brilhantemente pintadas!

Alguns países enfatizaram a verticalidade no exterior. Alemanha e Boêmia, particularmente, apreciavam as torres; o elevado pináculo de Ulm Minster, projetado por Ulrich Ensinger no final do século XIV, mas não completado até 1890, foi de todos o mais alto.

Porém, o ímpeto no desenvolvimento dos pilares e abóbadas veio da Inglaterra. Na França, o período clássico termina em cerca de 1300, e transcorre um lapso de tempo até o florescimento do Flamejante. A primeira metade do século XIV (antes que a Peste Negra matasse um quarto da população em 1348–1349) foi um período particularmente rico na Inglaterra. Durante esses tempos emergiram estilos de janelas, abóbadas e telhados que seriam muito influentes na Europa.

Na Inglaterra, o Gótico começou muito humildemente quando as ordens cistercianas ali se fixaram, estabelecendo fazendas de ovelhas e a indústria de lã que iria proporcionar uma enorme fonte de riqueza de Bourges, com seus deambulatórios duplos de altura decrescente, mascara sua altura; somente quando você se posiciona no corredor interno e olha para cima e nota que ele tem sua própria arcada, trifório e clerestório, como se fosse a nave, se dá conta de que aqueles mesmos corredores se elevam até uma abóbada tão alta quanto as de uma nave de catedral.

Todas as coisas, diz São Tomás de Aquino, devem se voltar na direção a Deus, e, com efeito, os talos fasciculados levavam os olhos em duas direções opostas. Primeiramente o olhar se excitava e bruxuleava ante o homem feito à semelhança de Deus no sacramento do altar na extremidade leste da igreja; depois, se elevava a Deus no paraíso, como em uma mata de delgadas cerejeiras, onde naturalmente se olha para cima para onde a luz do sol é filtrada através das folhas. Em contraste com a austeridade tipo celeiro das igrejas de pregação dos frades na Alemanha e na Itália, encontramos a igreja do Gótico tardio, como a Catedral de Brunswick

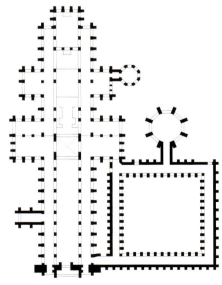

205 | *Catedral de Salisbury*, 1220–1266, planta baixa

durante a Idade Média, bem como contatos internacionais através de sua associação ao Wool Staple (mercado de lã). Durham (1093–1133) havia cedo experimentado com os arcos apontados paralelamente aos arcos arredondados do românico. Mas o padrão clássico da catedral francesa, aparente em Canterbury, em Lincoln (reconstruído depois de 1185), e da Capela de Henrique VII em Westminster (construída posteriormente, mas conscientemente inspirada no Gótico francês; *fig. 204*), foi introduzido quando um arquiteto francês recrutado pelo cônego da Catedral de Canterbury, William, um nativo de

206 | *Igreja de St. Wendreda,* March, Cambridgeshire, telhado dos anjos, século XV

Sens, cidade então engajada na construção de uma catedral, persuadiu o cônego de que as reminiscências normandas, inseguras devido a um incêndio em 1174, deveriam ser demolidas e o projeto começar do zero; e assim, até o momento em que se machucou caindo de um andaime e teve que passar o trabalho para outro arquiteto, ele construiu em Canterbury uma catedral similar à de Sens.

Mas a tradição nativa, que pode remeter ao passado desde o Românico normando até a igreja anglo-saxã de St. Lawrence, Bradford-on-Avon (*fig. 157*), teimosamente persistiu, quaisquer que fossem os modismos franceses. Essa tradição mais austera conferiu ao Gótico inglês suas características originais — coros com extremidades quadradas sem absides (uma continuação direta da planta saxônica), naves exageradamente longas, como em Lincoln, e algumas vezes transeptos duplos. Mais caracteristicamente sobretudo, em contraste com a adstringência das plantas francesas, em que tudo era economicamente unificado dentro de um único invólucro, as catedrais inglesas não concentravam o espaço, mas suas unidades componentes espalhavam-se em torno de padrões irregulares. Se olharmos para as estruturas distintamente moduladas na planta de Salisbury (1220–1266; *fig. 205*), por exemplo, e lembrarmos que todas têm que ter cobertura, não é difícil entender que a experimentação em telhados e abóbadas emanou da Inglaterra.

Houve outro fator que encorajou os construtores ingleses nas experiências com telhados. A Grã-Bretanha sempre foi nação pioneira nas navegações, além de possuir o dom de fazer total uso da madeira das florestas que ainda cobriam a maior parte do território — terra muitas vezes pertencente à Igreja. Não é necessária muita destreza imaginativa para se verificar as similaridades entre a estrutura de uma embarcação emborcada e a abóbada de uma igreja. Por toda a Inglaterra nessa época, surgiram igrejas de vilarejos, muitas construídas nos mais elevados padrões. Entre a Conquista e o Neogótico do século XIX, pelo menos mil templos paroquiais foram erigidos.

À parte o uso de uma rica variedade de materiais locais — pedras, tijolos, sílex e cerâmicas variadas —, seus telhados e silhuetas denotam uma interessante característica. Há uma enorme variedade de torres e pináculos, os quais muitas vezes são torreões para sinos, particularmente nas áreas costeiras, onde eles podiam soar como alarme de invasores; e nos interiores há um uso maravilhoso da madeira, tanto nos painéis nos quais o *crucifixo*, ou cruz, era entalhado ou pintado, mas, sobretudo, nos telhados.

As estruturas em madeira, que carregam nomes como *trussed-rafter roofs*, *tie-beam roofs*, *collar-braced roofs* e *hammer-beam roofs* (tipos de tesouras ou treliças de telhados em madeira), deveriam proporcionar tetos essenciais em muitos dos grandiosos edifícios seculares do período Gótico tardio, o que

demonstra uma relação progressiva entre a estrutura e a beleza, em uma era em que a decoração esculpida em pedra deixou de ter significância estrutural. Em vilarejos como March, em Cambridgeshire, é possível encontrar um telhado de anjos tipo *hammer-beam*, no qual a treliça aberta envia o peso das vigas do telhado através das escoras em balanço, e se maravilhar com a beleza diáfana do voo dos anjos (fig. 206).

Quando essas técnicas de madeira foram traduzidas para a pedra, as nervuras nas abóbadas foram multiplicadas, muito além da necessidade estrutural, de modo a criar uma trama decorativa escultórica comparável ao intricado trabalho que estava sendo desenvolvido nas tracerias das janelas. Essas escoras complementares têm nome adoráveis: *tierceron*s são as nervuras que se espalham a partir das pilastras para encontrar a crista, gerando formatos de palmeiras, como na Catedral de Exeter (1235–1240), enquanto as escoras decorativas menores entre as nervuras, visíveis no telhado do Presbitério de Ely (1335), são denominados *liernes*. Depois disso, as nervuras proliferaram nas catedrais inglesas, sendo rapidamente adotadas e posteriormente exploradas no Continente, notadamente na Alemanha, Boêmia e Espanha, e depois disso até mesmo nas originalmente simples igrejas de amplos salões (a *Hallenkirchen* da Alemanha), populares entre os frades por causa do potencial de pregação para grandes congregações. Havia a abóbada esqueleto, cujas nervuras estruturais ordinárias são autossuportadas por uma

207 | *Cloth Hall*, Ypres, Bélgica, 1202–1304

208 | *Carcassonne*, França, século XIII, restaurado no século XIX

série distinta de abóbadas separadas, vista em miniatura na Capela do Sepulcro Pascal, em Lincoln. Talvez os mais emocionantes exemplos de abóbadas estelares estejam na Alemanha. Pedreiros alemães trouxeram as complexas abóbadas para a Espanha, onde culminaram na lanterna estrelada da Catedral de Burgos (1220–1260; *fig. 197*). Abóbadas em rede, cujas nervuras arqueadas estruturais são interrompidas para criar padrões em losangos e triângulos, representaram outra evolução. Na Inglaterra surgiu a linda abóbada em palma, a beleza máxima da Capela do King's College, em Cambridge (1446–1515), e da Capela de Henrique VII, em Westminster (1503–1519). Um peculiar modismo para a Inglaterra ganharia notoriedade e se desenvolveria bem durante o período Jacobino com ornatos pendentes centrais estendidos.

A arquitetura gótica não deixou de forma alguma de influenciar edificações seculares. Sua influência foi sentida pelo final do século XIV, muitos séculos depois das catedrais. Na primeira metade desse século, a vida era muito dura para se focar a atenção em assuntos estéticos. A fome resultante de uma série de colheitas ruins na parte inicial do século deixou a população sem resistência às epidemias regulares (acredita-se que 1.400 pessoas morreram em três dias em Avignon em certo momento), conduzindo à Peste Negra de 1348-1350. Um inventário papal estimou que a peste matou certa de 40 milhões, um quarto da população da Europa. Porém, dali em diante, seja porque o clima melhorou, seja porque havia menos bocas a alimentar, os padrões de conforto começaram a se aprimorar. Um interesse em assuntos intelectuais emergiu, o qual posteriormente iria florescer na individualidade, no aprendizado e no comércio da Renascença.

O castelo foi o maior exemplo do Gótico como edifício secular. Sua história é típica das mudanças dos tempos. Depois que a pólvora (inventada entre 1327 e 1340) se tornou eficaz, o castelo logrou vários estágios de evolução. As soberbas fortificações de defesa baseadas nas experiências dos Cruzados deram lugar a castelos que ainda mantinham as armadilhas de um forte, mas cujos aparatos de defesa nunca foram postos à prova; vieram então os castelos que mantinham suas defesas principalmente por razões estilísticas e, posteriormente, desenvolveram-se os solares fortificados e circundados por fossos da Inglaterra e por fim os palácios renascentistas.

As cidades também se desenvolveram com o crescimento do comércio. Vimos que as grandes catedrais góticas pertenciam a uma vila ou cidade, assim como a abadia românica pertencia ao país. Houve então outra importante evolução: a igreja paroquial. Na nova atmosfera de prosperidade, as vilas, raramente com mais de 5.000 a 10.000 habitantes, eram contempladas com licenças para abrir mercados, e espaços de comércio surgiram, usualmente sob a sombra de uma catedral ou de uma igreja paroquial. Nas vilas inglesas havia os pavilhões do mercado, de onde o porta-voz da cidade proclamava as notícias. Muitas ainda sobrevivem, como o refinado pavilhão octogonal Poultry Cross em Salisbury, com as nervuras em cimácio e coroa no topo.

Com o crescente comércio, outros edifícios apareceram em torno da área do mercado — prefeituras, conselhos de artesãos e mercadores e de trocas de negócios, alguns dos quais com altas torres que indicavam que o mundo secular competia com a Igreja na vida diária. O Mercado de Seda em Valência (1426-1451) possuía uma abóbada alta e pilares torcidos. O magnífico Cloth Hall em Ypres (1202-1304), com sua fachada de 134 metros de comprimento, levou cem anos para ficar pronto (*fig. 207*). Embora destruído em 1915, foi tão amado que o reconstruíram. A Prefeitura em Lavenham, Suffolk, em estilo enxaimel, foi construída em 1529 durante o crescimento súbito do mercado de lã. Poucas dessas estruturas foram tão elaboradas quanto o belo Merchant Adventures' Hall em York (1357-1368), com seu adorável madeiramento. Portos prósperos da Liga Hanseática de importadores de lã, como Hamburgo, demandaram ancoradouros, píeres, casas de alfândega e armazéns. Mercadores ricos construíram para si lindas casas; tavernas apareceram, bem como teatros como o famoso Globe Theatre em Londres, onde algumas das peças de Shakespeare foram encenadas.

Alguns edifícios se desenvolveram a partir de organizações religiosas e estavam associados à caridade, como asilos e hospitais, ou à educação, como as escolas das catedrais. Mas as novas universidades foram sintomáticas de uma crescente tendência em direção à independência da Igreja. Nem a escola de advocacia em Bolonha, parte da antiga universidade fundada no século XI, nem a escola de medicina em Salerno estavam associadas às catedrais. A Universidade de Oxford parece que se originou de uma batalha entre Igreja e Estado, quando Henrique II, furioso porque o arcebispo Becket dele se refugiou na França, decidiu que os estudantes ingleses deveriam ser impedidos de frequentar a universidade em Paris. Arquitetonicamente, a universidade derivou de edifícios monásticos, com seu quadrilátero para caminhar e ler se espelhando nos claustros em torno dos quais

209 | *Castelo de Beaumaris*, Gales, 1283–1323

os monges caminhavam e oravam. A capela, o grande salão que funcionava como um refeitório e obviamente a biblioteca foram também monásticos em sua origem. Escadas conduzindo aos dormitórios-estúdios dos alunos eram construídas nos cantos dos pátios. Abluções nesses locais veneráveis e civilizados podem ainda hoje estar a alguma distância no fundo em um corredor escondido, como eram situados no século XIV.

Algumas casas grandiosas, as quais iriam se tornar as casas dos ricos, se iniciaram sob a égide da Igreja como as residências dos bispos, os príncipes da Igreja. Elas podiam ser imensas, como o palácio papal em Avignon (1316–1364), onde os papas viveram durante o Grande Cisma (1378–1417). Com uma cidade defensiva do século XIV agrupada em torno de si, o palácio papal compartilhou com muitos outros castelos o aspecto de não ser um edifício único, mas uma cidade fortificada. Isso é também válido para Aigues-Mortes, de 1240, uma cidadela com plano em grelha com cerca de 150 torres em torno de seus muros maciços, e para o Castel del Monte, em Bari, na Itália, do Imperador Frederico II, do início do século XIII.

Carcassonne, no sudoeste da França, é uma cidade murada que exibe o incrível orgulho das fortificações simétricas (*fig. 208*). Frederico II (reinou de 1212–1250), que cresceu entre as ruínas romanas na Sicília, lançou a moda das fortificações organizadas simetricamente que pareciam ser derivadas dos fortes da antiga Roma. Seu castelo em Prato (1237–1248) e o original palácio Louvre, construído por Filipe II no século XIII, circundado por um fosso, com uma masmorra central e uma torre apontada, foram desenhados simetricamente, assim como outros castelos na França e a vertente do Reno, na Alemanha. Caracteristicamente esses castelos eram protegidos pela água — mar, rio ou fosso — sobre a qual muros íngremes se erguiam e usualmente inclinavam-se para dentro, com cantos arredondados, de modo a frustrar qualquer tentativa dos invasores de cavar túneis por baixo e explodir um buraco no ângulo de canto com pólvora. Provavelmente os mais preservados remanescentes de castelos desse período estão na Grã-Bretanha. Eles incluem os castelos 'perfeitos' construídos por Eduardo I no século XIII para subjugar as revoltas celtas em Gales — Conwy, Caernarfon, Pembroke, Harlech, Beaumaris. A última (*fig. 209*), com suas muradas duplas cegas e fosso externo e dois portões maciços, cada um com quatro torres, duas grandes e duas pequenas, uma direcionada para o interior e a outra para o mar, é tão simétrica e tão altamente organizada para a defesa quanto qualquer outra. Foi o último castelo que Eduardo I

210 | *Castelo de Stokesay*, Shropshire, 1285–1305

211 | *Casa de William Grevel*, Chipping Campden, Gloucestershire, final do século XIV

construiu, e foi supervisionado por James de St. George, Mestre dos Trabalhos Reais em Gales. A antiga Torre Norman de Londres (1076–1078) possui uma unidade e coerência similares, embora tenha sido modificada e parcialmente reconstruída em períodos posteriores.

Os arranjos domésticos eram complexos nessa época, com provisão de alas ou torres distintas para a vida privada das famílias, cujos negócios as obrigavam a viver no castelo. As lareiras ainda nas paredes e as inter-relações entre grupos de cômodos dentro de um grande castelo, como o Castelo Bolton em Wensleydale, em Yorkshire (iniciado *c.*1378), onde Mary, a rainha da Escócia, foi aprisionada, é testemunho desse aspecto residencial dos castelos da época.

Quando uma única família possuía o castelo, a organização padrão era um salão central, usado como espaço de estar tanto pela família como por serviçais, subindo em dois pavimentos e, agrupados em torno do salão, em um ou dois pisos, os aposentos de dormir, quartos de vestir ou lavatórios nos cantos, quadrante da cozinha, uma capela e algumas vezes um solar ou sala privativa. Esse arranjo, suficiente mas simples, pode ser visto no encantador solar com fosso, o Castelo Stokesay em Shropshire (*fig. 210*). Construído no final do século XIII, hoje, passando o tempo entre patos, flores de goiveiros e cravos, está longe de ser belicoso. O grande salão foi preservado para a posteridade por ter sido usado como um estábulo.

Na Inglaterra, a progressão do castelo ao solar foi através da planta em formato de L do grande salão e torre à planta em T, em que cômodos de habitar de dois pisos eram dispostos em ângulos retos em relação ao salão, e, finalmente, ao arranjo no qual uma segunda ala era adicionada no lado oposto para formar uma planta em H, de modo que a família do senhor pudesse habitar uma ala e os serventes a outra, com acesso entre elas somente pelo salão. A entrada escalonada, um aspecto de defesa, persistiu por longo tempo.

No campo e na cidade, os ricos estavam adquirindo para si uma vida civilizada e criando moradias decoradas com grande beleza e refinamento em um estilo gótico que poderia trair sua nacionalidade. Vemos isso em uma casa bem ao estilo gótico francês de um mercador, Jacques Coeur, em Bourges (1442–1453) — com sua fachada decorada (*fig. 212*), balcões ornamentados com gregas, lareiras entalhadas como pequenas janelas, estátuas de senhoras e senhores se inclinando para conversar com seus vizinhos ao longo do caminho, pináculos e abóbadas nodosas do tipo que caracteristicamente aparecem como pano de fundo de vitrais dos séculos XV e XVI. Formas equivalentes de todos esses detalhes podiam ser encontradas na fachada ou no mobiliário de catedrais do Gótico tardio. Esse tipo de detalhe gótico iria persistir na

212 | *Casa de Jacques Coeur*, Bourges, França, 1442–1453

213 | *Palácio do Doge*, Veneza, 1309–1424

França por algum tempo, amalgamando-se com pormenores e arranjos renascentistas em casas ricas e palacetes. A França foi o país mais relutante a abrir mão do estilo gótico, o qual proporcionou ao país seu período de maior glória arquitetônica.

Uma tradução do detalhe Gótico inglês, desde o uso religioso ao secular, pode ser observada em uma casa de estatura social similar àquela de Bourges — a casa do mercador de lã William Grevel, que morreu em 1401 em Chipping Campden, em Gloucestershire (*fig. 211*). Na janela projetada da fachada da rua, finos montantes em pedra conectam as fileiras de janelas do primeiro e segundo pavimentos, definindo uma testada no estilo Perpendicular. A casa de campo do abade de Forde, Dorset, de 1521, é uma elaboração desse estilo.

Mas a mais esplêndida das casas dos mercadores são as de Veneza, os *pallazi* no Grand Canal, e, sobretudo, aquela dos Doges, ou chefes da República (*fig. 213*). Ali, o volume simples é complementado pela delicadeza da fileira dupla de arcadas e discreto padrão de mármore rosa e branco no pavimento superior, lembrando que Veneza foi um grandioso centro de negócios com o olhar direcionado para o Oriente.

Caracteristicamente, as formas nacionais do Gótico se manifestam de modo não

214 | **Jan van Pede**, *Town Hall*, Oudenarde, Países Baixos, 1525–1530

215 | *Palazzo Pubblico*, Siena, Itália, 1298

surpreendente nas prefeituras, a primeira expressão secular do orgulho cívico local. A Alemanha e os Países Baixos estavam bem à frente e expressaram sua dignidade comercial em telhados caracteristicamente íngremes, muitas vezes recortados com águas-furtadas e combinados com torres estreitas decorativas. A prefeitura em Oudenarde, em Brabant, de 1525–1530 (*fig. 214*), de Jan van Pede, exibe a integridade de uma grandiosa obra de arte. Sua arcada de base, duas fileiras de janelas góticas, parapeitos em passamanaria, telhado íngreme e campanário central de coroamento apresentam uma total harmonia em termos de proporção e ornamentação. Menos exitoso foi o pesado campanário do século XIV que se projeta — não apenas como um dedo machucado, mas como um dedo machucado enfaixado em sucessivas camadas de bandagens — sobre a prefeitura de Bourges, construída no século XV. Há um contraste similar entre a incomum fachada curva em pedra e tijolos e a delgada torre do sino do Palazzo Pubblico de Siena (1298; *fig. 215*) e o Palazzo Vecchio em Florença, que havia sido iniciado apenas um ano mais tarde, um deselegante bloco com aspecto de presídio com um desajeitado campanário similar a uma tocha enfiado no topo, talvez na vã esperança de emular o belo campanário listrado da Catedral.

E assim encontramo-nos na transição do Gótico para a Renascença apropriadamente em Florença, onde a arquitetura renascentista começou. E é lá que iniciamos o próximo capítulo de nossa história.

## 13    A Escala da Perfeição Humana: A Renascença na Itália

Períodos arquitetônicos nunca são claramente delimitados. Os movimentos se sobrepõem tanto que um pedreiro empregado na Catedral de Milão (a mais grandiosa e, de acordo com alguns, a única catedral verdadeiramente gótica na Itália), nos anos 1420, poderia viajar para Florença a 240 km de distância e ali encontrar trabalho em uma catedral que representasse uma atitude bem diferente em relação ao projeto. O trabalho em questão diz respeito à cúpula da Catedral de Florença (1420–1434; *fig. 216*), cujo arquiteto Filippo Brunelleschi (1377–1446), que havia sido educado como ourives, estava revolucionando o desenho e os gostos.

Está claro que cúpulas existiram anteriormente, como o Panteão na antiga Roma (*fig. 120*). Essa era diferente. Brunelleschi encaixou uma cúpula sobre um tambor octogonal, e não fez nenhuma tentativa de usar as pendentes triangulares. Ele inventou uma forma complicada em madeira, em torno da qual seu domo subdividido em oito painéis poderia ser construído em duas camadas, uma concha em alvenaria interna e outra externa. Outro fator de diferenciação foram as nervuras em alvenaria amarradas como uma série de 'correntes' em pontos estratégicos na forma de ligações em madeira ou pedra grampeadas com ferro. A cúpula sobre o topo era um templo de alvenaria atuando como um peso que segurava como um todo a sua própria forma alongada, evitando que se desmantelasse.

Aquela cúpula não foi decerto a única ou a mais revolucionária contribuição de Brunelleschi ao novo movimento. Seu Hospital dos Inocentes de 1421 (*fig. 217*), simples e sereno, com arcadas graciosas de arcos arredondados sobre delgadas colunas coríntias, janelas planas retangulares diretamente sobre o centro de cada arco com pendentes triangulares simples, foi outro edifício inaugural da Renascença. Quanto à capela criada para a família Pazzi nos claustros do convento franciscano de Santa Croce (1429–1461; *figs. 218, 219*), não era apenas perfeita, mas atuou como um catálogo para edifícios renascentistas.

Em primeiro lugar, a Capela Pazzi, com acesso através de um arco alto na *loggia*, foi uma forma revolucionária — não mais a nave e os deambulatórios, mas um quadrado encimado por um domo, dessa vez com o uso de pendentes. O centro da capela coincidia com o centro do círculo abaixo da cúpula; o edifício parecia completo de qualquer direção. Além disso, as dimensões eram todas exatas: o quadrado do presbitério abaixo da cúpula media a metade da largura total. E a atmosfera era gerada por um tratamento muito preciso das superfícies das paredes, com faixas decorativas, arcos e pavimentação de piso em um tom mais escuro, indicando as proporções. As duas grandiosas igrejas de Brunelleschi, San Lorenzo (1421–) e Santo Spirito (1436–1482; *fig. 220*), possuíam plantas basílicas, mas a mesma precisão estava lá e as cúpulas eram usadas nos cruzamentos.

216 | Vista de Florença a partir do Belvedere, com a cúpula da *Catedral*, 1420–1434, por **Filippo Brunelleschi**

Esse tipo de arquitetura primeiro veio a dominar a Europa e em seguida a maior parte do mundo, por muitos séculos, e ainda pode ser encontrada atualmente. O que ocasionou a transição do Gótico para a Renascença? Por um lado, o Gótico parecia obsoleto. Todo estilo arquitetônico é ligado a um período ou outro até atingir um estágio quando não pode mais render nenhuma novidade. Por outro lado, mudanças importantes estavam acontecendo na sociedade, especialmente naquela parcela da sociedade que contratava arquitetos.

A pólvora mudou a natureza das guerras e, portanto, as relações entre as nações. A invenção da bússola e o desenvolvimento de novas técnicas de construção naval tornaram possível expandir os limites do mundo conhecido em direção à China, às Índias Orientais, à Índia e à América. Os negócios bancários, não mais intimidados pela Igreja, começaram a tomar um papel central na sociedade. O comércio e os bancos enriqueceram Florença. Os nobres hereditários dos tempos feudais foram desalojados por uma nova classe de príncipes mercadores — tais como os Médici, os Strozzi, os Rucellai, os Pitti — cujos impérios comerciais se espalharam por toda a Europa.

Os príncipes mercantis e os artistas aos quais ofereciam apoio financeiro se tornaram os novos homens universais da Renascença. O famoso busto de Federigo da Montefeltro, Duque de Urbino (governou de 1444–1482), com seu olho basílico e nariz adunco, por Piero della Francesca, não faz justiça a seu reconhecido patrono artístico. Governante de um pequeno e montanhoso reino no norte da Itália, o Duque era um homem de princípios, gentileza e humanidade. Foi um soldado condecorado, porém o Palácio de Urbino (*c.*1454–; *capa*), construído para ele por Luciano Laurana (1420/5–1479), um contemporâneo de Alberti, representa acuradamente o lado artístico de sua natureza. O castelo domina o vilarejo de telhados no topo da colina. Nos salões nobres e nos pátios (um deles com uma arcada inspirada no Hospital dos Inocentes e outro abrigando um jardim secreto com acesso pelos aposentos do Duque e da Duquesa) acadêmicos, filósofos, músicos e artistas se encontravam, discutiam e criavam. O próprio Duque era culto em todas essas áreas. Colecionava uma das mais refinadas

217 | **Filippo Brunelleschi**, *Hospital dos Inocentes*, Florença, 1421, pátio interno

218 | **Filippo Brunelleschi**, *Capela Pazzi*, Santa Croce, Florença, 1429–1461

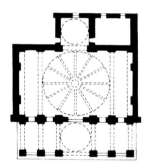

219 | *Capela Pazzi*, planta baixa

bibliotecas na Itália, agora parte da Biblioteca do Vaticano, empregando, diz-se, trinta ou quarenta escribas por quatorze anos para copiar os grandes textos clássicos e modernos.

A chave para a nova visão da vida humana e portanto da arquitetura veio do acesso dos acadêmicos a esses textos clássicos. Intercâmbios de comércio internacionais ajudaram a disseminar ideias e um grupo de professores de humanidades (gramática, retórica, história e filosofia), que foram denominados Humanistas, representou um papel crucial em sua propagação. Esses textos foram difundidos através do desenvolvimento da prensa. A prensa havia sido inventada muitos anos antes, na China, mas na Europa a invenção de Gutenberg da prensa de tipo móvel em 1450 deu um tremendo ímpeto para a difusão das ideias. A primeira Bíblia foi impressa em 1456. E textos arquitetônicos a sucederam.

Em 1415, G.F. Poggio Bracciolini, um secretário papal, produziu uma versão aprimorada do texto de Vitrúvio, baseado num manuscrito que havia descoberto em St. Gall, na Suíça. À época, em 1487, Vitrúvio foi um dos primeiros escritores a aparecer impresso. O impacto desse novo meio de comunicação foi tremendo. Os teóricos da arquitetura do antigo estilo renascido — Alberti, Serlio, Francesco di Giorgio, Palladio, Vignola, Giulio Romano —, todos escreveram tratados que tinham algo a dever a Vitrúvio. Esses homens não eram mais mestres de obras, embora brilhantes; eram acadêmicos. A arquitetura não era mais a continuação da tradição prática, disponibilizada pelas oficinas de construção; era uma ideia literária. O arquiteto não estava mais apenas erigindo um edifício; estava seguindo uma teoria.

O arquiteto tinha à sua disposição algumas excitantes e novas descobertas. Um novo conceito de relações espaciais tornou-se possível pela descoberta da perspectiva pelos pintores florentinos em aproximadamente 1425, ou possivelmente pelo próprio Brunelleschi. Acima de tudo, ocorreu uma dessas revelações que conferem uma unidade súbita à experiência e revelam todo um novo domínio de significação. Foi a redescoberta da teoria de Pitágoras de que os intervalos musicais na harmonia eram exatamente proporcionais aos números nas dimensões físicas. Isso foi algo que cativou totalmente a imaginação da Renascença. Se as razões harmônicas podiam ser as mesmas das razões físicas, não apenas haveria uma regra na qual basear as proporções como também a música e a arquitetura seriam matematicamente relacionadas, e a natureza estava demonstrando uma maravilhosa unidade. Então, seguiu-se que um edifício poderia refletir em suas dimensões as leis fundamentais da natureza e de Deus. Um edifício perfeitamente proporcionado seria assim uma revelação divina, um reflexo de Deus no homem.

220 | **Filippo Brunelleschi**, *Santo Spirito*, Florença, 1436–1482

O arquiteto que trouxe tais teorias para a prática foi Leon Battista Alberti (1404–1472). Ele foi por si o homem ideal da Renascença. Um cavaleiro e atleta habilidoso, sobre quem se dizia que poderia saltar na altura de um homem com ambos os pés juntos; pintava, escrevia peças e música e havia escrito um tratado sobre pintura antes de produzir o que viria a ser um dos livros essenciais da Renascença. Seu livro *De re aedificatoria* (*Sobre Arquitetura*), iniciado nos anos 1440 e publicado em 1485, foi o primeiro livro arquitetônico a ser impresso. Ele explicou a teoria da beleza com base na harmonia dos números e usou a geometria euclidiana para emprestar autoridade ao uso das formas básicas — o quadrado, o cubo, o círculo e a esfera —, trabalhando as proporções ideais a partir dessas figuras duplicadas ou divididas ao meio. E produziu um dos manifestos cruciais da arquitetura na Renascença definindo a beleza em um edifício como a integração racional das proporções de todas as partes, em que nada poderia ser adicionado ou retirado sem destruir a harmonia do todo.

Um aspecto adicional de Alberti foi crucial para a arquitetura e característico da Renascença — um interesse pelos poderes e talentos individuais. O homem foi, é claro, 'criado à imagem e semelhança de Deus', conforme a Igreja medieval havia estabelecido; mas agora a ênfase se alternava: o homem assumia uma nova dignidade em si mesmo. O conhecimento dos clássicos, da geometria, da astronomia, da física, da anatomia e da geografia sugeria que o homem possuía capacidades divinas. Os humanistas ressuscitaram o adágio do antigo filósofo grego Protágoras, de que o 'homem é a medida de todas as coisas'. Alberti, ao definir as condições para a criação de uma igreja perfeita combinando formas ideais, acreditava que isso significava fazer uma imagem material do Divino. E essa forma ideal possuía uma face humana. Vitrúvio, no Livro III do *De architectura*, sugeriu que um edifício deveria refletir as proporções da figura humana, e Leonardo da Vinci desenvolveu essa ideia em seu famoso desenho relacionando as proporções humanas às formas ideais — o quadrado e o círculo; o diagrama de Francesco di Giorgio relacionou-os explicitamente à arquitetura da época — uma planta centralizada em cruz grega com uma nave estendida sobreposta ao corpo humano (*fig. 221*).

Os edifícios de Alberti representam alguns dos marcos da Renascença. À igreja de Santa Maria Novella em Florença ele adicionou uma fachada (1456–1470), rigorosamente proporcionada, que é uma das mais memoráveis de todas as elevações. Para conectar a nave e os corredores inferiores

222 | **Leon Battista Alberti**, *Sant'Andrea*, Mântua, 1472–1494

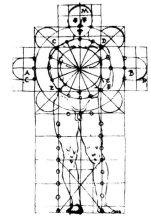

221 | Figura humana de **Francesco di Giorgio** sobreposta à planta cruciforme central de uma igreja

223 | **Leon Battista Alberti**, *Palazzo Rucellai*, Florença, 1446–1457

O Palazzo Rucellai foi apenas um dos muitos palácios florentinos que se transformou em uma nova tipologia edilícia. Eles normalmente apresentavam fachadas para a rua não convidativas, com o uso de alvenaria grosseira nos pavimentos inferiores, conhecida como alvenaria 'rústica', uma palavra que significava 'provinciana', pois as pedras não eram polidas, mas deliberadamente deixadas lascadas como se houvessem saído diretamente da pedreira. No topo, Alberti introduziu uma cornija arqueada que praticamente esconde o telhado. Mais uma vez, isso tendia a se tornar tipicamente renascentista, conferindo a um palácio um contorno concentrado em formato de caixa. O maior de todos os palácios florentinos, o Palazzo Pitti (1458–1466), cujo autor é desconhecido, dramatiza as janelas do piso térreo ao exibir uma unidade inteira em um arco de alvenaria rústica. Se o lado externo de um palácio renascentista era desagradável, uma vez adentrado o pátio interno tudo era diferente; o exterior com aspecto de prisão dava lugar a um cenário para um habitar gracioso, hospitaleiro e elegante das pessoas muito ricas (fig. 224).

Florença foi a primeira das três grandes cidades italianas a adotar o novo estilo. A segunda foi Roma e a terceira, Veneza. A fase de 1500 em diante, que atingiu seu ápice com o apoio do patronato papal, é conhecida como a Alta Renascença. Os eventos arquitetônicos em Roma em princípio não se diferenciaram muito do que havia acontecido em Florença. Dos palácios renascentistas, o Cancelleria,

sem sacrificar a característica horizontal do novo estilo, ele desenhou enormes volutas, as quais iriam se tornar parte do vocabulário de arquitetos posteriores. Ele criou a maior parte da fachada de Sant'Andrea, em Mântua (1472–1494; fig. 222), a partir de um arco triunfal. Aqui emerge o antigo motivo ABA romano, que iria aparecer em uma centena de aspectos em edifícios renascentistas — arco baixo, arco alto, arco baixo; pilastra, janela, pilastra; campanário, cúpula, campanário. No Palazzo Rucellai (1446–1457; fig. 223), ele usou diferentes ordens para diferentes pavimentos — dórica, jônica e coríntia — conforme os romanos haviam feito no Coliseu. Eram todos cuidadosamente proporcionados. Um interesse também resgatado nesse período do ideário de Vitrúvio foi o de que certas ordens eram adequadas para tipologias edilícias específicas — a dórica para edifícios masculinos — cortes judiciais e igrejas dedicadas a santos masculinos; a jônica para filósofos, acadêmicos e igrejas de santas madonas; e a coríntia para igrejas dedicadas à Virgem Maria e às jovens santas.

224 | **Leon Battista Alberti**, *Palazzo Venezia*, Roma, após 1455, pátio interno

225 | **Donato Bramante**, *Tempietto*, San Pietro, em Montorio, Roma, 1502

cujo arquiteto é desconhecido, construído de 1486 a 1498, para o Cardeal Riario, sobrinho do Papa Sisto IV, marca a mudança do centro da aventura arquitetônica de Florença para Roma. Os elementos são ainda aparentes como linhas mestras para o lindamente proporcionado Palazzo Farnese, iniciado por Antonio da Sangallo, o Jovem, em 1541, e finalizado por Michelangelo. Uma passagem em abóbada de berço mergulha através do portão central para dentro do pátio interno, e nos dois lados encontram-se fileiras de janelas similares com cornijas retas no pavimento térreo, enquanto no primeiro pavimento as pendentes sobre as janelas se alternam entre segmentos triangulares e arredondados.

O arquiteto que dominava os primeiros anos da Alta Renascença em Roma era Donato Bramante (1444–1514). Ele cresceu perto de Urbino, se tornou pintor, passou algum tempo em Milão, onde certamente conheceu Leonardo da Vinci, e veio para Roma após Milão cair sob o rei francês, Luís XII, em 1499. Ele já havia demonstrado a influência de Alberti em seu trabalho em Milão, mas foi no trabalho dos últimos doze anos de sua vida que ele parece ter se impregnado com o espírito dos antigos, o que deu a ele seu lugar na história.

O edifício que mais precisamente seguiu a prescrição de Alberti para o classicismo puro foi o pequeno templo que Bramante construiu em 1502, no lugar em que se pensava ter sido o sítio do martírio de São Pedro, o claustro de São Pedro em Montorio, no Monte Janiculum. O Tempietto (fig. 225) foi conscientemente inspirado no templo antigo romano de Vesta. Elevado isoladamente dentro de seu pátio, com degraus que sobem até um plinto circular, sua forma é um tambor circundado por uma colunata dórica, aparada por uma balaustrada baixa, através da qual o tambor se eleva e é coroado com uma cúpula — possivelmente a mais refinada joia da arquitetura. Seus arranjos internos obedecem às regras, com janelas altas exibindo os céus azuis, mas são por outro lado de pouca importância. Seu desenho emerge do exterior, e possui aquela densa qualidade peculiar da arquitetura da Alta Renascença, carecendo da modelagem do interior em termos de espaço e luz que associamos aos estilos que viriam a seguir. Ainda assim, não é pesado, nem orgulhoso, nem intimidador como os *palazzi*. A colunata espaçada em seu plinto elevado e o recorte da balaustrada ao redor do pavimento superior conferem todo o charme, elegância e delicadeza que se poderia esperar de um edifício ideal.

O feito notável de Bramante foi que, embora as proporções de seu edifício estivessem em tal harmonia que parecia que nada poderia ser adicionado ou subtraído sem arruinar o todo, sua concepção original se provou imensamente flexível, sendo copiada com sucesso em todo o mundo. Foi a inspiração para a Radcliffe Camera, em Oxford (1739–1749), de Gibbs, o Mausoléu em Castle Howard, em Yorkshire (1729), de Hawksmoor, e para as cúpulas da Basílica de São Pedro, em Roma (1585–1590), na Catedral de São Paulo, Londres (fig. 277), de Wren; para a igreja de St. Geneviève (o Panteão), em Paris (fig. 289), e até mesmo para o Capitólio, em Washington, D.C. (fig. 312).

O edifício que simboliza toda a pompa espiritual e poder mundano da Roma renascentista é, adequadamente, a Basílica de São Pedro (fig. 227). A antiga basílica data de 330 d.C. foi construída no local que havia sido o Circo de Nero, onde aconteceu o martírio de São Pedro, ao lado de um obelisco do Nilo superior que havia sido erigido no lugar em 41 d.C., antes de Nero construir seu circo. Esse obelisco, com 25,5 metros de altura, teve que ser em seu devido tempo relocado — um feito de engenharia que durou seis meses e foi conduzido por Domenico Fontana (1543–1607).

Tampouco foi fácil a realização da construção da catedral. Ela envolveu muitas plantas e grandes debates sobre teoria estrutural. A pedra fundamental foi lançada em

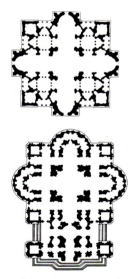

226 | Plantas baixas para a *Basílica de São Pedro*, Roma, por **Bramante** e **Sangallo**

227 | **Donato Bramante**, **Michelangelo** e outros, *Basílica de São Pedro*, Roma, consagrada em 1626

228 | **Michelangelo**, escadaria da *Biblioteca Laurenziana*, San Lorenzo, Florença, 1524

1506, porém o edifício somente foi concluído mais de um século depois, em 1626. Os construtores parecem uma lista de chamada da Alta Renascença: Bramante (que tinha 60 anos quando o trabalho se iniciou), Rafael, Peruzzi, Sangallo, o Jovem, Michelangelo, Vignola, della Porta, Fontana e Carlo Maderna (1556–1629).

A planta original de Bramante, que ele e Leonardo da Vinci devem ter discutido (o caderno de croquis de Leonardo mostra um desenho para uma catedral em uma planta em cruz grega com cinco cúpulas), era uma cruz grega sobreposta a um quadrado com um domo hemisférico central suportado por quatro colunas maciças (*fig. 226*). Cada braço simétrico da cruz se projetava em uma abside além da base quadrada, permitindo quatro pequenas capelas laterais em cruz grega, cada uma encimada por um pequeno domo, a ser encaixado no ângulo dos braços da grande cruz, com uma torre em cada um dos quatro cantos do quadrado. Bramante fez experimentos com o concreto romano para as enormes colunas e os grandes arcos — bem maiores que qualquer um usado nesse período. Rafael continuou seu trabalho, mas não trouxe nenhuma grande contribuição. Foi Giuliano da Sangallo (1445–1516) que elevou a obra a um outro patamar (*fig. 226*), ao reforçar os pilares e construir a abóbada da nave e as pendentes para dar suporte à cúpula. Ele alterou os desenhos para a cúpula do hemisfério clássico para um segmentado com nervuras, uns nove metros mais alto do que o pretendido por Bramante.

Porém a cúpula, por fim acabada por Giacomo della Porta (*c.*1537–1602) e Domenico Fontana (1543–1607), foi de fato projetada por Michelangelo, pintor, escultor e engenheiro militar de 72 anos que havia se tornado arquiteto em idade avançada. Ele retornou a Florença para se inspirar, e para a cúpula de Brunelleschi. A estrutura que projetou possui fortes similaridades com o domo de Florença: é feita em duas conchas, na maior parte em tijolo internamente, e seu formato é de segmentos de casca de laranja descascada suportados por nervuras amarradas por três correntes de ferro.

229 | **Michelangelo**, *Capela dos Médici*, San Lorenzo, Florença, 1519

230 | **Giulio Romano**, *Palazzo del Tè*, Mântua, 1525–1534, detalhe do pátio interno, exibindo agrupamento de colunas e vigas inclinadas maneiristas

Qual foi a contribuição de Michelangelo? Com o olhar de um escultor para a tridimensionalidade, ele deixou de lado a preocupação contemporânea com a proporção para integrar novos conceitos de escala e espaço — duas áreas sobre as quais o Barroco iria fazer experimentações posteriormente. Foi, afinal, por meio da escultura que ele chegou à arquitetura. Ele proporcionou o cenário para suas esculturas de figuras representativas da Noite e do Dia, Amanhecer e Entardecer, em torno da capela construída com base em San Lorenzo de Brunelleschi em Florença para abrigar os túmulos dos Médici (1519–; *fig. 229*). Mas sua estatura e originalidade se tornaram aparentes somente alguns anos depois em seus projetos (1524) para a Biblioteca Laurenziana contígua a San Lorenzo (a qual foi por fim completada com algumas modificações por outros arquitetos). A tarefa ali era projetar uma biblioteca em uma longa ala, cujo acesso se dava por um vestíbulo no nível inferior. Ele não intencionou recriar as proporções equilibradas da Renascença. Pelo contrário, exagerou na disparidade dos dois elementos, ao dispor um cômodo baixo e longo para fora da parte superior de um bloco alto e estreito. Um ardil maneirista popular da Renascença tardia, como veremos, era enfatizar a perspectiva por linhas nos frisos e decoração de modo a criar um cômodo, um pátio ou uma rua como um túnel.

Vasari se utiliza desse ardil inteligentemente em seu pátio para o Uffizi, em Florença (1560–1580), que suga os visitantes ao longo e através do portal ABA ao Arno posterior. Michelangelo conseguiu criar de alguma forma ao mesmo tempo uma atmosfera calma, repleta de luz, essencial à sala de leitura, que veio a se tornar o modelo de inúmeras bibliotecas universitárias desde então. A antessala, com sua escadaria tripla e pilares a partir da metade da parede suportando o nada, mas indicando o pavimento superior, é bastante original (*fig. 228*).

Outra característica da distinção de Michelangelo, que seria largamente adotada por Palladio e outros, foi a criação de ordens gigantes, ou seja, colunas elevando-se por dois ou três pavimentos, algumas vezes a totalidade da altura da fachada. Elas são mais bem observadas nos palácios que cercam o Capitólio em Roma, cujo redesenho Michelangelo iniciou em 1539. Foi a reordenação de um conjunto de palácios muito decadentes que conferiu a Roma uma de suas mais emocionantes visadas. No ponto em que se acredita que Rômulo e Remo foram encontrados, e onde Rômulo fundou a cidade, Michelangelo criou uma rampa larga, com degraus rasos elevando-se para passar entre estátuas antigas de Castor e Pólux, protetores de Roma, até uma *piazza* com formato de trapézio. Uma estrela em pedra branca espalha

231 | **Baldassare Peruzzi,** *Palazzo Massimo alle Colonne,* Roma, 1532–

raios cósmicos sobre a pavimentação em uma piscina oval com ondulações — o primeiro uso dessa forma na arquitetura renascentista. No Palazzo del Senatore (concluído em 1600), que encerra o topo da praça, com os dois palácios fronteiriços à esquerda e à direita, ordens gigantes e pilastras conectam vários pavimentos.

O uso original de motivos clássicos de Michelangelo introduz uma nova fase na Renascença, o Maneirismo. Esse estilo do final do século XVI deliberadamente zomba das prescrições clássicas. Jacopo Sansovino (1486–1570), Baldassare Peruzzi (1481–1536) e Sebastiano Serlio (1475–1554) estavam entre seus expoentes. A maior figura maneirista, Giulio Romano (1492–1546), um pupilo de Rafael e o primeiro artista renascentista nascido e criado em Roma, podia jogar o jogo clássico com mais facilidade que qualquer outro. De fato, ele gastou tanto esforço intelectual quebrando as regras quanto mantendo-as, como na Catedral de Mântua (1545–1547).

O que os maneiristas fizeram com o detalhe clássico foi certamente uma espécie de brincadeira. Quando Romano deitou algumas poucas pedras em formato de cunha sob a arquitrave no pátio do Palazzo del Tè em Mântua (1525–1534), construído para o Duque Federico Gonzaga II, ele sabia perfeitamente bem que não estava realmente tornando a estrutura insegura, mas esperava que fizesse com que os não iniciados engasgassem em choque (*fig. 230*). As artimanhas atingiram um nível febril em seu Cortile della Cavallerizza do Palazzo Ducale em Mântua (1538–1539), com suas rústicas arcadas marcadas com pústulas e vertiginosas colunas, como múmias tentando se livrar de suas bandagens.

Um edifício maneirista mais sério é o Palazzo Massimo alle Colonne, em Roma, cuja construção se iniciou em 1532 (*fig. 231*). Possui uma fachada revolucionária, por sua curvatura. É interrompida no meio por um pórtico irregular, formado por um par de colunas, um espaço e uma coluna simples, nos dois lados da entrada para uma porta frontal recuada. A sequência de janelas do primeiro pavimento na parede superior não é excepcional, porém as duas fileiras sobre ela definem vãos retangulares recortados horizontalmente na fachada, enquadradas como se fossem porta-retratos de pedra, cuja camada inferior possui curvas maneiristas como folhas de pergaminho. O interior do pátio é muito mais impressionante, embora também mantenha uma estranha aparência moderna. Em uma extremidade, uma *loggia* aberta composta de duas grandes colunas toscanas, bem espaçadas, exibe um salão aberto com a passagem da entrada frontal conduzindo para a parte bem mais ao fundo, e escadarias subindo à esquerda. A *loggia* é repetida pelo balcão no pavimento acima, e através de seus pilares um teto em almofadas e uma porta de acesso abaixo podem ser vislumbrados. A fachada inteira é muito maior e menos regular que se poderia esperar, estendendo-se para além das zombarias privadas do Maneirismo e sugerindo um ímpeto na direção de um cenário mais novo e mais abrangente, similar ao demonstrado no trabalho de Michelangelo.

O outro grande arquiteto maneirista foi Giacomo da Vignola (1507–1573), cuja igreja para a ordem jesuítica, Il Gesù (1568–1584; *figs. 232, 233*), se tornou a tipologia de muitas outras igrejas posteriores. A fachada oeste frontal havia sido construída por della Porta, com base no projeto de Vignola. Mas foi o castelo pentagonal do Palazzo Farnese em Caprarola (1547–1549), com a incorporação de muitos outros aspectos originais, como a escada aberta ortogonal para fora do pátio interno circular em seu núcleo, terraços e degraus em pares ovais, jardins e fosso, que marcou seu trabalho como um dos mais criativos e espetaculares da época.

O terceiro centro da arquitetura renascentista foi Veneza e sua região circunvizinha. Ali a figura dominante foi Andrea Palladio (1508–1580). Ele foi um classicista preciso e exato. Em sua Villa Capra (Rotonda) próxima a Vicenza (1565–1569), um edifício simétrico, ele criou um lugar ideal para um propósito secular, seguindo estritamente as

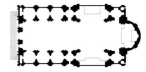

232 | *Il Gesù*, planta baixa

233 | **Giacomo da Vignola** e **Giacomo della Porta**, *Il Gesù*, Roma, 1568–1584

**234** | **Andrea Palladio**, *Villa Capra (Rotonda)*, Vicenza, 1565–1569

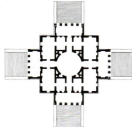

**235** | *Villa Rotonda*, planta baixa

regras e o espírito de Alberti (*figs. 234, 235*). Ele controlou as regras clássicas — não elas a ele. Foi como se tivesse destilado a essência do classicismo das regras vitruvianas e dos antigos modelos e pusesse seu licor puro e incolor contra a luz. Seus edifícios possuem a marca da elegância: a mesma habilidade que um diamante possui — ser frio, mas simultaneamente brilhar. Exceto por duas igrejas em Veneza, seus edifícios se encontram no entorno de Vicenza. São seculares, refletindo sua nova importância, em lugar das edificações religiosas, o que confere o caráter arquitetônico do século XVI em diante, diferentemente do que havia ocorrido antes. Indubitavelmente auxiliado pela disseminação de seu tratado arquitetônico, *I quattro libri dell' architettura*, de 1570, seu trabalho possui uma enorme influência em outros países, notavelmente nos arquitetos georgianos da Inglaterra do século XVIII, Thomas Jefferson e outros arquitetos na América e na Rússia. É tentador descrevê-lo como um símbolo do estilo clássico, pois exibe as duas mais apreciadas qualidades da arquitetura do renascimento: exatidão e plantas centralizadas. Porém é a maneira fácil com a qual ele as alcança que confere aos seus edifícios a humanidade que às vezes falta em edificações clássicas austeras e formais.

Se olharmos a planta da Villa Rotonda, com seu salão circular coberto por uma cúpula sobreposta a um quadrado suspenso, acessada pelos quatro lados por lances pares de degraus, podemos adivinhar que não foi um lugar particularmente confortável para se viver. Veremos como Jefferson lidou com esse problema em sua versão de Monticello (*fig. 309*). Sua simetria pode minar seu conforto, porém não há questionamento sobre a beleza

236 | **Andrea Palladio**, *Il Redentore*, Veneza, 1577–1592

e a dignidade de seu exterior e a vista do campo que domina.

Com a Basílica (Palazzo della Ragione) em Vicenza (1549), Palladio deu à Europa um de seus mais populares temas arquitetônicos, o tema Palladiano: uma janela ou abertura central arqueada com uma janela de topo reto de cada lado. Esse se tornou por muitos séculos um dos atributos mais largamente utilizados e eficazes das casas grandiosas. Em muitas de suas outras residências, foi a extensão da planta regular para incorporar edifícios externos e os jardins que direcionou os movimentos do paisagismo do século XVIII. Raramente o trabalho de um arquiteto que se concentrou em uma área tão relativamente pequena teve tamanha influência em nível mundial sobre edifícios e suas vizinhanças.

As duas igrejas de Palladio em Veneza foram San Giorgio Maggior (1565–1610) e Il Redentore (1577–1592; *fig. 236*). A última, situada na margem do Canal Giudecca, foi construída pelo governo veneziano em agradecimento pelo fim do episódio particularmente virulento da peste. É dedicado ao Redentor, cuja festa anual em julho é celebrada com fogos de artifício sobre uma faiscante procissão de barcos iluminados. Esse edifício forte e cativante possui uma cúpula, inserida entre campanários pequenos e pontudos, que se elevam sobre uma fachada oeste extraordinária feita com uma série de fachadas de templo entrelaçadas. Essa composição, que também usa tanto ordens gigantes quanto menores, é tão original que vai além do Maneirismo — é única.

**Cruzando os Alpes:** A Difusão do Renascimento

As formas da Renascença italiana levaram algum tempo para cruzar os Alpes. Quando isso aconteceu, o desafio maneirista do século XVI e a teatralidade barroca do século XVII já haviam começado a abrir novos campos de interesse na Itália. Ao longo de quase todo esse período, o restante da Europa ainda se preocupava em solucionar as formas nativas do Gótico que desenvolvera. O nacionalismo emergia. Em 1519, três monarcas, Henrique VIII da Inglaterra, Carlos V de Habsburgo da Espanha, cujos domínios incluíam a maior parte dos principados da Itália e Alemanha, e Francisco I de França, todos reivindicavam o título de Sacro Imperador Romano. Elizabeth, a filha de Henrique VIII, estabeleceu a Inglaterra como um poder com influência sobre a Europa e além dela, ao enviar seus cavaleiros piratas através do Atlântico para explorar o Novo Mundo. Espanha e Portugal, brevemente sob o comando de Filipe II, também tinham a intenção de estender seus domínios de ouro nas Américas. Quanto à França, seus sucessivos ministros — Richelieu, Mazarin e Colbert — erigiram o absolutismo de seu soberano até que Luís XIV (1643–1715) pudesse intitular-se *Le Roi Soleil* (o Rei Sol) e dizer: '*L'état c'est moi*' ('O Estado sou eu').

Tudo isso trouxe mudanças para a arquitetura. Antes do período de Luís XIV, Francisco I havia transferido sua capital das hospedarias de caça e da fácil vida aristocrática do Vale do Loire para a rigidamente centrada e politicamente consciente Paris. A corte do rei tornou-se o centro administrativo da vida francesa — não apenas em função das questões legais e do comércio, mas também das artes e dos serviços básicos — vias e canais e até mesmo florestas. Os arquitetos estavam entre aqueles cujo prestígio foi abalado: Claude Perrault (1613–1688), que estava trabalhando em uma nova ala do Palácio do Louvre nos anos 1660, se tornou formalmente um servidor civil. A Inglaterra também tornou oficial a condição do arquiteto; o rei, havia muito tempo, contava com seu mestre de obras, porém, em 1615, Inigo Jones recebeu o título de Inspetor Real.

O nacionalismo não era a única força conspirando contra a importação de modos italianos do século XVI ao século XVIII; havia também a questão da religião. Para os países nórdicos que tinham adotado o Protestantismo, o temperamento católico demonstrado na Renascença italiana tardia não provocava encanto; em alguns casos causava literalmente repulsa. A Europa nesse período estava atormentada por conflitos religiosos e guerras.

Foi o que simplesmente aconteceu com a arquitetura naqueles países. Os arquitetos do Maneirismo italiano podem ter se divertido quebrando as regras. Além dos Alpes isso não ocorreu. Porque essas pessoas não apenas não conheciam as regras clássicas, mas também não sabiam que havia qualquer regra a ser quebrada. Lentamente, os detalhes, padrões e estruturas renascentistas se infiltraram em primeiro lugar na França e depois por toda a Europa. Eram por vezes adaptados, mas com frequência foram simplesmente copiados e adicionados incongruentemente a edifícios

237 | *Galeria Francisco I*, Fontainebleau, França, decorada por **Francesco Primaticcio** e outros, nos anos 1530

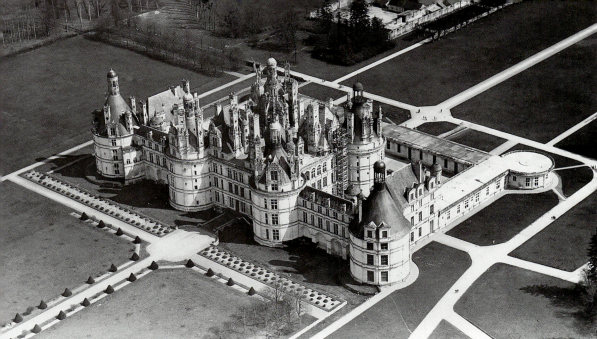

238 | *Château de Chambord*, França, 1519–1547

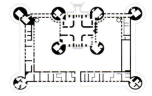

239 | *Château de Chambord*, planta baixa

240 | *Château de Chambord*, escadaria dupla

Um dos castelos de Francisco I no Loire, Chambord (1519–1547; *figs. 238, 239*), é um caso exemplar. À primeira vista, a simetria de sua planta parece perfeitamente respeitável de um ponto de vista renascentista. Exibe um quadrado inscrito em um retângulo, embora não localizado de modo concêntrico. Como em palácios italianos, o pátio interno, cercado em três lados por alas, é acessado por meio de uma passagem no centro da fachada frontal. Entretanto, em Chambord dois terços da testada de acesso são apenas um anteparo, e somente o bloco central, o *corps de logis*, configura de fato os aposentos da família. Agora observamos que a planta é basicamente a mesma daquela do castelo gótico inglês: o *corps de logis* é a torre de armazenagem, o pátio, a muralha, mas tão bem integrado nessa simetria renascentista que somente podemos percebê-lo a partir de uma visão aérea ou em planta baixa, quando notamos que existem torres nos cantos dos pátios e nos quatro vértices do *corps de logis*.

Além da simetria, quais outros elementos renascentistas podem ser identificados? Há uma arcada ao longo do piso térreo e fileiras horizontais de janelas sobrepostas. Porém, enquanto em um palácio italiano cada pavimento pode exibir um tipo de janela diferente — talvez até com ordens distintas, ou uma fileira com colunas duplas ou casadas de cada lado das janelas, e a seguinte com talvez apenas uma pilastra intermediária —, aqui as janelas são iguais e localizadas de tal forma que podem criar listras verticais que se elevam na fachada de forma tão assertiva quanto as subdivisões horizontais. E quanto ao telhado? Longe de desaparecer por trás de um parapeito, aqui surgem as íngremes inclinações nórdicas, dotadas de janelas em águas-furtadas. Nos campanários dos vértices e especialmente sobre o *corps de logis* central, há uma variedade de detalhes renascentistas, na forma de empenas, chaminés, lanternas e coroamentos. Mas iria o perfil da cidade italiana algum dia permitir tal mistura de formas debatendo-se tão violentamente entre si? É como a multidão em um dia de mercado: pode-se ouvir a zoeira. Aquele telhado é muito medieval e muito francês, não importa o quanto seu arquiteto, Domenico da Cortona (o único conhecido entre muitos dos arquitetos envolvidos), tenha tentado disfarçá-lo com sofisticados ornatos italianos.

E o que podemos dizer do pequeno milagre de engenharia, a singular escadaria espiral dupla (*fig. 240*)? É uma gaiola autoportante de pedra, situada no cruzamento

241 | *Château de Blois*, França, ala noroeste, 1515–1524

dos corredores em cruz grega no interior do quadrado do *corps de logis*. Ela ascende através do teto em abóbada de berço elíptico e sobe em direção à lanterna central no exterior. Se os pilares de sustentação têm algo em comum com os contrafortes góticos, seu planejamento engenhoso (de modo que pessoas entrando ou em retirada não pudessem ver-se ao passar pela mesma escadaria) só poderia ter como paternidade a intriga renascentista. Na realidade, Leonardo da Vinci esboçou um croqui para uma escadaria exatamente como essa.

Leonardo foi apenas um dos muitos artistas italianos que fizeram a vida na França, tendo sido recrutado por Francisco I para sua corte. Ele morreu a quarenta quilômetros de distância de Chambord, em 1519, no ano em que começaram a construir o castelo. As guerras na Itália entre o Imperador Carlos V e Francisco I da França foram uma razão para sua mudança. O patrocínio de Francisco I configurou um enorme estímulo, ficando em segundo lugar, atrás apenas do que foi oferecido pela corte papal. Sebastiano Serlio (1475–1554), um maneirista cujos escritos iriam impactar a Europa, chegou à corte francesa em 1540 e lá permaneceu até sua morte. Ele projetou o castelo em Ancy-le-Franc, em 1546, com um arranjo de alguma forma similar ao de Chambord, realmente dando lugar ao sabor francês apenas na altura, nos telhados íngremes, e, mesmo ali, prescindindo das águas-furtadas. (Telhados foram muito importantes para os franceses, tanto que um tipo de telhado foi designado a partir do arquiteto François Mansart que o inventou — a *mansarda*, com um lado inclinado com jeito de caixote que permite ao arquiteto praticamente preenchê-lo com uma fileira de cômodos com pé-direito habitável.)

242 | **Philibert de l'Orme**, tribuna (*jubé*), *St. Etienne du Mont*, Paris, 1545

243 | *Ottheinrichsbau*, Castelo Heidelberg, Alemanha, 1556–1559

Em 1532 chegou o pintor Francesco Primaticcio (1504–1570), um amigo de Giulio Romano com quem havia trabalhado no Palazzo del Tè. O pintor elaborou a Galeria Francisco I no interior do Castelo de Fontainebleau, lampejando em vitalidade (*fig. 237*). Ali foi pela primeira vez utilizada a técnica de afrescos em estuco moldado como couro enrolado, que demonstrou ser um dos mais populares e característicos temas da Renascença transalpina, particularmente nos Países Baixos e na Espanha.

Francisco I foi um importante patrono das formas da Renascença. Ele encomendou a maior parte da obra renascentista para os palácios de Loire, Chambord, Blois, Fontainebleau e, depois da mudança para Paris, o Louvre. Os Bohiers, uma família burguesa de banqueiros, encomendaram os castelos de Chenonceaux (1515–1523; *fig. 244*) e Azay-le-Rideau (1518–1527). Chenonceaux consistia em um *corps de logis* simples originado a partir de uma masmorra gótica, até que Philibert de l'Orme (1514–1570), sob o comando da amante de Henrique II, Diane de Poitiers, adicionou, em 1556–1559, uma arrebatadora ponte com cinco vãos em pedra branca, ao longo da qual Jean Bullant (1576–1577) adicionou posteriormente uma galeria de três pavimentos a se orgulhar e se admirar nas ondulações da água azul-esverdeada. Em Blois é indubitavelmente a ala noroeste (1515–1524), repleta de temas renascentistas, que Francisco adicionou ao castelo iniciado por Luís XII em 1498, e a posterior ala sudoeste (1635–1639), por François Mansart (1598–1666), que chamam a atenção. A ala noroeste é enfaticamente horizontal com uma galeria em arcada ao longo da frente ajardinada. Aqui mais uma vez, construída como uma torre octogonal, se situa uma sofisticada escadaria espiral aberta (*fig. 241*).

Mas não foi apenas pelas idas e vindas de artistas que as ideias da Renascença se infiltraram no resto da Europa. Algumas foram expressadas em papel, nos livros-catálogos que estavam sendo produzidos em abundância na Itália. Devido ao fato de que a maioria dos arquitetos transalpinos nunca havia deitado olhos nas ruínas antigas nem em seus derivados renascentistas, eram muito dependentes desses livros, e muito frequentemente, com nenhum entendimento real do neoclássico, os usavam como um tanque de areia de onde pescavam ideias, empregando-as de maneira aleatória. Algumas vezes, quando um arquiteto possuía um talento individual, acontecia um extraordinariamente eficaz casamento de elementos díspares.

Philibert de l'Orme, com base em catálogos e umas poucas e rápidas visitas à Itália, foi capaz

244 | *Château de Chenonceaux*, Loire, França, 1515–1523, com a ponte por **Philibert de l'Orme**, 1556–1559, e a galeria por **Jean Bullant**, 1576–1577

245 | **Claude Perrault**, *Louvre*, Paris, 1665, fachada leste

de tal criatividade. Na Igreja de St. Etienne du Mont, em Paris, construiu em 1545 uma incrível tribuna denominada *jubé* com um balcão através de um nave gótica inalterada (fig. 242). Podia ser acessada de cada lado por meio de uma escadaria helicoidal ondulante. O charme estonteante da tribuna deve seu conceito abrangente à liberdade de abordagem renascentista, ainda que, ao olharmos com cuidado, percebemos que o padrão claro-escuro das gregas é Gótico em sua origem.

Mas nem todos os arquitetos transalpinos possuíam o gênio de l'Orme. Muitos aplicaram

246 | **Elias Holl**, *Arsenal*, Augsburgo, Alemanha, 1602–1607

erroneamente as ordens, transplantando-as fora de seu contexto, com nenhuma referência a estrutura, proporção ou escala. Então o efeito renascentista era frequentemente apenas superficial. Apenas os livros-catálogos de decoração não ajudaram na questão quando, separados de sua base arquitetônica, começaram a se disseminar, sobretudo nos Países Baixos e na Alemanha. Cornelius Floris (1514–1575) e Vredeman de Vries (1527–1606) da Holanda foram dois desses autores; Wendel Dietterlin da Alemanha, que publicou o seu livro em 1593 e era considerado demente, foi outro. A fantasia distorcida, beirando um delírio típico de Bosch, que Dietterlin projetaria sobre uma superfície plana redundou no tipo do efeito que pode ser visto no Ottheinrichsbau no Castelo Heidelberg (1556–1559; fig. 243). É tão entulhado com figuras disformes quanto um *gopuram* hindu.

Há ainda outra desvantagem no aprendizado de estilos a partir de livros, a saber: as impressões são bidimensionais. Nesse período, devemos lembrar que muitos arquitetos ainda estavam entrando nesse campo de trabalho provenientes de outras searas. Francesco Primaticcio era pintor; Inigo Jones, um cenógrafo de teatro; Claude Perrault, que construiu a ala posterior do Louvre (fig. 245), era, na realidade, médico. A relação de fora para dentro, que gera a verdadeiramente grandiosa arquitetura, não é fácil de se alcançar; nem todos os arquitetos são capazes de pensar em três dimensões. Algumas fachadas que foram desenvolvidas a partir de gravuras de catálogos, a despeito de quão originalmente tenham sido empregadas, retêm uma aparência chapada, o que lhes rende uma expressão sem vida. O Louvre possui esse tempero de catálogo, ainda que Perrault tenha entrado para a história ao tratar o piso térreo como uma plataforma alta sobre a qual construiu com colunas casadas gigantes a *loggia* do primeiro pavimento.

Felizmente, a história nesse ponto é abrilhantada por uma originalidade ímpar. Elias Holl (1573–1646), o Arquiteto Civil de Augsburgo, retornou de uma visita a Veneza em cerca de 1600 com um gosto pelo Maneirismo. Um contemporâneo seu, Jacob van Campen (1595–1657), construiu

247 | *Universidade de Salamanca*, Espanha, portão na fachada principal, 1514–1529

248 | **Juan Bautista de Toledo** e **Juan de Herrera**, *Palácio Escorial*, Espanha, 1562–1582

O mesmo conflito entre uma adoção indiscriminada de temas e uma tentativa séria de construir no idioma clássico pode ser visto em outros países. Na Espanha, o Plateresco, ou estilo artesanal em prata de ornamentação elaborada e fechada em baixo-relevo sobre uma superfície de parede plana, foi transferido do gótico da Rainha Isabel sem pausa — meramente uma mistura posterior de temas. A incrustação de uma cena marítima, que vemos no exterior do convento em Tomar, é reiterada, com a adição de estuque em relevo e outros inventos, no portal clássico de Salamanca (1514–1529; fig. 247), universidade que cultivou tantos humanistas.

Foi na Espanha que ocorreu a mais sombria expressão do sentimento religioso, cujas raízes estão não no puritanismo reformista, mas na Contrarreforma Católica (isto é, tanto como uma dissecação emocional de parte de Filipe II). O Papa Pio V foi profundamente ascético e zeloso em sua limpeza da Igreja libertina da Roma renascentista. O espírito de penitência se difundiu até chegar ao Imperador, Carlos V, que em 1555 abdicou para viver o resto de sua vida em um monastério. Seu filho Filipe II seguiu o estilo arquitetônico do pai, esquivando-se das formas elaboradas em desenvolvimento na Itália, e em 1562 iniciou a construção de um palácio centrado em torno de uma capela, que incluía um monastério e um colégio. Não havia ali espaço para brincadeiras maneiristas privadas ou qualquer insinuação de relaxamento ou prazer.

O Palácio é denominado O Escorial (fig. 248), dado que foi construído sobre um monte a Prefeitura em Amsterdã (1648–1665), que era suficientemente severa e clássica para ser transmutada em um Palácio real. Porém Holl em sua Prefeitura em Augsburgo (1615–1620) deu um passo corajoso ao adotar, como Cornelius Floris o fez na Antuérpia, um salão do conselho que se distribui através do pavimento superior; além disso, Holl preencheu-o com a luz proveniente de janelas localizadas em ambos os lados e o pintou de branco. Ainda mais original foi o que fez com o Arsenal em Augsburgo (1602–1607; fig. 246). Com maestria, manteve a altura elevada e estreita característica de uma casa germânica, tradicionalmente disposta com a empena do telhado de frente para a via. Porém o Arsenal encara você orgulhosamente em seus olhos, a despeito do modo extremamente maneirista com o qual suas esquadrias estão distendidas em ambos os lados das janelas, e sua empena culmina em um frontão interrompido com o mais estranho ornamento bulboso no meio.

249 | **Robert Smythson**, *Wollaton Hall*, Nottinghamshire, 1580–1588

250 | **Diego de Siloe**, *Escalera Dorada*, Catedral de Burgos, Espanha, 1524

média floresciam, o projeto de um palácio menor foi requisitado aos arquitetos. Isso indica o clima de mudança social e econômica daquele período. Considerando que na Idade Média o grosso das edificações era eclesiástico, agora o estoque de edifícios seculares começava a aumentar. Nos países católicos durante o Renascimento, cerca de metade dos edifícios de qualquer grandeza era usada para os propósitos religiosos, a outra metade, para os seculares. Nas áreas protestantes, com sua ênfase no comércio, o secular ganhava de longe do religioso. Uma razão para isso era que muitas igrejas haviam sido construídas no período Gótico, não havendo necessidade de outras.

Durante esses tempos na Inglaterra, casas compactas mas com dimensões consideráveis se multiplicaram, muitas vezes construídas para abrigar os ricos mercadores. As casas de madeira em enxaimel de Weobley, em Herefordshire, e as casas em pedra de Cotswolds em Gloucestershire, uma rica área de produção de lã, são bons exemplos. As plantas em E e H, encontradas nos períodos Tudor e Jacobino, agora se expandiam. A seção intermediária do H era preenchida para criar um tipo distinto de residência, menos dependente das influências góticas ou renascentistas do que de suas próprias demandas. A residência elisabetana de Longleat, em Wiltshire (1572–), cujo pedreiro foi Robert Smythson (1536–1614), definiu o tom para aquele distinto tipo inglês de edificação, marcada verticalmente ao longo de sua larga fachada frontal com janelas de sacada (*bay windows*) projetando-se levemente, e enfatizadas horizontalmente com finas faixas separando as fileiras de janelas encaixilhadas. Em um país onde era fundamental deixar penetrar tanta luz quanto fosse possível, novas técnicas de fabricação de vidro foram prontamente incorporadas aos novos projetos. O vidro claro, conhecido no Império Romano, foi redescoberto pelos venezianos no século XV, e sopradores de vidro o trouxeram para a Inglaterra no século XVI. Durante os séculos XVI e XVII, as janelas ficaram cada vez maiores, até que em relação a outra residência feita por Smythson se poderia dizer: 'Hardwick Hall, mais

de lava nas solitárias planícies ondulantes a 48 quilômetros de Madri. Ele domina a cidade em seu entorno, assim como aquele outro palácio de Urbino o fez, mas de uma forma bem diferente. A desolada falésia que define seu entablamento, com fileiras de janelas mais altas, sugere, à primeira vista, que poderia ser uma prisão. Suas elevadas paredes austeras encerram um complexo simétrico de pátios e edificações, em cujo centro um pórtico clássico com um frontão identifica a posição da capela com uma cúpula que toma o lugar do Sagrado dos Sagrados no Templo de Salomão, no qual o palácio foi inspirado. Que esse sombrio, inanimado aspecto era intencional nós sabemos pelos registros das instruções dadas por Filipe ao seu arquiteto, Juan de Herrera (c.1530–1597), que substituiu o projetista original, Juan Bautista de Toledo (m. 1567). Ele ordenou 'simplicidade, severidade no todo, nobreza sem arrogância, majestade sem ostentação'.

Em outras partes mais burguesas da Europa, onde residências da próspera classe

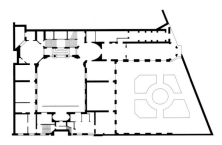

251 | **Louis Le Vau**, *Hôtel Lambert*, Paris, 1639–1644, planta baixa

vidro que parede' (do inglês '*Hardwick Hall, more glass than wall*'). O mesmo se pode dizer de Wollaton Hall, Nottinghamshire (1580–1588), também construído por Smythson (*fig. 249*).

As janelas tipo *bay windows* e as janelas nitidamente ressaltadas denominadas janelas de sacadas eram populares. Talvez a Inglaterra estivesse mais preocupada com suas mulheres do povo e com seu conforto do que outros países; havia muita diversão nas janelas e nos assentos embutidos sob elas, onde as damas podiam sentar e costurar, e, outra peculiaridade inglesa, nas longas galerias dispostas no comprimento da residência no piso térreo, onde as damas podiam passear quando o tempo se mostrasse inclemente. Então, no século XVII, as janelas tipo guilhotina (*sash windows*) com barras quadriculadas chegaram à Inglaterra provenientes da Holanda. Seu nome deriva da esquadria holandesa *sas*, que significa comporta, e do francês *chassis*, moldura. Elas foram universalmente adotadas e organizadas em retângulos e quadrados umas sobre as outras, para transmitir a verticalidade característica posterior à residência urbana georgiana inglesa com terraço.

Chaminés conectadas às enormes lareiras sombreadas por elegantes coifas sempre foram importantes na Inglaterra. As casas no estilo Tudor definiram também maravilhosas paisagens: torcidas, angulosas, aglomeradas e simples e orgulhosas chaminés empilhadas, em torres, em guarnições entalhadas e espigões holandeses abundavam, e persistiram no gosto inglês por muitos anos. São esses detalhes, em um período de crescimento doméstico, que determinam não apenas a planta, mas também muito do caráter de uma residência.

As escadarias, por exemplo, foram altamente expressivas em relação ao caráter arquitetônico na época. A escadaria medieval havia sido não mais que uma escada de mão enclausurada, ou, no caso de castelos, uma espiral de pedra encerrada em um torreão. Agora, na Espanha do século XVI, experimentos para o desenvolvimento de novos tipos de escadarias estavam em andamento. Havia três tipos: degraus que espiralavam em torno de um prisma usualmente retangular; degraus em forma de T em que o lance inferior se subdividia em dois braços, um direcionado à esquerda e outro à direita (essa forma tem variações quase ilimitadas, de acordo com o formato, os ângulos e patamares da escada, por exemplo no Palazzo Farnese em Caprarola e na Escalera Dorada de 1524 na Catedral de Burgos, por Diego de Siloe; *fig. 250*); e escadas dispostas em torno de um poço retangular, com cada lance sucessivo se desdobrando acentuadamente para trás para correr paralelo ao lance inferior. Esse tipo surge inicialmente no Escorial. A esses Palladio adicionou um quarto tipo: um lance autoportante fixado à parede em apenas uma extremidade e suportada em um arco. Esse último padrão foi muito utilizado no cenário das ruas, talvez de forma mais emocionante em pontes de escadas sobre os canais de Veneza.

A adoção do primeiro tipo de escadaria, iniciando imediatamente em um vestíbulo em frente à porta principal, espiralando em torno de um poço aberto e iluminado por cima por uma cúpula ou claraboia, estabeleceu o padrão para as residências urbanas inglesas construídas após o Grande Incêndio de Londres de 1666 e daí até o século XX. Eram casas estreitas e altas, a princípio somente com poucos cômodos em cada piso, durante o reinado da Rainha Anne, algumas vezes com um só na frente e outro atrás. Posteriormente, no século XVIII, na graciosa versão da Bretanha georgiana, notadamente em três capitais, Londres, Edimburgo e Dublin, as salas de estar familiares ficavam no primeiro piso. As salas de jantar e de estar eram frequentemente conectadas por portas sanfonadas, daí o termo '*withdrawing*' ou '*drawing-room*' — o cômodo para o qual a pessoa se retirava após

252 | Casas sobre o Amstel, Amsterdã

o jantar. As casas eram acessadas a partir da rua, usualmente por degraus que arqueavam sobre a área do porão e a entrada dos serviçais. Atrás do porão, havia uma faixa reta de jardim entre muros.

Na França, o arranjo das casas urbanas chamadas 'hôtels' era muito menos uniforme em relação ao número de pavimentos e padrões de acomodação. Um portal central na fachada da rua, com um zelador em guarda, muito comumente dava acesso a um pátio interno em torno do qual eram dispostos as alas de serviço, os estábulos e, posteriormente, as alas com cômodos para instrução (*fig. 251*). Atrás do lado mais distante do pátio havia um jardim formal murado. A evolução posterior iria definir a posição dos aposentos de habitar atrás do pátio de serviço, para que o salão e as salas de exposição vislumbrassem o jardim posterior. Mais modestos eram alguns dos esquemas planejados iniciais com terraços, como aquele da Place de Vosges de Henrique IV (até 1800 denominado Place Royale) de 1605–1612. Consistiam em tranquilas e práticas casas de tijolos, com janelas envolvidas por pedra e cunhas (bainhas de canto) e sótãos nos telhados em mansardas, organizadas de forma esquemática ao lado de sua nova Pont Neuf, que uniu as ilhas no Sena — a primeira ponte parisiense que não possuía casas sobre si. Em Bruxelas, o Grand Place cercado por casas operárias foi construído após o sítio de 1695. Foi o último exemplo de praça pública considerado o padrão das cidadelas medievais

flamengas, e há uma coleção tipicamente renascentista nos Países Baixos com detalhes decorativos góticos misturados a pórticos suportando sacadas em balaustradas, pilastras retraídas e empenas com frontões, algumas com um amontoado de urnas e conchas adicionadas posteriormente.

No século XVII, a Holanda foi o lugar para a criação madura em larga escala da residência urbana renascentista. As casas ao longo dos canais, tal como a Prinsengracht em Amsterdã, são altas e estreitas, construídas sobre um declive com seus gabletes de frente para a via ou o canal. Mas não são uniformes. A fachada estreita anuncia poucos cômodos por pavimento. Diferentemente dos ingleses, os holandeses, restringidos pelos canais, mantiveram até o século XX os lances estreitos enclausurados e íngremes

253 | **Jacob van Campen**, *Mauritshuis*, Haia, Holanda, 1633–1635

254 | **Inigo Jones** e **John Webb**, *Casa da Rainha*, Greenwich, Londres, 1616-1662

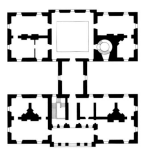

255 | *Casa da Rainha*, planta baixa original

das escadas da Idade Média. O corolário eram janelas amplas, pois o mobiliário tinha que ser içado por cordas até os cômodos superiores. A Prinsengracht foi a rua da moda para os nobres, a Heerengracht, para cavalheiros, mas muitas ruas mais humildes são igualmente charmosas, com seus perfis de empenas curvas subindo e descendo (*fig. 252*). Os interiores de algumas dessas casas, com pisos paginados em cerâmica preta e branca e os distintos contrastes de fontes de luz com sombra esfumaçada, foram preservados nas pinturas de Vermeer e Pieter de Hooch. Perfis urbanos variados similares foram criados em outros lugares da Europa, por exemplo, na antiga cidade da Moravia de Telc, na República Tcheca.

A Holanda produziu extraordinários exemplos de outra tradução da Renascença muito nórdica: pequenos palácios, organizados e compactos, que ainda mantêm dignidade e elegância. Assim é o Mauritshuis em Haia — um palácio em pequena escala ao lado de um lago, construído em 1633–1635 por Jacob van Campen (*fig. 253*). Seus cômodos são organizados simetricamente em torno de uma escadaria central, e o exterior foi dotado de uma aparência de imperiosidade natural e tranquila pelo uso de pilastras gigantes. A inspiração para esses edifícios foi, obviamente, Palladio. Porém os holandeses descobriram uma escala que se adequava tanto à dignidade quanto ao conforto doméstico. Tais edifícios palladianos são tão completos e contidos que atendem à prescrição de Alberti de que as proporções de todas as partes devem ser tão integradas que nada pode ser adicionado ou removido sem destruir a harmonia do todo.

As mesmas qualidades e a mesma influência são aparentes na Inglaterra no trabalho de Inigo Jones (1573–1652), que descobriu Palladio em uma viagem através da Europa quando tinha 40 anos e se tornou tão apaixonado que cobriu a orelha de seu exemplar dos *Quattro libri dell'architettura* de Palladio com tentativas de fazer sua assinatura igual à de seu herói. Antes de se interessar por arquitetura, Jones se sobressaiu no desenho de fantasias e efeitos teatrais para as mitológicas máscaras apreciadas por James I e sua corte. Talvez por volta dessa época ele tivesse tido excessos suficientes; seja como for, ele abraçou sua nova arte muito seriamente. Depois que foi designado Inspetor Real, retornou à Itália para estudos importantes. Na Casa da Rainha em Greenwich, na Casa de Banquetes em Whitehall e na Casa Wilton em Wiltshire, concebeu tanto a planta quanto a fachada em uma unidade palladiana de proporção e desenho. Nas três, ele usou o cubo. 'Os ornamentos exteriores', escreveu, 'devem ser sólidos, proporcionados de acordo com as regras, masculinos e não afetados.'

A Casa da Rainha (1616–1635), o primeiro solar inglês no estilo italiano, foi originalmente construído, por uma extravagância da Rainha Anne da Dinamarca, em duas alas de três cubos cada, conectadas por uma ponte que se sobrepõe à principal estrada entre Londres e Dover. Após a morte de Jones, seu pupilo, John Webb, adicionou, em 1662, duas pontes posteriores para transformar o edifício como

256 | **Inigo Jones**, *Casa dos Banquetes*, Whitehall, Londres, 1619–1622

um todo em um cubo; depois o traçado da estrada foi deslocado, e colunatas longas com topo plano foram construídas por onde a estrada havia passado, para conectar duas das alas dos pavilhões (*figs. 254, 255*). Os cômodos são lindamente proporcionados, e a Escadaria Tulipa emoldurada, cuja balaustrada em ferro forjado é composta de tulipas dançantes, espirala em uma curva ascendente impressionante, delicada como a crosta de uma concha. A Casa dos Banquetes em Whitehall (1619–1622; *fig. 256*) foi construída para substituir o Antigo Salão dos Banquetes, destruído pelo fogo. Fileiras de colunas jônicas e compostas em um exterior clássico sugerem que tenha dois pavimentos, mas internamente há uma soberba sala em cubo duplo, com uma galeria no primeiro nível, e um teto magnífico pintado por Rubens. Foi sobre as janelas superiores que foi construída uma plataforma, projetando-se para fora em direção a Whitehall, para a execução de Carlos I.

Brevemente feito prisioneiro pelos parlamentares na Guerra Civil, Inigo Jones foi liberado para trabalhar com John Webb na reconstrução da Casa Wilton após um incêndio em 1647. Ali há dois salões nobres, um simples e um em cubo duplo, sendo o último com decoração em branco e dourado para exibir a coleção de retratos feitos por Van Dyck (*fig. 257*). Para equilibrar a altura excessiva demandada pela proporção do cubo duplo, Inigo Jones usou aquilo que ficou conhecido como teto arqueado, em que uma moldura se aprofunda em curva e junta as paredes ao teto. Ali está ricamente ilustrado e delineado com grinaldas douradas de frutas.

A riqueza e a diversidade da inspiração na arquitetura renascentista elevaram-se para um movimento ainda mais esplendidamente espetacular no século XVII — o Barroco.

257 | **Inigo Jones**, *Casa Wilton*, Wiltshire, salão em cubo duplo, c.1647

**O Drama das Formas e do Espaço:** Barroco e Rococó

Na Itália, o retorno do Renascimento ao classicismo perdurou por 200 anos. Durante a segunda metade desse período, como vimos, havia uma crescente insatisfação com o ordenamento rigoroso, racional, dos elementos do edifício, que era a essência do estilo; as pessoas começaram a achá-lo mecânico, tedioso ou restritivo. A busca pelo ideal e pelo equilíbrio perfeito não mais parecia significativa.

A partir de onde Michelangelo deixara como legado, uma nova geração de arquitetos romanos abandonou o antigo e se lançou em direção a uma arte que transbordou sobre todos os limites e convenções estabelecidos. Algumas pessoas consideram essa efusão como mau gosto e chamam a arquitetura barroca de Renascimento decadente. Podemos ver o que isso significa se olharmos para a forma extrema que evoluiu na Espanha, no trabalho de uma família de estucadores chamada Churriguera. A sacristia de La Cartuja (Convento de Cartuxos) em Granada (1727–1764; fig. 259) mostra esse estilo incrível em sua maior fecundidade, com um embaralhamento de frisos em estuque branco, repetidos três ou quatro vezes como uma série de pequenas pregas ou dobras. Outros respondem ao Barroco como os artistas esperam que o façam: eles se envolvem no drama e na exaltação que o artista buscou comunicar e são levados pela vitalidade contaminante da arte. Para aqueles que reagem dessa forma, o período Barroco constitui-se não em uma desagradável exibição de excesso, mas na gloriosa realização da Renascença.

Artisticamente, o Barroco foi um movimento muito rico na pintura, na escultura, na decoração de interiores e na música. O Renascimento propriamente dito não havia se concentrado especialmente na música; mas agora os países do Barroco conduziam esse campo da arte. Foi nas paredes curvas das igrejas italianas que os concertos para missas de Monteverdi e Vivaldi reverberaram pela primeira vez; e foi dos salões dos palácios da Alemanha e da Áustria, com cadeiras de pernas douradas entre paredes decoradas com estuque branco e dourado, e sob tetos coroados com tapeçarias de acrobáticas figuras rastejantes em ricos azuis e vermelhos, que a música de câmara de Haydn, Mozart e Bach foi tocada. Provavelmente nessa época, também, o processo de composição musical que se adequava ao salão foi revertido, dando início à ciência da acústica na arquitetura. Os cômodos eram construídos para que tivessem o tempo de reverberação que a música demandasse. O teatro foi reintroduzido nesse período, e a ópera, que havia se originado na Itália no final do século XVI, veio com tudo, se disseminando por toda a Europa como uma popular forma de arte.

Essa arquitetura exuberante, que se iniciou em Roma, foi primeiramente confinada a um território que incluiu a Itália e a Espanha, a Áustria, a Hungria e a Alemanha católica. A França entrou nessa história realmente apenas

258 | **Egid Quirin Asam**, *São João Nepomuceno*, Munique, 1733–1746

259 | *La Cartuja (Convento de Cartuxos)*, Granada, Espanha, 1727–1764

Tessin, o Jovem (1654–1728). O que os países do barroco original tinham em comum é sua permanência no catolicismo após a Reforma.

Os jesuítas, os pontas de lança da Contrarreforma, que planejaram suas incursões missionárias com todo o cuidado de uma campanha militar, recrutaram alguns dos principais expoentes do movimento Barroco. Em *A Arquitetura do Humanismo*, Geoffrey Scott sugere que foi um discernimento psicológico consciente (e brilhante) da parte dos jesuítas o uso das emocionantes formas do Barroco para 'alistar a serviço da religião os mais teatrais instintos do ser humano'.

E indubitavelmente o Barroco foi dramático. O adjetivo se aplica a todas as coisas nas quais distinguimos o Barroco da arquitetura renascentista. Embora ambos tivessem uma preocupação com a precisão de seu trabalho, acreditava-se que Brunelleschi desejava agradar, enquanto Bramante, enobrecer. Porém ambos se preocupavam com a correção de seu trabalho. Nem o terceiro ou quarto B pelos quais podemos lembrar a paternidade fundacional das fases estilísticas da Renascença, Bernini e Borromini, tinham esse tipo de preocupação. O Barroco não tem o desejo pedante de ensinar, nenhum desejo moralista de julgar se o objeto finalizado está nos padrões. Busca apenas nos envolver pela emoção.

Os arquitetos barrocos abandonaram a simetria e o equilíbrio para experimentar novos e vigorosos volumes. Podemos ver isso no Belvedere, em Viena (*fig. 260*), construído em 1720–1724 para o príncipe Eugene de Savoy por Lucas von Hildebrandt (1668–1745). O Belvedere tem uma fachada fenestrada larga, extensa,

no final do período, nas primeiras décadas do século XVIII, com a elegante forma de decoração interior chamada Rococó. Por outro lado, partes do Sacro Império Romano — sul da Alemanha, Áustria e Hungria — iriam produzir muitos dos mais ricos e magníficos exemplos do Barroco, como a igreja da abadia em Rohr, próxima a Regensburg (1717–1722), a igreja da abadia de Ottobeuren (1748–1767) e a igreja de peregrinação em Vierzehnheiligen (1743–1772), na Alemanha. Várias províncias germânicas e o Vorarlberg, na Áustria, se tornaram incubadoras de construtores artesãos, escultores e estucadores; e há palácios barrocos abundantemente decorados na Rússia e na Escandinávia, como o Palácio Real em Estocolmo (1690–1754) por Nicodemus

260 | **Lucas von Hildebrandt**, *Palácio Belvedere*, Viena, 1720–1724

261 | **Matthaeus Pöppelmann**, *Zwinger*, Dresden, 1711–1722

torreões com cúpulas baixas nas laterais e um dramático perfil de telhado escalonado, todos unidos pela grandiosa peça central com um portal gigante de arcos triplos e um gigante frontão curvo. É simétrico, mas sem nenhuma regularidade pomposa. Podemos ver volumes sobrepostos similares, com o detalhe convergindo a um ponto central, em muitos outros lugares. Há o Stupinigi em Turim (1729–1733), por Filippo Juvarra (1678–1736) que, embora seja um simples alojamento de caça, possui um salão de baile com pé-direito triplo; o Zwinger, em Dresden (1711–1722; *fig. 261*), um pavilhão projetado por Matthaeus Pöppelmann (1662–1736), com o pavimento superior que é um gazebo aberto encimado por uma claraboia de coroamento decorada, cuja louca festividade expressa ao mundo o extravagante propósito para o qual foi construído — uma estufa de laranjas, casa de jogos, galeria de arte e pano de fundo para a grandiosa praça aberta na qual Augustus, o Forte, da Saxônia, tencionava se dedicar e a sua corte aos jogos, aos combates e às festividades à maneira medieval.

Esse foi o primeiro lance do Barroco em direção à liberdade. O segundo foi o abandono da forma estática do quadrado e do círculo em prol de formas que giravam e se moviam: curvas em S, fachadas ondulantes e plantas ovaladas. A influência da Igreja Católica torna-se aqui explícita, pois no Concílio de Trento, que em 1545 introduziu a Contrarreforma, o quadrado e o círculo foram declarados por demais pagãos para as igrejas católicas. Não há melhor exemplo que possamos vislumbrar do que a primeira igreja de Borromini, sua minúscula, extraordinária San Carlo alle Quattro Fontane em Roma, cuja fachada foi finalizada em 1677 (*figs. 262, 263*). Embora tivesse que esprimê-la em um sítio muito apinhado, tanto a planta quanto a fachada ondulante definiram o padrão das futuras experiências em igrejas barrocas.

O terceiro aspecto dissidente do Barroco foi uma extremada forma de teatralidade, que envolvia a criação de ilusão. O Barroco é fértil em exemplos de *trompe-l'oeil*; nas grinaldas de madeira entalhada em madeira pintada de vermelho sobre as cortinas da Casa Harewood, em Yorkshire, e em um violino que parece estar pendurado por uma fita atrás da porta da sala de música em Chatsworth, em Derbyshire,

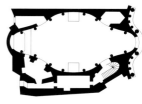

262 | *San Carlo alle Quattro Fontane*, planta baixa

263 | **Francesco Borromini**, *San Carlo alle Quattro Fontane*, Roma, 1638–1677

264 | **Gian Lorenzo Bernini**, *Êxtase de Santa Teresa*, Capela Cornaro, Santa Maria della Vittoria, Roma, 1646

266 | *Basílica de São Pedro*, Roma, 1506–1626, e a dupla colunata de **Bernini**, 1656–1671

assombrosamente realista, com a porta parecendo ligeiramente entreaberta.

O escultor Gian Lorenzo Bernini (1598–1680) demonstra claramente no *Êxtase de Santa Teresa* (1646; *fig. 264*) da Capela Cornaro em Santa Maria della Vittoria, em Roma, que está protagonizando uma pequena peça, porque, embora a figura central de Santa Teresa seja agonizantemente realista, ele entalhou camarotes de teatro próximos à cena e neles dispôs membros da família Cornaro, como espectadores.

Vamos olhar alguns desses efeitos barrocos em uso real. Bernini e Borromini foram as duas figuras fundadoras do Barroco. Eles definiram o estilo, mas sua genialidade era por demais incendiária para exportação geral; e foram as formas mais suaves de suas inovações propagadas por Carlo Fontana (1638–1714) que se disseminaram pela Europa como 'Barroco tardio internacional'. Os arquitetos vinham a Roma para estudar com Fontana. Ele ensinou a três dos maiores arquitetos austríacos, Von Hildebrandt, que projetou o Belvedere, e seu colega e construtor de igrejas e palácios Johann Bernhardt Fischer von Erlach (1656–1723), bem como Filippo Juvarra (1678–1736), cuja obra se situa majoritariamente em torno de Turim; e o escocês James Gibbs (1682–1754). Outra figura fascinante foi o antecessor de Juvarra, Guarino Guarini (1624–1683). Como Juvarra, era um padre — na verdade um professor de filosofia e matemática — que se tornou arquiteto e criou as altamente influentes igrejas de San Lorenzo, em Turim (1668–1687; *fig. 265*), e a Capela do Santo Sudário (Il Sindone, 1667–1690), a qual abriga o famoso e controverso pedaço de linho que supostamente guarda as marcas do corpo de Cristo.

Bernini inaugurou o Barroco com uma fanfarra de trompetes a partir do momento em que Michelangelo partia, inicialmente ao construir, no interior da Basílica de São Pedro um dossel sobre o túmulo do santo diretamente abaixo da cúpula. Em segundo lugar, criou uma alegoria da explosão da glória

265 | **Guarino Guarini**, *San Lorenzo*, Turim, 1668-1687, interior da cúpula

divina em torno do antigo trono de madeira, que supostamente teria pertencido a São Pedro; e, finalmente, erigiu a colunata dupla que abraça a vasta praça em frente à catedral.

Bernini teve outras coisas em comum com Michelangelo, além de sua associação na Basílica de São Pedro. Seu primeiro meio de expressão foi a escultura. Era uma criança prodígio. Como Michelangelo, viveu até seus oitenta anos. Como *Sir* John Vanbrugh, sua versatilidade se estendeu ao teatro, pois escreveu peças e óperas; na realidade, o perfil de um arquiteto nesse período, além das artes plásticas, incluía ou o teatro ou a engenharia militar. O ensaísta e viajante inglês John Evelyn descreve, quando esteve em Roma em 1644, como assistiu à ópera para a qual Bernini havia 'pintado os cenários, esculpido as estátuas, inventado as engrenagens, composto a música, escrito a comédia e construído o teatro'.

O baldaquino em bronze (1624–1633), um dossel alto que se eleva sobre o túmulo de São Pedro, possui quatro pilares torcidos, inspirados nos pilares da antiga basílica de São Pedro, que supostamente teria sido trazida do Templo em Jerusalém. A copa ilusória em conchas sob o teto, também em bronze e que remetem à tenda de um general medieval, é considerada por especialistas uma das mais soberbas realizações em bronze fundido. O uso do bronze foi tamanho que o material não foi suficiente, e, por ordem do Papa Urbano VIII, removeram as almofadas em bronze das paredes do interior do vestíbulo do Panteão. No painel sobre o baldaquino, Bernini construiu uma cadeira antiga, que supostamente teria sido o trono de São Pedro, em outra alegoria, conhecida como a Cathedra Petri (1657–1666).

A mistura de arquitetura, escultura, pintura e ilusão nessas duas peças se excede e se supera de forma mais pura em um trabalho arquitetônico de Bernini, ou pelo menos em um trabalho de arquitetura e planejamento, pois parte da mágica da colunata construída na Praça de São Pedro (1656–1671; fig. 266) é gerada por sua relação com o ambiente. As colunatas, mantidas baixas para interagir com a fachada de Carlo Maderna, e para proporcionar uma hospitaleira sombra sob o sol do meio-dia, possuem um significado simbólico profundo. Elas sugerem os braços acolhedores e protetores da Igreja Mãe, envolvendo os fiéis na praça. Ainda, de acordo com o escopo de Bernini, direcionam o olhar para os degraus ou para a janela e sacada do Palácio Vaticano de onde o papa distribui suas bênçãos.

Francesco Borromini (1599–1667), escultor e pedreiro, muito se diferenciou de Bernini. Viajou a Roma em 1614 para estudar com Maderna e Bernini. Morreu aos 68 anos de idade, por um ferimento autoinfligido. As formas complexas e tortuosas que desenvolveu em suas igrejas, particularmente em San Carlo alle Quattro Fontane, iniciada em 1638, são de difícil compreensão, tanto para o leigo quanto para o especialista, sem

267 | **Balthasar Neumann**, *Igreja de Peregrinação de Vierzehnheiligen*, Alemanha, 1743–1772

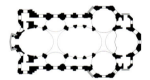

268 | *Vierzehnheiligen*, planta baixa

um estudo aprofundado, e provavelmente espelham os labirintos intrincados e obsessivos que habitavam sua mente. Por dois séculos após sua morte foi considerado perturbado, e a escolha da palavra 'Barroco' por historiadores dos séculos XVIII e XIX, que significa disforme, particularmente no caso de pérolas, pode ter algo a ver com o sentimento nesses séculos de que Borromini e sua arquitetura inconstante eram inquietantes e anormais.

O que mais fascina é o malabarismo de Borromini com as formas. O fato de ter que trabalhar com sítios mínimos e desajeitadamente delineados não parece ter refreado sua imaginação expansiva, e isso sem dúvida deu confiança àqueles que o seguiram, como os irmãos Cosmas Damian Asam (1686–1739) e Egid Quirin Asam (1692–1750) em Munique. O último decidiu construir uma pequena igreja, São João Nepomuceno (1733–1746; *fig. 258*), em um local com apenas nove metros de largura, contíguo à sua própria casa. Ele conseguiu entulhar o interior com sacadas espiraladas e pilares torcidos, pulsando apaixonadamente em dourados, marrom-escuros e vermelhos. San Ivo della Sapienza, a igreja universitária de Borromini em Roma, foi iniciada em 1642 para preencher o fundo de um pátio com arcadas cujo piso era estampado com uma estrela. Mas a planta para a igreja da sabedoria remete ao templo do sábio Salomão e não faz concessões às dificuldades do sítio. Sua planta é formada por dois triângulos que se integram para formar a estrela de Davi, cujos vértices terminam, alternadamente, em semicírculos e meios octógonos. A testada de frente para o pátio é côncava, e se eleva sobre o conjunto um ondulante domo, muito íngreme, na forma de uma cúpula com seis divisões que é encimada por uma lanterna espiral que sustenta a chama da verdade. Essa forma iria influenciar Guarini em sua Capela do Santo Sepulcro em Turim.

Todavia, a elipse é a forma clássica do Barroco. Elipses haviam sido usadas antes, é óbvio. Serlio estabeleceu o princípio para usá-las no quinto livro de seu tratado *L'Architettura* em 1547, e Vignola utilizou uma elipse longitudinal em Sant'Anna dei Palafrenieri, em Roma (1565–1576). Agora as elipses podiam ser posicionadas na direção mais longa da igreja — de leste para oeste — ou transversalmente; várias podiam ser usadas, ou partidas ao meio e dispostas de forma invertida para criar curvas côncavas no exterior. Bernini usou uma elipse atravessada na largura da igreja de Sant'Andrea al Quirinale (1658–1670), conhecida como o Panteão oval. Carlo Rainaldi (1611–1691), na igreja de Sant'Agnese na Piazza Navona (1652–1666), cuja fachada Borromini desenhou, adicionou duas capelas tipo absides no coro e nas extremidades de entrada para transformar a planta octogonal inserida em um quadrado em uma elipse com direção leste-oeste. Edifícios seculares também eram ovais, como o pequeno Pavilhão Rococó Amalienburg, no parque de Schloss Nymphenburg, em Munique, por François Cuvilliés (1695–1768), e o castelo de François Mansart em Maisons-Laffitte, próximo a Paris (1642–1646) possui cômodos elípticos em suas alas laterais. O castelo de Vaux-le-Vicomte (1657) por Louis Le Vau (1612–1670) possui um salão oval encimado por uma cúpula.

Em San Carlo, Borromini torceu para dentro os quatro quadrantes de uma planta basicamente elíptica para criar paredes ondulantes, e então usou arcos semicirculares sobre a cornija para trazer as paredes de volta para a elipse, de onde brota o decorativo domo. A planta da Igreja da Abadia em Banz, na Baviera (1710–1718; *fig. 269*), projetada por Johann Dietzenhofer (1663–1726), é uma espiral com elipses entrelaçadas. As igrejas Sant'Andrea e San Carlo possuem ambas cúpulas elípticas, e a forma surge até mesmo em escadarias ovais construídas na estrutura de um edifício. A magnífica escadaria que Balthasar Neumann (1687–1753) construiu no Palácio Episcopal em Bruchsal, no sul da Alemanha, em 1732, final do período Barroco, dá a impressão que se está espiralando através do espaço, de um pódio ao outro.

Vierzehnheiligen (*figs. 267, 268*), também projetada por Neumann, é talvez a mais complexa de todas as igrejas barrocas. De

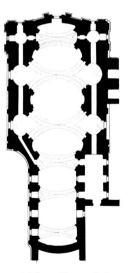

269 | **Johann Dientzenhofer**, *Igreja da Abadia de Banz*, Alemanha, 1710–1718, planta baixa

270 | **Balthasar Neumann, Lucas von Hildebrandt** e outros, *escadaria do Palácio do Bispo (Residenz)*, Würzburg, Alemanha, 1719–1744

fora parece normal — uma igreja em cruz grega com nave e deambulatórios longos, capelas laterais poligonais como transeptos, altar no leste e torres duplas na fachada. Dentro, o visitante é surpreendido pela luz e sombras que se elevam e recuam em torno das abóbadas que se projetam; pelas formas decorativas e arquitetônicas barrocas nas galerias ou no estuque; pela quantidade de dourados sobre branco e cores profundas no teto pintado. Não há corredores; a igreja é aberta para espaços mutáveis que se interpenetram. Não há cúpula; o altar é situado na grande elipse longitudinal central que forma a nave, uma ilha ancorada flutuando em um mar de líquida luz. Quando examinamos a planta, vemos que essa nave é encaixada entre duas elipses menores, uma formando o coro e a outra a entrada da igreja, e sobressaindo um pouco na fachada, gerando a ondulante parede linear. As capelas nos braços da cruz são semicirculares. Pilares e curvas côncavas nas paredes laterais indicam a posição de duas elipses adicionais localizadas transversalmente entre o altar e a área da entrada.

Sua complexidade se aplica à estrutura. As estruturas barrocas eram muito avançadas. Se, após examinarmos a Vierzehnheiligen, lançarmos nosso olhar de volta aos primeiros edifícios renascentistas, ficamos perplexos por sua simplicidade estrutural — quase ingênua. O Palazzo Rucellai, por exemplo, consiste em quatro sólidas paredes que sustentam um teto plano contido — uma das mais primitivas estruturas que se pode ter. Cantaria rústica, pilastras, cornijas, esquadrias de janelas são praticamente entalhadas na lateral. Em contraste, a confiança estrutural dos arquitetos barrocos parece ilimitada. Esses homens eram de fato muito competentes no cálculo. Muitos eram engenheiros; Neumann e Guarini eram matemáticos notáveis; *Sir* Christopher Wren (1632–1723), o arquiteto da Catedral de São Paulo, em Londres, era reconhecido como um gênio científico, Professor de Astronomia, tanto na Universidade de Oxford quanto na de Londres, e membro fundador da Royal Society. Estavam prontos para explorar o conhecimento estrutural e competência técnica do passado sem preconceito moral ou estético. Assim, em Sant'Andrea temos Bernini entalhando suas sólidas paredes com nichos, como fizeram os antigos romanos; temos Guarini tecendo nervuras como teias em curvas catenárias para sustentar espirais e domos em San Lorenzo e Il Sindone, confiando em seu conhecimento sobre abóbadas góticas, temperadas com o sabor picante dos detalhes oriundos das abóbadas mouras na Espanha. E encontramos James Gibbs e Nicholas Hawksmoor (1661–1736), que com Vanbrugh trabalhou na oficina de Wren, dispondo pináculos góticos no topo de igrejas clássicas. Alas e blocos curvos, abóbadas serpenteantes: a verdade é que o Barroco avançou tanto quanto possível em relação à estrutura de alvenaria.

271 | **Gian Lorenzo Bernini**, *Fontana di Trevi*, Roma, 1732–1737

O desenvolvimento estrutural posterior teria que esperar a descoberta de novos materiais e a demanda por novas formas no século XIX.

Os arquitetos do Barroco combinaram suas experiências estruturais ilimitadas ao demolir as fronteiras entre um meio de expressão e outro. A arquitetura e a pintura têm seu momento de intercomunhão nos tetos pintados que abriram o telhado ao paraíso com a técnica que os italianos denominavam 'sotto in su' (de baixo para cima). Esses eram efeitos barrocos típicos, comuns tanto em igrejas quanto em palácios. Entre os mais famosos estão os tetos de Il Gesù e da igreja de peregrinação em Steinhausen, em Swabia, dos irmãos Zimmermann (1728–1731), na qual figuras coloridas vêm e vão sobre os arcos falsos, pintados em perspectiva, que enquadram o teto supostamente aberto aos céus. Na Igreja de Sant'Andrea, de Bernini, o tema do santo martírio pintado atrás do altar é sublimado por uma escultura de sua alma sendo levada ao paraíso, presumivelmente localizado na cúpula, onde figuras nuas balançam suas pernas sobre a cornija e querubins fofocando se posicionam lado a lado como pombos empoleirados. A escultura é trazida para dar suporte à ficção de um teto que se abre aos céus no palácio construído para o Bispos-Príncipes de Würzburg (1719–1744) por Neumann, Hildebrandt e outros. Aqui, a escadaria com seus padrões fluidos de balaustradas (*fig. 270*) se volteia para cima em direção ao teto onde Tiepolo representou os quatro continentes — um tumulto de arcos de violino, mantos rodopiantes, chapéus com penas, meninas montadas em crocodilos, avestruzes e camelos. A moldura dourada não dá conta de conter a atividade, e as figuras transbordam do palco do picadeiro. As pernas de um cavalheiro ficam penduradas na borda, e um cão de caça e um pequeno soldado gordo parecem ter pulado na prateleira abaixo. Da mesma forma que se misturam a invenção e a realidade, a escultura e a arquitetura se tornam intercambiáveis. Em um conceito similar, exibido no recinto do jardim do Belvedere, os pilares assumem as formas de gigantes musculosos carregando o peso em seus ombros.

Os materiais são também transmutados nessas alegorias: a madeira é entalhada e pintada para parecer tecido, raios iluminados por luz amarela de uma fonte escamoteada

272 | **Francesco de Sanctis**, *Degraus Espanhóis*, Roma, 1723–1725

são modelados com dourados e fluem para baixo em Santa Teresa e na Cathedra Petri, enquanto na Fontana di Trevi, em Roma (1732–1737; *fig. 271*), a pedra é esculpida para dar a ilusão de borrifos e esguichos de água. É uma experiência fascinante deparar com a Fontana após deambular pelas estreitas ruelas internas. Bernini concebeu e dois arquitetos e dois escultores realizaram esse monumento — ao indômito espírito humano — que marulha nos edifícios de um lado de uma praça enclausurada. É impossível separar o real do mágico nessa poderosa combinação de figuras clássicas com efervescente dispersão de rochas, de onde cavalos-marinhos selvagens e águas de fato borbulham e espumam. Há um conjunto similar nas terras do palácio que Luigi Vanvitelli (1700–1773) construiu para o rei espanhol de Nápoles, Carlos III, o Palazzo Reale em Caserta (1752–1772). Em uma das duas peças descrevendo a lenda de Diana e Actéon, o escultor situou Actéon aos pés da Grande Cascata, no exato momento em que era transformado em cervo, ladeado por cães de caça babando, que saltam sobre as rochas em sua direção a partir da borda do espelho d'água. O filho de Vanvitelli, Carlo, finalizou o paisagismo depois da morte de seu pai, auxiliado por vários escultores.

Esse tipo de efeito foi buscado em dois grandes esquemas de planejamento em Roma pelos papas. Um deles foi a Piazza Navona, hoje considerada um museu do Barroco, pois abrange a igreja de Sant'Agnese, de Rainaldi, com testada de Borromini, dois chafarizes de Bernini e, no palácio da família Pamphili, uma galeria pintada por Cortona. O chafariz mais famoso, aquele dos quatro rios (1648–1651), representa o Danúbio, o Prata, o Nilo e o Ganges, dando testemunho, da mesma forma que o teto de Würzburg, do enorme interesse nos países que estavam sendo encontrados a leste e oeste pelos exploradores e colonizadores. O outro grande esquema de planejamento urbano é a Piazza del Popolo (1662–1679), um plano altamente ciente de si e que contém um obelisco entre duas igrejas que parecem ter elevações e domos gêmeos. Na realidade, situam-se em lotes de diferentes larguras, e Carlo Rainaldi teve que implementar um planejamento interno criativo para gerar o efeito combinado no exterior.

Vimos como, em Würzburg e Bruchsal, os arquitetos barrocos se deleitaram com a obtenção de efeitos com lances de escadas. A Scala Regia (1663–1666) de Bernini, um exemplo primitivo, talvez seja o mais famoso. Como em muito da melhor arquitetura barroca, o desafio estava lançado — fazer uma escadaria 'real' conduzindo ao Palácio do Vaticano ladeando a fachada e colunata da Basílica de São Pedro sem depreciar uma em relação à outra. Além disso, não havia muito espaço. Sua solução foi criar uma passagem conduzindo desde a colunata até a saída do Portão da Galileia da Catedral. Aqui, uma dramática estátua do Imperador Constantino em um cavalo branco nos distrai inteligentemente, evitando um giro inapropriado antes que a escadaria

273 | *Bom Jesus do Monte*, próximo a Braga, Portugal, degraus de acesso, 1723–1744

274 | **Filippo Juvarra**, *igreja em Superga*, Turim, 1717–1731

Algumas vezes é a sua implantação que confere presença e drama ao edifício. Juvarra assegurou o domínio de sua basílica em Superga (1717–1731; *fig. 274*) não apenas por proporcionar-lhe uma cúpula como a de São Pedro, mas também por implantá-la em uma colina bem acima de Turim. A igreja veneziana de Santa Maria della Salute (1630–1687; *fig. 275*), por Baldassare Longhena (1598–1683), com seus frontões cimeiros retornando a meio caminho de suas paredes, parece uma criação do mar por conta de sua posição, branco como as ondas espumosas entre telhados de cerâmica vermelha, na entrada do Grande Canal.

Mas provavelmente a mais superlativa implantação seja a do Mosteiro Beneditino em Melk, na Baixa Áustria (1702–1714), construído por Jacob Prandtauer (1660–1725) em uma ribanceira sobre o Danúbio (*fig. 276*). Acima do rio marrom-esverdeado e dos afloramentos rochosos verde-acinzentados, as torres gêmeas da fachada, a cúpula e os telhados verde-cinzentos da igreja destacada do conjunto se elevam imperiosamente a partir de um entorno de variação monástica com telhados de cerâmica vermelha.

seja alcançada. Alinhada com as arcadas, a grandiosa escadaria propriamente dita então se eleva de forma íngreme, estreitando-se em um digno canal tipo túnel, ao modo maneirista.

As possibilidades de uso de escadarias externas para efeitos cênicos foram cedo apreciadas em uma cidade acidentada como Roma. Francesco de Sanctis (?1693–1731) produziu uma obra-prima, os Degraus Espanhóis, em Roma (1723–1725; *fig. 272*). Curvas inesperadas, linhas de degraus e balaustradas, onde hoje são vendidos flores e suvenires, se desenrolam desde a casa em que Keats morreu até onde a igreja do século XVI com uma testada de Maderna, SS. Trinità dei Monti, se situa na cabeceira dos degraus como uma *grande dame* recebendo visitantes.

O uso de degraus em conjunto com uma igreja também pode ser visto em Portugal. O acesso a Bom Jesus do Monte, uma igreja com torres gêmeas perto de Braga, foi disposto em 1723–1744 de acordo com as Estações da Cruz, os estágios da jornada de Cristo desde o Salão de Pilatos até sua morte crucificado. Lances em zigue-zague com chafarizes e obeliscos nos ângulos conectam as capelas que celebram as catorze Estações até alcançar a igreja no topo do monte (*fig. 273*).

275 | **Baldassare Longhena**, *Santa Maria della Salute*, Veneza, 1630–1687

276 | **Jacob Prandtauer**, *Mosteiro Beneditino*, Melk, Áustria, 1702–1714

As variações britânicas desse estilo continental foram deixadas para o final deste capítulo, pois sua individualidade as destaca de suas contemporâneas europeias, se por nenhum outro motivo por este: diferentemente de outros países onde o Barroco floresceu, a Inglaterra era protestante. As igrejas anglicanas eram então salões abertos, e as igrejas protestantes da época apresentam um perfil mais duro em contraste com o curvilíneo Barroco. Um primeiro olhar sobre a maior obra de *Sir* Christopher Wren, a Catedral de São Paulo, em Londres (1675–1710; *fig. 277*), com sua cúpula alta e serena, sob a qual foram dispostas próximas entre si colunas finas, frias, contidas — mais como o Tempietto de Bramante que a Basílica de São Pedro —, sugere que ela pertence mais ao Renascimento do que ao Barroco, porém estudos adicionais não sustentam essa teoria. Nas elevações da secular tipologia palaciana, uma fachada serpenteante substitui o transepto; e a testada se projeta entre duas torres reminiscentes da obra de Borromini. Quando penetramos e examinamos a cerâmica quadriculada preta e branca, a estrutura pesada da Galeria dos Sussurros circulando o domo, e então continuamos o percurso para vislumbrar os entablamentos vazados em enormes nichos localizados diagonalmente que sustentam uma cúpula tão larga quanto a nave e os deambulatórios somados, reconhecemos o intrépido descaramento do volume barroco. Na reconstrução de 51 igrejas na Cidade de Londres, após os quatro terríveis dias e noites de setembro de 1666, durante os quais quatro quintos da cidade foram incendiados, Wren ofereceu uma resposta eclética arriscadamente versátil para a monstruosa tarefa diante de si, combinando detalhes e estruturas góticos e renascentistas.

Se persistir alguma tentação em designar Wren a uma era anterior, não há dúvida sobre isso com relação a *Sir* John Vanbrugh (1664–1726). As 'forças poderosas lutando contra cargas esmagadoras' do volume barroco e a bravata agitada de seus arrojados pilares verticais, janelas e torreões sobre o lago no Palácio Blenheim, em Oxfordshire (1705–1724), e no Castelo Howard, em Yorkshire, possuem a marca teatral inquestionável do Barroco. Após uma breve associação com Hawksmoor na oficina de Wren, Vanbrugh ganhou sua primeira encomenda, o Castelo Howard, para o Conde de Carlisle, em 1699. Sem treinamento, porém confiante, ele adentrou se pavoneando o cenário arquitetônico, originário de arenas mais aventureiras: havia sido anteriormente um capitão do exército, mas foi preso como espião na França e trancafiado na Bastilha, e depois ganhou fama como um dramaturgo da Restauração. Walpole considerou 'sublime' aquela qualidade de animação poderosa com a qual ele investiria as formas clássicas. Essa qualidade será encontrada no Castelo

277 | *Sir* **Christopher Wren**, *Catedral de São Paulo*, Londres, 1675–1710

do Castelo Howard (1729), que muito deve ao Tempietto de Bramante e é considerado por alguns críticos o mais lindo edifício da Inglaterra.

A última fase do Barroco na França foi denominada Rococó, um estilo decorativo elegante, alegre, inventado para se adequar ao gosto parisiense. O estilo primeiramente surgiu quando o classicista Jules-Hardouin Mansart (1646–1708), após criar a Galeria dos Espelhos em Versalhes para Luís XIV, passou a criar desenhos para o Château de la Ménagerie, que seria construído para a noiva de treze anos do neto mais velho de Luís. Em resposta às objeções do rei de que a decoração proposta seria muito sombria para uma criança, Claude Andran, o mestre pintor de Watteau, desenvolveu uma decoração leve e delicada de arabescos e filigranas representando cães de caça, donzelas, pássaros, guirlandas, fitas e frondes e gavinhas de plantas. Então, em 1699, Pierre Lepautre aplicou arabescos aos espelhos e esquadrias das portas dos aposentos do próprio rei em Marly. Estava inaugurado o estilo. Por volta de 1701, surgiu em Versalhes (1655–1682) o grandioso palácio criado para Luís XIV por Louis Le Vau e Jules-Hardouin Mansart.

O Rococó deve a origem de seu nome a *rocaille*, que significa rochas e conchas, para indicar as formas naturais de suas ornamentações: formas de folhas e galhos, formas do mar — conchas, ondas, corais, algas, borbulhas e espuma — pergaminhos, formatos em C e S. Na França ele permaneceu

Howard (fig. 278), na cúpula se elevando majestosamente sobre a testada frontal com frontões, na famosa Great Hall, com seus espaços mutáveis e vazios sombreados tremulantes, e na estreita e abobadada Antique Passage. Ele se gabava de seu sentido especial para o 'ar do castelo', o que provavelmente se justifica no Palácio Blenheim, denominado após a vitória na guerra da Sucessão Espanhola e ofertado por uma nação agradecida ao general conquistador, o Duque de Marlborough. Sua presença e escala grandiosa lembram Versalhes. Mas inquestionavelmente não teria sido capaz de construí-lo se não houvesse recrutado Hawksmoor da oficina de Wren para trabalhar como seu assistente. Hawksmoor não era um subalterno arquitetural, como podemos verificar em seu Mausoléu, nos domínios

278 | *Sir* **John Vanbrugh**, *Castelo Howard*, Yorkshire, 1699–

279 | **Jules-Hardouin Mansart**, *Galeria dos Espelhos*, Versalhes, 1678–1684

do adulador vidro escuro contemporâneo se tornavam comuns sobre o consolo da lareira; e paredes eram forradas com espelhos de todos os formatos, regulares e irregulares, com molduras feitas de ramos ou brotos de folhas dourados — finos, ralos, frequentemente se desenrolando em um vago formato em S ou C aberto que não conhecia nada sobre simetria.

Por volta de 1735, quando Germain Boffrand (1667–1754) criou o Salon de la Princesse para a jovem noiva do idoso príncipe de Soubise em seu *hôtel*, ou casa urbana, em Paris, o Rococó francês estava no auge (fig. 280). Havia se espalhado até mesmo no planejamento da cidade em Place de la Carrière, Nancy. O castelo construído ali para o pai da rainha francesa, o destronado rei polonês Stanislas Leczinski, foi destruído. Mas o gosto do rei polonês pelo Rococó é ainda evidenciado pelas arcadas curvas de arcos abertos, construídas depois de 1720. Elas definem espaços que se abrem intrigantemente entre si e envolvem um pátio elíptico, um arco triunfal e belos portões de ferro forjado.

delicado e elegante, proporcionando salões deslumbrantes para as atividades modernas e íntimas da dança, da música de câmara, da etiqueta, da elaboração de cartas e da sedução. A arquitetura que dava suporte à decoração se tornou mais simples. Os cômodos passaram a ser mais retangulares, possivelmente com as quinas arredondadas, pintados em branco marfim ou em tons pastel, carecendo de pilares e pilastras e tendo as mais simples molduras, para não depreciar os arabescos dourados com os quais seriam cobertos. Foi nesse período que o termo 'janela francesa' surgiu para descrever as modernas janelas atenuadas que frequentemente se estendiam do piso ao teto. Espelhos já haviam sido usados para abrilhantar o efeito em grandes salões, tal como na Galeria dos Espelhos de Versalhes de Luís XIV (1678–1684; fig. 279), uma sala em abóbada de berço com um teto ricamente pintado, cuja arcada de dezessete janelas em um lado foi combinada com uma arcada de dezessete espelhos do outro lado. Em 1695, Fischer von Erlach adicionou uma versão mais delicada da Galeria dos Espelhos — na verdade, uma que quase poderia ser chamada fragilmente a 'Versalhes Vienense' — o Palácio Schönbrunn, em Viena, construído pela rivalidade com Luís XIV. Agora os espelhos

280 | **Germain Boffrand**, *Salon de la Princesse*, Hôtel de Soubise, Paris, 1735–1739

281 | **François Cuvilliés**, *Pavilhão Amalienburg*, Schloss Nymphenburg, Munique, 1734–1739

Algum tempo antes disso, o Duque Max Emmanuel da Bavária descobriu que o anão da corte, François Cuvilliés, tinha talento para a arquitetura, e em 1720 o enviou a Paris para estudar por quatro anos. Ele trabalhou na Munich Residenz, e entre 1734 e 1739 criou o Amalienburg, o mais conhecido dos quatro pavilhões rococós erigidos nos vastos domínios de Schloss Nymphenburg nos arredores de Munique. Esse pequeno e estiloso *Pavillon de plaisance* (fig. 281), com um exterior disfarçadamente plano e simples, é embelezado com detalhes charmosos, tais como um lance de degraus hemisféricos conduzindo à varanda curva projetada sob um frontão em forma de proa, os cantos esculpidos para torná-los côncavos, e os leves frontões em formato de laço elegantemente elevados.

Internamente, um salão central circular, com cerca de doze metros de diâmetro, curvado da mesma forma que na fachada frontal, é guarnecido de ambos os lados com os serviços necessários, aposentos de dormir e sala de armas. O salão, em azul pálido lavado como a primeira manhã da criação, é uma sala com espelhos com topos ovalados. Estes alternam com as janelas e portas e são dispostos levemente em ângulos para reverberar a frivolidade de verão das decorações. Ornamentos em estuque prateado recobrem as paredes em ventiladas cenas de vegetações, instrumentos musicais, cornucópias e conchas; borboletas surgem das folhas salpicadas de sol, e gramas tremulam em torno da cornija do telhado, enquanto pássaros voam abrindo caminho em direção ao paraíso azul.

## 16    **Profetas da Elegância:** Classicismo Romântico

O Barroco e o Rococó terminaram de forma abrupta em meados do século XVIII. Como regra, uma fase artística que sobrevive a sua utilidade ou relevância extingue-se durante um período de várias décadas. É muito estranho que essa tenha se consumido tão repentinamente. Com impérios mais sóbrios e ponderados assumindo o poder político de então, a Europa retornou a uma arquitetura clássica mais sóbria e serena.

Houve várias razões para isso. Por um lado, a atmosfera alterada da Europa do início do século XVIII, que culminou com a Revolução Francesa de 1789, que parece ter levado os arquitetos e seus clientes a buscar mais permanência e autoridade em seus edifícios do que o Barroco poderia proporcionar. Por outro, o Barroco havia sido adotado apenas em alguns países; e, com a alternância no equilíbrio do poder, a arquitetura preferida por países como a França e a Alemanha protestante agora se consolidava. Mas o fator decisivo na ruptura com o Barroco foi um novo entusiasmo que encontrou expressão no gosto pelo moderno da época.

Esse novo gosto estilístico se expressou pela primeira vez na Inglaterra e na Escócia. Ali, os arquitetos fizeram um retorno pioneiro ao classicismo, não diretamente às antigas formas dos gregos, ou mesmo dos romanos (que viria depois), mas a uma interpretação mais suave de Palladio. Entre 1715 e 1717, um jovem escocês, Colen Campbell (1676–1729), produziu um livro com mais de cem ilustrações de casas na Grã-Bretanha, que ele denominou *Vitruvius Britannicus*, onde exaltava tanto Palladio quando Inigo Jones.

Campbell colocou suas teorias em prática ao construir o Houghton Hall, em Norfolk (1722–1726), para o Primeiro-Ministro Robert Walpole, uma casa típica de Inigo Jones, com um magnífico salão em cubo duplo de doze metros. Ele também construiu um solar em Mereworth, em Kent (1723), que se assemelhava estreitamente à Villa Rotonda de Palladio (*fig. 235*), com um salão central redondo, sem prescindir das duas escadas simétricas palladianas, uma de cada lado. Uma variação similar na temática da Villa Rotonda foi criada por Lorde Burlington quando construiu para si, com a ajuda de William Kent, um solar próximo a Londres — a Casa Chiswick, em 1725 (*figs. 282, 283*).

Richard Boyle, terceiro Conde de Burlington (1694–1753), um dos partidários do partido Whig que subiu ao poder com a ascensão de George I, foi um arquiteto amador, e reuniu um grupo de arquitetos que usavam o trabalho de Palladio como modelo. Com pessoas como Colen Campbell, o jovem pintor William Kent (1685–1748), que conheceu quando estudou em Roma, e o poeta Alexander Pope, Burlington estabeleceu-se como um virtual ditador do bom gosto na Inglaterra até sua morte, em 1753. O estilo palladiano se propagou até mesmo a longínqua Pushkin, na Rússia, onde, em Tsarskoe Selo, um escocês, Charles

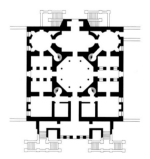

282 | *Casa Chiswick*, Londres, planta baixa do pavimento térreo

283 | **Lorde Burlington** e **William Kent**, *Casa Chiswick*, Londres, 1725

284 | **Charles Cameron**, *Galeria Cameron*, Tsarskoe Selo, Pushkin, Rússia, 1787

Cameron (1746–1812), adicionou uma ala ao palácio imperial construído por um italiano, Bartolomeo Rastrelli (1700–1771) com uma colunata jônica de frente para o parque (*fig. 284*). Sobre outro escocês, James Gibbs (1682–1754), jacobino e católico que havia em certo momento estudado para ser padre e também estudado o Barroco com Carlo Fontana em Roma, se poderia esperar que estivesse em oposição ao sistema político Whig de Burlington. Porém, mesmo a obra de Gibbs nas igrejas de Londres, como St. Martin-in-the-Fields (1721–1726; *fig. 285*), onde combinou um pórtico clássico com um pináculo, nunca é escandalosamente barroca; e na longa, fria e digna simetria da Casa do Senado, na Universidade de Cambridge (1722–1730), ele se mostrou um incomparável sucessor de Wren. É óbvio que o estilo de Gibbs se harmonizava com a elegância palladiana, o que pode ser comprovado por sua popularidade no estrangeiro — na América, onde o palladianismo foi muito imitado, e também na obra do arquiteto australiano e falsário condenado (a quem o país atualmente honra em sua moeda) Francis Greenway, na Igreja de St. James, em Sydney, de 1824 (*fig. 314*).

A Inglaterra nessa época estava passando por uma revolução agrícola que iria transformar a aparência da paisagem rural. Uma importante personalidade nessa transformação foi Thomas Coke, Conde de Leicester, para quem, em 1734, Burlington e Kent construíram o Holkham Hall, em Norfolk (*fig. 286*). A superfície da casa era recoberta em tijolo amarelo, feito localmente, mas, a pedido de Coke, foi adaptado para se assemelhar ao antigo tijolo romano. A casa foi planejada com um bloco central retangular, que exibia uma entrada em pórtico palladiano em frente ao parque dos cervos. Em cada lado do bloco principal, na frente e atrás, conectados por junções curtas, baixas, recuadas, estão dispostos quatro blocos retangulares menores. Como plano, essa disposição representa uma extensão válida das alas de serviço de Palladio, simplesmente repetidas de modo que a testada se volte tanto para trás quanto para a frente. Ainda assim, o vestíbulo de entrada é quase Barroco espacialmente. A casa foi encomendada para exibir a coleção de antiguidades de Coke, e o salão se divide em dois níveis, com uma galeria tipo abside em torno da extremidade interna. Ali é alcançada por uma escadaria enfatizada por uma faixa de carpete vermelho moldado como a cauda de um manto aveludado ou como uma cauda fechada de pavão. Pilares de alabastro de Derbyshire em marrom e branco, inspirados no Templo da Fortuna Virilis em Roma, se elevam desse nível da galeria para sustentar um extraordinário teto côncavo que, ao se transformar na abside em formato de meia concha, reflete de certo modo a curiosa forma da escadaria.

A nova elegância não ficava limitada às casas de campo. John Wood, o velho (1704–1754), e John Wood, o jovem (1728–1781), ambos arquitetos de casas de campo palladianas, descobriram um método para traduzir para as

285 | **James Gibbs**, *St. Martin-in-the-Fields*, Londres, 1721–1726

286 | **Lorde Burlington** e **William Kent**, *Holkham Hall*, Norfolk, 1734

ruas a sofisticação simples do modo palladiano de construir. Nenhuma versão posterior, nem mesmo o plano de Charlotte Square de Robert Adam, em Edimburgo (1791–1807), como uma fachada palaciana unificada, é tão dramática como as ruas que os Woods criaram em Bath. Na pedra branca e dourada de Bath, as testadas das ruas são concebidas como uma fachada palladiana contínua. Um frontão dá ênfase à parte central norte da Queen Square (1729–1736). Ainda mais dramaticamente, um gramado sem obstáculos mergulha abruptamente até as bordas arborizadas a partir da curva elíptica da Royal Crescent (1767–1775; ver p. 6).

O modo magistral em que os Woods desenvolveram essa nova e elegante face do planejamento com qualidade pode ser visto na justaposição de uma pilastra palladiana contra a testada de uma sacada em Bath e observado nas proporções e nas ênfases horizontais traduzidas de um para outro. O que ocorreu foi que a pilastra se estendeu lateralmente em ambas as direções, para formar a rua, de modo que o plinto e a base se tornam o piso térreo, algumas vezes com acabamento rústico, o talo da pilastra é repetido como uma colunata, ou na verticalidade estreita e alta das janelas do primeiro pavimento, e a arquitrave e o friso são combinados nas molduras da cornija, sobre as quais pode ocorrer um frontão ou um ático.

Os membros da escola Burlington foram pioneiros importantes da associação de arquitetura e seu entorno, que iria se converter em parte do movimento Romântico. Deve-se a William Kent o início do movimento paisagístico inglês do século XVIII — a paisagem da 'natureza controlada'. Kent, na frase do filho do Primeiro-Ministro Horace Walpole, 'pulou a cerca e descobriu que toda a natureza era um jardim'.

Essa nova preocupação conduziu a uma total reversão da relação barroca entre o interior e o exterior, que pode ser vista na França. Se olharmos seus famosos jardins, como os projetados por André Le Nôtre (1613–1700) para Vaux-le-Vicomte (*fig. 287*) e para Versalhes, percebemos o quão cuidadoso e geometricamente organizado se dava seu manejo — moitas podadas definindo os jardins ornamentais; longas aleias de árvores conduzindo a espelhos d'água geometricamente definidos; caminhos diagonais levando a fontes ou moitas de arbustos. Ademais, os interiores de Versalhes e Vaux-le-Vicomte possuem o calor aconchegante e o estímulo das abóbadas decoradas e cornijas entalhadas. Em total contraste, as casas de campo inglesas do século XVIII possuem interiores serenos, enquanto, lá fora, a natureza pode se arremessar ou se largar sobre as colinas; caminhos, riachos e lagos têm permissão para se curvar ou fluir em linha reta; as árvores, para crescer tanto quanto queiram. Kent foi seguido por Charles Bridgeman (*m.*1738), a quem se credita outra grande inovação inglesa: o método no qual toda a paisagem, tão longe

287 | *Castelo de Vaux-le-Vicomte*, França, 1657, jardins projetados por **André Le Nôtre**

quanto o olhar pudesse alcançar, se tornava parte da propriedade: ele substituiu as cercas que separavam os jardins das pastagens do entorno por trincheiras cavadas designadas *ha-has*, que mantinham o gado do lado de fora, mas eram imperceptíveis da varanda ou da janela dos aposentos íntimos. O jardineiro mais celebrado foi Lancelot Brown (1716–1783), apelidado 'Capability Brown', porque sempre se entusiasmava com as 'aptidões' de um sítio. O plantio de árvores era uma arte na qual se superava. Sua habilidade singular de juntar ou espalhar grupos de árvores é hoje menosprezada como uma feição característica do paisagismo inglês. Tão extensa foi a obra de Brown que um proprietário de terras disse que esperava morrer antes dele, pois desejava ver como o paraíso era antes que Capability o 'aprimorasse'.

A interação entre a casa e o jardim deu um passo à frente com o que veio a ser conhecido como movimento Pitoresco, durante o qual o jardim ganhou beleza com aprazíveis elementos arquitetônicos — pontes, templos e grutas. O jardim de Bridgeman para a casa que o arquiteto escocês Robert Adam remodelou em Stowe, em Buckingham (1771–), agora uma escola pública, é um tesouro arquitetônico, uma coleção de templos e pontes clássicas desenhados pelos mais renomados profissionais — Vanbrugh, Gibbs, Kent, Capability Brown. Há até mesmo uma cópia da ponte palladiana de Roger Morris da

288 | **Henry** e **Richard Hoare**, jardins em Stourhead, Wiltshire, anos 1720

222

289 | **Jacques Germain Soufflot**, *Panteão*, Paris, 1755–1792

Casa Wilton, disposta sobre uma série de arcos graciosos. Colen Campbell fez projetos para uma casa palladiana em Stourhead, Wiltshire, para o banqueiro Henry Hoare nos anos 1720. Quanto Hoare e seu filho Michael decidiram então fazer o jardim complementar (fig. 288), eles representaram o vale a oeste da cidadela e, inspirados pela *Eneida* de Virgílio, dispuseram-no como uma alegoria da passagem do homem pela vida. O percurso idílico sugere, alternativamente, uma passagem através dos Campos Elísios ao visitante que vagueia em torno do lago triangular por bosques e lírios-d'água flutuantes, por grutas verdes e úmidas e templos extraordinários, entre hortênsias rosa, azuis e malva e sobre pontes cujas curvas são refletidas na água.

A esse cenário idílico e esmerado deu-se uma nova — e mais séria — dimensão pela influência de estudos tanto artísticos quanto literários. O primeiro desses estudos foi realizado por um amante de arqueologia e da arquitetura, o Abade Laugier (1713–1769). Em sua busca por autoridade, ele reconsiderou o desenho básico da cabana primitiva, quando a arquitetura consistia em postes verticais, vigamentos e telhados inclinados, a gênese do templo grego. Ele afirmava em seu *Essai sur l'architecture*, de 1753, que assim a arquitetura deveria ser idealmente, com paredes lisas não articuladas por pilastras, frontões, pavimentos áticos adicionais, cúpulas ou decorações de qualquer tipo. A primeira pessoa que traduziu e concretizou as teorias de Laugier foi Jacques-Germain Soufflot (1713–1780), que construiu a igreja de Ste. Geneviève, em Paris, em 1755, secularizada durante a Revolução e renomeada o Panteão (fig. 289). Embora ele tenha feito uso de uma cúpula inspirada na Catedral de St. Paul, sustentou-a inteiramente sobre pilares, agrupados por entablamentos retos, exceto pelos quatro cantos, onde ele se apropriou da estrutura gótica e introduziu quatro píeres triangulares, com colunas se elevando contra eles. Sua intenção de que a luz deveria passar livremente através do edifício se frustrou na Revolução, quando as janelas foram vedadas para uso como edifício secular.

Cinco anos depois do tratado do Abade, Julien David Le Roy produziu o seu *Ruines des plus beaux monuments de la Grèce*; mas sua obra foi superada em 1762 pelo primeiro volume do trabalho definitivamente abrangente e erudito *The Antiquities of Athens*, de James Stuart e Nicholas Revett, escrito depois que o filósofo inglês Lorde Shaftesbury persuadiu os dois homens a visitarem Atenas nos anos 1750. Em 1764, na Alemanha, J. J. Winckelmann publicou sua história da arte antiga. Winckelmann nunca havia ido à Grécia, mas a primeira frase de suas *Reflections* nos diz claramente onde sua lealdade habita: 'O bom gosto, que está se espalhando mais e mais pelo mundo, foi inicialmente formado sob os céus gregos.' Acreditava que os arquitetos deveriam se empenhar nas qualidades demonstradas pelos gregos — nobre simplicidade, calma grandiosidade e precisão de linhas.

Foi, em outras palavras, um movimento arquitetônico que somente poderia ser explicado em termos literários, assim como artísticos. Provavelmente, também influentes eram os pintores e escultores populares na época, que gostavam de combinar arquitetura, usualmente com um caráter de antiguidade ou ruína, com as perspectivas 'sublimes' da

290 | **Robert Adam**, *Casa Syon*, Londres, 1762–1769, vestíbulo

natureza. As pinturas de Claude Lorrain e Salvator Rosa foram avidamente compradas e trazidas para casa como lembranças do Grand Tour, que formava parte da educação de jovens cavalheiros. Ao mesmo tempo, uma torrente de livros, tratados, croquis, pinturas e esculturas, similar ao fluxo que acompanhou as experimentações dos arquitetos do início da Renascença, jorrou através da França, Alemanha, Inglaterra e Itália nos anos 1750 e 1760. Foram, em parte, esses trabalhos, no âmbito da cambiante atmosfera política, social e emocional, que aceleraram o fracasso do Barroco. O outro fator crucial foi o novo interesse pela arqueologia (nesse estágio, nem ainda uma ciência) e, em particular, pela exploração das ruínas, primeiro de Roma e depois da Grécia, que eram pela primeira vez abertas aos cavalheiros europeus.

Na segunda metade do século XVIII, em resumo, a arquitetura clássica em voga influenciada por Palladio e Inigo Jones foi suplantada por um neoclassicismo mais rigoroso e erudito. O arquiteto proeminente e dominante na Grã-Bretanha foi Robert Adam (1728–1792).

Adam fez o Grand Tour nos anos de 1750. Em Roma, ele conheceu o célebre gravador de água-forte Giovanni Battista Piranese (1720–1778), cujas dramáticas cenas das ruínas romanas antigas e a esqualidez da prisão transmitiam uma imagem de Roma que muito definiu as percepções europeias. O trabalho de Piranesi foi impulsionado por meio de sua amizade com Adam, que incluiu paisagens rústicas em seus esboços de projeto e um detalhado estudo do Palácio de Diocleciano em Spalato, publicado em 1764. Depois de viver por um tempo com Piranesi em Roma, retornou à Inglaterra para projetar, algumas vezes usando temas dos estilos clássicos gregos e 'etruscos', os interiores de uma série de casas de campo, e produziu alguns dos mais refinados terraços planejados de Londres e da Nova Cidade de Edimburgo. Foi também um próspero fornecedor de móveis e acessórios.

A grande invenção de Adam, inspirada no Palácio de Diocleciano em Spalato, foi sua própria versão da decoração etrusca. Trabalhando com seu irmão James, ele estabeleceu um vocabulário de decoração de interiores que se tornou enormemente influente. Depois dos anos 1770, raramente havia uma residência que não tivesse uma sala etrusca. As figuras brancas, as urnas e as guirlandas em baixo-relevo contra um fundo pastel, tal qual Josiah Wedgwood adotou para as cerâmicas que produzia na fábrica do vilarejo que denominou Etruria, em Staffordshire, são um microcosmo da obra prolífica de Adam em mobiliário, frisos de parede, cornijas de lareiras, bandeiras sobre portas e os mais belos tetos com delicados relevos, muitas vezes na forma de margarida central e tramas de guirlandas em leque em cada canto.

Seus aposentos romanos exibem cores mais profundas — dourados e mármores em pilares e pisos pretos, verde-escuros e terracotas —, assim como um detalhamento

291 | **Sir** Robert Smirke, *Museu Britânico*, Londres, 1823–1847

fortemente masculino, como sua artimanha de dissimular uma abside ou uma alcova rasa com pilares maciços. As colunas de mármore em torno das paredes da antessala da Casa Syon, em Londres, um edifício jacobino reformado (1762–1769; *fig. 290*), foram originais romanos dragados de dentro do rio Tibre para sustentar a cornija decorada com figuras gregas douradas.

Ao final do século XVIII e nos primeiros anos do século XIX, Edimburgo havia se tornado uma colmeia da indústria arquitetônica e se apropriado do estilo do renascimento grego em sua forma mais exata, ganhando o apelido de 'a Atenas do Norte'. Parte do Parthenon foi construída no Monte Calton, no final da Princes Street, como um monumento nacional. Thomas Hamilton (1784–1858) reforçou sua reputação quando construiu sua Greek Royal High School (então prevista como o Edifício da Assembleia Escocesa, quando a Escócia obtivesse sua devolução) em 1825–1829. Mais tarde, em Glasgow, as igrejas de Alexander Thomson (1817–1875) eram tão literais ao estilo do Renascimento grego que ficou conhecido como Grego Thomson.

Em outras partes da Grã-Bretanha, o Museu Britânico por *Sir* Robert Smirke (1780–1867), iniciado em 1823 (*fig. 291*), a Casa de Alfândega em Dublin (1781–1791) por James Gandon (1743–1823), a National Gallery em Trafalgar Square, em Londres (1833–1838) por William Wilkins (1778–1839), o arco jônico triplo na Hyde Park Corner (1825) por Decimus

Burton (1800–1881) e muitos outros edifícios públicos formais fizeram parte do movimento renascentista grego iniciado por Robert Adam e *Sir* William Chambers (1723–1796), que desde 1760 foram arquitetos associados dos Trabalhos para George III. Chambers foi o mais célebre acadêmico de seus dias. Na Casa Somerset na Strand, em Londres (1776–1786), com seu pensamento limitado impondo fachadas neopalladianas em torno dos quatro lados do pátio, ele estabeleceu o estilo neoclássico para os edifícios governamentais na Inglaterra.

Mas tamanha pureza exata não poderia perdurar. Os arquitetos necessitavam de mais diversão e liberdade. Até *Sir* William Chambers foi levado pela obsessão romântica com ruínas e extravagâncias. Quando projetou um mausoléu para Frederico, Príncipe de Gales, em Roma, fez dois desenhos meticulosos, um do edifício acabado, o outro do edifício como uma ruína, sua beleza realçada pela devastação do tempo. Ele publicou um livro sobre arquitetura chinesa (1757), e seu pagode nos Kew Gardens (1761) é o único sobrevivente da fantasia Rococó de templos clássicos, teatros romanos, mesquitas, alambras mouras e catedrais góticas construídas nos jardins durante a moda do 'Pitoresco' da época.

Quanto a John Nash (1752–1835), ele foi preparado para direcionar sua fértil imaginação e senso de humor a qualquer estilo do passado. Traduziu o pitoresco das propriedades rurais para a cidade em seus terraços neoclássicos em torno do Regent's Park, em Londres (iniciado em 1812; *fig. 292*), produzindo fachadas contínuas que eram tão

292 | **John Nash**, *Cumberland Terrace*, Regent's Park, Londres, 1826–1827

293 | **John Nash**, *Pavilhão Real*, Brighton, 1815–1821, Salão de Banquetes

impressionantes como as que os Wood haviam realizado em Bath, e como Adam, William Playfair (1790–1857) e outros haviam feito na nova cidade de Edimburgo. Antecipou ainda as cidades jardins com seus planos para palacetes introspectivos no entorno do parque, cada qual privativo em sua própria vegetação, mas todos dominando o parque. Construiu o gótico em Devon, o italiano em Shropshire e uma cabana em sapê no estilo inglês antigo em Blaise Hamlet, perto de Bristol. Entre 1815 e 1821, remodelou em estilo chinês-hindu um pavilhão palladiano construído em Brighton para o Príncipe Regente por Henry Holland (1745–1806) nos anos 1780. Enfeitou a simetria clássica da fachada principal com arcadas mouras, e criou uma paisagem que é um parque de diversões de cúpulas e minaretes de cobre verde. No interior, a vulgaridade das extravagâncias rivaliza com excepcionais habilidades artesanais em uma série de cômodos individuais (*fig. 293*), tudo internacionalmente eclético, a novidade se estendendo até mesmo à cozinha com pilares no formato de palmeiras — feitos no novo material, o ferro fundido.

Esse período tardio pode ser descrito variavelmente como Pitoresco, como neoclássico ou como o título escolhido para este capítulo — classicismo romântico —, que é uma combinação dos dois. Mas termina com uma nota distintamente romântica. A popularidade do antigo e do pitoresco, que podemos remeter aos esboços de Piranesi, havia posto tamanho rótulo nas ruínas melodramáticas — as 'torres cobertas por hera' — que homens com mais dinheiro que bom senso as estavam construindo realmente. Um exemplo surpreendente desse gênero foi a Abadia de Fonthill, em Wiltshire, projetada para William Beckford por James Wyatt (1747–1813), um rival dos irmãos Adam, em 1796. Foi uma casa de campo disfarçada de mosteiro medieval em uma planta cruzada atenuada, suas longas alas abrigando, aparentemente, a igreja e várias ordens monásticas, parcialmente em ruínas. Sua alta torre poligonal gótica imitou as falsas ruínas ao colapsar realmente em 1807, e o resto desde então se juntou à torre como ruínas de fato. Porém, mesmo antes de Fonthill, Horace Walpole havia promovido o neogótico como um estilo de casa de campo quando goticizou e ampliou o Strawberry Hill de Twickenham, em Middlesex (1748–1777; *fig. 294*). Claramente, ele se jogou entusiasticamente no que chamou de 'caprichoso ar de novidade' no elaborado

294 | **Horace Walpole**, *Strawberry Hill*, Twickenham, Londres, 1748–1777

detalhe interno gótico de seu gabinete Holbein, por exemplo.

Como ocorre com frequência, um país define o padrão do desenvolvimento da arquitetura em um momento específico no tempo. Visivelmente, esse era o momento da Grã-Bretanha. Mas devemos olhar agora o que estava acontecendo no continente nesse mesmo momento. O contemporâneo de Kent na França era Ange-Jacques Gabriel (1698–1782), que sucedeu seu pai como arquiteto chefe real em 1742. Um homem coerente, manteve sua simetria e compostura clássica inalteradas até o fim. O mesmo não pode ser dito de seu sucessor, Richard Mique (1728–1794), cujas estruturas nos jardins do Le Petit Trianon, em Versalhes, representam a infestação do romanticismo inglês para produzir o que os franceses designaram *folies*. Ali ele construiu um delicioso pequeno templo, chamado o Templo do Amor (1778; *fig. 295*), envolvido com vegetação pendente, que deve algo à Grécia, à Roma e à Inglaterra. Ele construiu uma cidadela camponesa artificial chamada Le Hameau, onde a caprichosa Maria Antonieta brincava de ser uma garota camponesa e vinha ordenhar as cabras de tempos em tempos. Mique foi somente um de uma prolífica geração de arquitetos nascidos entre 1725 e 1750. Os mais conhecidos são Claude-Nicolas Ledoux (1736–1806) e Étienne-Louis Boullée (1728–1799), cujas obras possuem uma grandiosidade quase fantástica. No caso de Boullée, muito pouco foi além da prancheta. Ele é mais lembrado pelo desenho de um monumento ao astrônomo Isaac Newton, uma enorme esfera disposta em uma base circular dupla, que demonstra o desejo de explorar o uso de figuras geométricas de grandes dimensões.

Exemplos da obra de Ledoux, por outro lado, sobreviveram. Ele construiu um anel de quarenta e cinco casas de alfândega no entorno de Paris, todas com diferentes plantas e elevações, e basicamente no estilo clássico; apenas quatro delas continuam em pé, das quais a melhor é provavelmente La Barrière de la Villette (1785–1789). Como arquiteto do rei, quase foi guilhotinado, e muitas das

295 | **Richard Mique**, *Templo do Amor*, Le Petit Trianon, Versalhes, 1778

suas casas de pedágio foram destruídas na Revolução. Antes disso, em fins da década de 1770, construiu um teatro renascentista grego em Besançon. Mas um de seus mais interessantes ensaios foi um exemplo primitivo de arquitetura industrial, uma cidade para operários de substâncias químicas em uma mina de sal, La Saline de Chaux, em Arc-et-Senans, no rio Loue, próximo a Besançon, iniciado em 1775. Pouco existe hoje; a entrada é marcada por uma fileira de pesadas e brutas colunas dóricas, troncudas e apoiadas no solo sem qualquer base, enquanto atrás fica uma gruta romântica com nichos arredondados, nos quais pousam urnas em pedra entalhada que derramam água mineral.

As colunas de Ledoux refletem uma controvérsia intensificada na época sobre como as colunas gregas realmente deviam aparentar. Os dois aspectos distintivos do neoclassicismo nessa época seriam as longas colunatas e as colunas clássicas gigantes, cujas proporções deveriam ter sido aquelas da Grécia antiga. Foi um grande choque para os classicistas e antiquários descobrir que a verdadeira ordem dórica havia sido relativamente baixa e troncuda, e, o mais chocante, não possuía uma base. O que sempre havia sido retratado como o dórico grego — uma versão mais alta, mais delgada — era na verdade o dórico romano, quando estriado, e a mais antiga forma romana, o dórico toscano, se não estriado. Indubitavelmente, é bom que os puristas tenham sido poupados do conhecimento que possuímos hoje de que os templos gregos primitivos eram decorados com cores vívidas. Os edifícios neoclássicos são bem pálidos.

As edificações mais eminentes no estilo neoclássico extremo, exibindo claramente o uso de colunatas e colunas antigas, são as encontradas na Alemanha. Friedrich Gilly, que morreu de tuberculose em 1800, deixou apenas desenhos. Mas a dignidade e qualidade de seus projetos para um memorial a Frederico, o Grande, e o projeto mais original, menos clássico formalmente para um teatro nacional em Berlim, nos fazem lastimar que tenha desperdiçado parte de sua curta vida estudando castelos de cavaleiros medievais na Prússia. Seu pupilo Karl Friedrich Schinkel (1781–1841) teve mais a oferecer ao mundo, pois transpôs vários estilos e diversas eras. Ele também teve seu lado romântico: como pintor e cenógrafo, produziu um palácio neoegípcio particularmente memorável para a Rainha da Noite em uma produção da ópera de Mozart, *A Flauta Mágica*, em 1815. Estendeu sua dívida clássica a Gilly ao aprender com Ledoux e Boullée, quando, em 1803, viajou a Paris e à Itália. Mas seus olhos não se viraram para trás somente; ele olhou com aguçado interesse para a nova produção da Revolução Industrial — as fábricas e máquinas que abrigavam — e para os novos materiais que surgiam — ferro fundido, papel machê, zinco. Os dois edifícios mais conhecidos de Schinkel, o Schauspielhaus (1819–1821) e o Altes Museum (1823–1830; *fig. 296*), em Berlim, são ambos no impecável idioma grego. Mas há algo mais do que apenas a fria precisão em seu trabalho, e algo quase encantador em relação à longa e baixa colunata do Altes Museum.

Temos que reconhecer, porém, que, como na Inglaterra, os mesmos arquitetos cuja obra exemplificava o renascimento clássico foram no mais das vezes igualmente eficazes ao trabalhar com a linguagem romântica. Na França, Ange-Jacques Gabriel construiu, nos domínios do Palácio de Versalhes, um dos primeiros edifícios totalmente neoclássicos (e ao mesmo tempo altamente romântico), o Le Petit Trianon (1762–1768; *fig. 297*). Uma pequena casa cúbica em calcário pastel e mármore rosa, com um efeito de arcada longa sobre a fachada frontal, foi construída para

296 | **Karl Schinkel**, *Altes Museum*
Berlim, 1823–1830

297 | **Ange-Jacques Gabriel**, *Le Petit Trianon*, Versalhes, 1762–1768

Luís XV e posteriormente alterada para Maria Antonieta. A vida produtiva de Gabriel não foi longa o suficiente para que completasse dois projetos urbanos, com vinte anos de diferença, a Place de la Bourse, em Bordeaux, e a Place de la Concorde, em Paris, ambas inspiradas na colunata do Louvre. A Place de la Bourse (antes Place Royale), que construiu entre 1731 e 1755, possuía colunas jônicas e telhados franceses altos, enquanto a Place de la Concorde (1753–1765) exibe em contraste as duas mais típicas características do renascimento clássico: colunas coríntias gigantes e longas balaustradas.

Foi em muitos sentidos um período muito literário, no qual os escritores filosóficos e intelectuais da época exerceram uma importante influência nos movimentos artísticos, assim como nos grandes movimentos políticos que estavam mudando a face do mundo — como a Revolução Francesa e o surgimento das colônias americanas. Mas talvez seja apenas essa combinação de racionalismo e classicismo estrito com a fantasia, a elegância e a adoração à natureza e à beleza que torna esse período tão fascinante, e que explica por que o uso do rótulo 'classicismo romântico' é apropriado.

**Dos Pioneiros à Ordem Estabelecida:** Américas e Além

Durante os séculos que acabamos de discutir, a Europa voltava sua atenção apenas para o que estava acontecendo dentro de seus próprios confins iluminados e vitais. Contudo, as escavações arqueológicas, as explorações e o trabalho missionário, todos atuavam no sentido de abrir novos territórios até então desconhecidos. Agora, o mundo alargado reivindica sua contribuição própria ao nosso tema.

Tratamos aqui não simplesmente de viajantes europeus mergulhados em fragmentos de detalhes estrangeiros com os quais toparam em suas viagens, da mesma forma que um artista hoje pode passar férias na África, no México ou nos Andes para absorver a arte popular de uma cultura estrangeira e enriquecer seu próprio trabalho com novos temas e esquemas de cores. Esse tipo de interação realmente existiu. A precoce associação entre a América do Sul e Espanha e Portugal conduziu à importação, após 1500, de detalhes indígenas americanos para a arquitetura europeia, com efeitos notáveis na decoração do Plateresco e do Churrigueresco, da Espanha e Portugal. Mais uma vez, durante os séculos XVIII e XIX estava em voga entre os românticos da Europa tudo o que era relativo à China. Na arquitetura, isso aparece na construção de alegorias de grandiosos jardins, pagodes e pontes — nada muito sério. E a moda pela *chinoiserie*, uma delicada decoração de superfícies de paredes e mobiliário e porcelana, cujos temas foram extraídos de artefatos chineses (de qualquer período), era evidente no interior das residências. Suas aplicações são claramente tão rococós quanto as ninfas 'etruscas' gregas de Adam. Qualquer casa de campo com alguma pretensão de estar na moda tinha que ter uma sala chinesa.

Esse tipo de interação não era mais que uma insignificante apropriação. A história era outra nos locais onde os europeus estabeleciam colônias, ou onde a atividade missionária incorporava áreas do âmbito da esfera e responsabilidade de um país europeu. Para os ingleses na América, os assentamentos nas costas ocidentais formaram sua descendência, enquanto o Canadá, partes da Flórida e a Louisiana devem sua existência à França. Também havia assentamentos espanhóis na Flórida, e a América do Sul ia sendo explorada tanto pela Espanha quanto por Portugal. As missões espanholas, em sua maioria originalmente franciscanas, e posteriormente dominicanas e jesuítas, abriram caminho através da América do Sul, subindo até a costa oeste da Califórnia e por fim cruzando ao Novo México, deixando para trás charmosas igrejas de adobe caiado, com campanários em suas empenas, e edifícios missionários com pátios internos que escondiam um jardim, um cemitério para os frades e uma fonte ou poço para o suprimento de água do vilarejo. O mosteiro da ordem mercedária em Quito, de 1630 (fig. 299), com sua *loggia* em dois pavimentos em torno do pátio ajardinado, exibe uma forma mais sofisticada. Contudo, nem todos os colonizadores foram para o oeste. A Índia e a

298 | **Thomas Jefferson**, **William Thornton** e **Benjamin Latrobe**, *Universidade de Virgínia*, Charlottesville, Virgínia, 1817–1826

299 | *Mosteiro Mercedário*, Quito, Equador, 1630

Indonésia estavam estabelecidas, convertidas e exploradas pelos ingleses, holandeses e portugueses. A Austrália ainda iria entrar nesse cenário.

O estilo arquitetônico adotado nas colônias foi inicialmente uma versão primitiva daquela do país que exercia a paternidade no momento da colonização. Pouco a pouco, adaptações pragmáticas devido às condições climáticas, à disponibilidade de materiais locais e às habilidades dos artesãos combinaram-se para produzir uma versão que abriu caminho para a legitimação daquele país em particular por seu próprio mérito. No Brasil, onde a arte era primitiva e não havia a tradição da construção em pedra, o estilo arquitetônico tendia a ser uma importação direta de Portugal. Em outras áreas, tais como o Novo México, a tradição nativa do adobe indígena foi a vencedora.

Em Santa Fé, no Novo México, posto avançado do império espanhol ao final da Trilha, a rota a sul e oeste desde o Missouri antes que as estradas de ferro fossem construídas, a altura das construções ainda hoje é estritamente controlada. Não há nada que diferencie a idade e eminência do Palácio do Governador (1610–1614; *fig. 300*), nos arredores da praça principal, de seus edifícios vizinhos. As casas, os edifícios governamentais e as igrejas, todos tendem a ser construídos com o tijolo de adobe indígena, com as janelas e portas modeladas em curvas que são típicas do material, seus telhados em caibros de madeira frequentemente cobertos por uma esbelta árvore local, o *palo verde*. O Palácio é um edifício comprido, baixo, com um pavimento e *loggia* em madeira ao longo de sua fachada, sob a proteção do qual indígenas das reservas próximas espalham tapetes, cestarias e joias para vender aos turistas. Em contraste, um característico sabor francês é explicitado no plano ortogonal de Nova Orleans e nas galerias com colunas das úmidas cidades da Louisiana, como Parlange, Paróquia de Pointe Coupee, de 1750.

Contudo, foi nas igrejas do México e do Peru, alguns dos primeiros edifícios coloniais ainda existentes, que pela primeira vez surgiu uma combinação de tradições e talentos dos colonizadores com os dos nativos. Junto a seu lema, 'Por Cristo e ouro' (um eco do 'Por Cristo e lucro' que um mercador florentino da Renascença escreveu na capa de seu livro de contabilidade), os conquistadores trouxeram consigo sua forma de Barroco ricamente decorado. Uma vez que as igrejas eram construídas com mão de obra local, surgiam embelezamentos posteriores cujas origens remetiam às artes e temas dos astecas e incas, uma vez que esses dois povos indígenas dominavam com maestria a construção em pedra, a escultura e trabalhos em metal, excedendo amplamente a de seus conquistadores espanhóis.

A Capela dos Três Reis (1718–1737), por Jerónimo de Balbás (*c.*1680–1748), e o Sagrario (Capela do Sacramento) anexo da catedral, na Cidade do México, são exuberantemente incrustados com ornamentação Churrigueresca, mais do que qualquer outro modelo espanhol, e são ainda

300 | *Palácio do Governador*, Santa Fé, Novo México, 1610-1614

301 | *Catedral Metropolitana*, Cidade do México, 1563-, altar e retábulos

302 | *São Francisco*, Bahia (Salvador), Brasil, 1701–, altar principal

303 | *Catedral de Santo Domingo*, República Dominicana, 1521–1541

mais impressionantes pelo revestimento em ouro utilizado. As modelagens foram posteriormente serrilhadas pela proliferação de um detalhe típico do Novo Mundo — o *estípite*, ou pilastra partida (fig. 301). A catedral, construída de 1563 em diante por uma série de arquitetos, substituiu uma estrutura primitiva que os conquistadores haviam construído para obliterar a memória do templo asteca que um dia fora erigido no mesmo local. A testada oeste neoclássica, com suas torres gêmeas em pedra calcária castanho-amarelada, foi adicionada por José Damián Ortiz em 1786, e a cúpula e lanterna por Manuel Tolsá (1757–1816) bem depois, no século XIX. A catedral em Zacatecas, México (1729–1752), apresenta um detalhamento Churrigueresco similar, assemelhando-se a liquens e formas vegetais recobrindo inteiramente a fachada e as torres.

A igreja de São Francisco na Bahia (agora Salvador), na costa brasileira, é posterior às duas catedrais mexicanas, já que fora iniciada em 1701, mas ainda traz as formas astecas e barrocas na madeira e no gesso dourados (fig. 302). A catedral do século XVII da antiga cidade inca de Cuzco, no Peru, em contraste, opta, como seu aspecto espanhol, pelo severo classicismo do Escorial de Filipe II, porém com uma fluidez distinta nos pilares delgados que se elevam na testada oeste até um frontão semicircular. De um modo similar, a ideia original para a igreja jesuíta na mesma cidade, a Compañía (1651–), pode ser originária de Il Gesù em Roma, mas incluiu campanários gêmeos, encimados (de uma maneira totalmente não europeia) por pequenas cúpulas, cada uma com quatro minúsculos torreões de canto.

A mais antiga igreja no continente, que se estima tenha sido estabelecida por Cortez e construída em torno de 1521, é a igreja de São Francisco em Tlaxcala, próxima à Cidade do México, em cujos vigamentos foi usada a madeira do cedro local. Há um exemplo do Gótico espanhol tardio, com a fachada oeste no estilo Plateresco de 1521–1541, em Santo Domingo, na República Dominicana (fig. 303). Quase ao mesmo tempo em que a catedral de Santo Domingo era finalizada, outra igreja se erigia na Cidade do México, San Agustin Acolman, que revela detalhes góticos e mouros enxertados em um estilo basicamente espanhol plateresco. Sob o sol brilhante, o ornamento esculpido por artesãos indígenas apresenta-se incrivelmente incisivo. As dificuldades de responder às condições topográficas são bem ilustradas na catedral de Lima, no Peru. As primeiras abóbadas construídas em meados do século XVI eram de pedra — o material que teriam escolhido em sua terra natal. Então, após o primeiro terremoto devastador, tentaram o tijolo. Finalmente, no século XVIII, renderam-se à natureza, utilizando abóbadas em madeira com preenchimentos em bambu e gesso — uma construção substituível no caso de emergências futuras.

304 | *Sagrario*, Ocotlán, México, 1745

305 | **Aleijadinho**, *São Francisco de Assis*, Ouro Preto, Brasil, 1766–

Por volta do século XVIII, quando o Barroco já estava fora de moda na Europa, o Barroco sul-americano havia encontrado sua própria individualidade autossuficiente — uma combinação de ingenuidade e beleza estonteante, exemplificada em duas igrejas bem distintas, o Sagrario, em Ocotlán, e São Francisco de Assis, em Ouro Preto, Brasil. Seu ancestral comum era a fachada adicionada à catedral de Santiago de Compostela, em 1738. Porém, torres muito diferentes foram criadas, com alterações no frontão e na decoração, o que dá às igrejas proporções e perfis bem distintos.

O Sagrario, em Ocotlán, uma igreja de peregrinação de 1745 (fig. 304), construída onde um indígena havia tido uma visão da Virgem Maria, possui como pano de fundo o vívido céu mexicano do lado oposto a uma ampla praça vazia, com variações de edifícios bem mouros em ambos os lados — uma arcada de dois pavimentos com arcos circulares sobre pilares muito finos de um lado e um portal em arco pleno inserido em uma fachada retangular tipo *pishtaq* no lado oposto. Um painel encimado por um arco abatido de estuque entalhado em relevo profundo se eleva por toda a testada oeste entre as duas torres. As torres são em tijolos não vitrificados na parte mais baixa, com textura suave em escamas de peixe, mas na parte superior elas repentinamente emergem em dois torreões brancos redondos, encorpados, ornados em gregas e espinhentos. O interior foi ricamente esculpido por um escultor local, Francisco Miguel.

A Igreja de São Francisco, em Ouro Preto (fig. 305), foi projetada por Antônio Francisco Lisboa (c.1738–1814), mais conhecido por seu apelido Aleijadinho. Em 1766, no distrito de mineração de ouro nas Minas Gerais, ele começou a construir sua singular igreja branca com lintéis e cornijas contrastantes. Suas proporções, os pilares esbeltos em ambos os lados da área de acesso e a cornija ondulante podem sugerir Borromini, mas as duas torres redondas e o frontão extraordinário com asas estiradas são totalmente originais. Ele também esculpiu uma dramática série de estátuas em tamanho real dos profetas sobre a escadaria de acesso à igreja de Congonhas do Campo, construída em 1800, que possui uma presença semelhante à de Bom Jesus, em Braga (fig. 273).

Após tamanha florescência — o exuberante Barroco temperado com a inocência camponesa —, é quase um choque encontrar um estudo de austera simplicidade nas moradias dos pioneiros na costa leste da América do Norte. Os europeus que primeiro aportaram na América do Sul eram conquistadores; os colonizadores pioneiros nos estados da Nova Inglaterra eram peregrinos em busca de liberdade para seus cultos e fuga da escassez e do medo. Seus celeiros espalhados pelos Estados Unidos e Canadá são belas estruturas primitivas em carvalho e sapé ou telha fina em madeira de álamo, que anunciam origens europeias distintas. Eles desenvolveram um tipo diferente de casa em madeira — a estrutura denominada *balloon frame*, que podia facilmente ser erigida por uma comunidade pioneira, com todo o vilarejo trabalhando em mutirão. O princípio era martelar toda a armação de cada lado de uma edificação ainda estirada sobre o solo. Ela era então içada com cordas e posicionada e encaixada entre os pilares de canto que já haviam sido cravados no solo. Os colonizadores estabelecidos e tornados prósperos construíam no clássico estilo georgiano deixado para trás na Inglaterra — porém em madeira, já que no Novo Mundo encontraram pouca pedra ou calcário. Os colonizadores suecos do século XVI trouxeram

306 | *Casa Longfellow*, Cambridge, Massachusetts, 1759

consigo a técnica de cabana em tronco, e por volta de 1649 a primeira madeireira estava em funcionamento. As mais antigas moradias, como a Casa Parson Capen, em Topsfield, Massachusetts, de 1683, projetada por um arquiteto desconhecido, possuíam estruturas em madeira e telhados tipo *shingle* e eram revestidas de tábuas. O pavimento superior projetava-se sobre o inferior como um píer, típico das casas elisabetanas e jacobinas inglesas. As janelas, por outro lado, não eram encaixadas em pedra ou tijolos como no georgiano inglês, mas alinhadas com a parede, de modo mais adequado à madeira. Muitos poucos exemplos ainda resistem em Massachusetts e Connecticut: a Casa Longfellow, em Cambridge (1759; *fig. 306*), representa a tipologia em uma forma tardia, mais elegante. Por volta daquela época, a casa havia se expandido com uma *loggia* ou uma varanda, ou possivelmente sacadas de modo a se poder sentar do lado de fora em dias quentes. As primeiras casas com revestimento em tábuas, pequenas janelas com vitrais e uma chaminé central, atendendo aos cômodos inferiores com lareiras que dividiam a mesma parede de tijolos, enfrentaram com excelência o clima invernal. Agora que a ordem estabelecida permitia maior sossego, maior consideração era voltada às horas de lazer de verão.

As primeiras cidades como Salem, Nantucket e Charleston ainda mantêm charmosas ruas sombreadas com árvores e casas avarandadas alinhadas, cujos arquitetos, infelizmente, quase nunca conhecemos. O telhado pouco inclinado típico era frequentemente aplainado no topo e margeado por uma balaustrada em madeira para formar um terraço conhecido como *captain's walk* (passeio do capitão). Elegantes colunatas palladianas de dois pavimentos com os pilares altos e esbeltos, possibilitados pela madeira, e aleias de grandes árvores eram atributos comuns das casas grandiosas, que, como a casa de uma fazenda de tabaco, a Fazenda Shirley, no rio James, Virgínia, de 1723–1770 (*fig. 307*), frequentemente vislumbravam

307 | *Fazenda Shirley*, Virgínia, 1723–1770

um amplo panorama de parque, em uma terra onde havia espaço de sobra. A casa georgiana de madeira de George Washington, em Mount Vernon, Virgínia (1757–1787), exibe uma galeria sombreada similar. O tijolo era comumente usado na Virgínia, e algumas vezes, como em Mount Pleasant, na Filadélfia (1761), paredes em cascalho eram emboçadas e sulcadas para parecer feitas em pedra, enquanto o tijolo era usado nos cantos.

309 | **Thomas Jefferson**, *Monticello*, Charlottesville, Virgínia, 1770-1796

308 | *College of William and Mary*, Williamsburg, Virgínia, 1695–1702

de baile e os extensos jardins evocam uma vida social sofisticada no Palácio do Governador em Williamsburg (1706–1720).

Na segunda capital da Virgínia, Williamsburg, encontram-se os mais antigos edifícios renascentistas da América do Norte, os do College of William and Mary, (1695–1702; fig. 308), agora inteiramente preservados e restaurados. Eles formam uma instituição de ensino em formato de U, consistindo em salas de aulas ladeadas pelos pavilhões da capela e refeitório, cujos croquis das plantas Wren deve ter elaborado em sua função como Inspetor Real da Inglaterra. Naquela época, as frugais e despretensiosas casas dos pioneiros haviam ficado para trás. William Byrd, por exemplo, importou acessórios ingleses para sua graciosa e ampla casa de tijolos, Westover, no Condado de Charles City, Virgínia (1730–1734). Os salões

Então o classicismo chegou à América por intermédio de Thomas Jefferson (1743–1826), que iria escrever a Declaração da Independência e se tornaria Presidente. Ele havia servido como embaixador em Versalhes, nos tempos em que a França passava pela fase palladiana, incorporada do entusiasmo inglês. Jefferson retornou à América inspirado por Paris, por Palladio e pelas ruínas da Roma antiga, particularmente aquelas em Nîmes, que ele viu nos anos 1780. Já havia construído para si um solar palladiano em Monticello, perto de Charlottesville, Virgínia, em 1770, que muito deveu à Villa Rotonda, e em 1796 fez uso de sua experiência francesa ao remodelá-lo

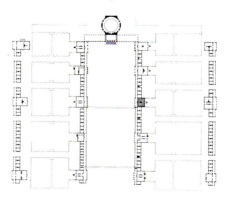

310 | **Thomas Jefferson**, **William Thornton** e **Benjamin Latrobe**, Universidade de Virgínia, Charlottesville, Virgínia, 1817–1826, planta baixa

(*fig. 309*). Possui vãos projetados e cômodos com formas irregulares, tais como os vistos nos *hôtels* parisienses. Eleva-se sobre uma pequena colina vislumbrando as Montanhas Blue Ridge e o local onde mais tarde construiria a Universidade de Virgínia, e é repleto de luz. É maior do que parece à primeira vista, com aposentos domésticos extensos, inclusive adegas e estábulos construídos em um porão. É um baú de tesouros de invenções peculiares — criados-mudos que giram e desaparecem, artefatos para abrir venezianas, camas que podem ser acessadas de dois quartos — que são testemunhos da engenhosidade do homem.

Jefferson, auxiliado por William Thornton (1759–1828) e Benjamin Latrobe (1764–1820), planejou sua 'cidade acadêmica' em Charlottesville (a Universidade de Virgínia), entre 1817 e 1826, como um museu vivo com edifícios clássicos de diferentes dimensões e tipos (figs. 298, 310; também p. 4-5). Na parte mais alta há uma biblioteca inspirada no Panteão e recentemente reconstruída; e então abaixo, em ambos os lados de uma série de gramados suavemente inclinados, encontram-se os edifícios usados tanto como salas de aulas quanto como casas de funcionários. Esse padrão se estabeleceu e se tornou típico do *campus* da universidade americana. Em torno dos gramados situam-se jardins de arbustos perfumados que separam o quadrado principal das casas originalmente construídas para acomodar os serventes escravos dos primeiros estudantes. Esse é somente um pouco menos grandioso do que o plano criado por Pierre Charles L'Enfant (1754–1825) para Washington, a graciosa cidade capital às margens do rio Potomac. A grande Alameda de Washington é pontuada por monumentos que homenageiam as origens americanas, e é disposta em grelha ortogonal atravessada diagonalmente por avenidas que trazem os nomes dos estados para os quais apontam. A Casa Branca palladiana (1792–1829), projetada por um irlandês, James Hoban (1764–1820), com pórticos adicionados por Latrobe, se posiciona altiva nas redondezas da Alameda com um adequado ar de reticência e boa

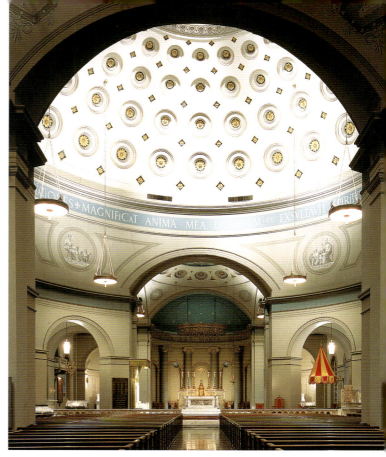

311 | **Benjamin Latrobe**, *Catedral Católica*, Baltimore, 1805–1818

estirpe. Ela não domina Washington, mas reflete sua elegância.

A grelha romana no entorno da praça central, onde se elevavam a igreja e o salão de reuniões da cidade, se tornou típica, um exercício de planejamento derivado da França e da Irlanda, e menos da Inglaterra. A igreja americana característica desse período, tal como Christchurch, em Boston (1723), ou St. Michael, em Charleston (1752–1761), deve muito às igrejas urbanas de Wren e a James Gibbs, particularmente na combinação comum dos pórticos do templo clássico com um pináculo mais gótico. Então Latrobe, na catedral católica de Baltimore de 1805–1818 (fig. 311), criou um espaçoso e abobadado interior, com a primeira cúpula em caixotões da América, adaptando as clássicas influências inglesas e francesas de seu treinamento.

O classicismo havia chegado à América com Jefferson. Nesse ponto, o novo país entrava no rol arquitetônico com uma

312 | **William Thornton**, **Benjamin Latrobe** e **Thomas Ustick Walter**, *Capitólio*, Washington, D.C., 1793–1867

originalidade que já prefigurava o papel mais importante que iria representar nos dois séculos seguintes. Essa originalidade podia ser vista primeiro nos grandiosos edifícios governamentais e de comércio e finanças sobre os quais o classicismo já havia lançado seu poder. O Banco da Filadélfia, de Latrobe (1832–1834), foi um desses exemplos. Então, William Strickland (1787–1854), o William Wilkins americano, não intimidado por um difícil terreno de esquina, realizou sua formidável peça do renascimento grego na Bolsa de Mercadorias da Filadélfia, de 1823–1824. Conferiu à sua abordagem uma elevada dignidade, com uma abside em colunata, e com espetacular economia encimou seu edifício não com uma cúpula, mas com uma simples lanterna tipo *tempietto*, inspirada no monumento corágico de Lisícrates. William Thornton, arquiteto inglês e aficionado por isso, iniciou o Capitólio de Washington em 1793 com uma forma básica do Parthenon. Mas a característica que confere a ele sua mundialmente famosa silhueta, a cúpula em tiara tripla por Thomas Ustick Walter (1804–1888), posiciona esse edifício firmemente no século XIX. Finalizado em 1867, é feito em ferro fundido (fig. 312).

Através do globo, o ferro fundido figurou na intricada traceria de sacadas e corrimãos que iriam se tornar característicos dos subúrbios de Melbourne e Sydney (fig. 313).

Esse representa um uso mais sofisticado do material do que os rústicos telhados em ferro corrugado que são uma característica da casa australiana padrão, principalmente porque respondem tão bem ao clima do verão. Devido ao modo com que os estados venderam aos colonizadores lotes com fachadas frontais estreitas, o desenvolvimento australiano caracteriza-se por uma fileira de caixas estreitas de um pavimento, frequentemente com extensões 'amarradas' na parte posterior, e com sacadas também cobertas em telhas de ferro corrugado, envolvendo tantos lados da casa, quanto o proprietário pudesse pagar. Os edifícios não tão vernaculares e mais pretensiosos, em estilo clássico ou georgiano, geralmente têm menos qualidade que aqueles da América do Norte.

313 | *Parkville*, Melbourne, Austrália

Isso não se aplica aos edifícios públicos para a Nova Gales do Sul, encomendados pelo Governador Lachlan Macquarie a seu ajudante de ordens, Tenente John Watts, e ao arquiteto condenado de York Francis Greenway (1777–1837), que datam de 1815 em diante. Esses incluem a Igreja de St. James, em Sydney (1824; *fig. 314*), com trabalho em tijolo tipicamente cuidadoso de Greenway e um pináculo revestido em cobre. A construção foi iniciada para abrigar as Cortes Judiciais e teve que ser redesenhada pelo resignado arquiteto quando o Comissário do English Home Office cancelou planos de uma catedral em outro local.

A Tasmânia possui alguns dos mais antigos edifícios do continente, com algumas charmosas residências georgianas em Hobart, similares aos terraços de Brighton, Sussex, com vistas para o mar. O clima mediterrâneo de Perth encorajou uma interpretação vitoriana da Renascença italiana. No Edifício do Departamento de Terras (1895–1896) e no Edifício de Escritório de Títulos, na Cathedral Avenue (1897), ambos por George Temple-Poole (1856–934), o tijolo liso vermelho combina com as fileiras de sacadas com colunatas brancas sob largos e protegidos beirais almofadados.

315 | **Charles Wyatt**, *Palácio do Governo*, Calcutá, Índia, 1799–1802

O surgimento de edifícios de comércio e autoridades nos séculos XVIII e XIX, erigidos em estilo neopalladiano ou neoclássico, não se limitou às capitais dos estados australianos. Por todo o império britânico, desde as Índias Ocidentais até a Malásia, erigiram-se pesadamente, tanto no estilo palladiano ou no dórico romano, os edifícios com 'aspecto de Governo' tipificados na Casa do Governo, em Calcutá (1799–1802; *fig. 315*), projetado pelo Capitão Charles Wyatt (1758–1819), sobrinho de James Wyatt, bem como nas igrejas construídas após Gibbs, tais como aquelas de Calcutá e Madras, frequentemente projetadas por soldados-arquitetos.

314 | **Francis Greenway**, *Igreja de St. James*, Sydney, Austrália, 1824

239

# 18   **O Triunfo dos Mestres do Ferro:** Em Busca de um Estilo

Por volta do início do século XIX, a aparente confiança na arquitetura da era da elegância do século precedente havia evaporado. A agitação trazida pela Revolução Francesa de 1789 nunca se apaziguou de fato, e um tipo diferente de sociedade começou a tomar forma. Ao final das guerras napoleônicas, mais especificamente a partir dos anos 1820, as mudanças se tornaram óbvias.

    Iniciava-se a era da incerteza. Foi também o período que testemunhou a emergência de uma nova e poderosa força social — a burguesia. Os burgueses foram os grandes vitoriosos da Revolução Francesa, e sua consequência. O trabalho e o lazer passaram a ser modelados por eles e não mais pelos grandes patronos aristocráticos do século XVIII, e nem, se é que de fato cumpriram algum dia esse papel, pelas classes trabalhadoras em nome das quais se presumia ter ocorrido a revolução. A arquitetura elegante do século XIX foi desenhada para atender às aspirações da classe média.

    Havia outra revolução tão influente quanto a dos franceses, a Revolução Industrial. Foi incubada na Grã-Bretanha, aproximadamente entre 1750 e 1850, embora não fosse vista como uma revolução, mas apenas como uma nova maneira de se fazer as coisas, recebendo essa designação no século XIX.

    Iniciou-se com a exploração de recursos naturais, especialmente água e carvão, encontrando suas primeiras conquistas na Grã-Bretanha, e então se espalhou com uma força inexorável pelo mundo. A população urbana aumentou drasticamente, vilarejos e cidades se multiplicaram em número e tamanho, uma nova sociedade urbana emergiu. A demanda por novos edifícios era maior, como nunca vista antes. Muitas delas, como veremos, não tinham precedentes, sendo projetadas para satisfazer as necessidades e demandas de uma sociedade em transformação.

    Para os arquitetos da moda, o problema central — e frequentemente declarado — era descobrir o estilo apropriado para esse tempo de mudanças. Haviam recebido como herança do século anterior o entendimento e a experiência do classicismo, com toda a clareza de sua linguagem formal. Sobretudo, a arquitetura clássica e a neoclássica expressavam autoridade. Eles necessitavam de autoridade. O rival do sistema clássico era o Gótico. O movimento Romântico da arte e da literatura encontrou nas ascendentes formas atenuadas do estilo Gótico um cenário adequado para a imaginação e o mistério. Havia vários outros estilos, o Renascentista e o Barroco, o chinês, o sarraceno, sobre os quais se descobria mais e mais a cada ano. Porém o Clássico e o Gótico configuravam os principais competidores na Batalha dos Estilos. O Neogótico, em particular, passou pelas fases usuais de crescimento e maturidade — da fantasia superficial a um entendimento mais básico e, daí em diante, para a liberdade da expressão pessoal. Ninguém teve uma influência maior e mais duradoura que o prolífico escritor e crítico John Ruskin (1819–1900), cujo livro *Seven Lamps of Architecture*

316 | **Joseph Paxton**, *Palácio de Cristal*, Londres, 1851, interior

(1849) provavelmente teve mais influência na história do bom gosto do que qualquer outro. Não apenas por sua vigorosa erudição; ele proporcionou a autoridade intelectual que possibilitou ao público sentir que poderia distinguir o bom do ruim, e reconhecer o que estava correto do que estava errado.

Apropriadamente, a mais elegante ilustração do apuro estilístico foi o próprio lugar do fazer legislativo na Grã-Bretanha, as Casas do Parlamento. Em 1834, um incêndio destruiu o Palácio de Westminster, com exceção do Grande Salão. Um concurso para um novo palácio que abrigasse os Lordes e os Comuns foi vencido por Charles Barry (1795–1860) em 1836. Barry foi um expoente talentoso do estilo clássico. Havia criado o próprio símbolo da ascensão do poder político da classe média no Travellers Club (1827) e no Reform Club (1837), em Pall Mall. Ambos traziam um caráter do Italianado. Suas fachadas foram fortemente influentes e, com muitas adaptações, se disseminaram pelos edifícios públicos e comerciais, bem como nos empreendimentos residenciais de meados do século. Internamente, o Reform Club possuía um amplo pátio envidraçado, um protótipo do salão central comum no planejamento monumental posterior do século XIX. Com sua preocupação usual pela modernidade técnica,

317 | **Charles Barry** e **A.W.N. Pugin**, *Casas do Parlamento*, Londres, 1836–1851

Barry instalou uma cozinha a vapor muito avançada para o famoso *chef*, Alexis Soyer.

O problema de Barry nas Casas do Parlamento (*fig. 317*) foi que o governo havia decidido que a nova edificação deveria ser no estilo considerado representante da Inglaterra em sua melhor expressão — o elisabetano ou jacobino. Aquilo iria demandar um conhecimento sobre o Gótico tardio maior do que o que Barry possuía. Ele havia produzido uma planta clássica lógica, que poderia facilmente ter se desdobrado em elevações clássicas. Para torná-las góticas, ele recrutou a maior autoridade viva em Gótico, Augustus Welby Northmore Pugin (1812–1852). Pugin projetou as elevações, os detalhes e os interiores, usando pedra, latão, estuque, papel e vidro com uma tremenda intensidade vital. A Casa dos Comuns foi bombardeada durante a Segunda Guerra Mundial e foi restaurada; a Casa dos Lordes permanece em sua total glória, testemunhando a adaptabilidade e a riqueza do estilo Gótico.

Além das Casas do Parlamento, Pugin projetou várias centenas de igrejas, cinco catedrais e uma quantidade de residências grandiosas, bem como escreveu e publicou os principais trabalhos sobre arquitetura e mobiliário Gótico. Ele sobreviveu a três esposas, inúmeros empreiteiros, e finalmente a si mesmo, morrendo insano aos quarenta anos de idade. Sua influência foi profunda, pois proporcionou o vocabulário do Gótico. Sobretudo, anunciou os dois princípios nos quais a arquitetura deveria se sustentar — que não houvesse aspectos sobre um edifício que não fossem necessários para sua conveniência, sua construção ou sua propriedade; e que o ornamento não devesse ser somente aplicado, mas expressasse a estrutura essencial do edifício. Ele encontrou essas características no Gótico. E, como o Cristianismo, em particular o Catolicismo, foi o modo da salvação, o Gótico ou a arquitetura Apontada possuíam a autoridade máxima. De suas muitas igrejas, a que menos foi alterada, com suas elaboradas cores e mobiliários, é St. Giles, em Cheadle, Staffordshire, construída de 1841 a 1846 (*fig. 318*).

Se Pugin foi o principal teórico do Renascimento Gótico, bem como um projetista prolífico, o homem que criou muito mais edifícios, reconhecendo Pugin como seu mentor, foi George Gilbert Scott (1811–1878), nomeado *Sir* Gilbert pela Rainha Vitória pouco antes de sua morte. Ele projetou diversos edifícios de muitos tipos. No contexto desta história, sua Estação e Hotel St. Pancras em Londres (1865) configuram um episódio revelador. Enquanto as fachadas da estação e do hotel são em estilo Gótico escocês, a gigantesca, alta e larga cobertura da estação de trem na parte posterior, projetada pelo engenheiro W.H. Barlow (1812–1892), configura um dramático contraste, um produto da nova tecnologia.

O estranho é que, embora Pugin, e muitos arquitetos que o seguiram, detestasse o mundo da indústria e reagisse fortemente a ele, o que por fim conduziu ao movimento Arts and Crafts no final do século, seus princípios, em toda sua seriedade e simplicidade, e sua ênfase na função, foram aqueles que seriam

318 | **A.W.N. Pugin**, *St. Giles*, Cheadle, Staffordshire, 1841–1846

319 | **Cuthbert Brodrick**, *Prefeitura de Leeds*, 1853

associados à Revolução Industrial. Será sobre os efeitos dessa revolução que nos debruçaremos agora.

Em sua direção figurava o trabalho dos grandes engenheiros e pesquisadores — Telford, que ao final do século e nas primeiras décadas do seguinte construiu pontes, estradas, canais e igrejas; os Stephensons, que construíram pontes e estradas de ferro; Brunel, que construiu pontes, rodovias, ferrovias e navios. Os edifícios e artefatos da indústria forneceram o conhecimento e a experiência que poderia ser adaptada à arquitetura, que agora crescia a uma taxa sem precedentes. A Doca Albert em Liverpool, por exemplo, projetada por Jesse Hartley (1780–1860) e inaugurada pelo Príncipe Albert em 1845, era um esquema de amplo armazém cobrindo sete acres, com edifícios em estrutura metálica, revestidos de tijolos e descansando em colunas dóricas maciças de ferro fundido, uma das obras-primas da arquitetura industrial. Do outro lado dos Peninos, um jovem arquiteto, Cuthbert Brodrick (1822–1905), vencia o concurso para a Prefeitura de Leeds em 1853, e criava o próprio símbolo de orgulho cívico em uma das novas e ricas cidades industriais (fig. 319). Ele irradiou confiança com sua grandiosa planta retangular e a gigantesca ordem coríntia. Dominando o conjunto havia uma alta torre barroca afrancesada. Poucos anos depois, Brodrick realizou outro gesto simbólico. O Grande Hotel em Scarborough (1863–1867) foi, como seu nome sugere, o mais

grandioso hotel de sua era, espetacularmente localizado na margem de um rio sobre o mar. Foi um sonho da classe média. Utilizava tijolo e terracota e tinha um perfil de telhado original com torres salientes. Foi brilhantemente planejado e utilizou a mais avançada tecnologia de instalações disponível.

Esses edifícios foram selecionados por causa de seu mérito, mas também porque eles representam a demanda por edifícios que antes não haviam existido ou, se existissem, que tivessem representado um papel menor na história da arquitetura. Com a crescente opulência e o aumento da população, a tarefa de criar casas de campo para os novos-ricos e igrejas na cidade para a nova população urbana abasteceu com muito trabalho os arquitetos domésticos ou eclesiásticos. Entretanto, os edifícios que dominaram o século XIX não são tanto esses, mas os clubes, edifícios governamentais, prefeituras, hotéis e uma vasta gama de outros tipos: bancos, escritórios, bibliotecas, museus, galerias, edifícios para exposições, lojas, arcadas, fóruns, prisões, hospitais, escolas, faculdades e os mais óbvios produtos da era industrial — estações ferroviárias, docas, pontes, viadutos, fábricas e armazéns. Veremos alguns desses ocupando a cena arquitetônica em outros países.

Essa configurou a maior mudança. A outra grande mudança foi causada pela Revolução Industrial propriamente dita, principalmente pela transformação da tecnologia da construção. Essa transformação veio na forma de novos materiais construtivos feitos pelo homem, novas técnicas estruturais e novos serviços técnicos. Juntos eles produziram um

320 | **Abraham Darby**, *Ponte de Ferro*, Coalbrookdale, Shropshire, 1777

244

sistema estrutural universal que poderia ser aplicado aos novos tipos de edifícios.

As possibilidades estruturais do ferro foram demonstradas inicialmente em uma escala dramática na Inglaterra de 1777, em Coalbrookdale, pela ponte de ferro que cruzou o rio Severn (*fig. 320*). Em poucos anos, o ferro estava sendo utilizado extensivamente em colunas e armaduras, junto com pisos em tijolos cerâmicos vazados, para gerar uma construção à prova de incêndio para as fábricas. Pelo início do século XIX, esse sistema se desenvolveu em um esqueleto completo interno de escoras e vigas. O esqueleto, que havia sido desde sempre um dos métodos básicos de construção, ressurgia por seu próprio mérito mais uma vez.

As vantagens do ferro sobre a cantaria em termos de economia e força sem volume conduziram à sua adoção em edifícios mais elegantes — igrejas, grandes residências com pátios cobertos, clubes, edifícios públicos. Em 1839, o telhado da Catedral de Chartres foi substituído por um novo telhado em ferro fundido sobre as abóbadas de pedra; e o ferro foi utilizado para os telhados do Novo Palácio de Westminster poucos anos depois. Após os anos 1850, seu uso declinou por um tempo, principalmente por conta de outros materiais preferidos pelos arquitetos e pelo domínio intelectual de Ruskin. Para a massa de edifícios ordinários, no que ficou há pouco tempo conhecido como a tradição Funcional — em pontes, estações de trem, conservatórios, mercados, lojas e escritórios —, o ferro era a opção óbvia.

O ferro — primeiramente, ferro fundido e o ferro forjado (tornado mais flexível e resistente na tensão em resultado de uma invenção patenteada em 1785), e o aço, decorrente da invenção do processo Bessemer em 1856 — prestou-se aos empreendimentos mais notáveis e de grandes proporções. Outros materiais conhecidos em séculos precedentes ganharam nova vida ou novas características. Avanços na manufatura de painéis de vidro na década de 1840, alinhados à redução de impostos e taxas, asseguraram seu uso em larga escala dos anos 1850 em diante. Tijolos, até então produzidos artesanalmente, foram industrializados com novos tipos criados em uma enorme variedade de formatos, padrões e cores. E as habilidades profissionais começaram a mudar, algumas vezes para o desalento de arquitetos e críticos como Ruskin.

A perícia profissional mudou em função da produção de elementos de construção manufaturados e da pré-fabricação. Seguiu-se que as operações no canteiro de obras também se mecanizaram. Isso por si só demandou organizações maiores do que as antigas oficinas podiam suportar; daí o surgimento das grandes empreiteiras. As necessidades da indústria levaram ao desenvolvimento de novas instalações técnicas em aquecimento, ventilação e esgotamento sanitário, que começaram a ser aplicadas na arquitetura doméstica da mesma forma. O aquecimento central, não usado desde o tempo dos romanos, reapareceu no início do século XIX na forma de sistemas de aquecimento a vapor; sistemas de água fria e quente e tubulações sanitárias evoluíram rapidamente na segunda metade do século. A iluminação a gás chegou a Londres em 1809, o que trouxe uma nova dimensão à vida urbana noturna. Em 1801, Volta demonstrou a Napoleão a produção de eletricidade a partir de uma pilha elétrica. Por volta de 1880 a luz elétrica estava disponível para aqueles que podiam arcar com seu custo e estavam preparados para correr o risco de usá-la. Elevadores, telefones e ventilação mecânica foram introduzidos nas últimas décadas do século. Entretanto, muitas pessoas podem ter lamentado ou se sentido amedrontadas pela escala e velocidade das mudanças. O que havia sido produzido em cem anos consistia em toda uma nova gama de possibilidades e, portanto, uma nova estética e um novo desafio para o arquiteto. Como lidar com a mudança e expressar qualidades arquitetônicas em um ambiente tão revolucionário?

Um edifício, mais que qualquer outro na Grã-Bretanha, reuniu essas descobertas e se tornou a inovação preponderante de

321 | **Joseph Paxton**, *Palácio de Cristal*, Londres, 1851

sua época, pois as pessoas vinham vê-lo, influenciando a arquitetura mundial. Esse foi o Palácio de Cristal em Londres, que abrigou a Grande Exposição de 1851 (*figs. 316, 321*). Tudo sobre ele era sintomático da época e um portento para o futuro. Foi o filho pródigo não de um arquiteto, mas de um jardineiro, Joseph Paxton (1801–1865). Ele trouxe, para o problema do grande espaço, as lições aprendidas ao construir estufas nas grandiosas propriedades rurais do Duque de Devonshire em Chatsworth, Derbyshire. O Palácio de Cristal foi pré-fabricado, era leve e transparente, sustentado e vedado em ferro e vidro. Sua forma era revolucionária porque indeterminada; não havia razão para que tivesse sido construído maior ou menor, mais longo ou mais largo. Não possuía um estilo convencional. Sua construção deve-se ao transporte ferroviário e à sofisticada organização no canteiro. Foi erigido em nove meses. E podia ser desmontado e remontado de novo, como aconteceu em Sydenham em 1852, onde sobreviveu até ser destruído pelo fogo em 1936.

Por causa da vasta produção construtiva na Grã-Bretanha — deve ter parecido por muitos anos um enorme canteiro de obras, especialmente nas vilas e cidades —, é impossível ir além do que destacar uns poucos edifícios específicos. Daqueles que conscientemente seguiram algum tipo de estilo ao optarem pelo Românico ou o Gótico em uma das suas muitas formas ou derivações estão o Museu de História Natural de Londres (1868–1880; *fig. 322*), por Alfred Waterhouse (1830–1905), em terracota amarela e azul com detalhes vívidos de animais; o Fórum, em Londres (1874–1882), por G.E. Street (1824–1881), o canto do cisne do Renascimento Gótico na Inglaterra e do arquiteto, que morreu por excesso de trabalho; e a Enfermaria Real, em Edimburgo (1872–1879), por David Bryce (1803–1876), um arquiteto escocês de muito sucesso com diversos edifícios notáveis em Edimburgo assinados por ele. O arquiteto mais original no âmbito daquela tradição foi William Butterfield (1814–1900), cuja igreja All Saints, em Margaret Street, Londres (1847–1859), foi percebida na época como a demonstração mais completa dos princípios de Pugin aplicados à prática do Alto Clero da Igreja da Inglaterra. A igreja, a casa paroquial e o salão são agrupados próximos em volta de um pequeno pátio; o pináculo é alto e a nave, elevada. E é cheio de engenhosidade

322 | **Alfred Waterhouse**, *Museu de História Natural*, Londres, 1868–1880

323 | **Peter Ellis**, *Oriel Chambers*, Liverpool, 1864

324 | **Robert Kerr**, *Bear Wood*, Berkshire, 1865–1868, planta baixa

nas treliças do telhado, por exemplo, as superfícies lisas altamente decoradas e a expressão franca dos materiais com cores inerentes. É a arquitetura vitoriana em sua face mais descompromissada. O Gótico não era mais um ressurgimento; era um veículo para a expressão pessoal. O edifício do Oriel Chambers, em Liverpool (fig. 323), construído em 1864 por Peter Ellis (1804–1884), foi mais original em sua construção, bem como em sua função corporativa. Ele usou uma leve armação em ferro sobre pilares de alvenaria e produziu uma solução ordenada para a questão de se gerar um ritmo interessante para a fenestração em painéis de vidro ao utilizar sacadas ogivais envidraçadas rasas em toda a altura do edifício.

Há outro caráter essencial da arquitetura do século XIX que só pode ser apreciado ao olharmos a planta baixa. O edifício Bear Wood em Berkshire (1865–1868) foi projetado para o proprietário do *The Times* por Robert Kerr (1823–1904), o autor de *The Gentleman's House* (1864), um livro de padrões de *design* doméstico do século XIX. Na época foi um fracasso, tanto como residência quanto na aparência, que não vale a pena ilustrar. Mas seu planejamento ilustra a arquitetura vitoriana em seu momento mais engenhoso (fig. 324). A tecnologia avançada é aproveitada na hidráulica, na iluminação a gás, no aquecimento central e na construção à prova de incêndio. A planta baixa representa um *tour de force* do planejamento, com linhas intricadas de comunicação entre a multiplicidade de cômodos, a separação e a definição de cada função e espaços diferenciados para cada uma, incluindo até mesmo escadarias para solteiros.

Esse brilhantismo no planejamento foi demonstrado ainda mais dramaticamente na França, com o projeto da Ópera, em Paris (1861–1875; figs. 325, 326), por Charles Garnier (1825–1898). Estilisticamente, é um triunfo do historicismo suntuoso, com cores maravilhosas dentro e fora, e formas e esculturas plásticas barrocas. Mas a planta é estupenda. A maioria das pessoas encontra dificuldade em ler uma planta, mas essa vale a pena estudar. Ela demonstra a mente do arquiteto trabalhando em cada função e espaço, cada canto e detalhe. No século XIX os franceses

247

325 | **Charles Garnier**, *Ópera*, Paris, 1861–1875

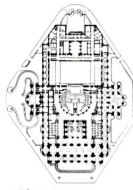

326 | *Ópera*, planta baixa

se tornaram os líderes do planejamento monumental e assim permanecem até hoje.

Além do planejamento, há outros dois aspectos da arquitetura francesa do século XIX a serem enfatizados que exibem a gama dos problemas que arquitetos e engenheiros se dispuseram a resolver. O primeiro, que afetou outros países europeus e como demonstrado na própria Ópera, foi a teoria da 'policromia arquitetônica'. O porta-voz da teoria não foi um arquiteto muito bom, J.-I. Hittorff (1792–1867), que fundamentou sua crença nas descobertas feitas sobre edifícios gregos antigos. Em 1823, ele encontrou evidência em Selino e Agrigento de que edifícios clássicos gregos haviam sido amplamente, e mesmo vulgarmente, coloridos. Nos anos 1820 e 1830 houve uma discussão acalorada; tal crença afinal ameaçava a pureza das convenções neoclássicas. Mas Hittorff não estava interessado apenas na cor como uma curiosidade arqueológica. Ele precisava da autoridade do antigo para dar suporte às suas propostas para uma nova arquitetura. Na Inglaterra, Owen Jones (1806–1889) abraçou essa teoria entusiasticamente e trouxe cores brilhantes ao interior do Palácio de Cristal. Em Copenhague, Gottlieb Bindesbøll (1800–1856) projetou um museu, em 1839, com formas clássicas e ricas cores primárias (*fig. 327*). Se o Parthenon havia sido recoberto com cores vívidas e dourados em suas colunas, a nova arquitetura poderia arcar com similar esplendor.

O segundo aspecto da arquitetura francesa do século XIX foi o aproveitamento da estrutura. O escritor e arquiteto Eugène Viollet-le-Duc (1814–1879) demonstrou, em suas publicações volumosas e influentes sobre arquitetura (inclusive *Entretiens sur l'architecture*, 1872), como os princípios da arquitetura Gótica poderiam ser interpretados e desenvolvidos através da tecnologia estrutural. O arquiteto que realizou a mais eficaz utilização de uma estrutura integrada com a planta e a aparência foi Henri Labrouste (1801–1875). Na Bibliothèque Sainte-Geneviève em Paris (1843–1850; *fig. 329*) e na sala de leitura para a Bibliothèque Nationale (1862–1868), ele produziu interiores leves e vívidos, não importando o quão desinteressantes os exteriores possam ter sido. Colunas delgadas de ferro sustentam arcos rasos e cúpulas delicadas, e os espaços criados no interior estão entre as grandes realizações da arquitetura em metal. Ao aplicar a nova tecnologia à sua análise das necessidades de uma biblioteca moderna para ser usada por muitas pessoas, ele produziu espaços que combinam engenhosidade e elegância.

Se Labrouste criou algumas das mais finas salas, o engenheiro Gustave Eiffel (1832–1923) concedeu a Paris seu monumento mais notável e mais visitado, a Torre Eiffel (1887–1889; *fig. 328*). Eiffel havia projetado muitas pontes (bem como a armação da

327 | **Gottlieb Bindesbøll**, *Museu Thorvaldsen*, Copenhague, 1839

328 | **Gustave Eiffel**, *Torre Eiffel*, 1887–1889

329 | **Henri Labrouste**, *Biblioteca Sainte-Geneviève*, Paris, 1843–1850

Estátua da Liberdade) e foi um engenheiro de excepcional distinção. A Torre foi o marco na Exposição de Paris de 1889 e por muitos anos a estrutura mais alta do mundo. Sua elegância e economia, com os principais elementos estruturais fortemente enfatizados e costurados com uma teia de metal de grande complexidade, configuraram um presságio do futuro. Embora muito antipatizada e criticada na época, foi uma obra de engenharia que demonstrou possibilidades espaciais para estruturas posteriores e também paras as artes decorativas.

Na Alemanha e na Áustria, a mesma atenção com o estilo e a mesma aventura com estrutura e o espaço podem ser observadas. Na Áustria em seu auge, e não muito antes da dissolução do Império Austro-Húngaro, os estilos clássicos pareciam os mais apropriados. Houve algumas igrejas góticas excepcionais, como a Votivkirche, em Viena, de 1856–1879, por Heinrich von Ferstel (1828–1883). Mais sereno (e clássico) é o Edifício do Parlamento (1873–1883), por Theophilus Hansen (1813–1891), um edifício longo e simétrico em um estilo grego perfeitamente correto. O Burgtheater é mais audacioso, com sua testada curva faceando a Ringstrasse, a estrada que envolve em um círculo a área central de Viena e um dos primeiros exercícios no planejamento de anéis viários. Foi uma realização magistral no classicismo criativo, projetado por Gottfried Semper (1803–1879) e construído de 1874 a 1888.

Os arquitetos germânicos, prosperando em uma nação que se transformava em um grande poder sob Bismarck, parecem ter hesitado entre um classicismo duro e a mais despreocupada fantasia. Na Alte Pinakothek em Munique (1826–1836), uma das grandiosas galerias de pinturas do século, Leo von Klenze (1784–1864) produziu uma planta que iria influenciar o design de tais edifícios por toda a Europa (*fig. 331*). Projetada no estilo da Alta Renascença, é a planta, entretanto,

330 | **Eduard Riedel** e **Georg von Dollmann**, *Neuschwanstein*, Baviera, Alemanha, 1868–1886

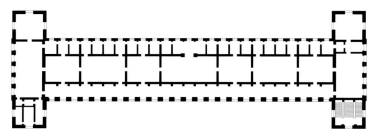

331 | **Leo von Klenze**, *Alte Pinakothek*, Munique, 1826–1836, planta baixa

como nos exemplos franceses, que a torna historicamente importante. O comprimento imenso de vinte e cinco vãos é dividido em três fileiras paralelas, a central contendo galerias iluminadas pelo teto, a *loggia* na entrada frontal dando total acesso longitudinal a elas.

O rico e louco Ludovico II da Baviera inspirou ou conduziu seus arquitetos para os domínios da fantasia, um escape do mundo industrial. Ele construiu três famosos palácios, cujos custos terminaram por empobrecê-lo. Linderhof (1874–1878) é uma fantasia Rococó, Herrenchiemsee (1878–1886) remete às glórias de Versalhes, mas o Neuschwanstein (1868–1886) foi a última palavra do Romanticismo, um castelo de fábulas em uma montanha (*fig. 330*), inteiramente decorado com lendas wagnerianas.

O resto da Europa revela a mesma diversidade, com nuances nacionais e regionais. O Palais de Justice de Bruxelas (1866–1883), por Joseph Poelaert (1817–1879), foi Neobarroco; o Rijksmuseum de Amsterdã (1877–1885) foi projetado por Petrus Cuijpers (1827–1901) em um estilo renascentista livre, que escondia vastos pátios internos de ferro e vidro; em Milão, Giuseppe Mengoni (1829–1877) produziu um dos melhores exemplos das novas ruas de pedestres cobertas na Galleria

332 | **Giuseppe Mengoni**, *Galleria Vittorio Emanuele*, Milão, 1863–1867

Vittorio Emanuele de 1863–1867 (fig. 332). Ela possui uma planta ampla cruciforme, seus braços se encontrando em um octógono de trinta e nove metros de diâmetro no centro que se eleva a uma altura de trinta metros. Foi um grandioso e caro abrigo para compras e intercurso social, construído com dinheiro e consultoria técnica ingleses. A mais exitosa extravagância de todo o período foi na Itália, o monumento a Vitor Emanuel II, em Roma, construído de 1885 a 1911 por Giuseppe Sacconi (1854–1901). Ele se eleva sobre a Piazza Venezia e resplandece sobre o Corso, um formidável, senão vulgar, tributo ao fundador de uma nação.

Os principais temas da arquitetura do século XIX podem ser encontrados na Europa. Mas, por volta do final do século, a Europa parecia ter se esgotado e estar à espera de um desastre, e a história da arquitetura mudou-se para a América, então o centro do poderio econômico com seus vastos recursos naturais. Durante a maior parte do século XIX, a América, a Austrália e a Nova Zelândia refletiram o interesse com o estilo e as novas funções que preocupavam a Europa.

Entre os edifícios extraordinários em estilos históricos nos Estados Unidos nessa época se encontram a Academia de Belas-Artes da Pensilvânia (1871–1876), na Filadélfia, por Frank Furness (1839–1912), em estilo Gótico esmerado, colorido e original (fig. 334), e a Biblioteca Pública (1887–1895) em Boston, por McKim, Mead e White, um ensaio do Cinquecento em elegância persuasiva e habilidade técnica primorosa (fig. 333). Como na Grã-Bretanha, a mais grandiosa demonstração de orgulho e confiança nacional foi um edifício governamental — o Capitólio em Washington. A porção central com o pórtico havia sido construída ao final do século precedente e no início do século XIX. Agora, de 1851 a 1867, Thomas U. Walter expandiu-o enormemente e, com efeito, criou um novo complexo unificado em uma escala dramática. Sua maior característica é uma grande cúpula central, de 63 metros de altura e 28,6 metros de diâmetro, que é feita em uma concha de ferro fundido.

O século XIX mudou toda a paisagem arquitetônica com uma riqueza de novos edifícios e demonstrando uma sólida variedade de gostos. O clímax de quase cem anos de experimentos veio na virada do século. É sobre esse clímax nos Estados Unidos que agora nos debruçaremos.

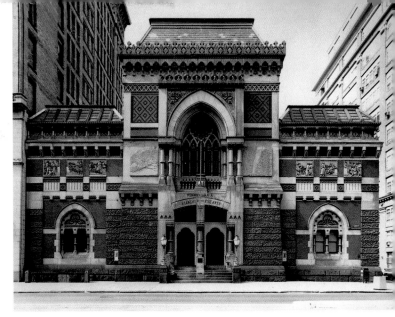

334 | **Frank Furness**, *Academia de Belas-Artes da Pensilvânia*, Filadélfia, 1871–1876

333 | **McKim, Mead e White**, *Biblioteca Pública*, Boston, 1887–1895

## Uma Nova Visão: A Virada do Século

O período que este capítulo aborda é relativamente curto, entre 1880 e 1920. Porém é um dos momentos mais característicos e estimulantes da história da arquitetura. Foi testemunho da formulação de teorias e propaganda e da criação de algumas obras-primas extraordinárias e novos tipos de edifícios que iriam mudar a forma das vilas e cidades.

Foi um período excitante, quase histérico. Tanto na Europa quanto na América as cidades cresceram e uma sofisticada tecnologia se desenvolveu em uma velocidade estupenda. A música e as artes visuais estiveram tão vigorosas quanto em qualquer outro período da história. Na Europa, era como se quase todos estivessem esperando a tempestade chegar, um cataclismo, o qual realmente estourou com a Grande Guerra de 1914–1918. Foi a era da apreensão. Mas se havia uma agitação nervosa na Europa, havia uma crescente autoconfiança na América. A confiança ascendente de uma nação rica, consciente de que seus recursos poderiam comprar quase tudo, era irreprimível.

Nos anos 1880 e 1890, uma revolução arquitetônica estava em curso na América, particularmente em Chicago. Uma grande influência na expansão do que viria a ser conhecido como a Escola de Chicago foi Henry Hobson Richardson (1838–1886), que havia trabalhado para Labrouste em Paris e retornado à América no fim da Guerra Civil. Ele começou sua prática vencendo um concurso em 1866. Desenvolveu um estilo pesado muito pessoal, do qual o Armazém Marshall Field em Chicago (1885–1887; *fig. 335*) é um exemplo bem conhecido. Tornou-se o modelo para a nova geração de arquitetos de Chicago. O edifício que melhor representa seu poder como designer é a Biblioteca Crane em Quincy, Massachusetts (1880–1883; *fig. 336*). Seu treinamento no Românico é aparente nas elevações, mas o projeto é informal, uma combinação inteligente de volume e linha e de pesado detalhamento interpretado de um modo pessoal.

Richardson possuía uma reputação nacional. O que trouxe a Escola de Chicago à proeminência foi o desastroso incêndio de 1871. Ele atravessou o rio e destruiu quase todo o centro da cidade, inclusive uma quantidade de edifícios de ferro fundido que não eram à prova de fogo. A oportunidade e o desafio forneceram aos arquitetos de Chicago um programa de construção que em sua própria essência prescindia de estilos históricos. Assim ocorrendo, definiu-se o cenário para o movimento moderno.

O evento crucial daquele movimento foi o arranha-céu. Geralmente aceita-se que o primeiro e definitivo arranha-céu tenha sido o Edifício Home Insurance, em Chicago, construído em 1883–1885 por William le Baron Jenney (1832–1907). Com construção à prova de fogo, possui uma armadura de metal revestida em tijolo e alvenaria. Mas Jenney não poderia abandonar de vez o detalhamento tradicional no exterior e realmente não teve habilidade para vencer o desafio de dar uma

335 | **Henry Hobson Richardson**, *Armazém Marshall Field*, Chicago, 1885–1887

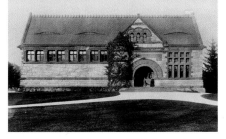

336 | **Henry Hobson Richardson**, *Biblioteca Crane*, Quincy, Massachusetts, 1880–1883

nova forma a tal tipo de edifício inovador. Nos anos 1890, poucos anos depois do incêndio, arranha-céus eram construídos pelas firmas de Burnham e Root, Holabird e Roche, Adler e Sullivan. Eles efetivamente estabeleceram a Escola de Chicago e os contornos essenciais da arquitetura comercial do século XX.

O que tornou o edifício de múltiplos pavimentos possível foi o elevador, inventado em 1852 e bastante acessível pela invenção do elevador elétrico da Siemens em 1880. Não havia mais nenhuma razão para que os edifícios não fossem cada vez mais altos. Um novo estilo de edifício e um novo perfil da cidade haviam surgido. Extraordinários entre os primeiros arranha-céus de Chicago são o Edifício Monadnock de Burnham e Root de 1884–1891 (construído em alvenaria sólida; *fig. 337*) e o Edifício Reliance de 1890–1894 (utilizando estrutura metálica; *fig. 338*). Em Buffalo, em 1890, Louis Sullivan (1856–1924), um dos mais cultuados de todos os arquitetos americanos, projetou o Edifício Guaranty. Então, na Loja de Departamentos Carson Pirie Scott, em Chicago (1899–1904), demonstrou seu domínio da nova forma (*fig. 339*).

Sullivan foi o mais intenso e lógico arquiteto de sua geração. Uma breve exploração sobre a Loja é suficiente para demonstrar os elementos essenciais que a tornaram um protótipo para incontáveis escritórios e lojas de departamento do século XX. São dez andares de escritórios, revestidos em ladrilhos de terracota branca, fixados na estrutura de aço, pontuados por fileiras de amplas janelas. Esses pavimentos estão assentados sobre um embasamento em dois níveis (o que uma loja precisa) emoldurados como parte da estrutura metálica. Painéis sobre e em torno dos principais acessos são preenchidos com a luxuosa decoração em ferro fundido própria de Sullivan. A lógica e a fantasia estavam lado a lado, como haviam

estado durante o século XIX; um edifício de volume repetitivo precisa de sua própria decoração característica. O princípio de Sullivan, herdado dos teóricos do século XIX, de que a 'forma segue a função', viria a ser o *slogan* de muitos anos por vir.

Os dois principais materiais para os edifícios altos e volumosos eram o aço, que, como vimos, havia sido pioneiro na Grã-Bretanha e sido trazido para uso geral na América, e o concreto armado, desenvolvido na França. Por volta de 1892, François Hennebique (1842–1921) havia aperfeiçoado um sistema para a melhor localização do reforço do aço no concreto. A combinação da força de compressão do concreto e a força de tensão do aço em uma malha homogênea foi um dos momentos decisivos da história da arquitetura. Proporcionou um material estrutural inovador para as novas formas e grandes espaços da arquitetura moderna.

Um dos primeiros exemplos do concreto armado foi a igreja de St. Jean-de-Montmartre, em Paris, de Anatole de Baudot, de 1897–1904. De Baudot (1836–1915) havia sido pupilo de

337 | **Burnham** e **Root**, *Edifício Monadnock*, Chicago, 1884–1891

338 | **Burnham** e **Root**, *Edifício Reliance*, Chicago, 1890–1894

Viollet-le-Duc e seguiu o ideal de seu mestre ao usar a tecnologia moderna para desenvolver princípios estruturais tradicionais posteriores. Começando com o Neogótico e avançando para o Neoclássico, ele reexaminou as formas tradicionais, reduzindo-as até que somente o essencial permanecesse. A eliminação de detalhe desnecessário e a expressão da estrutura são a base para qualquer entendimento da arquitetura moderna.

O arquiteto que trouxe essa abordagem para seu primeiro clímax satisfatório na França foi Auguste Perret (1874–1954). Em 1903, em seus apartamentos na 25bis rue Franklin, em Paris (fig. 340), foi além do que os arquitetos de Chicago haviam realizado. Ele compreendeu que a estrutura de oito pavimentos tornava paredes autoportantes desnecessárias; como as paredes não sustentavam nada, o edifício poderia ter o espaço interno livre. Revestiu a estrutura no exterior com ladrilhos decorados com um motivo floral. Mas os elementos estruturais são expressos livremente, afiados como uma lâmina e profundamente modelados para conferir o movimento vertical claro ao edifício. Perret tornou a nova arquitetura de concreto respeitável com esse bloco de apartamentos. Vinte anos depois, em 1922–1923, iria revelar em uma igreja nos arredores de Paris, Notre-Dame-du-Raincy (fig. 341), como uma planta tradicional podia conduzir a um conceito espacial similar à visão dos designers do grandioso Gótico. Abóbadas segmentadas de concreto armado *in situ* foram elegantemente sustentadas sobre umas poucas hastes delgadas, de modo que um novo espaço leve e ventilado fosse envolvido por paredes divisórias não sustentantes de unidades de concreto pré-moldado preenchidos com vidro colorido.

O deleite francês no detalhe decorativo levou, surpreendentemente, à criação de um novo tipo de espaço de expressão. Hector Guimard (1867–1942), que projetou as entradas do Metrô de Paris em 1900, foi um expoente do elegante Art Nouveau. Suas características eram a linha chicoteante, a decoração biológica e a botânica abstrata, a assimetria e um vasto repertório de materiais, todos os quais permitindo a expressão pessoal e temas decorativos originais.

Em Bruxelas, quem deu início ao Art Nouveau foi Victor Horta (1861–1947), cujo Hôtel Tassel (1892–1893; fig. 342) possuía uma planta original e fez uso de muitos níveis. Mas sua obra-prima foi o posterior Hôtel Solvay (1895-1900). O *hall* das escadas tinha todas as características do Art Nouveau — curvas fluidas e uma exposição francamente decorativa de ferro forjado. Foi um tema que conferia a todo o interior da residência uma unidade estilística. Hector Guimard promoveu uma demonstração ainda mais encorpada da arquitetura Art Nouveau em seu Castelo Béranger, em Paris (1897–1898). Utilizando muitos materiais diferentes na fachada, fez as formas fluírem de modo que sugerissem organismos vivos. Por um curto espaço de tempo, parecia que um sistema radicalmente imaginativo e flexível havia sido inventado, o qual iria se espalhar por todo canto, porém o Art Nouveau era um estilo essencialmente

339 | **Louis Sullivan**, *Loja de Departamentos Carson Pirie Scott*, Chicago, 1899–1904

340 | **Auguste Perret**, *25bis rue Franklin*, Paris, 1903

341 | **Auguste Perret**, *Notre-Dame-du-Raincy*, Paris, 1922–1923

decorativo para edifícios especiais, não sendo apropriado para as funções comuns do edifício.

O estilo porém representou um relevante papel em uma das mais extraordinárias manifestações de originalidade jamais vista na história da arquitetura. Aconteceu no norte da Espanha, no trabalho de Antoni Gaudí. O Art Nouveau na Espanha ficou conhecido como *Modernismo*, e Barcelona foi o centro de uma onda de design orgânico. Gaudí, nascido em 1852, foi o mais criativo e o mais idiossincrático. Ele morreu depois de ser atropelado por um bonde em 1926, e a procissão de seu funeral foi uma das mais longas jamais vistas na cidade; sua morte foi pranteada como uma calamidade pública.

A obra-prima pela qual Gaudí é mais conhecido, inacabada com sua morte e ainda não finalizada, é o Templo Expiatório da Sagrada Família, em Barcelona (1884–; *fig. 343*). Ele assumiu um projeto neogótico feito por outro arquiteto e o transformou em uma enorme catedral. As quatro torres cônicas do transepto leste, a fachada Natividade, são uma das poucas partes que foram finalizada durante sua vida. Elas têm mais de 107 metros de altura, pontuadas com lanternins (desenhados para liberar o som de longos sinos tubulares) e finalizadas na parte superior com fantásticos arremates em vidro, cerâmica e telha. As esculturas de figuras humanas, de animais, plantas e nuvens são naturalísticas. Cada pedaço foi supervisionado, e alguns foram até mesmo elaborados pelo próprio Gaudí, que desistiu de qualquer outro trabalho e se mudou para a cripta, onde viveu em isolamento monástico até sua morte.

Os edifícios e paisagens seculares de Gaudí possuem uma originalidade ainda mais dramática que sua catedral. A Casa Batlló no centro de Barcelona (1904–1906) é conhecida como a Casa dos Ossos, por seus membros estruturais na fachada terem superfícies entortadas que parecem ter o formato de ossos. Na Casa Milà (1905–1910; *fig. 344*), um grande bloco de apartamentos também em Barcelona, o exterior parece com ondas, e o interior não possui nenhum ângulo reto. Ele usou arcos parabólicos e permitiu que o formato do telhado tivesse um desenho surpreendente pelas diferentes alturas ocasionadas pelas diferentes distâncias. No Parque Güell (1900–1914), criou uma paisagem de incomum diversidade, com formas ondulantes, estranhas arcadas de pedra e esculturas evocativas.

342 | **Victor Horta**, *Hôtel Tassel*, Bruxelas, prisma da escada, 1892–1893

343 | **Antoni Gaudí**, *Sagrada Família*, Barcelona, 1884–

344 | **Antoni Gaudí**, *Casa Milà*, Barcelona, 1905–1910, planta baixa

Ele extraiu uma arquitetura de seu conhecimento excepcional sobre a estrutura das formas naturais — conchas, bocas, ossos, cartilagens, lava, vegetação, asas e pétalas. Criou uma fantasia de cores e luz.

A mais fascinante de todas as criações de Gaudí é a cripta da igreja de Santa Coloma de Cervello (1898–1917; *fig. 345*), onde, além da elaboração com formas naturais, ele desenvolveu seu próprio sistema de determinação estrutural. Usou uma trama de cordas em tensão com pesos anexados. O formato criado assim, em tensão, geraria, se o imaginarmos de ponta-cabeça, o formato natural de uma estrutura feita de pedras em compressão. Os estranhos formatos torcidos das colunas e das abóbadas são o resultado desse experimento. Nenhum contraforte é necessário, como em edifícios góticos, disse ele, porque os membros estão em ângulos e inclinações corretas para resistir às forças sobrepostas a eles.

As formas geométricas favoritas de Gaudí foram a paraboloide, a hiperboloide e a helicoide, todas as superfícies distorcidas com curvas distintas, que podem ser encontradas na natureza. Não importa quão excêntricas as formas pareçam, elas foram de fato muito bem pensadas, estruturalmente sólidas e geometricamente precisas. Ele foi além de qualquer outro na criação de uma arquitetura baseada nos aparentemente irregulares mas na realidade funcionais formatos e cores da natureza.

Se a França, a Bélgica e a Espanha foram o berço do Art Nouveau, suas formas vivazes foram introduzidas na Grã-Bretanha através das ilustrações de Aubrey Beardsley (1872–1898). Mas eram decorativas. Foi mais permanente e fundamental na arquitetura, pois nela se expressou não apenas em formas originais, mas também na mais sólida e funcional abordagem do movimento Arts and Crafts.

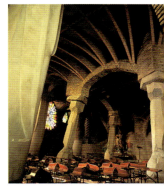

345 | **Antoni Gaudí**, *Santa Coloma de Cervello*, Barcelona, 1898–1917, cripta

346 | **Philip Webb**, *Casa Vermelha (Red House)*, Bexley Heath, Londres, 1859–1860

Pugin, como vimos, havia proclamado os princípios de uma arquitetura funcionalista. Ruskin ampliou enormemente as ideias de Pugin e enfatizou a importância da habilidade profissional para proporcionar a qualidade na forma decorativa. O que se incluía agora era a crença de que a arquitetura seria uma expressão da sociedade. William Morris (1834–1896) foi a principal personalidade na segunda metade do século XIX na promoção do movimento Arts and Crafts, o qual ele via não apenas como artístico, mas também como programa social. Para sua própria casa em Bexley Heath (1859–1860; *fig. 346*), ele contratou Philip Webb (1831–1915) para projetar uma moradia que deveria ser medieval em estilo, mas contemporânea em sua expressão franca dos materiais. É feita de tijolo e cerâmica, frugal em detalhes, substancial na construção e acolhedora na aparência. Webb e Morris se lançaram na criação de uma arquitetura honesta e obtiveram êxito; é um marco na história arquitetônica, um precursor da arquitetura funcional do movimento moderno.

Tendo se esquivado do detalhe convencional clássico ou gótico, os arquitetos foram capazes de se direcionar à virtude moral de usar materiais honestamente e ao mesmo tempo aproveitar as ricas texturas e formas variadas da arquitetura tradicional nativa e do trabalho artesanal feito a partir de materiais naturais. Daí o ressurgimento do interesse no vernacular nativo.

Os arquitetos que dominaram esse período, incluindo Webb, foram Charles Annesley Voysey (1857–1941), o mais refinado expoente do vernacular, Richard Norman Shaw (1831–1912), o mais exitoso arquiteto de sua geração, e *Sir* Edwin Lutyens (1869–1944). Lutyens projetou mais de cem casas, bem como importantes edifícios públicos, dos quais o mais grandioso é o Palácio do Governador para a nova capital da Índia, Nova Délhi (1920–1931; *fig. 347*). Entre suas casas, a que melhor exemplifica seu trabalho é o Deanery Garden, em Sonning, às margens do rio Tâmisa, de 1899–1902 (*fig. 348*). É uma residência de tamanho médio disposta em um delicioso jardim inglês criado por Gertrude Jekyll. Os materiais são utilizados em sua forma natural e honestamente expressados, mas a originalidade dessa e de toda a obra de Lutyens está na planta.

Vimos no último capítulo como o planejamento de edifícios se tornou uma preocupação dos arquitetos do século XIX. Lutyens trouxe ainda mais originalidade a esse planejamento. Ele tornou o acesso e a entrada dessas casas uma aventura cheia de surpresas. Em uma casa aparentemente axial, pode-se ter que mudar a direção várias vezes antes de se encontrar as salas principais. Em Deanery, a passagem desde a rua aos jardins é algumas vezes semienclausurada, algumas vezes aberta, com espaços e salas se abrindo a partir

347 | *Sir* **Edwin Lutyens**, *Palácio do Governador*, Nova Délhi, Índia, 1920–1931

dela. A elevação do jardim ao final é uma das mais refinadas composições assimétricas da arquitetura inglesa.

Charles Rennie Mackintosh (1868–1928) é visto hoje como um dos mais originais e historicamente importantes arquitetos desse período. Ele projetou casas e alguns salões de chá muito originais em Glasgow cujas características vieram de sua própria versão do Art Nouveau. Sua principal obra foi a Escola de Artes de Glasgow, que ganhou um concurso e construída em duas fases, de 1896 a 1899 e de 1907 a 1909. A retidão das elevações principais, a despeito de alguns prazerosos jogos com formas curvas e torcidas em ferro forjado, é o resultado simples ao colocar salas e estúdios juntos do modo mais funcional. Dentro, revela-se outra experiência. Os principais estúdios, espaços de exposições principais e escadarias demonstram seu domínio da natureza de materiais distintos. A biblioteca é notável (*fig. 349*). Mackintosh usou linhas verticais, horizontais e curvas suaves em madeira para realizar um espaço ricamente decorativo, definido e modulado por colunas, vigas, placas de cobertura e gregas suspensas. Todos os detalhes são seus — as luminárias, a mobília, a maçaneta da porta, as janelas, a tabela periódica. Ele foi considerado um fracasso em sua época, e deixou Glasgow, passando seus últimos anos em Londres e depois na França, fazendo as mais arrebatadoras aquarelas de paisagens e flores.

O movimento Arts and Crafts na Inglaterra exerceu uma influência sobre o Continente através de um livro *Das englische Haus*, de Hermann Muthesius, um adido na embaixada da Alemanha em Londres, e publicado em Berlim em 1904–1905. Ele descrevia e ilustrava a obra da maioria dos arquitetos que discutimos neste capítulo. Da obra da geração anterior, ele isolou os edifícios que revelaram um compromisso entre a paixão pela expressão funcional da estrutura e a imaginativa utilização de detalhes decorativos. O salão de exposições em Darmstadt (1907), por Joseph Maria Olbrich (1867–1908), é um grande exemplo desse compromisso. Mais expressiva foi a obra de Otto Wagner (1841–1918) em Viena, que se lançou a destilar o classicismo a um ponto em que tudo o que restou foi uma afirmação lógica de material, estrutura e função. Sua Casa Majólica de 1898 (*fig. 350*) é simples, digna e proporcionada com refinamento; a majólica decorativa se espalha sobre os quatro pavimentos superiores em ladrilhos coloridos. No Banco Post Office Savings (1904–1906) ele suprimiu seu gosto pelo ornamento e pela decoração e deixou um edifício belamente construído que confia para seu resultado simplesmente na afirmação direta da construção e da função. O mais extremo expoente desse tipo de funcionalismo foi Adolf Loos (1870–1933), que, em 1908, escreveu um artigo sobre 'Ornamento e crime' que insistia que o ornamento deveria ser eliminado de objetos práticos.

Nos Países Baixos, os principais edifícios da época foram mais pessoais e expressivos.

348 | *Sir* **Edwin Lutyens**, *Deanery Garden*, Sonning-on-Thames, Berkshire, 1899–1902

349 | **Charles Rennie Mackintosh**, *Escola de Artes de Glasgow*, Biblioteca, 1907

O Exchange, em Amsterdã (1898–1903), por H.P. Berlage (1856–1934), é extraordinário. Tinha uma função moderna que Berlage desejava expressar sem maneirismos estilísticos. Porém ele também queria que seu edifício aproveitasse a atenção e admiração de muitas pessoas que utilizariam seus *halls* e corredores. Portanto, juntou pintores, escultores e artesãos para trabalhar em seus espaços agradáveis. O interior possui uma dignidade sólida e refinada e um caráter dos mais atraentes.

O ânimo se espalhou amplamente. Na Silésia, Max Berg (1870–1947) foi responsável, em 1911–1913, pelo Jahrhunderthalle em Breslau, erigido para celebrar o centenário da ascensão da nação contra Napoleão. É uma estrutura estupenda em concreto armado, com o maior vão de seu tipo, arcos internos grandiosos e anéis concêntricos escalonados. Ainda mais emocional em seu efeito foi a Prefeitura em Estocolmo por Ragnar Ostberg (1866–1945). Levou vinte anos para construí-lo, de 1904 a 1923, mas sempre foi reconhecido como o triunfo do que é mais bem descrito como a escola tradicional moderna ou romântica nacionalista (*fig. 351*). É belamente situada junto à água, e possui um estilo romântico que combina leveza com firmeza e que lhe confere uma presença digna como singular símbolo nacional.

Para vermos toda a expressão do período devemos retornar à América. A Escola de Chicago sobreviveu nos primeiros anos do século XX, mas nunca mais foi tão influente quanto na última década do século anterior. Porém, naquela época, havia produzido um gênio definitivo, cuja individualidade e longa carreira o carregaram daquele movimento através de pelo menos dois outros, seguindo até meados do século XX. Esse foi Frank Lloyd Wright, que nasceu em 1867 (ele falsificou a data para 1869 para encorajar um amigo que o financiou após sua falência) e morreu em 1959. Após trabalhar para Louis Sullivan, a quem sempre se referia como 'Lieber Meister' ('querido mestre'), iniciou sua própria prática nos anos 1890. Sua obra se prolonga por setenta anos de extraordinária versatilidade no manejo do aço, pedra, madeira e concreto armado, extensiva a plantas e silhuetas geométricas para criar uma nova e estimulante relação com o ambiente natural.

350 | **Otto Wagner**, *Casa Majólica*, Viena, 1898

351 | **Ragnar Ostberg**, *Prefeitura*, Estocolmo, 1904–1923

Wright não tinha dúvida de que era um gênio e o maior arquiteto de seu tempo. Sua vida foi recheada de drama, incluindo o incêndio de sua casa por duas vezes e o assassinato de sua mulher e dos filhos dela. Escreveu copiosamente e foi uma personalidade pública bem conhecida, cuja autobiografia é um dos mais irresistíveis relatos jamais contado sobre a vida de um arquiteto. Seu livro *Testament* (1957) unifica as teorias e crenças pessoais que inspiraram sua obra. Ele foi considerado como possivelmente o mais importante americano de sua geração.

Em 1889, Wright construiu sua própria casa em Oak Park, Chicago, e nos poucos anos seguintes construiu muitas outras residências naquele rico subúrbio. Foram complementadas pelo Templo da Unidade (1905–1908), um projeto influente que levou os elementos básicos do esquema — igreja, átrio e salão paroquial — e os compôs em formatos cúbicos simples. Para entender suas casas, é melhor olharmos uma de suas plantas típicas, a da Casa Martin em Buffalo (1904; *fig. 352*). A forma básica resulta do cruzamento de eixos. A extensão desses eixos para dentro do jardim molda outras formas inscritas que, características do estilo de Wright, proporcionam uma experiência espacial única através da interpenetração de formas internas e externas. Ele possuía um excepcional entendimento da geometria tridimensional, possivelmente instilada nele por seu treinamento precoce com os blocos de montar do jardim de infância de Froebel. Especialmente interessante é sua habilidade para fazer os espaços internos fluírem entre si. Os cantos dos cômodos se dissolvem virtualmente, paredes se tornam painéis, a ênfase horizontal é mantida por vastos tetos e telhados baixos e por longas janelas no clerestório, muitas vezes vitrais, e os níveis variam de modo a definir salas sem barreiras ou portas. Ele reivindica para si a criação da planta livre.

De suas muitas '*prairie houses*', uma das mais conhecidas e mais acessíveis é a Casa Robie, em Chicago (1908–1909; *fig. 353*). Nela, ele combinou as tradicionais virtudes da habilidade profissional e bom detalhamento com instalações técnicas modernas. Por trás do extraordinário trabalho no assentamento de tijolos, cumeeiras em pedra e vitrais havia luminárias elétricas e sistemas de aquecimento dos mais avançados tipos na época. Porém seu trabalho demonstrou não tanto a tecnologia,

*página oposta*
353 | **Frank Lloyd Wright**, *Casa Robie*, Chicago, 1908-1909

352 | **Frank Lloyd Wright**, *Casa Martin*, Buffalo, 1904, planta baixa

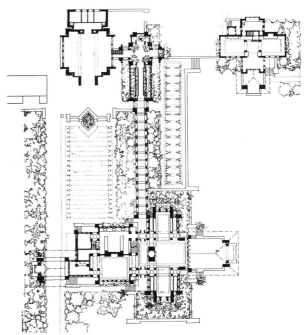

354 | **Frank Lloyd Wright**, *Casa da Cascata*, Bear Run, Pensilvânia, 1935–1937

mas a dramática composição de telhados e os fluxos dos espaços internos entre si, que mudaram para sempre o conceito de uma casa como uma coleção de caixas.

A carreira de Wright alternou direções várias vezes por suas pesquisas constantes e mente inquisitiva, e assim sobrepõe vários dos períodos definidos em seu livro. Mas é melhor discutirmos aqui seus edifícios mais recentes porque eles completam uma história iniciada na virada do século. Quando finalizou o Hotel Imperial em Tóquio (1916–1922), cujo brilhantismo da estrutura original permitiu que sobrevivesse ao terremoto de 1926, e retornou à América, já era considerado um velho mestre. Então, continuou a estarrecer o mundo com uma ainda mais dramática série de casas, das quais a Casa da Cascata, em Bear Run, Pensilvânia (1935–1937; *fig. 354*), é provavelmente a casa do século XX mais publicada. Como suas residências anteriores é organizada com brilhantismo,

As seções escalonadas de concreto armado se projetam para fora a partir de um núcleo de alvenaria para flutuar em planos sobrepostos sobre as pedras, as árvores e a cascata. Ele dominou um sítio aparentemente impossível e criou o mais vívido exemplo de forma feita pelo homem em completude com a natureza.

Quase ao mesmo tempo, construiu Taliesin West em Phoenix, Arizona (1938; *fig. 355*). Era para ser uma casa de inverno, que seria também um lar e ateliê para seus muitos pupilos; ainda é hoje o lar espiritual dos admiradores de Wright. Organizada em diagonais em 45 graus, a estrutura é do que ele denomina concreto do deserto — com grandes blocos de pedra local como agregado, esquadrias em madeira e toldos em lona — uma afirmação sucinta de seu conceito de arquitetura orgânica, formas adaptáveis e materiais naturais em unidade com o sítio, nesse caso uma resposta às harmonias e ritmos do deserto do Arizona.

Aqui parece haver uma importante distinção a ser feita que pode auxiliar a explicar a natureza do movimento moderno. A virada do século produziu uma arquitetura que era internacional em sua concepção, mas altamente pessoal e idiossincrática em suas manifestações nativas. Foi a última vez que os arquitetos teriam a oportunidade de expressar tal individualidade em seu trabalho. Após a calamidade da Primeira Guerra Mundial, a Europa, as Américas e o Oriente entraram em uma nova fase de internacionalismo, que sugeria não tanto variedade como uniformidade. Esse seria o Estilo Internacional.

355 | **Frank Lloyd Wright**, *Taliesin West*, Phoenix, Arizona, 1938

## 20  Projetando para uma Nova Sociedade: O Estilo Internacional

O termo Estilo Internacional foi cunhado em 1932 pelos organizadores da primeira Exposição Internacional de Arquitetura Moderna no Museu de Arte Moderna de Nova York. Desde então, a despeito de muitas críticas e queixas de que não reflete precisamente a situação real, passou a representar a principal corrente da arquitetura moderna desde os anos 1920 até o final dos anos 1950 — ou talvez dos anos 1970. O livro produzido para a exposição estabelece que 'há agora um único corpo disciplinar, fixo o bastante para integrar o estilo contemporâneo como uma realidade e também elástico o bastante para permitir a interpretação individual e encorajar o crescimento natural. (...) Há, primeiramente, uma nova concepção de arquitetura como volume em lugar de massa. Em segundo lugar, a regularidade em vez de uma simetria axial se presta como principal meio de organizar o projeto'.

A demanda por ordem foi, em certo sentido, verdade durante todo o período. Os eventos cataclísmicos da Primeira Guerra Mundial e a Revolução Russa de 1917 mudaram a ordem interna da Europa. Os anos que se seguiram viram a ascensão do socialismo autoritário e dos estados fascistas na Europa, uma sucessão de crises econômicas e, finalmente, outra Guerra Mundial (1939–1945). O que emergiu foi uma cultura de massa — de produção, consumo e comunicação.

Arquitetos e planejadores, como os projetistas de uma nova sociedade, passaram por muitas dificuldades para se identificarem com temas internacionais. O Congrès Internationaux d'Architecture Moderne (CIAM) foi fundado em 1928. Suas reuniões duraram, de uma forma ou de outra, até 1959, mas suas afirmações iniciais foram as mais duradouras em termos de impactos. 'É apenas do presente', eles declararam, 'que nossa obra arquitetônica deveria derivar.' Eles esperavam 'colocar a arquitetura de volta em seu plano real', e especificamente afirmaram que 'a mais eficaz produção é derivada da racionalização e da padronização'. A rua tradicional se tornaria obsoleta; em seu lugar teríamos parques com edifícios isolados.

Para que possamos ver o movimento tomar forma e entender por que se tornou uma obsessão por várias gerações, devemos olhar para a obra e as ideias de alguns dos principais expoentes, sempre reconhecendo que eles, os arquitetos da corrente dominante, enxergavam a si próprios como parte de uma revolução social; a arquitetura iria se tornar não apenas um testemunho, mas um agente definitivo na criação de uma nova sociedade. Era lógico que, mantendo essa linha de pensamento, pela primeira e possivelmente única vez na história da arquitetura, a habitação para o homem e a mulher comum se tornasse o veículo de uma arquitetura notável, o material de onde, tal como nas catedrais e palácios de épocas anteriores, grandes manifestações arquitetônicas seriam realizadas.

O expoente máximo do movimento foi um dos fundadores do CIAM, Charles-Edouard

356 | **Le Corbusier**, *Villa Savoie*, Poissy, perto de Paris, 1928–1931

Jeanneret (1887–1966), mais conhecido por Le Corbusier. Escritor, pintor, arquiteto e planejador urbano, ele foi responsável por uma torrente de ideias sobre arquitetura e urbanismo muito antes que iniciasse a construir edifícios. De tempos em tempos, ele publicava seus desenhos e projetos, junto com seus próprios e precisos aforismas e declarações descompromissadas. Sua influência foi a mais convincente da arquitetura moderna, para o bem ou para o mal. Um entendimento do trabalho de Le Corbusier é indispensável para a compreensão da arquitetura moderna.

Em seu seminal primeiro livro *Vers une architecture* (1923), traduzido para o inglês sob o título *Towards a New Architecture* (1927), Le Corbusier anunciava os 'cinco pontos da nova arquitetura' — suportes livres no térreo (pilotis), o terraço jardim, a planta livre, a janela em fita e a fachada de composição livre. Podemos ver todos eles em sua Villa Savoye, em Poissy (1928–1931; *fig. 356*), que é uma caixa de concreto branco elevada, vazada horizontal e verticalmente. Como nas pinturas da época, uma parte crucial do conceito determina que o observador não esteja de pé em um ponto fixo, mas que esteja se movendo ao redor da obra. Assim fazendo, as formas do edifícios se alternam e se tornam algumas vezes sólidas, algumas vezes transparentes. O pilotis libera o térreo; ao mesmo tempo, o terraço jardim recria no ar a terra que é perdida embaixo.

Podemos entender melhor esse conceito observando a planta baixa. Vimos como os vitorianos mudaram o planejamento de edifícios analisando necessidades e encontrando espaço e forma para cada função. Observamos então como Lutyens criou novas plantas fazendo com que o percurso pela casa fosse uma aventura incomum, e como Frank Lloyd Wright liberou a planta como um todo ao abrir os cantos, criando espaços que fluem entre si e, em última análise, para o exterior. Le Corbusier tinha um conceito bem diferente em mente. Ele viu o espaço interno ou volume de um grande cubo e então o dividiu, tanto horizontal quanto verticalmente, de modo que partes do cubo pudessem conter salas mais altas e outras partes, salas menores e mais baixas. Ele viu o edifício do modo que o pintor cubista interpretava os objetos; era, afinal, um pintor e via as formas como se *ele* estivesse em movimento.

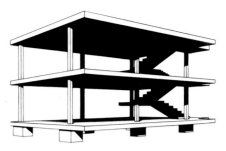

357 | **Le Corbusier**, *Casa Dom-ino*, 1914

A liberdade da planta e da fachada é explicitada por outro diagrama simples, porém profundamente marcante. O projeto para a Casa Dom-ino foi publicado em 1914 (*fig. 357*). É simplesmente uma armação (a base para habitação de baixo custo) consistindo em duas lajes de concreto mantidas separadas por colunas e ligadas apenas por uma escada aberta. A planta é bem independente da estrutura; as paredes e janelas podem ser colocadas onde quer que o projetista deseje, ou pode ser envidraçado em toda a volta. Embora virtualmente em toda a história da arquitetura as paredes tenham sido usadas para sustentar os pavimentos e o telhado, agora eles podiam ir para qualquer parte e se mover. É um diagrama ilusoriamente simples que afetou todo o futuro da arquitetura. Também explica o caráter da arquitetura moderna que é o mais óbvio e o mais desaprovado. Os telhados planos são convenientes porque tornam possível uma planta totalmente livre. Na arquitetura tradicional, telhados inclinados devem descansar sobre uma parede; agora se poderia colocar as paredes onde melhor aprouvesse.

O outro elemento crucial das teorias de Le Corbusier foi a criação do *Modulor*, uma escala de proporções arquitetônicas baseadas no corpo humano e na seção áurea (*fig. 358*). Ele viu que os arquitetos da Renascença, tais como Alberti, realizaram sistemas de proporções que conferiram a seus edifícios autoridade e a seus seguidores um conjunto de dimensões úteis que duraram por vários séculos. Le Corbusier foi além e produziu um sistema flexível que

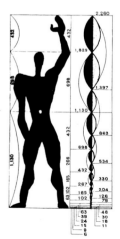

358 | **Le Corbusier**, *Modulor*, 1948

360 | **Le Corbusier**, Unité d'Habitation, Marselha, 1946–1952

aplicou em todos os seus edifícios posteriores. Isso gerou uma série de dimensões utilizáveis, todas relacionadas ao corpo humano e entre si, de modo a produzir uma fórmula precisa para proporções satisfatórias.

No Pavilhão Suíço da Cidade Universitária, em Paris (1930–1932; fig. 359), aplicou pilotis e janelas em fita. Ele introduziu a ideia de hierarquia de funções — a função repetitiva dos 45 dormitórios dos estudantes se expressa em uma laje elevada acima do solo sobre pesados suportes. As áreas comunais no piso térreo fluem livremente, delimitadas por uma parede de pedra em cascalho irregular.

Quase vinte anos depois, ele aplicou aquelas descobertas em uma escala colossal no revolucionário edifício que foi a mais grandiosa e singular referência da habitação social nos anos do pós-guerra, a Unité d'Habitation, em Marselha (1946–1952; fig. 360).

Com todas as suas dimensões retiradas do Modulor, o enorme bloco de 337 apartamentos duplex com 23 tipos diferentes apoia-se sobre pilotis sólidos de concreto marcados pelas fôrmas de madeira nas quais foi preenchido. Os apartamentos têm escadas internas; são acessados por corredores ou ruas internas largas. O edifício tem 18 pavimentos. A cerca de um terço da altura, o corredor interno é um setor comercial de dois níveis. E no pavimento superior não há apenas um terraço jardim, mas uma fantástica paisagem, diferente de tudo o que Le Corbusier havia produzido antes. Com concreto e plantas, incorpora um ginásio esportivo e uma pista de corrida, um jardim de infância, túneis e grutas onde as crianças brincam, uma piscina, assentos, uma sacada em balanço e um restaurante, tudo agrupado como uma enorme escultura contínua, na qual as características mais dramáticas são os enormes funis cônicos para sugar o ar para fora do edifício. Longe de ser o racionalista frio

359 | **Le Corbusier**, Pavilhão Suíço, Cidade Universitária, Paris, 1930–1932

361 | **Le Corbusier**, *Notre-Dame-du-Haut*, Ronchamp, França, 1950–1954

que uma de suas declarações sugere, de que 'a casa é uma máquina de morar', ele percebeu e essencialmente expressou em seus edifícios o grande ideal que havia prenunciado desde o início, que 'l'architecture est le jeu savant, correct et magnifique des volumes assemblés sous la lumière' — 'a arquitetura é o jogo magistral, correto e magnífico de volumes reunidos sob a luz'.

Como que para confundir seus críticos, Le Corbusier produziu em 1950–1954 uma pequena igreja que é considerada por muitos a mais grandiosa e singular obra arquitetônica do século. A Capela de Peregrinação de Notre-Dame-du-Haut em Ronchamp (*fig. 361*), no topo de uma colina nas montanhas Vosges, contém uma estátua supostamente milagrosa que atrai milhares de pessoas em ocasiões especiais. A capela é projetada de modo que os serviços principais possam acontecer do lado de fora. Por dentro é pequena, com três capelas menores que se elevam, modeladas na parte superior para deixar a luz entrar. Toda a capela é um estudo de iluminação. De um lado, as paredes são imensamente grossas, com janelas recuadas irregulares fechadas com vidro colorido; nas outras paredes, minúsculas janelas são túneis perfurados em diferentes ângulos. Com o movimento do sol, todo o interior se altera e parece estar vivo. O telhado é uma enorme casca de concreto, vergando-se para baixo no meio e nos cantos

362 | **Le Corbusier**, *Edifício da Assembleia Legislativa*, Chandigarh, Índia, 1956

se alçando aos céus, de modo que todo o edifício é visto como se chamando a atenção, ao mesmo tempo que convida a entrar. Apesar de toda a sua aparente irregularidade, é de fato planejado em torno de uma série de ângulos retos e linhas paralelas, todos dimensionados de acordo com o Modulor. Le Corbusier havia dito que 'nossos olhos são feitos para ver as formas na luz: cubos, cones, esferas, cilindros ou pirâmides são as grandes formas primárias'. São, em resumo, os sólidos clássicos.

A produção de Le Corbusier é considerável, bem como sua influência. Seu mosteiro em La Tourette, perto de Lyons (1957), se tornou um modelo para muitos edifícios comunitários em outros países, nenhum tendo obtido mais êxito do que a Faculdade de St. Peter, em Cardross, na Escócia, por Gillespie, Kidd e Coia (1964–1966). No período de produção mais intensa, ele projetou os edifícios do governo central na nova capital de Punjab em Chandigarh, Índia, com os Himalaias como pano de fundo. A Assembleia Legislativa (1956) é uma torre de resfriamento truncada (*fig. 362*); as Cortes de Justiça (1951–1956), em concreto bruto, possuem um gigantesco guarda-chuva de abóbadas rasas, que se estendem pela Alta Corte, as salas dos tribunais e o pórtico que se situa entre elas. O Secretariado (1951–1958) é um monólito de concreto armado vazado por um '*brise-soleil*' ('quebra-sol') para permitir a passagem das brisas, ao mesmo tempo que protege do sol.

Vimos alguns dos edifícios de Le Corbusier em detalhe porque eles fornecem a maior parte do vocabulário do arquiteto moderno e se tornaram efetivamente símbolos de seu tempo. Mas ele não estava de jeito nenhum sozinho no desenvolvimento da arquitetura moderna. Para vermos o Estilo Internacional em muitas de suas outras manifestações, devemos nos mover pela Europa e então atravessar para as Américas.

As pronunciadas divisões dentro do movimento foram especialmente marcadas na Alemanha após a Primeira Guerra Mundial. Por um lado, houve a facção representada por Erich Mendelsohn (1887–1953) e sua Torre

363 | **Erich Mendelsohn**, *Torre Einstein*, Potsdam, Alemanha, 1919–1921

Einstein, em Potsdam (1919–1921; *fig. 363*). Projetada como um laboratório astronômico para grandes cientistas, na realidade permitiu ao arquiteto marcar uma posição expressiva sobre a ciência nas formas fluidas esculturais em concreto (na realidade tijolos de argila recobertos com estuque). Por outro lado, o lado dominante do movimento moderno era mais anônimo e formal.

Em 1911, Walter Gropius (1883–1969) e Adolf Meyer (1881–1929) projetaram a Fábrica Fagus em Alfeld-an-der-Leine (*fig. 364*). Eles interpretaram suas paredes como uma membrana lisa de vidro e aço, imperceptivelmente interrompida pelos pilares estruturais. Gropius seguiu para fundar uma escola de design, a Bauhaus, que iria causar os impactos mais duradouros sobre a educação arquitetônica, especialmente nos Estados Unidos. A Bauhaus foi fundada em 1919 em Weimar, transferida em 1925 para Dessau e fechada em 1933, quando seus principais professores partiram para os Estados Unidos para escapar do regime nazista. O ensino era sobre design, construção e artes manuais. Sob a direção de Gropius e com artistas excepcionais como Paul Klee, Wassily Kandinsky e László Moholy-Nagy na equipe, insistia-se, como William Morris havia feito, na unidade fundamental que subjaz a todos os ramos do design e enfatizava-se a necessidade de uma análise racional e sistemática como ponto de partida de qualquer programa para uma construção séria.

Os próprios edifícios para a Bauhaus, projetados por Gropius em 1925–1926 (*fig. 365*), foram uma demonstração precisa desses princípios. Eles eram compostos de formas elementares simples, articuladas de acordo com sua função, arranjadas em uma composição de planos acoplados (*pinwheel*) com quinas envidraçadas, apresentando uma sequência dinâmica de sólidos e transparências. O ensino da Bauhaus se propagou por todo o mundo. Assim como a forma do edifício. Assim como a influência de seus professores, sobretudo Ludwig Mies van der Rohe (1886–1969), cujo local para uma exposição aberta, o Weissenhofsiedlung, em Stuttgart, de 1927, foi uma das plataformas pioneiras de edifícios residenciais com telhados planos, o que, mal ou bem, iria impactar de forma decisiva o desenvolvimento da arquitetura doméstica. A influência de Mies foi mundial. No campo educacional, sucedeu Gropius como diretor da escola da Bauhaus e depois levou suas lições consigo

364 | **Walter Gropius** e **Adolf Meyer**, *Fábrica Fagus*, Alfeld-an-der-Leine, Alemanha, 1911

365 | **Walter Gropius**, *Bauhaus*, Dessau, Alemanha, 1925–1926

para a América. No campo arquitetônico, no início dos anos 1920, ele projetou casas e arranha-céus de vidro e aço, e no Pavilhão da Alemanha na Exposição Internacional de Barcelona de 1929 (*figs. 366, 367*) criou o mais puro e elementar exemplo da planta livre sob um teto plano. Isso influenciou arquitetos por toda parte.

Nos Países Baixos, um grupo de artistas e arquitetos que se autodenominavam De Stijl (O Estilo) foi formado em Leiden em 1917. Eles publicaram uma revista influente com o mesmo nome, inspirada pelo trabalho do artista Piet Mondrian, que em suas pinturas e construções usou formas geométricas acopladas, superfícies lisas nuas e cores primárias. A Casa Schröder em Utrecht, de 1923–1924, por Gerrit Rietveld (1888–1964), é o exemplo excepcional da estética do De Stijl (*fig. 368*). É uma construção cubista de planos lisos em ângulos retos, disposta no espaço e articulada por cores primárias. Internamente, as paredes deslizam criando amplos espaços ininterruptos. Do lado de fora, é uma escultura abstrata, assim como é a conhecida cadeira

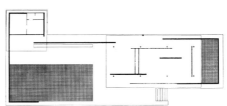

367 *Página oposta* | **Ludwig Mies van der Rohe**, *Pavilhão da Alemanha*, Exposição Internacional de Barcelona, 1928–1929

366 | *Pavilhão da Alemanha*, planta baixa

368 | **Gerrit Rietveld**, *Casa Schröder*, Utrecht, Países Baixos, 1923–1924

de Rietveld de linhas retas e cores primárias para aqueles que sacrificariam seu conforto, mas jamais suas convicções estéticas profundamente arraigadas. A Prefeitura em Hilversum (1927–1931), por Willem Dudok (1884–1974; *fig. 369*), era mais peremptória, com uma aparência enganosamente simples, utilizando a refinada tradição holandesa de paginação em tijolo para criar um edifício cívico digno sem pompa. Internamente, os espaços e cores são muito bem escolhidos e imensamente repousantes. Com sua mistura de conservadores e radicais, os arquitetos britânicos, em particular, o consideraram bem do seu agrado.

O Estilo Internacional recebeu uma injeção profunda de radicalismo na Grã-Bretanha por uma quantidade de refugiados dos regimes totalitários do Continente. O primeiro exemplo do estilo na Inglaterra foi a casa High and Over em Amersham (1929–1930), por Amyas Connell (1901–1980), que havia retornado de uma rápida viagem à Escola Britânica em Roma (onde havia aprendido sobre o trabalho de Le Corbusier) e projetado essa casa para o diretor da escola, para o grande desgosto dos residentes locais. Antes de partir para a América, Gropius passou algum tempo na Grã-Bretanha, onde se empregou em construções de escolas importantes e trabalhou com o jovem arquiteto Maxwell Fry (1899–1987), cuja Sunhouse em Hampstead (1936) foi um dos mais excepcionais exemplos do Moderno Internacional antes da guerra. Mas foi Berthold Lubetkin (1901–1990), um emigrado da Rússia, que realizou o mais dramático impacto. Sua

369 | **Willem Dudok**, *Prefeitura de Hilversum*, Países Baixos, 1927–1931

370 | **Berthold Lubetkin**, *Piscina dos Pinguins*, Zoológico de Londres, 1934

Piscina dos Pinguins no Zoológico de Londres (1934; *fig. 370*), com as surpreendentemente simples espirais de concreto descendo até a água, foi o mais sofisticado de todos os abrigos de animais naquele alegre zoológico. Com o Highpoint I e II em Highgate, Londres (1933–1938), sua firma Tecton (que recrutou alguns dos excelentes designers da geração seguinte) criou os mais aperfeiçoados exemplos do Estilo Internacional na Grã-Bretanha. O Highpoint era alto, com linhas puras, e foi finalizado de forma muito dispendiosa em concreto armado.

Entretanto, o Estilo Internacional só alçou voo realmente na Inglaterra após a Segunda Guerra Mundial. Daí, o comando foi tomado por escritórios de arquitetos públicos, notadamente os do Conselho do Condado de Londres, sob a liderança de Robert Matthew (1906–1975). O Royal Festival Hall, peça central do Festival da Grã-Bretanha de 1951, foi um edifício chave por três razões. Primeiro, foi o primeiro edifício público a empregar o estilo; segundo, tinha uma sequência magnífica de espaços internos fluidos que são totalmente característicos do Movimento Moderno; e terceiro, foi o primeiro edifício a demonstrar de forma abrangente a aplicação da acústica avançada. Tornou-se o principal exemplo internacional no design de salas de concerto.

Em um parque ondulado em meio a árvores maduras, o mesmo escritório abandonou a rua e estabeleceu em 1952–1955 em Roehampton, Londres, uma excepcional propriedade (*fig. 371*) daquilo que veio a ser conhecido como empreendimento misto — uma mistura de blocos de laje e corredores centrais de onze pavimentos, combinados com blocos de um, dois ou quatro pavimentos. Tornou-se internacionalmente famoso e representou uma alteração caracteristicamente britânica das teorias de Le Corbusier amalgamadas com as lições aprendidas na Escandinávia. Agora que as inadequações de morar em torres foram reveladas, o complexo

371 | **Conselho do Condado de Londres**, Londres, *complexo habitacional em Roehampton*, 1952–1955

372 | **Gunnar Asplund**, *Crematório do Bosque*, Estocolmo, 1935–1940

parece menos atraente; em sua época, parecia uma imagem heroica da sociedade do pós-guerra abrigada em grande escala.

Na Escandinávia, o Estilo Internacional havia sido aceito sem ansiedade ou esforço antes da guerra, em edifícios domésticos e públicos tais como museus, universidades, igrejas e hospitais. Dos projetos mais conhecidos, o Crematório do Bosque, em Estocolmo (1935–1940), por Gunnar Asplund (1885–1940), confere uma imagem de indelével dignidade e repouso com as mais simples das formas geométricas em uma composição sensível de capelas, crematório, columbário e cruz (*fig. 372*). A obra de Alvar Aalto (1897–1976) na Finlândia encontra-se em um patamar próprio. Aalto foi uma personalidade pública e um herói nacional — um mestre muito independente que combinou romance e tecnologia em uma quantidade de edifícios que são tanto práticos quanto intensamente pessoais. O mais famoso e referencial foi o Sanatório de Paimio (1929–1933; *fig. 373*), que testemunha a fama de seu arquiteto com um busto a ele dedicado no vestíbulo de entrada. O mais atraente é o Centro Cívico em Säynätsalo de 1950–1952 (*fig. 374*). É um pequeno conjunto de edifícios com telhados inclinados em tijolo vermelho, madeira e cobre, contendo uma câmara de conselho, escritórios municipais, biblioteca, lojas, banco e correios, agrupados em torno de um pátio

verde elevado em uma composição pitoresca. Aalto obteve sucesso ao criar uma arquitetura vernacular, humana, inspirada na paisagem de seu país, uma expressão livre, que evita totalmente a severidade doutrinária, e que pode ser descrita como um exemplo de romanticismo nacionalista.

Mas os Estados Unidos, com sua notória falta de controle público e muito dinheiro disponível, proporcionaram a oportunidade para algumas das mais espetaculares realizações do movimento moderno. Um dos primeiros ensaios no Estilo Internacional foi a Casa de Praia Lovell em Newport Beach, Califórnia (1925–1926), por Rudolf Schindler (1887–1953). Schindler nasceu em Viena, onde sofreu influência de Otto Wagner. Emigrou para os Estados Unidos em 1913. Mas foi por meio dos edifícios comerciais que o movimento se espalhou rapidamente. A quebra da Bolsa de Wall Street de 1929 estancou a explosão de construções corporativas que se seguiu à Primeira Guerra Mundial. Naquele período, o Chrysler Building em Art Déco, de Nova York (1928–1930; *fig. 375*) por William Van Alen

373 | **Alvar Aalto**, *Sanatório de Paimio*, Finlândia, 1929–1933

374 | **Alvar Aalto**, *Centro Cívico*, Säynätsalo, Finlândia, 1950–1952

(1883–1954), já estava em fins de construção, e o Empire State Building (1930–1932) estava sendo planejado. Projetado por Shreve, Lamb e Harmon, esse último foi por um longo tempo o edifício mais alto do mundo. The Rockefeller Center, em Nova York (1930–1940), por Reinhard e Hofmeister e outros, empregou o tema em uma escala ainda mais extensiva. Um grupo de edifícios de escritório e lazer em um terreno com cinco hectares é uma elegante composição que tira partido das linhas e planos do movimento vertical.

Os refugiados da Bauhaus tiveram seu impacto. Gropius e Marcel Breuer (1902–1981), o mais brilhante estudante que a Bauhaus jamais teve, trouxeram suas doutrinas para os Estados Unidos em uma pequena e modesta casa para Gropius em Lincoln, Massachusetts (1937–1938), aplicando as técnicas americanas de construção em madeira ao volume Moderno europeu. Uma referência suprema foi Mies van der Rohe, não apenas por seus próprios edifícios, mas também pela obra dos americanos que trabalharam para ele.

Philip Johnson (*n.*1906) se apropriou dos temas de Mies em aço e vidro, exibidos em seu projeto da Bauhaus para uma casa de vidro (1921), criando para si em New

376, 377 | **Philip Johnson**, *Casa de Vidro*, New Canaan, Connecticut, 1949, planta e exterior

375 | **William Van Alen**, *Edifício Chrysler*, Nova York, 1928–1930

Canaan, Connecticut, um primoroso grupo de edifícios (1949; figs. 376, 377) que conformam um exercício rigoroso de transparência, usando a vista externa como paredes. A partir dos projetos de Mies para os arranha-céus envidraçados de 1923, a importante firma de Skidmore, Owings e Merrill encontrou inspiração para a primeira realização real de suas ideias visionárias. O edifício Lever House em Nova York (1951–1952; fig. 378) se tornou o modelo de edifícios altos em todo o mundo — a cortina de vidro azul-esverdeado em seções de aço leve envolvendo o exterior da estrutura principal, a tecnologia das instalações, que determinou um padrão internacional, e a organização básica de um prisma alto e esbelto sobre um embasamento baixo contendo os acessos e as áreas sociais maiores.

O próprio Mies desenhou, entre outros projetos, os Apartamentos de Lake Shore Drive, em Chicago, de 1951. Os blocos de 16 pavimentos possuem uma disciplina exata, que se estende até mesmo aos locatários, dos quais se espera que mantenham as persianas em cores padronizadas na posição correta para que as fachadas pareçam apropriadamente ordenadas. Ele trabalhou com Philip Johnson no que quase parece ser o edifício final de sua escola. O Edifício Seagram em Nova York, de 1954–1958 (ver p. 9), foi recuado para proporcionar uma visão total do bloco de 38 pavimentos, e para criar um novo espaço cívico. A sede de uma companhia de uísque que não limitou as despesas foi um avanço sobre o Edifício Lever, marrom na cor de seu vidro e suas vigas de fachada em bronze, monumental em seus detalhes e rico nos materiais de acabamento. Depois disso, ficou difícil ver o que mais poderia ser feito em termos de refinamento; a geração seguinte começou a procurar algo mais pessoal.

378 | **Skidmore, Owings** e **Merrill**, *Casa Lever*, Nova York, 1951–1952

379 | **Oscar Niemeyer**, *Edifícios Governamentais*, Brasília, 1958–1960

Na América do Sul uma arquitetura mais espetacular estava nascendo. A principal inspiração foi de novo Le Corbusier, que havia ido ao Rio de Janeiro em 1936 como consultor de um projeto para o edifício do Ministério da Educação (1936–1945), um de seus projetos tipicamente referenciais empregando um *brise-soleil* para o sombreado da parede envidraçada. Depois da Segunda Guerra Mundial, o Brasil explodiu em uma arquitetura exuberante própria. Lucio Costa (1902–1998) foi o planejador da nova capital de Brasília, tendo vencido a competição por seu projeto em 1957. O arquiteto para a maioria dos edifícios centrais foi Oscar Niemeyer (1907–2012). O Palácio Presidencial (1957), uma bastante pretensiosa versão da casa em pilotis, expressa a personalidade extravagante de Niemeyer e provavelmente algo do orgulho brasileiro em sua nova capital. O conjunto central (1958–1960; *fig. 379*), dominando a Praça dos Três Poderes (1958–1960), define suas funções específicas em formas geométricas elementares distintas. Os três sólidos básicos lisos possuem um poder quase tão grandioso quanto os esquemas geométricos de Boullée. As torres gêmeas abrigam os escritórios administrativos, a cúpula abriga o Senado, e o pires, a Câmara dos Deputados. Há algo quase irreal sobre a pura geometria de Brasília, que deve ter algo a ver com sua atual impopularidade — o sonho de um arquiteto, diz-se, que tem pouco a haver com as necessidades da população.

No México, a nova arquitetura ganhou um salto espetacular com Felix Candela (*n.*1910), que veio para o México após a Guerra Civil

380 | **Felix Candela**, *Igreja da Virgem Milagrosa*, Cidade do México, 1954

Espanhola e se estabeleceu como arquiteto e construtor. Ele é especialmente famoso por sua obra desenvolvida sobre paraboloides hiperbólicas, uma superfície arqueada gerada por linhas retas e que pode ser construída de forma econômica. Um homem incomum com um raro entendimento da geometria tridimensional e das propriedades dos materiais, foi influenciado por Gaudí, como se pode ver em sua maior obra, a Igreja da Virgem Milagrosa, na Cidade do México (1954; fig. 380). Sua estrutura consiste em uma série dramática de colunas torcidas e abóbadas em curvas duplas que são na realidade paraboloides hiperbólicas. A planta de uma igreja convencional é transformada em um interior original e distintamente mágico.

Aqui, poderíamos considerar que as possibilidades inerentes ao Estilo Internacional e os desenvolvimentos técnicos que o acompanharam chegaram a um fim. Ou isso pode ser expresso de outra forma. O Moderno Internacional foi pensado como uma arquitetura total, que rejeitava todos os estilos tradicionais. Agora era visto apenas como outro estilo específico. Ao final dos anos 1950, os arquitetos pareciam estar ansiando por algo que pudesse combinar originalidade e individualidade, sem sacrifício do imperativo funcional. De fato, como a face do mundo estava se alterando, da mesma forma mudavam as concepções que as pessoas tinham sobre o espaço. A busca por um novo estilo se reiniciava.

## 21 A Arquitetura do Pluralismo: O Fim das Certezas

Para os homens e mulheres responsáveis pela gênese do Estilo Internacional, ele foi a culminância de todas as coisas — uma arquitetura para cada homem em cada país de todas as formas, em um corajoso novo mundo que era menor do que nunca antes. 'Parecia', como o grande historiador de arquitetura de nosso tempo (Nikolaus Pevsner) insistia, 'loucura pensar que qualquer um desejaria abandoná-lo'. Mas a história da arquitetura não tem fim. A mente humana é infinitamente engenhosa e criativa. Enquanto alguns arquitetos podem ter pensado que haviam chegado a uma resposta final, outros estavam imaginando edifícios que iriam perturbar o *status quo* do mesmo modo com que o movimento moderno havia perturbado a situação estabelecida no início do século.

Um crítico bem informado sobre a cena contemporânea disse que o movimento moderno chegou ao fim em julho de 1972, quando os apartamentos Pruitt Igoe em St. Louis, projetados por Minoru Yamasaki (1912–1986), foram implodidos. Eles haviam sido finalizados em 1955; haviam recebido um prêmio do Instituto de Arquitetos Americano. Foram vandalizados, desfigurados, mutilados, e tinham testemunhado uma taxa de crimes maior do que qualquer outro empreendimento daquele tipo. O incidente não foi o último. Em 1979, dois blocos de múltiplos pavimentos de apartamentos em Liverpool, construídos em 1958, foram similarmente demolidos. Muitos mais têm sido demolidos desde então. A ironia é que esses edifícios foram exemplos maiores de arquitetura social. Foram feitos para ser a arquitetura de cada homem, habitação para as pessoas.

O que houve de errado durante esses últimos vinte anos? O que aconteceu foi que ambas as partes — arquitetos e observadores — perderam a confiança no que conheciam como movimento moderno. Para os observadores, isso aconteceu principalmente nos anos 1960, não apenas na Inglaterra e na América, mas em todo o mundo. Os edifícios que mais caíram na estima pública foram os dois tipos que conferiram a estatura do movimento moderno tardio e caracterizaram as cidades modernas — habitação social e empreendimentos corporativos. Os braços do movimento querendo alcançar a democracia social nas áreas de habitação e o sucesso comercial nos centros urbanos repentinamente pareciam estar abraçando um monstro. Os críticos que antes haviam falado de arquitetos como heróis da nova sociedade agora acreditavam que na verdade eles estavam arruinando as cidades e tratando as pessoas com desdém.

No que se refere aos arquitetos, eles não tinham mais tanta certeza de para onde estavam indo. Como em muitos aspectos da vida, quando as pessoas estão menos confiantes sobre si mesmas é que se tornam mais dogmáticas; não há necessidade de dogmas em um mundo de certeza moral.

381, 382 | **Jørn Utzon** e outros, *Ópera de Sidney*, 1957–1973, vista aérea e detalhe das conchas da cobertura

Assim, a arquitetura, o que quer que o público tenha pensado, começou a seguir em muitas direções. Em vez de reconhecer uma única corrente principal, os arquitetos começaram a percorrer caminhos diferentes, alguns deles bastante irreconciliáveis com outros. E não era só isso. Eles se apaixonaram pelo que os designers muitas vezes se deixaram seduzir, mas não tão dramaticamente quanto nesse século — os 'ismos' da arte e da arquitetura. Além do ressurgimento do tradicionalismo, houve o Brutalismo, o Historicismo, o Construtivismo, o Futurismo, o Neoplasticismo, o Expressionismo, o Funcionalismo Utilitário, o Novo Empirismo, o Organicismo, o Metabolismo, o Neometabolismo e o Pós-Modernismo. Talvez isso signifique somente que, como muitas coisas em nossa sociedade, a arquitetura mais recente seja caracterizada como Pluralismo.

O único estilo que continuou e agora se torna um estilo de moda mais do que uma forma elementar de construção foi o vernacular. E o único aspecto da arquitetura que continuou firmemente seu caminho, algumas vezes a despeito dos arquitetos, algumas vezes em resposta aos desafios apresentados por eles, foi o desenvolvimento tecnológico. A tecnologia avançou dramaticamente, não tanto através de novas descobertas, mas por meio do refinamento de ideias inovadoras do início do século XX.

Houve uma evolução significativa no uso da maior parte dos materiais no projeto estrutural. As conchas de concreto estrutural, usadas no terminal da TWA no Aeroporto Internacional J.F. Kennedy, em Nova York, foram desenvolvidas (*fig. 383*). Em aço, a treliça espacial, um sistema tridimensional para distribuir homogeneamente a carga em todas as direções, venceu vãos notáveis; se dobrada como uma esfera, se transforma em uma cúpula geodésica. As superfícies arqueadas introduzidas por Candela produziram uma grande família de estruturas espaciais, demandando diferentes tipos de análises de estruturas que poderiam ser reduzidas a duas dimensões. Experimentos dramáticos têm sido realizados com coberturas tensionadas e estruturas pneumáticas, nas quais o ar dentro do edifício, com apenas um pouco mais de pressão que a exercida pelo ar exterior, sustenta um envelopamento plástico sem suportes mas com uma ancoragem — o oposto da estrutura tradicional. Tais desenvolvimentos ainda estão na sua primeira infância.

Estruturas tradicionais têm sido muito refinadas. De modo a resistir à carga do vento em grandes alturas, a armação tradicional do edifício em altura desenvolveu formas estruturais híbridas, tais como o núcleo duro, a parede da cruz e a pele exterior escorada, de modo que o edifício de fato atue como um balanço em projeção. Alguns materiais têm sido industrializados para que mais componentes sejam pré-fabricados. Essa tendência tem tido uma história desequilibrada, mas podemos presumir que mais componentes provavelmente serão feitos em uma fábrica e comprados, de certa forma, direto da prateleira, como já acontece com uma considerável proporção de edifícios modernos. Se o aço e o concreto foram os materiais estruturais essenciais do movimento moderno inicial, o material onipresente de hoje é o vidro. O vidro tem sido testado e

383 | **Eero Saarinen**, *Terminal TWA*, Aeroporto Internacional J.F. Kennedy, Nova York, 1956–1962

desenvolvido não apenas para janelas, mas para estruturas e revestimentos e paredes — e é usado em eletrônica.

Todavia, é o desenvolvimento de instalações técnicas em um edifício, aliado a inovações, tais como ar condicionado e acústica, que tem promovido as mais essenciais mudanças no modo com que os edifícios são concebidos, construídos e utilizados. Edifícios altos em particular são concebidos de forma distinta se todas as suas instalações, desde elevadores até água e ar, forem controladas. Por outro lado, tais instalações são intensivos consumidores de energia. Um divisor de águas para alguns países — e talvez para o futuro da arquitetura — foi a crise do petróleo de 1973, tendo como resultado maior consideração em relação a fontes alternativas de energia, tais como o sol, o vento e a água. Tem havido também muitas tentativas para aprimorar a eficiência do uso convencional de energia em edifícios.

Essencialmente, o arquiteto de hoje e de amanhã tem que dominar a tecnologia disponível em uma escala sem precedentes. A geração de um novo edifício, portanto, depende largamente de decisões tomadas no momento inicial sobre que parte do custo será despendida nas instalações técnicas e que parte o será em acomodação. E isso irá afetar todo o estilo e aparência do edifício, assim como sua conveniência. Solidez, utilidade e deleite têm um significado ampliado pela tecnologia moderna.

Tornou-se mais óbvio a cada ano que o Estilo Internacional não poderia ser tudo na arquitetura. Alguns arquitetos se voltaram aos estilos clássicos; outros foram mais positivos, como na Itália, onde a Torre Velasca em Milão (1956–1958; *fig. 384*), pela firma de Belgiojoso, Peressutti e Rogers, foi um protesto deliberado contra a insipidez e a lisura do Moderno Internacional. Os oito pisos superiores da torre de vinte e seis pavimentos se alargam sobre enormes e pesadas mãos-francesas de concreto de três níveis de altura. As janelas se espalham sobre a fachada como se alguém houvesse atirado ali um punhado de janelas.

384 | **Belgiojoso**, **Peressutti** e **Rogers**, *Torre Velasca*, Milão, 1956–1958

385 | **Louis Kahn**, *Edifício de Pesquisas Médicas Richards*, Universidade da Pensilvânia, Filadélfia, 1958–1960

Ela configurou uma crítica rude sobre a formalidade e a chatice do edifício corporativo moderno usual.

Ao mesmo tempo, Eero Saarinen (1910–1961) surpreendeu a América com seu terminal da TWA maleável, arrojado e com jeito de pássaro, no Aeroporto Internacional J.F. Kennedy, em Nova York (1956–1962). Repentinamente, em lugar de um moderno anônimo, ali estava algo dinâmico, mas também simbólico dos voos que são a *raison d'être* do edifício. E ainda mais intenso e dramático foi o arquiteto Louis I. Kahn (1901–1974), cujo Edifício de Pesquisas Médicas Richards, na Pensilvânia (1958–1960; *fig. 385*), com seus espaços que 'servem' ou são 'servidos' compostos de modo que o exterior se assemelhe a enormes dutos, se tornou um modelo para estudantes. Sua Assembleia Nacional em Dacca de 1962 resgatou o uso de princípios axiais ensinados da escola de Belas-Artes de Paris, no século XIX. O movimento moderno estava assumindo novas e emocionantes feições.

Se aqueles edifícios assinalaram uma parte da campanha de abertura, o arquiteto

287

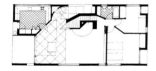

386 | **Robert Venturi**, *casa em Chestnut Hill*, Filadélfia, 1962–1964

387 | *Casa em Chestnut Hill*, plantas baixas do térreo e primeiro pavimento

que expressou esse ânimo mais explícita e concisamente, tanto com palavras quanto com ações, foi Robert Venturi (*n.* 1925). Seu livro *Complexidade e Contradição na Arquitetura* (1966) argumenta por algo além das formas unitárias do movimento moderno; ele queria uma arquitetura de significado e interesse popular em lugar de abstrações. A casa que construiu para sua mãe em Chestnut Hill, Filadélfia, em 1962–1964 (*figs. 386, 387*) é reconhecida como um exemplo-chave da linguagem complexa, inesperada e metafórica de sua escola de design. A ambiguidade é ainda mais surpreendente em edifícios tais como o Franklin Court, na Filadélfia (1976), onde se veem os edifícios através de um esqueleto que registra o contorno das casas antigas.

Venturi e seus sócios John Rauch (*n.* 1930) e Denise Scott-Brown (*n.* 1931) estavam expressando um humor que iria resultar em algumas mudanças incomuns e emocionantes. Na Espanha, e depois na França, o arquiteto catalão Ricardo Bofill (*n.* 1939) construiu alguns edifícios ricamente coloridos e complexos. Seu Palais d'Abraxas nos arredores de Paris (1978–1983) é um complexo habitacional de dez pavimentos contendo quatrocentos apartamentos, cujo ritmo é dado por enormes colunas jônicas de concreto. O complexo Les Arcades du Lac em Marselha (1970–1975) é pontuado por cinco enormes arcos. Os 386 apartamentos de baixo custo foram descritos como classicismo monumental ou classicismo tecnológico; ele transformou não pela primeira vez na história moderna, e provavelmente de forma desastrosa, a habitação de massa em um monumento público. Por outro lado, o engenheiro espanhol Santiago Calatrava (*n.* 1951) produziu em muitas partes do mundo estruturas tão elegantes, dramáticas e originais que seriam aceitas como grandes obras de arquitetura. Elas incluem tudo, desde uma cadeira a um museu, uma sala de concerto, muitas pontes, um centro comercial, um estádio olímpico, uma estação de trem e um aeroporto, e duas das mais características são a Ponte Alamillo em Sevilha (1987–1992) e a estação do TGV no Aeroporto Lyons-Satolas (1988–1992; *fig. 407*).

A busca por um novo classicismo, pelo que se havia tornado conhecido como o classicismo Pós-Moderno, em nenhum lugar é mais habilmente representado que pelo trabalho de Charles Moore (1925–1993) nos Estados Unidos, um professor erudito de arquitetura na Universidade de Los Angeles e um projetista brilhante do pastiche clássico. Sua casa em Santa Bárbara, na Califórnia (1962), expressa o conceito espacial de edifícios clássicos. Sua Piazza d'Italia em Nova Orleans (1975–1978; *fig. 388*) é um espaço público aprazível, com chafarizes, fachadas coloridas, painéis e detalhes clássicos como capitéis jônicos elaborados em aço inox. Na Universidade de Santa Cruz na Califórnia ele criou um cenário chamado Kresge College (1973–1974), um caminho irregular permeando

388 | **Charles Moore**, *Piazza d'Italia*, Nova Orleans, 1975–1978

grupos de habitações e uma paisagem organizada de um modo que teria agradado a algum arquiteto do pitoresco do início do século XIX.

Se o Estilo Internacional estava buscando unidade, anonimato e simplicidade, o estilo que o substituiu buscava complexidade e diversão. Ele apelava para memórias históricas (mas não precisão histórica) e o contexto local. Tirava partido do vernacular, gostava de edifícios metafóricos e que tivessem tipos espaciais ambíguos, usava uma variedade de estilos, mesmo em um único edifício, e apreciava imagens e símbolos. O arquiteto não buscava mais um modo único para o verdadeiro estilo moderno ou por soluções utópicas; ele buscava a individualidade e muitos caminhos diferentes; dizia adeus a Mies van der Rohe e retornava a Gaudí e a Le Corbusier de Ronchamp.

Alguns dos mais dramáticos exemplos do novo estilo pluralista estavam na América e no Canadá. Eamon Roche (*n.* 1922) e John Dinkeloo (1918–1981), por exemplo, desenvolveram a Sede da Fundação Ford, em Nova York, em 1967. Ela possui um amplo *foyer* tipo estufa, elevando-se por doze pavimentos com escritórios e áreas comuns que a envolvem em dois de seus lados. John Portman (*n.* 1924) projetou, e como incorporador construiu, alguns impressionantes hotéis da cadeia Hyatt Regency, como o espetacular em São Francisco (1974), que possui amplos volumes interiores com tratamento paisagístico de plantas pendentes e expressa um luxo que transforma a estada no hotel em uma experiência exótica. No Canadá, na Exposição Expo '67 em Montreal, os Estados Unidos empregaram seu mais brilhante e verborrágico engenheiro, Buckminster Fuller (1895–1983), para criar seu pavilhão, uma enorme cúpula de 75 metros de diâmetro, uma estrutura geodésica de triângulos e elementos hexagonais cobertos com uma pele plástica (fig. 389). Fuller acreditava que comunidades inteiras poderiam viver em tal 'microcosmo físico benigno'. No mesmo evento, a mais memorável exibição permanente foi o complexo habitacional Habitat por Moshe Safdie (*n.* 1938) e colegas, um aglomerado de 158 habitações pré-fabricadas em uma calculada aparência de desordem, uma tentativa de criar uma vida urbana informal, combinando privacidade, contato social e instalações modernas (fig. 390).

389 | **Buckminster Fuller**, *Pavilhão dos Estados Unidos*, Expo '67, Montreal, 1967

390 | **Moshe Safdie**, *complexo habitacional Habitat*, Montreal, 1967

Na Alemanha, Hans Scharoun (1893–1972) produziu em idade avançada a Sala de Concertos da Filarmônica de Berlim (1956–1963; figs. 391, 392), que pode parecer à primeira vista uma obstinada expressão pessoal, mas na realidade é uma solução racional para problemas acústicos e o desejo de criar uma relação entre a audiência e a orquestra. A fantástica elaboração espacial é o resultado de um arranjo acústico criativo de assentos em 'vinhedos' escalonados e em torno dos músicos, uma resposta exitosa para as demandas precisas da grande orquestra que abriga. Quando os Jogos Olímpicos aconteceram em Munique, em 1972, o imenso estádio era uma grande tenda (fig. 393) que utilizava o princípio de tensão em oposição a curvaturas opostas, do engenheiro Frei Otto (n. 1925) com os arquitetos Behnisch e Associados. Uma teia de cabos de aço cobertos por folhas de acrílico transparente foi suspensa em pilares por cordas de aço, criando um escudo protetor ondulante translúcido que virtualmente não projeta sombra.

A Inglaterra foi pela primeira vez menos arriscada na estrutura e mais experimental no estilo e no ambiente. Após um breve interlúdio conhecido como Novo Brutalismo, no qual os arquitetos influenciados pelos últimos edifícios de Le Corbusier usaram materiais (principalmente aço e concreto) 'como encontrados', sem nenhuma tentativa de disfarçá-los ou torná-los atraentes, alguns avanços notáveis se desenvolveram no ambiente construído, tanto interna quanto externamente. Os Edifícios Economist, em Londres (1962–1964), por Peter (n. 1923) e Alison Smithson (n. 1928), são torres de alturas variadas em um cenário do século XVIII; representaram um exercício de planejamento renascentista (fig. 395). Com o Edifício de Engenharia para a Universidade de Leicester

391 | **Hans Scharoun**, *Sala de Concertos da Filarmônica de Berlim*, 1956–1963

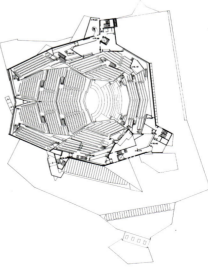

392 | *Sala de Concerto da Filarmônica de Berlim*, planta baixa

393 | **Frei Otto, Behnisch e Associados**, *Estádio Olímpico*, Munique, 1972

394 | **James Stirling** e **James Gowan**, *Edifício da Engenharia*, Universidade de Leicester, 1963

395 | **Alison** e **Peter Smithson**, *Edifícios Economist*, Londres, 1962–1964

(1963), James Stirling (1926–1992) e James Gowan (*n*. 1923) criaram um complexo original de oficinas de ensino, laboratórios de pesquisa, auditórios, salas administrativas e escritórios, utilizando uma interpretação lógica brutal das funções e economia do edifício para criar um imaginário distinto (fig. 394). No Teatro Nacional Real, em Londres, *Sir* Denys Lasdun (*n*. 1914), um dos sobreviventes do Tecton, criou um exterior brilhante, mas de certo modo ameaçador, composto em concreto, e alguns espaços internos maravilhosos circundando e conduzindo a três teatros distintos. Poucos anos depois, Michael Hopkins (*n*. 1935) foi responsável pelo elegante e estruturalmente brilhante Mound Stand no campo de críquete dos Lordes, em Londres (1987).

Mas talvez o destacado sucesso na Grã-Bretanha do movimento diverso sejam os escritórios para Willis Faber e Dumas, Ipswich, por Norman Foster (*n*. 1935), em 1974 (fig. 396). O bloco de planta longitudinal com três pavimentos se assenta sobre todo o terreno irregular e é envolvido por uma parede ondulante de janelas em painéis de vidro reflexivo, por trás da qual sistemas de controle ambiental altamente mecanizados proporcionam condições de trabalho extraordinariamente equilibradas. Os reflexos da parede de vidro são a característica dominante do edifício, um padrão constantemente variável de cor e luz. O Hong Kong and Shanghai Bank em Hong Kong (1979–1986; fig. 397), também por Foster, glorifica, a um custo considerável, a mais avançada utilização da tecnologia — não apenas em seus sistemas de ventilação e aquecimento computadorizados, comunicações, controles, iluminação e acústica, mas também em seus materiais, que são originários de pesquisa em astronáutica. Nisso, confere-se à arquitetura um círculo completo. Pois em muitos momentos na história, a arquitetura incorporou a mais avançada tecnologia de seu tempo. Agora promete usar a tecnologia avançada do espaço. Nesse contexto e vibrantemente expressando o axioma de Sullivan de que 'a forma segue a função', Foster produziu um ainda mais brilhante edifício para o Aeroporto Stansted (1991).

E há ainda mais variações. Com o Centro Cívico de Hillingdon (1977), Andrew Derbyshire (*n*. 1926) de Robert Mathew, Johnson Marshall e associados ofereceu a mais extensa demonstração do 'vernacular' jamais vista, com telhados se intercalando em vários ângulos e texturas em tijolo tirando o máximo proveito da tradição nativa. Considerado no entanto por muitos o exemplo de maior destaque da nova

396 | **Norman Foster**, *Edifícios Willis Faber e Dumas*, Ipswich, 1974

arquitetura na Grã-Bretanha é o Byker Wall em Newcastle (1977), uma longa linha ondulante de habitações em tijolo paginado com paisagismo denso por Ralph Erskine (*n.* 1914), que fez dele um exercício sobre arquitetura comunitária, envolvendo os locatários em todos os estágios do projeto.

Tanto na Grã-Bretanha quanto em outros países, alguns dos que obtiveram maior êxito, bem como exemplos corajosos de arquitetura recente, foram os museus, que possuem as verdadeiras funções modernas de abrigar a história e atrair o público a um novo centro social. Eles incluem a Neue Staatsgalerie em Stuttgart (1984; *fig. 398*), por James Stirling, o Kimbell Art Museum, em Fort Worth, no Texas (1972; *fig. 399*), por Louis Kahn, e o Burrell Collection em Glasgow (1972), por Barry Gasson (*n.* 1936).

Paris recebeu o mais radical exemplo da arquitetura moderna reconsiderada. O Centro Pompidou (1971–1977; *fig. 400*) foi projetado por um italiano, Renzo Piano (*n.* 1937), e um inglês, Richard Rogers (*n.* 1933). O requisitado foi uma quantidade de espaços internos ininterruptos e a infraestrutura técnica para a exibição de objetos e para outras funções, tais como uma biblioteca e serviço de informações. A demanda foi alcançada do jeito moderno mais dramático, deixando o interior livre e colocando todos os serviços do lado de fora — canos, tubos, escadas rolantes e estrutura. O mesmo processo foi seguido por Rogers no edifício para o Lloyds em Londres (1978–1986). Comparado a um edifício tradicional, o edifício moderno está de cabeça para baixo, de fora para dentro e de trás para a frente. Na Bélgica, na Universidade de Louvain, Lucien Kroll (*n.* 1972) demonstrou, nos alojamentos de estudantes e na praça (1970–1977), que poderia também parecer que estava despencando.

Na Holanda, Herman Herzberger (*n.* 1932) criou para a firma Central Beheer em Apeldoorn, em 1974, um complexo conjunto tridimensional de espaços de trabalho individuais, quase uma vila de trabalhadores com conjuntos de partes padronizadas.

Na Finlândia, antes dominada pelo singular e zeloso Alvar Aalto, um excepcional e ainda mais original seguidor foi Reima Pietilä (*n.* 1923). Suas igrejas e bibliotecas, como a de Tampere (1988), tiram partido da forma orgânica. Ele descreveu sua Residência Oficial para o Presidente da Finlândia (1987) como a expressão de 'mitológicas forças da natureza finlandesa: glaciação vazante e subsequente elevação da terra'.

O Japão e outras regiões do Oriente longínquo vislumbraram alguns dos mais dramáticos exemplos de arquitetura experimental avançada. Na estrutura de, por exemplo, Kenzo Tange (*n.* 1913), o brilhante discípulo de Le Corbusier criou um refinado exercício de ginástica estrutural criativa para os dois salões esportivos das Olimpíadas de Tóquio de 1964 (*fig. 401*). Ambos são cobertos por enormes telhados tipo tenda, cujas lâminas são esticadas a partir de cabos de aço, parecendo refletir o espírito e o vigor

397 | **Norman Foster**, *Hong Kong and Shanghai Bank*, Hong Kong, 1979–1986

398 | **James Stirling**, *Neue Staatsgalerie*, Stuttgart, 1984

399 | **Louis Kahn**, *Kimbell Art Museum*, Fort Worth, Texas, 1972

das atividades esportivas. Tange já havia desenhado alguns projetos grandiosos tais como aquele de uma cidade projetada sobre a Baía de Tóquio. A cena arquitetônica japonesa é cheia de tais façanhas — habitações se projetando ou mesmo submersas no mar, enormes blocos residenciais escalonados, ambientes corporativos complexos, edifícios capazes de se expandirem e contraírem e se modificarem — o tema dos Metabolistas — que tentaram criar uma arquitetura a partir do entendimento do que acontece em processos biológicos.

O mais memorável é a Torre de Cápsulas Nakagin em Tóquio, por Kisho Kurokawa (*n.* 1934) de 1972 (*fig. 402*). A evolução do Japão em sistemas industrializados de pré-fabricação residencial está entre as mais avançadas do mundo. Kurokawa forneceu a armação para um sistema de encaixes de pequenas unidades habitacionais constando de um banheiro, uma cama de casal, cozinha, depósito e área de estar; tudo em um espaço de 2,40 × 3,60 metros. Cada unidade possui seus próprios controles de aquecimento, ventilação e ar condicionado. Para o observador, é quase como um quebra-cabeça japonês de madeira antigo e a geometria intertravada de suas estruturas de templos em madeira. Dizem que Kurokawa teceu comentários sobre as cápsulas: 'São como gaiolas de pássaros. Você vê que no Japão construímos ninhos de pássaros em caixas de concreto com buracos redondos e os colocamos nas árvores. Eu construí esses ninhos para executivos itinerantes em visita a Tóquio, para solteiros que voam para dentro deles com seus pássaros.'

O mais espetacular — e de certo modo o menos satisfatório — de todos os edifícios públicos modernos é a Opera House em Sydney (*figs. 381, 382*). Foi iniciado pelo

400 | **Richard Rogers** e **Renzo Piano**, *Centro Pompidou*, Paris, 1971–1977

arquiteto dinamarquês Jørn Utzon (n. 1918) em 1957, depois que venceu um concurso, e finalizado pela equipe de Hall, Littlemore e Todd em 1973. Utzon esboçou o mais criativo e expressivo conjunto de conchas em concreto armado em um píer espetacular projetando-se sobre o porto de Sydney. Sob as conchas — ou sobre o embasamento sobre o qual estão dispostas — encontram-se uma sala de concertos, uma ópera, um teatro, um cinema e restaurantes.

De fato, elas não são conchas, que teriam sido impossíveis de construir nessa escala, mas placas pré-moldadas em concreto formadas com ladrilhos cerâmicos permanentes sobre a superfície. Utzon se demitiu antes que o trabalho estivesse terminado, e o interior finalizado não guarda nenhuma relação com o exterior. Mesmo assim, permanece como uma das mais dramáticas e inspiradoras imagens arquitetônicas do século XX. A arquitetura é mais uma vez capaz de fazer um grande gesto e encher as pessoas de espanto.

O que aconteceu desde então? Quais exemplos melhor ilustram a nova e animada visão que se recusa a aceitar que o melhor está acabado e agrega outra família de obras-primas à história? Entre eles estão as brilhantes pirâmides de vidro (1989) do arquiteto americano I.M. Pei (n. 1917), que iluminam e dão acesso aos novos espaços de acomodação abaixo do Pátio de Napoleão do Louvre de Paris (fig. 403); o estonteante Grande Arche de la Défense (1983–1989), por Johann Otto von Spreckelsen (1929–1987), de não menos que 35 pavimentos de escritórios no interior de um monumento, com laterais em mármore carrara, maior que uma catedral gótica; as deslumbrantes torres de água com formato de cogumelo do Kuwait (1981) por V.B.B. Sweden; as fantásticas pétalas do 'lírio' em concreto do Templo Baha'i em Délhi (1987), por Fariburz Sabha; a 'montanha-russa' do estádio de futebol em Sydney, Austrália (1988), por Cox, Richardson e Taylor; e as curvas serpenteantes parcialmente subterrâneas dos novos edifícios do Parlamento (1988), pela firma de Mitchell/Giurgola e Thorp em uma colina em Camberra que expressa a ideologia democrática daquele vigoroso país.

Mais tradicionais no caráter, mas não menos positivos como marcos arquitetônicos, são os exemplos britânicos, tais como a Casa Richmond de William Whitfield (1976–1987) para o ministério do governo em Whitehall, Londres, ou a sua Biblioteca da Catedral em Hereford (1996). Na antiga zona portuária de Londres existem uma quase desconcertante variedade de novos escritórios e casas e um memorável posto de gasolina (1988), como uma versão colorida de um templo

402 | **Kisho Kurokawa**, Torre de Cápsulas Nagakin, Tóquio, 1972

401 | **Kenzo Tange**, Estádio Olímpico, Tóquio, 1964

grego por John Outram. Esses usam estilos históricos quase como uma caricatura, mas os transformam em algo que indubitavelmente pertence ao século XX. Outram insiste que 'nós modernizamos a arquitetura Colunar, também denominada "Entablamento" — encontrando uma nova identidade para a coluna como um duto de instalações'. Ele nota que a maior parte da arquitetura grandiosa (como os templos gregos antigos) era colorida quando estava em sua evolução máxima. 'A cor', ele diz, 'é uma expressão de confiança e vitalidade.' No que passou a ser conhecido como 'pragmatismo romântico', Edward Cullinan (*n.* 1931) produziu tanto novos edifícios originais quanto uma criativa remodelação de obras-primas históricas.

Na América, Michael Graves (*n.* 1934) surpreendeu o público com o seu Edifício de Serviços Públicos no estilo asteca, em Portland, Oregon (1980–1982; *fig. 404*), e o antigo discípulo de Mies van der Rohe, Philip Johnson, deixou sua marca em Manhattan, Nova York, com um edifício de escritórios para a American Telephone and Telegraph (1978–1983) que, por conta de seu frontão interrompido no topo, passou a ser conhecido como o edifício Chippendale. Na Dinamarca, o arquiteto da Ópera de Sydney, Jøhn Utzon, produziu em Bagsvaerd, perto de Copenhague,

403 | **I.M. Pei**, *pirâmides de vidro do Louvre*, Paris, 1989

404 | **Michael Graves**, *Edifício de Serviços Públicos*, Portland, Oregon, 1980–1982

uma igreja (1969–1976) com um exterior espantosamente sem pompa, mas com um interior de maravilhosas superfícies curvas e detalhes finamente elaborados. É uma casa, um salão e uma igreja, todos em um — o tipo de grupamento de espaços multifuncionais e expressivos que podem ser cada vez mais reconhecidos na arquitetura de nosso próprio tempo.

Nos países do Terceiro Mundo, as formas padronizadas da arquitetura moderna — notadamente na habitação social e nos blocos corporativos — foram erigidas com velocidade fantástica e começaram a reduzir as cidades a cópias das cidades ocidentais. Tornou-se difícil distinguir uma cidade da outra. Onde uma arquitetura distinta era produzida, normalmente era uma reação à arrogância do 'moderno' e um reconhecimento de que o que era necessário era uma arquitetura 'sustentável' — com a qual o país pudesse arcar.

E isso começou a ser visto onde os arquitetos relembraram os métodos tradicionais de construção e planejamento — uma arquitetura para o pobre. O caráter regional começou a ser redescoberto. A arquitetura vernacular tinha um novo significado. Mas a mudança era ainda mais profunda. De um lado, mais e mais obras eram realizadas em nome da 'conservação' — isto é, preservar e melhorar o edifício sobrevivente, muitas vezes encontrando novos usos para ele; por outro lado, os arquitetos começaram a redescobrir o caráter regional e usar métodos tradicionais de construção e planejamento. A arquitetura vernacular tinha um novo significado. No Egito, Hassan Fathy (1900–1989) projetou e advogou o uso de materiais e métodos tradicionais e adaptou estilos vernaculares. Em uma escala maior na Jordânia, Rasem Badran (*n*. 1945), que havia se educado na Alemanha, realizou exaustivos estudos de antigos edifícios em todos os países nos quais trabalhou e assim criou uma arquitetura bem diferente do Estilo Internacional, mas parecendo nativa do país, embora moderna na composição. Sua Grande Mesquita e Palácio da Justiça (1992) no centro de Riad, a capital da Arábia Saudita, possui um estilo distinto e aparentemente histórico, usando ventilação e abrigo natural e técnicas especiais para evitar o brilho. E os edifícios, inclusive os habitacionais, foram agrupados de um modo tradicional com uma intenção de desenvolver um estilo histórico adaptável a edifícios modernos. Deve ser o caso de que no que conhecemos como Oriente Médio, ou como Extremo Oriente, o próximo capítulo da história da arquitetura está tomando forma.

O que mais — além do enorme volume da obra arquitetônica, a maior parte desprovida de inspiração e notável apenas pela escala e arrogância — nos faz pausar e refletir? Isso inclui exemplos de experimentação com plantas e cortes, exercícios pessoais no caráter da arquitetura regional e alguns estupendos exemplos de conservação de edifícios históricos e ambientes como um todo. Talvez o mais extraordinário — e, para a maioria dos observadores, inexplicável — desenvolvimento recente é o que tem sido

405 | **Peter Eisenman**, *Centro de Artes Visuais de Wexner*, Universidade Estadual de Ohio, Columbus, Ohio, 1983–1989

definido como *Desconstrutivismo*. Não é um movimento, mas uma atitude que permite fragmentos justapostos e malhas irregulares. Entre os mais coerentes designers está Peter Eisenman (*n.* 1932), que se descreve como um 'pós-funcionalista', e disse: 'Minha melhor obra não tem propósito — quem liga para a função?' Ele projetou o Centro Wesner de Artes Visuais na Universidade Estadual de Ohio (1983–1989; *fig. 405*). Bernard Tschumi (*n.* 1944) projetou o Parc de la Villette em Paris (1984–1989; *fig. 406*), um dos *grands projets* do Presidente Mitterand, como 'um novo tipo de paisagem para o século XXI', objetos em vermelho vivo espalhados pelo gramado.

Dei o nome de pluralismo a este capítulo. Mas há características em comum? Pode-se sugerir que certos temas gerais parecem ser característicos da arquitetura moderna em sua fase tardia. São eles:

*Natureza e crescimento como inspiradores da forma arquitetônica.*

*O Vernacular como uma fonte de autoridade.*

*Entendimento espacial como o* sine qua non *do projeto.*

*Geometria sólida e proporção matemática.*

*Tecnologia moderna no controle do ambiente.*

*Continuidade da forma na paisagem do interior e do exterior.*

*Uma unidade psicológica de uso, movimento e experiência.*

Isso sugere um novo período do Pitoresco. Tendo testemunhado um afastamento do Estilo Internacional e o anonimato do projeto monofuncional, descobrimos que o fundamental para a nova arquitetura é o entendimento espacial, tecnologia moderna e continuidade da forma. Isso tudo é novo? Na realidade, essas características poderiam ser descobertas também em outros períodos da arquitetura.

Mas em todos os períodos da história da arquitetura o que ela tem a oferecer — e está sozinha dentre as artes criativas ao oferecê-lo — é a invenção e o controle do espaço; isto é, diferentemente da escultura, *espaço utilizável*. E a tecnologia que temos agora a nosso dispor significa que podemos visualizar e vivenciar espaços arquitetônicos que são maiores, mais originais, mais excitantes, mais memoráveis que aqueles de qualquer outro período. A história da arquitetura pode não estar no fim, mas apenas começando.

406 | **Bernard Tschumi**, *Parc de la Villete*, Paris, 1984–1989

# Epílogo

Eu me lancei a contar uma história — A História da Arquitetura — e tentei assimilá-la em muitos momentos. Iniciei com um simples relato sobre como qualquer tipo de arquitetura vem a ser construído, e, à medida que acompanhei a história, reconheci cada vez mais o que já sabia desde o início, mas nunca em toda sua complexidade. É uma história incrível — sobre um tema grandioso.

O problema de chamá-la 'história' é que histórias tradicionalmente têm um fim. Mas, obviamente, as histórias de hoje frequentemente terminam em uma nota vazia com muitos episódios sem solução. A história da arquitetura é assim: não tem fim.

É sempre uma tentação organizar os temas à medida que a história se encerra — a arquitetura atual — como um clímax e final satisfatórios para a história da arquitetura que se desenrola. Não é nada do tipo. A história da arquitetura é toda pontuada por ápices e soluções. Toda arquitetura perpassa períodos de aclamação crítica e depois, escárnio, e algumas vezes demolição.

Mesmo as classificações dos períodos e estilos que utilizei ao longo do livro refletem as atitudes das épocas em que foram inventados. Um teórico de Roma, Vitrúvio, categorizou a arquitetura clássica da Grécia em ordens. O termo Gótico para a arquitetura da Europa medieval foi um termo de insulto inventado pelo historiador renascentista Vasari, em 1550. E a classificação da arquitetura gótica inglesa foi inventada no início do século XIX. Durante a maior parte da história, os arquitetos não se lançaram a resolver problemas e criar um edifício memorável. Somente nos últimos dois séculos os arquitetos se sentiram obrigados a projetar em algum estilo específico, antigo ou moderno.

O círculo do gostar e não gostar, as opiniões sobre bom ou mau, variaram dramaticamente. Quando eu era estudante, o mais absurdo edifício em Londres era o Hotel Midland de Gilbert Scott na Estação St. Pancras; agora trata-se de um monumento grandioso que demanda preservação. Nos anos iniciais desse século, o edifício popularmente reconhecido como o mais feio na Universidade de Oxford era o Keble College de Butterfield (1867–1883); agora a universidade se orgulha dele. Similarmente, o Art Déco de cinemas e fábricas foi menosprezado; agora é amado. Edifícios que foram alguma vez ultrajados recuperam sua reputação e são adicionados ao *corpus* da arquitetura e, portanto, à sua história.

Nesse sentido, a história da arquitetura nunca pode ser concluída. Como cada nova partida altera a cena imediata, também se altera o formato da história. Em cada nova descoberta, vemos a nós mesmos olhando para trás por traços de sua origem — pelas referências que consciente ou inconscientemente tocaram de leve o arquiteto em sua busca pela forma.

Em nenhum caso isso é mais importante que na arquitetura de seu próprio tempo. Pode ser possível entender e apreciar os edifícios em muitos períodos históricos, observando-se seu exterior, mas não é possível entender um

407 | Santiago Calatrava, *Estação TGV, Aeroporto Lyons-Satolas*, Lyons, França, 1988–1992

408 | Renzo Piano, *Centro Cultural J. M. Tjibaou*, Nouméa, Nova Caledônia, 1991–, protótipo do sistema estrutural principal

edifício moderno sem conhecer sua planta. Porque foi a planta — o agrupamento de espaços interiores — que o designer se pôs a resolver. Quanto mais estudamos qualquer período, mais nos enchemos de espanto — e hesitação.

Mas na medida em que hesitamos, devemos nos perguntar se há um padrão na história. Alguns temas emergiriam dessa revisão global da arquitetura, algo em torno de 6.000 anos, que nos ajude a responder à pergunta que lancei no início — por que é assim? Não há, é claro, nenhuma resposta simples, pois a história que temos acompanhado nos mostra que tem havido muitas diferentes respostas e sem dúvida haverá muitas mais.

É sempre precipitado tentar adivinhar o que essas respostas provavelmente serão no futuro. Vários anos haverão de passar antes que possamos tecer um julgamento crítico responsável em relação à cena atual. Mas eu correrei o risco. Parece-me que há duas áreas de desenvolvimento arquitetônico que não podem falhar na caracterização da arquitetura do novo milênio.

Primeiro, a arquitetura como um fenômeno social terá que cuidar de populações crescentes, distribuídas de forma desigual, mas normalmente demandando edificações econômicas, muitas vezes com materiais nativos, até mesmo a terra, assim como materiais feitos pelo homem que possam ser descartados — um ambiente sustentável de edifícios e paisagens. Certamente, é possível mapear essa tendência mesmo no âmbito da obra de um único arquiteto, não obstante sofisticado, como Renzo Piano. Piano é renomado pelo projeto, com Richard Rogers, do Centro Pompidou em 1972 (fig. 400), nos dias que antecederam a crise energética global de meados dos anos 1970. Hoje ele está envolvido em edifícios altamente conscientes energética e ambientalmente, tais como o Centro Cultural J.M. Tjibaou (1991–), atualmente em construção na ilha de Nouméa, na Nova Caledônia (fig. 408). Esse edifício é completamente casado com o ambiente e depende de materiais construtivos e técnicas tradicionais. Na verdade, é impossível imaginá-lo sendo construído em qualquer outro lugar, tal é seu total compromisso com a cultura e o lugar.

A outra área que não podemos conceber que seja ignorada é o fantástico desenvolvimento tecnológico que transformou a arte e a ciência da edificação. O senso comum bem como a demanda social irão persuadir-nos a desenvolver uma ainda mais sofisticada tecnologia com maior domínio de materiais e o exercício da imaginação na fusão da tecnologia e da forma original. O corolário disso, obviamente, é que tal arquitetura se torne mais aplicável globalmente, ou mais 'portátil', dependendo de sistemas construtivos industrializados que permitem que seja aportado, pré-fabricado, em quase qualquer lugar. Como vimos, tal arquitetura é usualmente rotulada como *high-tech*, mas um elemento de 'globalismo' pode ser detectado na obra de muitos arquitetos que caem fora desse campo. Santiago Calatrava, por exemplo, construiu pontes e estações ferroviárias (fig. 407) que parecem estilisticamente intercambiáveis e capazes de ser construídas em quase qualquer lugar do mundo sem necessidade de alterações para um grau real.

Quaisquer que sejam suas preocupações estilísticas, então, toda arquitetura revela a aplicação do talento humano para a satisfação das necessidades do homem. E entre essas necessidades não estão apenas o abrigo, o calor e a acomodação, mas também o desejo, sentido em cada momento em todo lugar do mundo de formas infinitamente diversas, por algo mais profundo, evocativo e universal — para a beleza, para a permanência, para a imortalidade.

## Mapas & Quadros Cronológicos

**1**    304    **Mapa-múndi**

**2**    306    **Europa, Norte da África e Oriente Médio**

**1**    308    **Impérios e Estilos:** 3000 a.C.–2000 d.C.

**2**    310    **Arquitetura Mundial:** 2500 a.C.–1400 d.C.

**3**    312    **Arquitetura Mundial:** 1400–1800

**4**    314    **Arquitetura Mundial:** 1800–2000

NOTA: Os mapas incluem algumas capitais e outras grandes cidades, bem como as principais localizações das obras citadas neste livro. Os quadros cronológicos incluem uma seleção representativa dos principais edifícios mencionados no texto, além de um sumário contendo nomes e eventos históricos relevantes. Muitas das datas de impérios, estilos e construções mais antigas são aproximadas. Onde, no texto, se dá um intervalo de datas para determinado edifício, a primeira das duas foi usada no quadro.

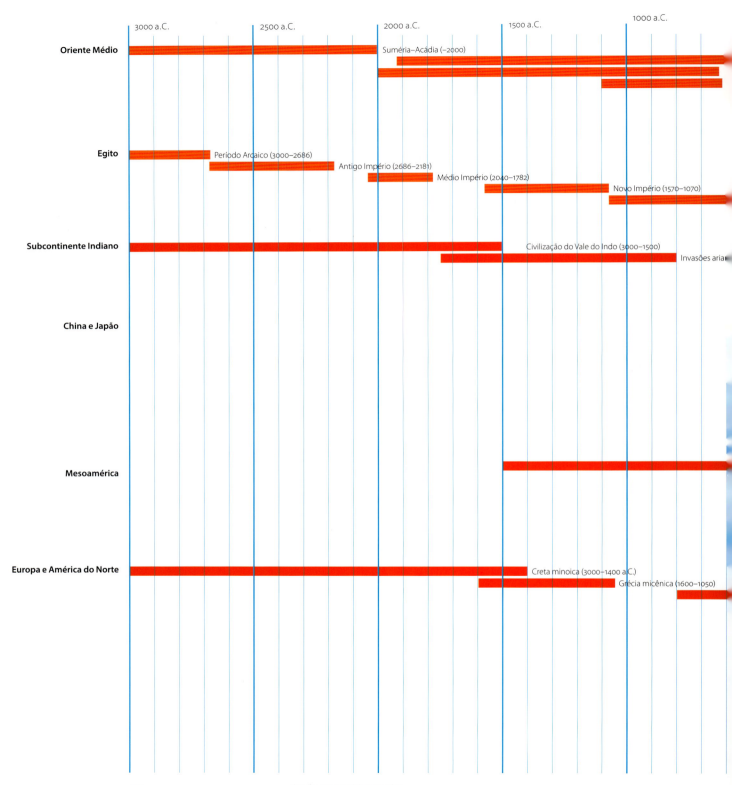

Quadro um: **Impérios e Estilos**

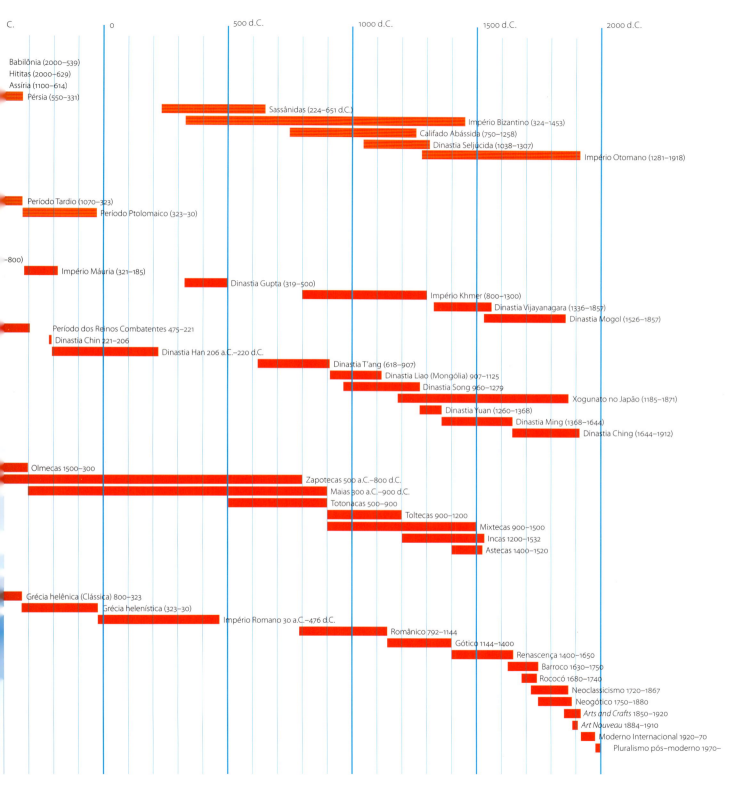

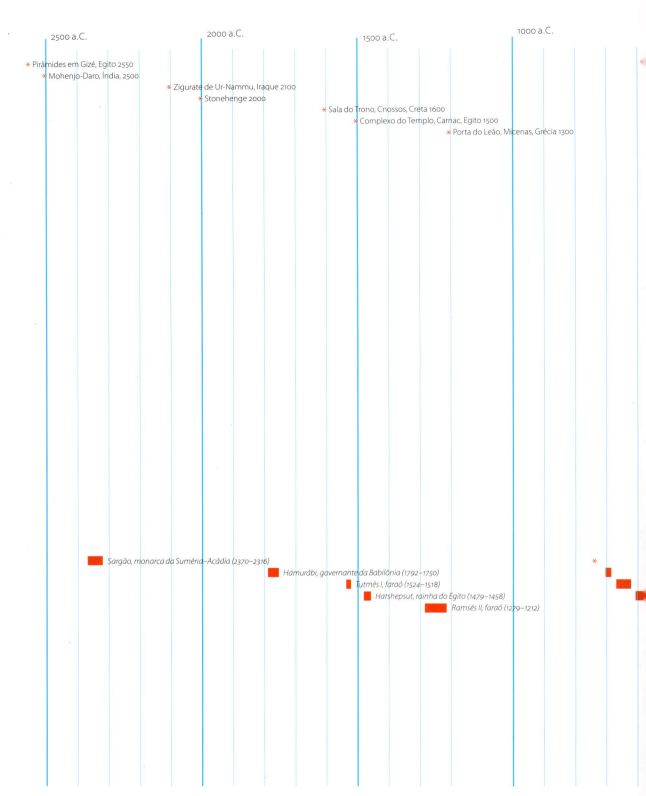

Quadro dois: **Arquitetura Mundial:** 2500 a.C.–1400 d.C.

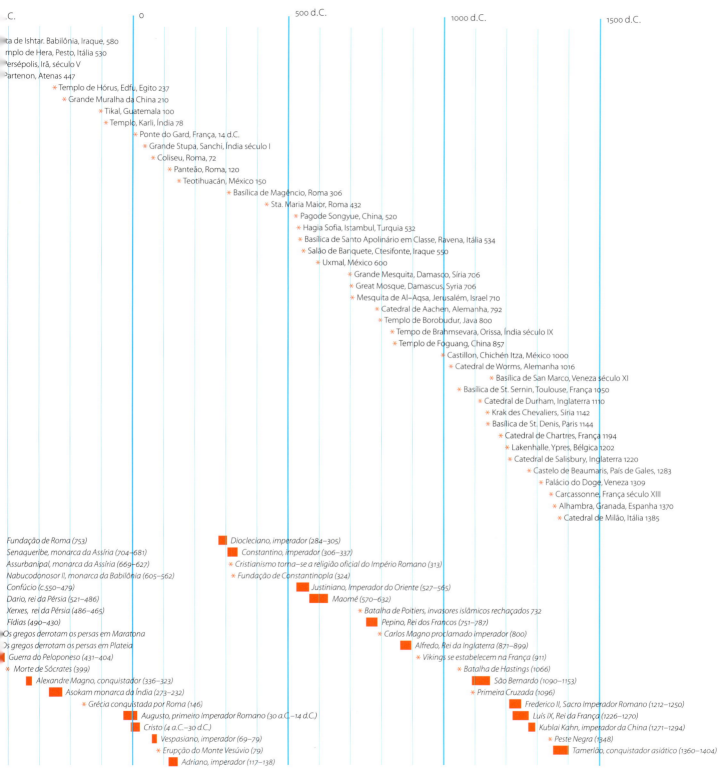

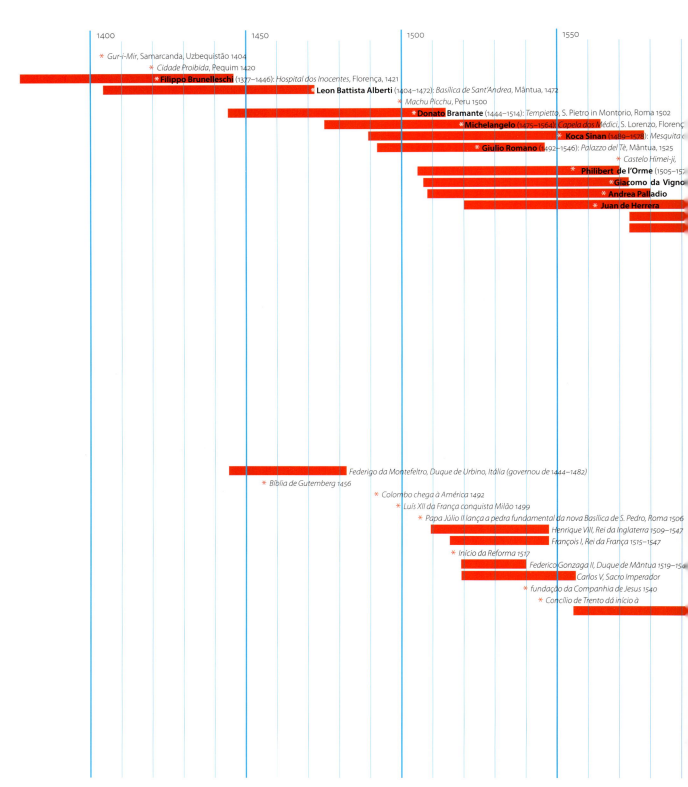

Quadro três: **Arquitetura Mundial:** 1400–1800

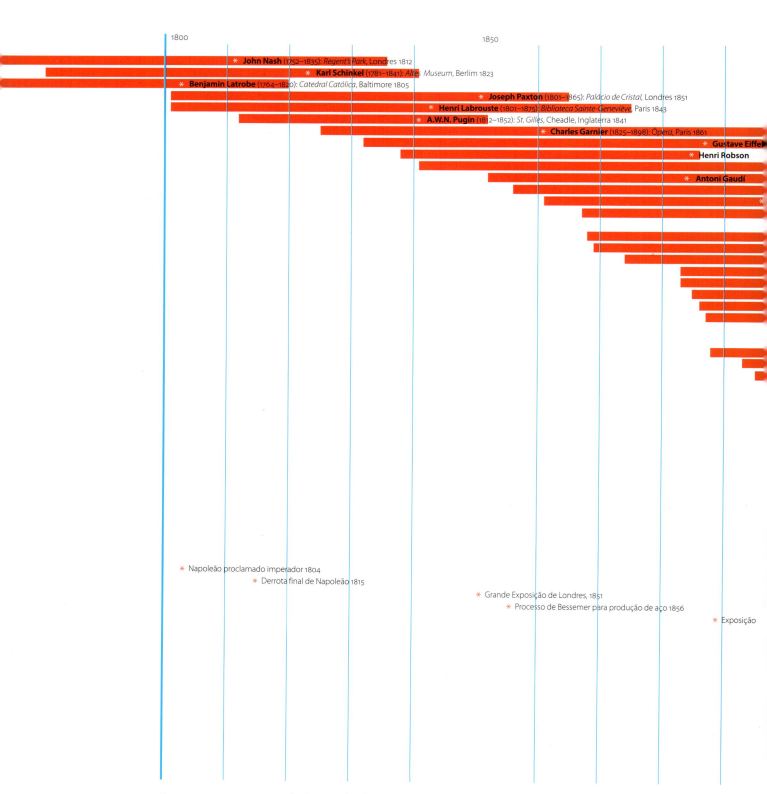

Quadro quatro: **Arquitetura Mundial:** 1800–2000

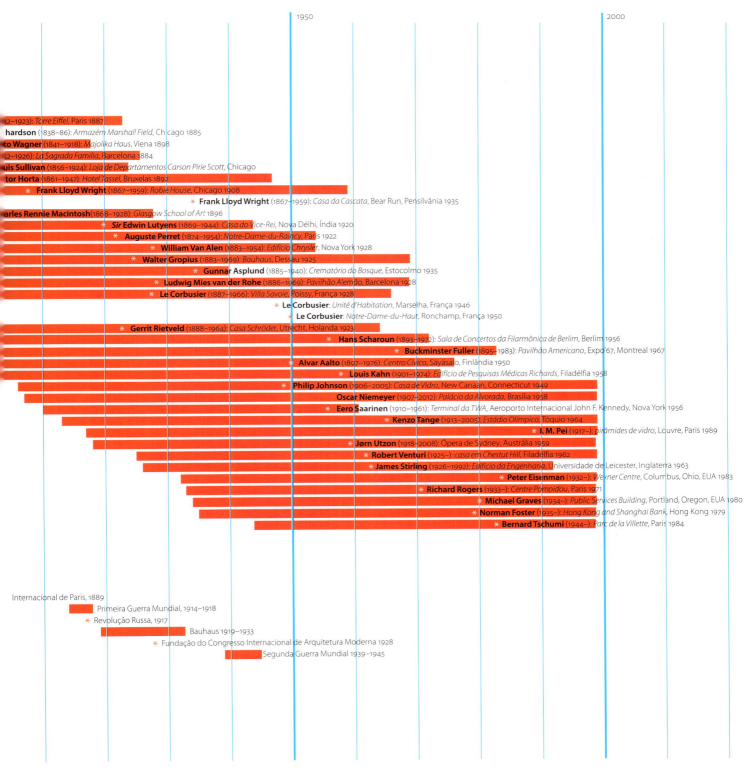

# Glossário

**Ábaco**. A laje sobre um *capitel* diretamente sustentando a arquitrave.

**Abóbada**. Um teto em pedra. Uma *abóbada de berço* é uma abóbada arqueada, tanto semicircular ou ogival, apoiada em paredes de sustentação. Uma *abóbada cruzada* é aquela em que os compartimentos se encontram em arestas; uma *abóbada de aresta* é a mesma, mas as junções são marcadas por nervuras. Uma *abóbada em leque* é um tipo decorativo de abóbada de aresta na qual as nervuras nascem em leque a partir das pilastras das paredes.

**Abside**. Parte de uma edificação que é semicircular ou em formato de U em planta baixa; usualmente a extremidade leste de uma capela ou *presbitério*.

**Acanto**. Uma planta com folhas de pontas agudas, copiada no *capitel coríntio*.

**Acrópole**. A fortaleza de uma cidade grega onde o templo da deidade padroeira era normalmente construído.

**Afresco**. Literalmente, a pintura aplicada a uma parede enquanto o emboço ainda está úmido. Algumas vezes utilizado livremente em qualquer pintura em mural.

**Ágora**. Na Grécia Antiga, um espaço público para assembleias; o mesmo que o *fórum* romano.

**Anfiteatro**. Uma arena circular ou elíptica com fileiras de bancos em toda a volta.

**Anteparo**. Uma parede divisória sem função de sustentação, p. ex., em igrejas medievais circundando o *coro*.

**Arcada**. Uma fileira de arcos sustentados por pilares ou colunas.

**Arco**. Uma estrutura construída sobre um vão para unificar, quando sustentada somente pela lateral, a compressão descendente que se transforma em impulso lateral. Um arco de mísula consiste em blocos que se sobrepõem ao inferior até que o vão possa ser unido por um único bloco. Um arco pleno é formado por pedras em formato de cunha dispostas radialmente conhecidas como *voussoirs*.

**Arco diafragma**. *Arco* situado transversalmente à *nave* de uma igreja, dividindo o telhado em seções.

**Aresta de abóbada**. A crista ou aresta formada pela junção de duas seções abobadadas.

**Aresta de telhado**. A linha formada por dois telhados inclinados que se encontram. Um telhado em aresta é telhado de tesouras com arestas em vez de empenas: isto é, a viga da cumeeira é mais curta que as paredes paralelas a ela, de modo que as inclinações do telhado se inclinem para dentro nos quatro lados.

**Arquitrave**. O ponto mais baixo de um entablamento clássico; o lintel em pedra sobre as colunas.

**Art Nouveau**. Estilo decorativo popular na Europa c.1890–1910, que evitava temas tradicionais e se baseava em traços curvilíneos e formas vegetacionais.

**Balaustrada**. Uma fileira de balaústres, ou pilares em miniatura, sustentando um corrimão.

**Barbacã**. Fortificação de vigilância nos portões de uma cidade medieval ou castelo.

**Barroco**. Estilo posterior ao *Maneirismo* na Itália, c.1600, e posteriormente disseminado pela Europa; caracterizado por linhas e volumes dinâmicos e uso livre de temas clássicos.

**Basílica**. (1) Na arquitetura romana, um grande salão público onde os processos legais eram noticiados. (2) No Cristianismo primitivo e arquitetura posterior, uma edificação consistindo em *nave* e *corredores*, com janelas sobre o nível do telhado do corredor (clerestório).

**Bastião**. A projeção de uma *muralha* de um castelo ou defesa, situado de modo que a área contígua à parede possa ser defendida pela artilharia a partir dos bastiões.

**Beiral**. A parte mais baixa de um telhado inclinado que se projeta sobre a parede.

**Bizantino**. Estilo desenvolvido em Constantinopla por volta do século V d.C. e ainda em uso em algumas partes do mundo. O arco pleno, a cúpula segmentada e o uso de revestimento em mármore são característicos.

**Botaréu (Contraforte)**. Alvenaria construída contra uma parede para conferir sustentação adicional, ou para resistir à pressão de uma abóbada ou arco. Um arcobotante é um meio arco inclinando-se sobre aquele ponto em uma parede em que a pressão lateral de um *arco* ou *abóbada* está sendo exercida, e transmitindo essa pressão para um corpo de alvenaria a um nível inferior. Uma característica do estilo *Gótico*.

**Caibro**. As vigas inclinadas de sustentação das ripas para as telhas de um telhado.

**Caldário**. O salão de banhos quentes nas termas públicas romanas.

**Cantiléver**. Uma viga ou suporte principal sustentado no meio ou ao longo da metade de seu comprimento e amarrado em uma extremidade para carregar uma carga proporcional na outra.

**Capelas radiais**. Capelas agregadas a uma *abside* e desdobrando-se para fora radialmente.

**Capitel**. A parte superior de uma coluna. Ver *dórica*, *jônica*, *coríntia* e *ordens*. Na arquitetura não clássica, os capitéis podem ter qualquer característica.

**Cariátide**. Pilar esculpido na forma de uma figura feminina.

**Carolíngeo**. Estilo originado sob Carlos Magno c.800 d.C. conduzindo ao Românico.

**Cenotáfio**. Monumento a uma pessoa enterrada em outro lugar (grego: túmulo vazio).

***Chevet***. A combinação de *abside*, *deambulatório* e *capelas radiais* na extremidade leste de uma grande igreja gótica.

**Ciclópico**. Emparedamento com pedras muito grandes sem argamassa.

**Clássico**. Grego ou romano e suas derivações, especialmente o uso de *ordens*.

**Claustro**. Um pátio quadrado cercado por uma *arcada* aberta.

**Clerestório**. O nível mais alto de janelas de um espaço amplo enclausurado, elevando-se sobre telhados adjacentes. Em particular a fileira superior de janelas de uma *basílica* sobre as *arcadas* formando os *corredores*.

**Coluna**. Um pilar circular, um suporte cilíndrico de parte de uma edificação. Também erigido de modo único como monumento. Ver *dórica*, *jônica* e *coríntia*.

**Colunar e entablamento**. Utiliza a coluna e a viga, ou *lintel*, somente, isto é, não utiliza o princípio do arco.

**Colunata**. Uma fileira de colunas.

**Compósita**. Uma *ordem* inventada pelos romanos, combinando as folhas do acanto da ordem *coríntia* com as volutas do capitel *jônico*.

**Concavidade**. Superfície côncava conectando uma parede ao teto.

**Coríntia**. A última das três *ordens* clássicas. Características: (1) base alta, algumas vezes um pedestal; (2) coluna delgada canelada com friso; (3) capitel decorado com folhas estilizadas de acanto.

**Cornija**. (1) A seção superior, projetante de um *entablamento* clássico (ver *ordens*). (2) Na arquitetura renascentista, uma prateleira projetante ao longo do topo de uma parede sustentada por mãos-francesas ornamentais.

**Coro**. A parte de uma igreja na qual o coro se situa. Normalmente a parte oeste do presbitério. O termo é frequentemente aplicado de forma aleatória para significar o mesmo que presbitério, embora em grandes igrejas medievais o coro se situasse sob o cruzeiro ou a oeste dele.

**Corredor**. Nas edificações de basílicas, uma das divisões laterais paralelas à nave, porém não tão alta. Algumas vezes também usada para incluir a nave.

**Cripta**. Espaço subterrâneo sob a extremidade leste de uma igreja, originalmente para abrigar os restos mortais dos santos (grego: 'oculto').

**Cruciforme**. Com formato de cruz.

**Cruzeiro**. O espaço central de uma igreja cruciforme em que a *nave*, os *transeptos* e o *presbitério* se encontram.

**Cumeeira**. Viga superior no topo de um telhado inclinado.

**Cúpula**. O mesmo que domo. Um telhado côncavo, praticamente hemisférico, sobre uma base circular. Uma seção através de uma cúpula pode ser *semicircular*, *apontada* ou *segmentada*. A maioria das cúpulas do Ocidente europeu possui tambores. Cúpulas bulbosas ou em formato de cebola são características apenas exteriores. De modo mais usual em inglês — *cupola* — uma miniatura de domo ou torreão encimado por uma lanterna.

**Cúspide**. Um ponto saliente na parte interior de um *arco*, janela ou medalhão.

**Dagoba**. Uma forma cingalesa de *stupa* ou câmara de relíquias ('*dhata*' = relíquias; '*garbha*' = útero).

**Dais**. Plataforma elevada na extremidade de um salão.

**Deambulatório**. Um corredor contínuo formando um caminho processional em torno de algum espaço interior maior. Na Europa, a extremidade leste de uma catedral; na Índia, o santuário de um templo.

**Decorativo**. Estilo de arquitetura na Inglaterra posterior ao *Inglês Inicial*. Caracterizado por elaboradas tracerias curvilíneas, efeitos espaciais incomuns, complexas abóbadas nervuradas, elementos projetados, esculturas em folhagens naturalistas.

**Domo**. Ver *cúpula*.

**Dórica**. A primeira e mais simples das *ordens* clássicas. Características: (1) sem base; (2) fustes relativamente baixos encontrando-se em uma aresta aguda; (3) *equinos* simples e sem ornamento e ábaco quadrado. O dórico romano era similar, mas possuía base.

**Dossel**. Cobertura decorativa sobre uma pequena estrutura aberta como um túmulo, púlpito ou nicho; frequentemente sustentado por colunas.

**Dromos**. (1) Uma corrida de cavalos. (2) Uma passagem ou acesso entre paredes altas, p. ex., para um túmulo micênico.

**Embutido**. Ligado a uma parede; não independente.

**Entablamento**. Na arquitetura clássica, tudo que está acima da coluna — *arquitrave*, *friso* e *cornija*.

**Êntase**. Leve protuberância dada a uma coluna para corrigir a ilusão de ótica que a torna mais fina no meio.

**Equino**. O elemento inferior de um capitel *dórico* — um elemento tipo almofada circular sob o ábaco. Também o membro correspondente de um capitel *jônico*, parcialmente ocultado por *volutas* e entalhados com molduras tipo ovo e dardo.

**Estilo Internacional**. Nome dado ao estilo da arquitetura que evoluiu na Europa e na América pouco depois da Primeira Guerra Mundial. Caracterizado por uma ênfase na função e na rejeição dos temas decorativos tradicionais.

**Estilóbato**. A base contínua sobre a qual a *coluna* se apoia.

**Estria, estriado**. Canais ou pregas esculpidos verticalmente em fustes de colunas clássicas.

**Estrutura em aço**. Um esqueleto de perfis de aço fornecendo todo o estruturalmente necessário para manter o edifício de pé.

**Estuque**. Gesso ou cimento aplicado com molduras, usualmente para decoração de interiores (p. ex., Rococó), mas também em exteriores e ocasionalmente para simular fachadas completas em pedra (p. ex., por Palladio).

**Etrusco** ver **Toscano**

**Exedra**. Um recesso da abside ou alcova com assento; na arquitetura da Renascença, qualquer nicho ou pequena abside.

**Fachada**. O exterior de um edifício em um de seus principais lados, quase sempre contendo um acesso.

**Flamejante**. Última fase do *Gótico* francês (*Flamboyant*, literalmente em formato de chamas), caracterizado por traceria curvilínea complexa e ornamentação profusa.

**Fórum**. O mercado romano ou espaço aberto para assembleias, normalmente cercado por edifícios públicos.

**Frigidário**. Uma piscina de água fria nas termas públicas romanas.

**Friso**. Parte de um entablamento clássico, sobre a *arquitrave* e abaixo da *cornija*. Na ordem dórica era dividido em *tríglifos* e *métopes*. Muito usado para uma faixa de escultura de figuras; por essa razão, na arquitetura renascentista significa uma faixa contínua em relevo em torno do alto de um edifício ou sala.

**Frontão**. Originalmente o gablete de um templo grego com telhado inclinado. Posteriormente usado como um aspecto monumental independentemente do que esteja por detrás.

**Gablete**. A extremidade triangular de um telhado em duas águas; na arquitetura clássica, é denominada *frontão*. Por extensão, uma área triangular sobre um portal mesmo quando não há um telhado por trás, como, p. ex., sobre os portais das catedrais góticas francesas.

**Galeria**. (1) Um pavimento superior aberto em um lado para o principal espaço interno de um edifício (p. ex., as galerias sobre os corredores de uma igreja) ou para o exterior. (2) Nas casas medievais e renascentistas, um cômodo longo e estreito.

**Gótico**. Nome dado à arquitetura medieval na Europa desde meados do século XII até o Renascimento. Caracterizado pelo arco *apontado* (ou interrompido), os *arcobotantes* e a *abóbada de aresta*.

**Hipódromo.** Na Grécia antiga, um estádio para corridas de cavalos e charretes.

**Hipostilo.** Um salão ou amplo espaço enclausurado cujo teto (normalmente plano) descansa sobre colunas distribuídas por toda a sua área, e não apenas nas laterais.

**Incrustação.** Pequenos pedaços de algum material valioso disposto sobre uma base ou fundo feito de outro.

**Independente.** Aberto de todos os lados, não colado à parede.

**Inglês Inicial.** Primeira fase do *Gótico* inglês, iniciando-se em *c.*1180. Caracterizado por seteiras ou (mais tarde) traceria geométrica, abóbadas de arestas, ênfase na articulação linear esbelta em vez de massa e volume, frisos agudos e clara distinção de membros arquitetônicos.

**Janela em mansarda.** Janela vertical em um telhado inclinado.

**Jônica.** A segunda das três ordens clássicas. Características: (1) base elegantemente modelada; (2) altos e delgados fustes com estrias separadas por filetes; (3) capitel com voluta ou espiral.

**Kando.** O principal santuário de um templo budista japonês.

**Lanterna.** (1) Uma torre aberta para o espaço abaixo e com janelas para admitir que a luz penetre. (2) Pequeno torreão com janelas encimando um domo ou cúpula.

**Linha.** Uma viga (ou régua) que atravessa a base de uma tesoura de telhado inclinado, mantendo as duas águas unidas e evitando que se separem.

**Lintel.** Viga ou laje horizontal abarcando um vão. Na arquitetura clássica o lintel é denominado *arquitrave*.

**Loggia.** Um espaço com telhado e uma *arcada* aberta em um ou mais lados.

**Maneirismo.** Estilo que surgiu entre a Alta Renascença e o Barroco. Caracterizado pelo uso idiossincrático de temas clássicos, proporções não naturais e contradições estilísticas.

**Mão-francesa.** Elemento projetante a partir de uma superfície vertical para fornecer um suporte horizontal. Ver também *mísula* e *cantiléver*.

**Mastaba.** Na arquitetura egípcia antiga, um túmulo com teto plano e lados inclinados, o precursor da pirâmide.

**Mausoléu.** Um rico e elaborado túmulo, assim chamado a partir da tumba do governante grego Mausolus em Halicarnasso, na Ásia Menor.

**Mégaro.** O salão principal de uma casa minoica ou homérica (p. ex., Tiryns, Micenas).

**Mesquita.** O lugar muçulmano para orações e exortação.

**Metope.** Parte do *friso* de um *entablamento dórico*, um dos espaços entre o tríglifo, no princípio deixado liso, e depois esculpido.

**Mihrab.** Na arquitetura muçulmana, um nicho na parede de uma mesquita, indicando a direção de Meca.

**Mimbar.** O púlpito em uma mesquita.

**Minarete.** Torre construída perto ou como parte de uma mesquita, de onde um almuadem chama os fiéis para orar.

**Mísula.** Uma *mão-francesa*, um bloco de pedra saliente em uma parede como suporte horizontal ou como a *nascente* de uma nervura. Ver *arco* e *abóbada*.

**Módulo.** A medida de proporção à qual todas as partes do edifício estão relacionadas por questões simples. Na arquitetura clássica, é normalmente metade do diâmetro da coluna imediatamente sobre sua base.

**Moldura.** Perfil decorativo aplicado a um elemento arquitetônico; normalmente uma faixa contínua de padrões de relevo rebaixados ou salientes.

**Montante.** A barra vertical dividindo uma janela com mais de uma folha. (Os membros horizontais são denominados travessas.)

**Mosaico.** Pequenos cubos de vidro ou pedra (*tesserae*) dispostos em uma base de cimento para decorar superfícies de paredes e pisos.

**Muros concêntricos.** Tipo de fortificação originária do Oriente introduzida pelos cruzados, consistindo em um sistema de defesa completo dentro de outro.

**Nascente.** O ponto do arco em que a curva se inicia.

**Nave.** (1) O espaço central de uma *basílica* ladeado por *corredores* e iluminado pelo *clerestório*. (2) Toda a parte da igreja a oeste do cruzeiro, ou, se não há transeptos, a oeste do presbitério.

**Neoclassicismo.** Um estilo surgido após o Barroco, caracterizado por um uso mais acadêmico de aspectos clássicos.

**Nervura da abóbada.** Faixa projetada da *abóbada* ou teto arqueado, podendo ter função tanto estrutural como apenas decorativa.

**Nicho.** Um recesso na parede usualmente para uma estátua ou ornamento.

**Normando.** Denominação de um estilo *românico* na Inglaterra.

**Obelisco.** Uma pedra alta, de seção quadrada, afilando-se e terminando em uma pirâmide.

**Ordem gigante.** Pilastras ou meias-colunas usadas para articular uma fachada estendendo-a por dois ou mais pavimentos.

**Ordens.** Colunas e seus entablamentos, especialmente os vários desenhos seguidos por arquitetos gregos e romanos: *dórica, jônica, coríntia, compósita, toscana.* Na arquitetura romana, as ordens vieram a ser usadas como aspectos ornamentais, coladas às paredes e fachadas.

**Orientação.** Estritamente, o alinhamento leste-oeste, mas usada livremente para qualquer implantação deliberada de um edifício em relação aos pontos cardeais.

**Pagode.** Um edifício chinês ou japonês de vários andares com um largo telhado projetando-se em cada pavimento.

**Parede cortina.** (1) Nos castelos, a parede entre os *bastiões* ou torres. (2) Na arquitetura moderna, uma parede exterior servindo como uma pele somente, sem nenhuma carga. Em edificações em *estrutura de aço* todas as paredes são paredes cortinas.

**Pendente.** A superfície triangular curva que resulta de quando o canto superior de um espaço quadrado é abobadado de modo a criar uma base circular para uma cúpula. Serve ao mesmo propósito de um *squinch*.

**Pendural.** Viga vertical de sustentação da *cumeeira* de um telhado e apoiada no centro da *viga de amarração* (linha).

**Períptero.** Possui uma fileira única de colunas em toda a volta; um templo circundado por uma única fileira de colunas.

**Peristilo.** Uma linha de colunas (1) em torno do exterior de um edifício (usualmente um templo grego) ou (2) em torno da parte interna de um pátio (p. ex., em uma casa grega ou romana) e por extensão o espaço assim enclausurado.

**Perpendicular.** A última fase do Gótico inglês, que substituiu o Decorado durante a segunda metade do século XIV, durando até o século XVII. Caracterizado por proporções leves e arejadas, grandes janelas, traceria reta do tipo treliça tanto sobre janelas e paredes, frisos rasos, quatro arcos centrados e abóbadas em leque.

**Pilão.** Antigo portal monumental egípcio, usualmente composto por dois volumes em alvenaria com lados inclinados.

**Pilar.** Suporte independente em alvenaria de um arco, usualmente composto em seções e mais grosso do que uma coluna, porém desempenhando a mesma função.

**Pilar e lintel.** Construído com vigas.

**Pilastra**. Uma coluna aplainada, retangular na seção, embutida em uma parede como decoração sem função estrutural, mas ainda assim obedecendo às leis que governam as *ordens*.

**Pilotis**. Pilares ou 'estaca' (francês *'pilotis'* = estaca) sustentando um edifício inteiro, deixando o nível térreo totalmente aberto.

**Pirâmide**. Sólido regular com uma base quadrada e lados inclinando-se para dentro e se encontrando em um ponto.

**Plano axial**. Disposição de vários edifícios ou cômodos em um edifício ao longo de uma linha única.

**Planta central**. Uma planta simétrica, ou quase, em todas as quatro direções.

**Planta longitudinal**. Planta de igreja na qual o eixo *nave-presbitério* é mais longo que os *transeptos* (como em todas as catedrais inglesas).

**Plateresco**. Estilo do Renascimento inicial na Espanha em cerca de 1520.

**Plinto**. A base de um pilar, pedestal, estátua ou de todo um edifício.

**Pódio**. Plataforma de pedra sobre a qual um templo é construído.

**Pontaletes**. Duas vigas verticais de um telhado apoiadas sobre a *linha* e apoiando o *caibro* principal.

**Ponte suspensa**. Uma ponte em que um caminho ou uma estrada é suspenso por correntes entre torres ou pilões.

**Pórtico**. Vestíbulo ou alpendre com colunas. Nas casas neoclássicas o pórtico (colunas e frontão) frequentemente se mesclava com a fachada.

**Presbitério**. Espaço em uma igreja reservado ao clero, incluindo o altar e o coro.

**Propileu**. (Grego: 'em frente de um portão'); uma entrada monumental de um recinto sagrado.

**Relevo**. Entalhe em uma superfície no qual as figuras e objetos ficam salientes contra um fundo. O alto-relevo (*haut relief*) é cortado profundamente. O baixo-relevo (*bas relief*) é mais raso.

**Reticulado**. Como uma rede. Traceria com aberturas como as tramas de uma rede, característica do período Decorativo do Gótico inglês.

**Rococó**. Uma versão mais leve do Barroco, desenvolvida na França no final do século XVIII; caracterizada por linhas fluidas, ornamentação em arabesco, estuque ornamental e a obliteração de elementos arquitetônicos separados em um único volume.

**Românico**. Estilo seguinte ao *Carolíngio* e precedente ao *Gótico*, caracterizado por alvenaria sólida e grossas proporções, o *arco* pleno e a redescoberta da *abóbada* – inicialmente a abóbada de berço, depois a cruzada e finalmente a abóbada de arestas.

**Rotunda**. Qualquer edificação redonda, não necessariamente com cúpula.

**Rústico**. Método que deixa rugosa a superfície externa dos blocos de pedra de um edifício, para dar uma impressão de força; as bordas são normalmente rebaixadas, deixando sulcos profundos entre os blocos.

**Santuário**. A parte mais sagrada de uma igreja ou templo.

**Semicúpula**. Metade de uma cúpula apoiando-se contra parte de um edifício (muitas vezes uma cúpula completa) atuando como um *arcobotante* estendido (p. ex., em Hagia Sofia, Istambul).

**Shingles**. Placas de madeira usadas em lugar de telhas.

**Silhar**. Pedra de cantaria regular, lavrada com superfícies planas e quinas retas.

**Squinch**. Um pequeno arco construído atravessado ao canto de um espaço retangular para formar a base de uma cúpula.

**Stoa**. Na arquitetura grega, um espaço aberto com colunata para comércio público; uma *loggia* comprida.

**Stupa**. Originalmente um monte para o funeral budista; posteriormente uma câmara para restos mortais circundada por um *deambulatório*.

**Temenos**. Na arquitetura grega, um recinto sagrado fechado por uma parede e contendo um templo ou altar.

**Tepidário**. Parte das termas públicas romanas contendo a água morna, intermediária em temperatura entre o *frigidário* e o *caldário*.

**Terça**. A viga horizontal intermediária em um telhado inclinado, apoiando-se sobre os caibros principais e sustentando os secundários.

**Termas**. Banhos públicos romanos, contendo grandes salões com água em variadas temperaturas (*frigidário, tepidário, caldário*) e muitas outras conveniências.

**Terracota**. Argila queimada ou cozida em uma moldura; mais dura que tijolo; pode ser tanto em marrom natural quanto pintada ou vitrificada.

**Tesoura**. Uma armação rígida triangular projetada para vencer um vão e sustentar telhas ou chapas. A maioria dos telhados de madeira possui tesouras.

**Teto em caixotão**. Tratamento de tetos e cúpulas consistindo em painéis rebaixados (caixotões).

**Tokonoma**. Em casas japonesas, um nicho para a exposição de pinturas e flores.

**Torre de menagem**. O mais recôndito baluarte de um castelo. Originalmente a única parte construída em pedra, posteriormente cercada por *muros concêntricos*.

**Toscano**. Uma adição romana às *ordens* clássicas, similar à dórica, mas com uma base e sem *estrias* e *tríglifos*.

**Traceria**. A moldura em pedra que fixa os pedaços de vidro que decoram uma janela grande — na prática a palavra significa quase que exclusivamente janelas em traceria *gótica*. A traceria em placa, o tipo anterior, é basicamente uma parede sólida sobre a qual são abertos vãos para o vidro. A traceria em nervuras (a traceria propriamente dita) utiliza nervuras em pedra para formar padrões complexos.

**Transepto**. Parte de uma igreja de planta cruciforme em ângulos retos em relação à *nave* e ao *presbitério* (os braços sul e norte são sempre denominados 'transepto sul' e 'transepto norte'). Algumas catedrais possuem um transepto adicional a leste do cruzeiro.

**Trave**. Viga horizontal sustentando um piso ou teto.

**Trifório**. O pavimento intermediário de uma seção de igreja românica ou gótica, entre a *arcada* e o *clerestório*.

**Tríglifo**. Um bloco com três faixas verticais divididas por duas juntas, formando (junto com os *metopes*) o *friso* de um *entablamento dórico*.

**Turret**. Uma pequena torre, muitas vezes construída sobre uma escada circular, ou como um elemento ornamental.

**Vão**. Um compartimento de um edifício grande, consistindo, no caso de igrejas, por exemplo, no espaço entre uma coluna ou pilar e o próximo, incluindo a parede e a abóbada ou teto sobre o mesmo. Por extensão, qualquer unidade de uma superfície de parede dividida por grandes elementos verticais ou (em exteriores) por janelas.

**Varanda**. Uma pequena galeria aberta no lado de fora de uma casa, com um telhado sustentado por pilares ou hastes e o piso elevado a pouca distância do solo.

**Vihara**. Um mosteiro ou salão budista em um mosteiro (originalmente uma gruta).

**Voluta**. Um pergaminho espiralado, especialmente como ocorre no capitel *jônico*.

**Zigurate**. Pirâmide escalonada como base de um altar ou templo, construído na antiga Mesopotâmia e no México.

# Bibliografia

As fontes primárias da arquitetura não são os livros, mas os edifícios propriamente ditos. Ao escrever minha versão da história utilizei edifícios, lugares visitados, livros, artigos e planos numerosos demais para que possam ser todos mencionados, bem como conversei com arquitetos e críticos.

A lista a seguir não se esgota, mas pretende-se ser um guia dos períodos e lugares abordados no livro. As publicações listadas servirão como um guia para as edificações e para a literatura disponível sobre os mesmos.

### Geral

BRONOWSKI, J., *The Ascent of Man*, London, 1975
CANTACUZINO, SHERBAN, *European Domestic Architecture*, London, 1969
CLARK, KENNETH, *Civilisation*, London, 1969
CLIFTON-TAYLOR, ALEC, *The Pattern of English Building*, London, 1972
COWAN, HENRY J., *The Masterbuilders*, Sydney and London, 1977
DAVEY, NORMAN, *A History of Building Materials*, London, 1961
FLETCHER, SIR BANISTER, *A History of Architecture*, 19th edn., London, 1987
HOSKINS, W.G., *The Making of the English Landscape*, London, 1955
JELLICOE, GEOFFREY and SUSAN, *The Landscape of Man*, London, 1975
JONES, OWEN, *The Grammar of Ornament*, London, 1856; facsimile edn., London, 1986
MUMFORD, LEWIS *The City in History*, London, 1961
NUTTGENS, PATRICK (ed.), *The World's Great Architecture*, London, 1980
NUTTGENS, PATRICK, *Pocket Guide to Architecture*, London, 1980
PEVSNER, SIR NIKOLAUS, *An Outline of European Architecture*, Harmondsworth, 1943
WATKIN, DAVID, *A History of Western Architecture*, London, 1986

### 1 Arquitetura Vernacular

BRUNSKILL, R.W., *Traditional Buildings of Britain*, London, 1981
—. *Vernacular Architecture*, London, 1971
GUIDONI, ENRICO, *Primitive Architecture*, New York, 1978
RAPOPORT, AMOS, *House Form and Culture*, Englewood Cliffs, New Jersey, 1969
RUDOFSKY, BERNARD, *Architecture without Architects*, London, 1973

### 2 As Primeiras Civilizações

BACON, EDWARD (ed.), *The Great Archeologists (from The Illustrated London News)*, New York, 1976
BORD, JANET and COLIN, *A Guide to Ancient Sites in Britain*, St Albans, 1979
BURL, AUBREY, *The Stonehenge People*, London, 1987
COTTRELL, LEONARD, *Lost Cities*, London, 1957
—. *The Bull of Minos*, London, 1955
CULICAN, WILLIAM, *The Medes and the Persians*, London, 1965
GARBINI, GIOVANNI, *The Ancient World*, London, 1967
GIEDION, SIGFRIED, *The Beginnings of Architecture*, vol. 2 of *The Eternal Present* (2 vols.), Oxford, 1964
JAMES, E.O., *From Cave to Cathedral*, London, 1965
LLOYD, S. and MULLER, H.W., *Ancient Architecture*, London, 1980
MACAULAY, ROSE, *The Pleasure of Ruins*, London, 1964
MACKENDRICK, PAUL, *The Mute Stones Speak*, London, 1960
PIGGOTT, STUART (ed.), *The Dawn of Civilization*, London, 1961
POSTGATE, NICHOLAS, *The First Empires*, Oxford, 1977
WHITEHOUSE, RUTH, *The First Cities*, Oxford, 1977

### 3 Egito Antigo

DE CENIVAL, JEAN-LOUIS, *Living Architecture: Egyptian*, London, 1964
CURL, JAMES STEVENS, *A Celebration of Death*, London, 1980
EDWARDS, I.E.S., *The Pyramids of Egypt*, London, 1947
HANCOCK, GRAHAM, *Fingerprints of the Gods*, London, 1955
HUTCHINSON, WARNER, A., *Ancient Egypt*, London and New York, 1978
PEMBERTON, DELIA, *Ancient Egypt*, Harmondsworth, 1992
SMITH, W. STEVENSON, *The Art and Architecture of Ancient Egypt* (rev. edn.), Harmondsworth, 1971

### 4 O Subcontinente Asiático

BUSSAGH, MARIO, *Oriental Architecture*, London, 1981
GRAY, BASIL (ed.), *The Arts of India*, Oxford, 1981
HARLE, J.C., *The Art and Architecture of the Indian Subcontinent*, Harmondsworth, 1986
*Indian Temples and Palaces* (Great Buildings of the World series), London, 1969
ROWLAND, BENJAMIN, *The Art and Architecture of India* (rev. edn.), Harmondsworth, 1971
TADGELL, CHRISTOPHER, *The History of Architecture in India*, London, 1990
VOLWAHSEN, ANDREAS, *Living Architecture: Indian*, London, 1969

### 5 China e Japão

AUBOYER, JEANNINE and GOEPPER, ROGER (eds.), *Oriental World*, London, 1967

COTTERELL, ARTHUR, *The First Emperor of China*, London, 1981

DEPARTMENT OF ARCHITECTURE, Qinghua University, *Historic Chinese Architecture*, Qinghua University Press, 1985

GARDINER, STEPHEN, *The Evolution of the House*, London, 1976

KIDDER, J. EDWARD JR., *The Art of Japan*, London, 1981

LIP, EVELYN, *Chinese Geomancy*, Singapore, 1979

PAINE, ROBERT TREAT and SOPER, ALEXANDER, *The Art and Architecture of Japan* (rev. edn.), Harmondsworth, 1975

SICKMAN, LAURENCE and SOPER, ALEXANDER, *The Art and Architecture of China* (3rd edn.), Harmondsworth, 1968

TERZANI, TIZIANO, *Behind the Forbidden Door*, London, 1986

YU, ZHUOYAN, *Palaces of the Forbidden City*, Harmondsworth, 1984

### 6 Mesoamérica

HEYDEN, DORIS and GENDROP, PAUL, *Pre-Columbian Architecture of Mesoamerica*, New York, 1975, and London, 1980

—, *The Pre-Columbian Civilisations*, New York, 1979

MORRIS, CRAIG, and VON HAGEN, ADRIANA, *The Inka Empire and its Andean Origins*, New York, 1996

ROBERTSON, DONALD, *Pre-Columbian Architecture*, Englewood Cliffs and London, 1963

### 7 Grécia Antiga

BROWNING, ROBERT (ed.), *The Greek World*, London, 1985

GRANT, MICHAEL (ed.), *The Birth of Western Civilisation*, London, 1964

LAWRENCE, A.W., *Greek Architecture*, Harmondsworth, 1957; rev. edn., 1983

ROLAND, MARTIN, *Living Architecture: Greece*, London, 1967

ROBERTSON, D.S., *Greek and Roman Architecture*, Cambridge, 1969

SCULLY, VINCENT, *The Earth, the Temple and the Gods*, New Haven and London, 1962

SPIVEY, NIGEL, *Greek Art*, London, 1997

TAPLIN, PLIVER, *Greek Fire*, London, 1989

### 8 Roma Antiga

GIBBON, EDWARD, *Decline and Fall of the Roman Empire*, 1776–88; available in various modern editions and abridgements

GOODENOUGH, SIMON, *Citizens of Rome*, London, 1979

GRANT, MICHAEL, *The World of Rome*, New York, 1960

PICARD, GILBERT, *Living Architecture: Roman*, London, 1965

VITRUVIUS, *The Ten Books on Architecture*, transl. M. H. Morgan, New York, 1960

WARD-PERKINS, JOHN B., *Roman Architecture*, New York, 1977

—, *Roman Imperial Architecture*, 2nd edn., New Haven and London, 1992

### 9 Paleocristão e Bizantino

FOSTER, RICHARD, *Discovering English Churches*, London, 1980

HETHERINGTON, PAUL, *Byzantine and Medieval Greece: Churches, Castles, Art*, London, 1991

KRAUTHEIMER, RICHARD, *Early Christian and Byzantine Architecture*, Harmondsworth, 1975

LOWDEN, JOHN, *Early Christian and Byzantine Art*, London, 1997

MACDONALD, WILLIAM L., *Early Christian and Byzantine Architecture*, Englewood Cliffs and London, 1962

MAINSTONE, ROWLAND, *Hagia Sophia*, London, 1986

MANGO, CYRIL, *Byzantine Architecture*, London, 1978

STEWART, CECIL, *Early Christian, Byzantine and Romanesque Architecture*, London, 1954

TALBOT RICE, DAVID (ed.), *The Dark Ages*, London, 1965

### 10 Românico

ATROSHENKO, V.T., and COLLINS, JUDITH, *The Origins of the Romanesque*, London, 1980

CONANT, K.J., *Carolingian and Romanesque Architecture 800–1200*, London, 1959

COOK, OLIVE, *English Cathedrals*, 1989

EVANS, JOAN (ed.), *The Flowering of the Middle Ages*, London, 1985

KUBACH, HANS ERICH, *Romanesque Architecture*, New York, 1977

OURSEL, RAYMOND and ROUILLER, JACQUES, *Living Architecture: Romanesque*, London, 1967

SERVICE, ALASTAIR, *The Building of Britain: Anglo-Saxon and Norman*, London, 1982

TAYLOR, H.M. and J., *Anglo-Saxon Architecture*, Cambridge, 1965

### 11 Islã

BARAKAT, SULTAN (ed.), *Architecture and Development in the Islamic World*, York, 1993

BLAIR, SHEILA S., and BLOOM, JONATHAN M., *The Art and Architecture of Islam, 1250–1800*, New Haven and London, 1995

BLAIR, SHEILA S., and BLOOM, JONATHAN M., *Islamic Arts*, London, 1997

ETTINGHAUSEN, RICHARD and GRABAR, OLEG, *The Art and Architecture of Islam, 650–1250*, New Haven and London, 1992

GOODWIN, GEOFFREY, *Islamic Architecture: Ottoman Turkey*, London, 1977

—, *Sinan*, London, 1993

GRUBE, ERNST J., *The World of Islam*, London, 1966

HOAG, JOHN D., *Islamic Architecture*, New York, 1977

HUTT, ANTHONY and HARROW, LEONARD, *Islamic Architecture: Iran*, London, 1977

HUTT, ANTHONY, *Islamic Architecture: North Africa*, London, 1977

MICHELL, GEORGE, *Architecture of the Islamic World*, London, 1978

WARREN, J. and FETHI, I., *Traditional Houses in Baghdad*, Coach Publishing House, 1982

### 12 Medieval e Gótico

ACLAND, JAMES H, *Mediaeval Structure: the Gothic Vault*, Toronto and Buffalo, 1972

BRAUNFELS, WOLGANG, *Monasteries of Western Europe*, London, 1972

CHARPENTIER, LOUIS, *The Mysteries of Chartres Cathedral*, Research into Lost Knowledge Organisation, Haverhill, Suffolk, 1966

COWAN, PAINTON, *Rose Windows*, London, 1979

FRANKL, PAUL, *Gothic Architecture*, Harmondsworth, 1962

GIMPEL, JEAN, *The Cathedral Builders*, new edn., London, 1993

GRODECKI, LOUIS, *Gothic Architecture*, New York, 1977

HARVEY, JOHN, *The Medieval Architect*, London, 1972

HOFSTATTER, HANS H., *Living Architecture: Gothic*, London, 1970

JAMES, JOHN, *Chartres: the Masons Who Built a Legend*, London, 1982

MALE, EMILE, *The Gothic Image*, London, 1961

PANOFSKY, ERWIN, *Gothic Architecture and Scholasticism*, Latrobe, PA, 1951

VILLARD DE HONNECOURT, *The Sketchbooks of Villard de Honnecourt*, Bloomington, Indiana, 1959

VON SIMSON, OTTO, *The Gothic Cathedral*, London, 1962

WILSON, CHRISTOPHER, *The Gothic Cathedral*, London, 1990

### 13–14 A Renascença na Itália & A Difusão do Renascimento

ACKERMANN, JAMES, *Palladio*, Harmondsworth, 1966

ALBERTI, LEON BATTISTA, *On the Art of Building in Ten Books*, Florence, 1485; transl. J. Rykwert, N. Leach and R. Tavernor, Cambridge, Mass., 1988

ALLSOPP, BRUCE, *A History of Renaissance Architecture*, London, 1959

BENEVOLO, LEONARDO, *The Architecture of the Renaissance*, 2 vols., London, 1978

GADOL, JOAN, *Leon Battista Alberti, Universal Man of the Early Renaissance*, Chicago, 1969

HAY, DENYS (ed.), *The Age of the Renaissance*, London, 1967

HEYDENREICH, LUDWIG H., and LOTZ, WOLFGANG, *Architecture in Italy, 1400–1600*, Harmondsworth, 1974

MORRICE, RICHARD, *Buildings of Britain: Stuart and Baroque*, London, 1982

MURRAY, PETER, *Renaissance Architecture*, New York, 1971

PALLADIO, ANDREA, *The Four Books of Architecture*, Venice, 1570; Engl. transl., London, 1738, reprinted New York, 1965

PLATT, COLIN, *The Great Rebuilding of Tudor and Stuart England*, London, 1994

PORTOGHESI, PAOLO, *Rome of the Renaissance*, London, 1972

SCOTT, GEOFFREY, *The Architecture of Humanism*, London, 1914

SERLIO, SEBASTIANO, *Regolo generale di architettura*, Venice, 1537; English translation, 1611, reprinted New York, 1980

SUMMERSON, JOHN, *The Classical Language of Architecture*, London, 1963

—, *Architecture in Britain, 1530–1830*, Harmondsworth, 1953; 6th edn., 1977

WITTKOWER, RUDOLF, *Architectural Principles in the Age of Humanism*, London, 1962

VASARI, GIORGIO, *Lives of the Most Eminent Painters, Sculptors and Architects*, Florence, 1550, revised edn. 1568; transl. C. de Vere, London, 1912–15, reprinted New York, 1979

### 15  Barroco e Rococó

BAZIN, GERMAIN, *Baroque and Rococo*, London, 1964

BLUNT, ANTHONY (ed.), *Baroque and Rococo: Architecture and Decoration*, London, 1978

DOWNES, KERRY, *Hawksmoor*, London, 1969

DOWNES, KERRY, *Vanbrugh*, London, 1977

FISKE-KIMBALL, *The Creation of the Rococo*, New York, 1964

HARALD, BUSCH and LOHSE, BERND, *Baroque Europe*, London, 1962

HUBALA, ERICH, *Baroque & Rococo*, London, 1989

KITSON, MICHAEL, *The Age of the Baroque*, London, 1976

MILLON, HENRY A., *Baroque and Rococo Architecture*, Englewood Cliffs and London, 1961

WHINNEY, MARGARET, *Wren*, London, 1971

WITTKOWER, RUDOLPH, *Art and Architecture in Italy, 1600–1750*, Harmondsworth, 1965

### 16  Classicismo Romântico

AUNT, JOHN DIXON, and WILLIS, PETER, *The Genius of the Place: the English Landscape Garden 1620–1820*, Cambridge, Mass., 1988

BRAHAM, ALLAN, *The Architecture of the French Enlightenment*, London, 1980

CAMPBELL, COLEN (ed.), *Vitruvius Britannicus*, London, 1715–25

CROOK, J. MORDAUNT, *The Greek Revival*, London, 1972

CRUIKSHANK, DAN and WYLD, PETER, London: *The Art of Georgian Building*, London, 1975

GERMANN, GEORGE, *Gothic Revival in Europe and Britain*, London, 1972

HARRIS, JOHN, *The Palladian Revival: Lord Burlington, His Villa and Garden at Chiswick*, New Haven and London, 1996

IRWIN, DAVID, *Neoclassicism*, London, 1997

MIDDLETON, ROBIN, and WATKIN, DAVID, *Neoclassical and Nineteenth Century Architecture*, New York, 1980

STUART, JAMES and REVETT, NICOLAS, *The Antiquities of Athens*, London, 1762

SUMMERSON, JOHN, *Architecture in the Eighteenth Century*, London, 1986

TREVOR-ROPER, HUGH (ed.), *The Age of Expansion*, London, 1968

WATKIN, DAVID, *The English Vision: the Picturesque in Architecture*, London, 1982

WITTKOWER, RUDOLF, *Palladio and English Palladianism*, London, 1974

### 17  Américas e Além

COOKE, ALASTAIR, *America*, London, 1973

DAVIES, P., *Splendours of the Raj: British Architecture in India, 1660–1947*, London, 1985

FIELDHOUSE, D.K., *The Colonial Empires*, London, 1966

HAMLIN, T.F., *Greek Revival Architecture in America*, New York, 1944 and 1964

HANDLIN, DAVID P., *American Architecture*, New York and London, 1985

HITCHCOCK, HENRY-RUSSELL, *Architecture: Nineteenth and Twentieth Centuries* (4th edn.), Harmondsworth, 1977

KUBLER, G., and SORIA, M., *Art and Architecture in Spain and Portugal and their American Dominions*, London, 1959

MORRIS, JAMES, *Heaven's Command: an Imperial Progress*, New York, 1975

O'MALLEY, DINAH, *Historic Buildings in Australia*, London, 1981

PIERSON, WILLIAM H., *American Buildings and their Architects: the Colonial and Neo-classical Styles*, New York, 1970

STACKPOLE, JOHN, *Colonial Architecture in New Zealand*, Wellington, Sydney and London, 1959

TREVOR-ROPER, HUGH (ed.), *The Age of Expansion*, London, 1968

### 18  Em Busca de um Estilo

ALDRICH, MEGAN, *Gothic Revival*, London, 1996

ATTERBURY, PAUL and WAINWRIGHT, CLIVE, *Pugin: A Gothic Passion*, New Haven and London, 1994

BRIGGS, ASA, *Victorian Cities*, London, 1963

CLARK, KENNETH, *The Gothic Revival*, London, 1962

COLLINS, PETER, *Changing Ideals in Modern Architecture*, London, 1966

CROOK, MORDAUNT J., *The Dilemma of Style*, London, 1989

DIXON, ROGER, and MUTHESIUS, STEFAN, *Victorian Architecture*, London, 1978

GIROUARD, MARK, *The Victorian Country House*, Oxford, 1971

GOODHART-RENDELL, H., *English Architecture since the Regency*, London, 1953

HITCHCOCK, HENRY-RUSSELL, *Architecture: Nineteenth and Twentieth Centuries* (4th edn.), Harmondsworth, 1977

IRVING, ROBERT GRANT, *Indian Summers*, New Haven and London, 1984

MAHONEY, KATHLEEN, *Gothic Style: Architecture and Interiors from the Eighteenth Century to the Present*, New York, 1995

MORRIS, IAN, WITH WINCHESTER, SIMON, *Stones of Empire: the Buildings of the Raj*, Oxford, 1986

MUTHESIUS, STEFAN, *The High Victorian Movement in Architecture 1850–70*, London, 1972

PEVSNER, NIKOLAUS, *A History of Building Types*, London, 1976

ROLT, L.T.C., *Isambard Kingdom Brunel*, London, 1961

STROUD, DOROTHY, *The Architecture of Sir John Soane*, London, 1962

TREVOR-ROPER, HUGH (ed.), *The Nineteenth Century*, London, 1968

WAINWRIGHT, CLIVE, *The Romantic Interior 1750–1850*, New Haven and London, 1989

### 19  A Virada do Século

AMAYA, MARIO, *Art Nouveau*, London, 1985

CONDIT, CARL, W., *The Chicago School of Architecture 1875–1926*, Chicago, 1964

DAVEY, PETER, *Arts and Crafts Architecture*, London, 1980; 2nd edn., 1995

FRANKLIN, JILL., *The Gentleman's Country House, 1835–1914*, London, 1981

GAUNT, WILLIAM, *The Pre-Raphaelite Dream*, London, 1943

GUTHEIM, FRED, *Frank Lloyd Wright on Architecture*, New York, 1941

HOWARTH, THOMAS, *Charles Rennie Mackintosh*, London, 1977

HUSSEY, CHRISTOPHER, *The Life of Sir Edwin Lutyens*, Woodbridge, 1984

MACCARTHY, FIONA, *William Morris*, London, 1994

MACLEOD, ROBERT, *Charles Rennie Mackintosh*, London, 1968

MUTHESIUS, HERMANN, *Das englische Haus*, Berlin, 1904–5

NAYLOR, GILLIAN, *The Arts and Crafts Movement*, London, 1971

NUTTGENS, PATRICK (ed.), *Mackintosh and his Contemporaries*, London, 1988

PEVSNER, NIKOLAUS, *The Sources of Modern Architecture and Design*, London, 1968

RUSSELL, FRANK, *Art Nouveau Architecture*, London, 1979

SERVICE, ALASTAIR, *Edwardian Architecture*, London, 1977

SULLIVAN, LOUIS H., *Autobiography of an Idea*, New York, 1956

ZERBST, RAINER, *Antoni Gaudí*, London, 1992

## 20 O Estilo Internacional

BANHAM, REYNER, *Theory and Design in the First Machine Age*, London, 1960

BENEVOLO, LEONARDO, *History of Modern Architecture*, 2 vols., London, 1971

DROSTE, MAGDALENA, *Bauhaus*, London, 1990

FABER, COLIN, *Candela the Shell Builder*, London and New York, 1963

GIEDION, SIGFRIED, *Space, Time and Architecture*, Cambridge, Mass., 1963

GROPIUS, WALTER, *The New Architecture and the Bauhaus*, London, 1935

HATJE, GERD (ed.), *Encyclopaedia of Modern Architecture*, London, 1963

HITCHCOCK, HENRY-RUSSELL and JOHNSON, PHILIP, *The International Style*, New York, 1932; 2nd edn., 1966

LE CORBUSIER, *Towards a New Architecture*, London, 1927; reprinted 1970

NUTTGENS, PATRICK, *Understanding Modern Architecture*, London, 1988

PEVSNER, NIKOLAUS, *The Sources of Modern Architecture and Design*, London, 1968

RICHARDS, J.M., *Guide to Finnish Architecture*, London, 1966

SCULLY, VINCENT, *Modern Architecture*, New York, 1961

WEBER, EVA, *Art Deco*, London, 1989

## 21 O Fim das Certezas

CURTIS, WILLIAM J.R., *Modern Architecture since 1900*, 3rd edn., London, 1996

GLANCEY, JONATHAN, *New British Architecture*, London, 1989

FRAMPTON, KENNETH, *Modern Architecture, a Critical History*, New York, 1980

JENCKS, CHARLES, A., *The Language of Post-Modern Architecture*, 3rd edn., London, 1981

—, *Late Modern Architecture and Other Essays*, London, 1980

ROSSI, ALDO, *The Architecture of the City*, Cambridge, Mass., 1982 (original Italian edition, Padua, 1966)

VENTURI, ROBERT, *Complexity and Contradiction in Architecture*, New York, 1966

# Biografia dos Arquitetos

Estas biografias resumidas são de todos os maiores arquitetos cujas obras estão ilustradas no livro. A listagem das obras é seletiva.

**Aalto, Alvar** (1898–976), o maior arquiteto finlandês. Criou a tradição do Nacionalismo Romântico, introduziu o estilo Moderno Internacional na Finlândia, conferindo a ele um caráter fortemente pessoal e finlandês. Foi altamente sensível à paisagem e tornou altamente eficaz o uso de tijolo e madeira.

Obras: *Biblioteca Viipuri* (1927–1935), *Sanatório de Paimio* (1929–1933), *Villa Mairea*, Noormakku (1938), *Casa Baker*, Instituto de Tecnologia de Massachusetts, Cambridge (1947–1948), *Centro Cívico*, Säynätsalo (1950–1952), *Universidade Técnica*, Otaniemi (1950–1964), *Igreja Vuoksenniska*, Imatra (1956–1959), *Biblioteca Pública*, Rovaniemi (1963–1968).

**Adam, Robert** (1728–1792), o maior arquiteto britânico da segunda metade do século XVIII. Desenvolveu um estilo neoclássico de brilhante elegância decorativa que se tornou extremamente influente na América e na Rússia, bem como na Grã-Bretanha. Filho do famoso arquiteto escocês William Adam (1689–1748), ele e seu irmão James desenvolveram um negócio altamente exitoso. Seu livro *Works in Architecture* foi publicado em 1773, 1779 e 1822. O'estilo Adam' incluía trabalhos decorativos, acabamentos e mobiliário, bem como uma variedade de formatos de salas sem precedentes.

Transformações de interiores: *Casa Harewood*, Yorkshire (1758–1771), *Kedleston Hall*, Derbyshire (1759–), *Casa Syon*, Londres (1760–1769), *Parque Osterley*, Middlesex (1761–1780), *Casa Kenwood*, Londres (1767–1769), Arquitetura: *20 Portman Square*, Londres (anos 1770) *Casa Register*, Edimburgo (1774–), *Castelo Culzean* (1777–1790), *Praça Charlotte*, Edimburgo (1791–1807).

**Alberti, Leon Battista** (1404–1472), arquiteto e autor renascentista italiano. Atuou em círculos intelectuais humanistas, e seus edifícios refletem seu interesse em proporções harmônicas e o uso correto das ordens clássicas. Seu seminal livro *On Architecture* foi escrito nos anos 1440, mas só foi publicado em 1485.

Obras: *Palazzo Rucellai*, Florença (1446), fachada, S. Maria Novella, Florença (1456–1470), *S. Andrea*, Mântua (1472).

**Aleijadinho** (Antônio Francisco Lisboa, 1738–1814), arquiteto brasileiro; seu pai, um arquiteto português, sua mãe, uma escrava negra. Ajudou a criar uma forma distinta do estilo Barroco, com rica ornamentação e formas contorcidas, combinando escultura e arquitetura em um conceito espacial único.

Obras: *São Francisco*, Ouro Preto (1766–1794), *Bom Jesus de Matozinhos*, Congonhas do Campo (1800–1805).

**Anatêmio de Trales**, geômetra grego que se tornou arquiteto que floresceu no início do século VI d.C. Com Isidoro de Mileto ele construiu a igreja original de Agia Sophia, Constantinopla (532–537).

**Asam, Egid Quirin** (1692–1750), um dos dois irmãos que criaram um estilo Barroco distinto na Baviera, sul da Alemanha. Eles projetaram principalmente interiores de igrejas, usando afresco e estuque para criar efeitos fantasticamente ricos.

Decoração: *Catedral Freising* (1723–1724), *St. Emmeram*, Regensburg (1733) e contratos em e nas proximidades de Munique. Arquitetura: *São João Nepomuceno*, Munique (1733–1744), *Igreja Ursulina*, Straubing (1736–1741).

**Asplund, Gunnar** (1885–1940), principal arquiteto sueco que desenvolveu uma versão leve e graciosa do estilo Moderno Internacional.

Obras: *Biblioteca da Cidade de Estocolmo* (1920–1928), *Exposição de Estocolmo* (1930), ampliação da *Prefeitura de Göteborg* (1934–1937), *Crematório do Bosque*, Estocolmo (1935–1940).

**Barry**, *Sir* **Charles** (1795–1860), arquiteto inglês versátil do início do período vitoriano, cuja obra foi inspirada nos modelos renascentistas. Sua obra-prima são as Casas do Parlamento, onde o detalhe gótico foi fornecido por Pugin.

Obras: *Clube dos Viajantes*, Londres (1829–1831), *Casas do Parlamento*, Londres (1836–1852), *Clube da Reforma*, Londres (1837), *Casa Bridgewater*, Londres (1847), *Prefeitura de Halifax* (1859–1862).

**Belgiojoso, Lodovico** (n.1909), arquiteto italiano, fundador em 1932 do BBPR Architectural Studio em Milão, com Ernesto Rogers (1909–1969) e Enrico Peressutti (1908–1973) como sócios. Seu modernismo foi temperado com humor, magia e um desejo de fazer uso de estilos tradicionais.

Obras: *Clínica de Helioterapia*, Legnano, Milão (1938; demolida em 1956), *Correio*, bairro EUR, Roma (1940), *Museu do Castelo Sforza*, Milão (1956–1963), *Torre Velasca*, Milão (1956–1958), *Banco Chase Manhattan*, Milão (1969).

**Bernini, Gian Lorenzo** (1598–1680), o maior escultor de sua época e uma personalidade dominante na criação do estilo Barroco. Sua obra possui uma qualidade teatral, misturando escultura e arquitetura em um todo unificado.

Obras (todas em Roma): *Baldaquino*, Basílica de São Pedro (1624–1633), *Fontana di Trevi* (1632–1637), *Capela Cornaro*, St. Maria della Vittoria (1646), colunata, Praça de São Pedro (1656–1671), *S. Andrea al Quirinale* (1658–1670), *Palazzo Chigi-Odescalchi* (1664).

**Bindesbøll, Gottlieb** (1800–1856), arquiteto dinamarquês, cujas livres adaptações do estilo neoclássico e forte uso da cor foram admirados e influentes. Muitos de seus edifícios utilizam tijolo policromático e também refletem a influência de tradições vernaculares.
Obras: *Museu Thorvaldsen*, Copenhague (1839–1848), *Igreja Habro* (1850–1852), *Hospital Psiquiátrico Oringe* (1854–1857), *Escola Veterinária*, Copenhague (1856).

**Boffrand, Gabriel Germain** (1667–1754), o maior arquiteto do Rococó francês, pupilo e depois sócio de J.-H. Mansart. Seus edifícios foram caracterizados por exteriores simples e interiores profusos, dos quais o Hôtel de Soubise é o mais famoso. Ele se tornou muito rico, principalmente por construir especulativos *hôtels* privados em Paris, mas perdeu muito de sua fortuna na Bolha de Mississippi de 1720.
Obras: *Château de Lunéville* (1702–1706), *Château de Saint Ouen* (c.1710), *Hôtel de Montmorency*, Paris (1712), *Palácio Ducal*, Nancy (1715–1722, demolido em 1745), *Hôtel de Soubise* (agora Archives Nationales), Paris (1735–1739).

**Borromini, Francesco** (1599–1667), brilhante arquiteto do Barroco italiano, pupilo e rival de Bernini. Suas obras mais famosas são pequenas igrejas em terrenos irregulares em Roma, todos os quais fazem um uso altamente disciplinado de formas geométricas simples, resultando em excepcional clareza da estrutura e magistral controle do espaço. As formas que criou são arrojadas, originais e influentes, ainda que tenha negado as acusações de seus inimigos de que estivesse quebrando as regras da arquitetura clássica. Amargo e recluso na idade avançada, ele cometeu suicídio.
Obras (todas em Roma): *Oratório de S. Filippo Neri* (1637–1650), *S. Carlo alle Quattro Fontane* (1638–1677), *S. Ivo della Sapienza* (1642), fachada, *S. Agnese* na Piazza Navone (1652–1666).

**Bramante, Donato** (1444–1514), arquiteto da Alta Renascença italiana, cujo Tempietto é frequentemente descrito como o mais perfeito edifício renascentista. Desde c.1480 esteve em Milão, um contemporâneo de Leonardo na corte de Lodovico Sforza, e lá trabalhou em várias igrejas. Fugiu para Roma depois da invasão francesa de 1499, onde produziu o original e grandioso plano em cruz grega para a nova Basílica de São Pedro (bem modificada na estrutura final construída).
Obras: *S. Maria presso S. Satiro*, Milão (1482), *S. Maria delle Grazie*, Milão (1492), claustro, S. Maria della Pace, Roma (1500–1504), *Tempietto*, S. Montorio em Monte, Roma (1502), *Basílica de São Pedro*, Roma (1506–), *Palazzo Caprini*, Roma (1510).

**Brodrick, Cuthbert** (1822–1905), arquiteto inglês baseado em Yorkshire do período Alto Vitoriano, cujo estilo clássico foi inspirado por exemplos do Renascimento francês e do Barroco.
Obras: *Prefeitura de Leeds* (1853), *Leeds Corn Exchange* (1860–1863), *Grande Hotel*, Scarborough (1863–1867).

**Brunelleschi, Filippo** (1377–1446), arquiteto italiano escultor e matemático que foi pioneiro do estilo renascentista e a quem se credita a invenção da perspectiva. Estudando modelos da Antiguidade e do Românico, ele transformou seus protótipos em uma série de edifícios renascentistas arquetípicos valorizados por sua elegância, simplicidade e proporções perfeitas.
Obras (todas em Florença): *Hospital dos Inocentes* (1421), *Cúpula da Catedral* (1420–1434), *S. Lorenzo* (1421–), *Capela Pazzi*, S. Croce (1429–1461), *S. Spirito* (1436–).

**Bullant, Jean** (c.1520–1578), arquiteto do Maneirismo francês que combinou atenção pedante para corrigir detalhes clássicos com o uso de ordens gigantes para criar um efeito de grandiosidade. Tornou-se o arquiteto de Catarina de Médicis em 1570. Escreveu *Reigle générale d'architecture* (1563).
Obras: *Petit Château*, Chantilly (1560), *Hôtel de Soissons*, Paris (1572; destruído), *galeria da ponte*, Chenonceaux (1576–1577).

**Burlington, Lorde** (1694–1753), arquiteto *connoisseur* e amador que promoveu o palladianismo e teve uma enorme influência no gosto inglês. Fastidioso e puritano, enfatizou os padrões clássicos puros e 'absolutos' de seu mestre Palladio, e baseou seu solar em Chiswick na Villa Rotonda.
Obras: *Dormitório*, Escola Westminster, Londres (1722–1730), *Casa Chiswick* (1725), *Salas da Assembleia*, York (1731–1732).

**Burnham, David H.** (1846–1912), arquiteto e planejador americano. Em parceria com John Wellborn Root (q.v.) ele representou um papel vital na criação do Estilo Chicago. Foi o Chefe da Construção para a Exposição Mundial de Colombo, em Chicago (1893), e produziu plantas abrangentes para o Distrito de Colúmbia (1901–1902) e Chicago (1906–1909).
Obras: *Edifício Monadnock*, Chicago (1884–1891), *Edifício Reliance*, Chicago (1890–1894), *Templo Maçônico*, Chicago (1891), *Edifício Flatiron*, Nova York (1902).

**Calatrava, Santiago** (n.1951), arquiteto e engenheiro espanhol baseado em Zurique, Suíça. Combinando de modo dramático a arquitetura e engenharia avançada, ele criou estruturas que podem quase ser descritas como esculturas, com formas tridimensionais elegantes e expressivas que são funcionais ao mesmo tempo que são concebidas em termos escultóricos.
Obras: *Estação Ferroviária Stadelhofen*, Zurique (1982–1990), *Galeria e Praça Heritage*, Toronto (1987–1992), *Ponte Alamillo*, Sevilha (1987–1992), *Estação TGV*, Aeroporto Lyons-Satolas (1988–1992), *Torre de Telecomunicações*, Montjuic, Barcelona (1989–1992), *Aeroporto de Bilbao* (1991).

**Calícrates** (século V a.C.), principal arquiteto ateniense, famoso principalmente pelo Parthenon, que projetou com Ictino.
Obras: *Templo de Atena Nice*, Atenas (450–424 a.C.), *Parthenon*, Atenas (447–432 a.C.), parte da fortificação de Longas Paredes conectando Atenas aos Pireus (c.440 a.C.).

**Cameron, Charles** (1746–1812), arquiteto escocês neoclássico, admirador e seguidor de Robert Adam, que trabalhou com Catarina a Grande na Rússia em 1779, e permaneceu na Rússia pelo resto de sua vida.
Obras: edifícios, interiores e projetos de jardins em *Tsarskoe Selo*, Pushkin (1780–1787), *Palácio Pavlovsk*, Pushkin (1781–1796), *Hospital Naval e Quartel*, Kronstadt (1805).

**Campen, Jacob van** (1595–1657), arquiteto clássico holandês, que introduziu uma versão do estilo palladiano na Holanda que se tornou muito apreciada, e teve uma influência particular na Inglaterra.
Obras: *Mauritshuis*, Haia (1633–1635), *Prefeitura*, Amsterdã (1648–1655), *Nova Igreja*, Haarlem (1654–1659).

**Candela, Felix** (n.1910), arquiteto e engenheiro mexicano nascido na Espanha, cujos experimentos em abóbadas em conchas de concreto introduziram formas paraboloides expressivas mas funcionais na arquitetura moderna.
Obras: *Laboratório de Raios Cósmicos*, Campus Universitário, Cidade do México (1951), *Igreja da Virgem Milagrosa*, Cidade do México (1954), *Depósito do Ministério das Finanças*, Vallejo (1954), *Fábrica Têxtil*, Coyoacan (1955), *Restaurante*, Xochimilco (1958).

**Cuvilliés, François** (1695–1768), arquiteto nascido na Bélgica que se tornou o expoente supremo do estilo Rococó no sul da Alemanha. Designado o arquiteto da corte pelo governador da Bavária, foi enviado a Paris para estudar e em seu retorno a Munique desenvolveu um estilo que combinou a exuberância fantástica com a elegância e delicadeza últimas.

Obras (em Munique): *decoração da Residenz* (1729–1737), *Pavilhão de Amalienburg*, Schloss Nymphenburg (1374–1379), *teatro do Residenz* (1751–1753), *fachada*, St. Cajetan (1767).

**Dientzenhofer, Johann** (1665–1726), membro de uma família de arquitetos alemães barrocos. Visitou Roma, e seu trabalho inicial possui um caráter italiano. Sua obra madura é caracterizada por uma dramática e fluida concepção do espaço.

Obras: *Catedral*, Fulda (1701–1712), *Igreja da Abadia de Banz* (1710–1718), *Palácio*, Pommersfelden (1711–1718).

**Dollmann, Georg von** (1830–1895), arquiteto alemão do Renascimento Gótico e do Romântico. Pupilo de Leo von Klenze, sucedeu Eduard Riedel (1813–1885) como arquiteto de Ludwig II da Bavária e se tornou responsável pelas traduções das ideias de 'contos de fadas' do rei em edifícios que incorporassem elementos dos estilos medieval, barroco, bizantino e oriental.

Obras: *Igreja Paroquial*, Giesing (1865–1868), *Schloss Neuschwanstein* (1872–1886; iniciada por Riedel, 1868), *Schloss Linderhof* (1874–1878), *Schloss Herrenchiemsee* (1878–1886).

**Dudok, Willem** (1884–1974), arquiteto holandês baseado em Hilversum. Conservador em seu uso de tijolos e seu respeito pela tradição, absorveu a influência do De Stijl e de Frank Lloyd Wright para criar uma versão distinta do Estilo Internacional que foi muito admirada, especialmente na Grã-Bretanha.

Obras: *Escola Dr. Bavinck*, Hilversum (1921–1922), *Prefeitura*, Hilversum (1927–1931), *Loja de Departamento Bijenkorf*, Rotterdam (1929–1930; destruída), *Erasmus Flats*, Rotterdam (1938–1939).

**Eiffel, Gustave** (1832–1923), engenheiro francês pioneiro no uso da construção em viga treliçada, particularmente em pontes. Suas estruturas combinam leveza e força com elegância contida.

Obras: *Pont du Garabit*, Cantal, França (1870–1874), *ponte sobre o Douro*, Porto, Portugal (1877–1878), *armação de metal para a Estátua da Liberdade*, Nova York (1885), *Torre Eiffel*, Paris (1887–1889).

**Eisenman, Peter** (n.1932), arquiteto americano, nos anos 1960 membro do 'New York Five', um grupo que admirava as formas clássicas do modernismo inicial e promoveu valores formais à custa da função. Descrevendo-se como um pós-humanista, ele se tornou interessado na fragmentação, superposição de malhas e justaposições arbitrárias.

Obras: *Habitação Social IBA*, Kochstrasse, Berlim (1982–1987), *Centro Wexner*, Columbus, Ohio (1983–1989), *Casa Max Reinhardt* (projeto), Berlim (1983–1989, 1994), *Centro de Convenções de Grande Columbus*, Columbus, Ohio (1989–1993).

**Foster, Sir Norman** (n.1935), arquiteto inglês que junto com Richard Rogers foi pioneiro do desenvolvimento do modernismo *'high tech'* na Grã-Bretanha. Seu audacioso uso da tecnologia avançada e franca expressão da estrutura são temperados com fluidez e controle formal em seus projetos, e por uma forte consciência das demandas sociais e espirituais.

Obras: *Fábrica Reliance Controls*, Swindon (1966), *Centro de Artes Visuais Sainsbury*, Universidade de Anglia Leste (1974–1978), *Edifício Willis Faber Dumas*, Ipswich (1974), *Hong Kong and Shangai*, Hong Kong (1979–1986), *Aeroporto de Stansted* (1980–1991), *Galerias Sackler*, Academia Real (1985–1993), *Carré d'Art*, Nîmes, França (1985–1993), *Torre Century*, Tóquio (1987–1991), *Aeroporto Chek Lap Kok*, Hong Kong (1992–1998).

**Fuller, Richard Buckminster** (1895–1983), engenheiro e teórico americano. Sempre advogando pelo uso de novos materiais e técnicas construtivas, inventou a cúpula geodésica, uma construção leve usando o princípio da armação espacial. Mais de 250.000 desses domos foram construídos.

Obras: *Cúpulas geodésicas em Baton Rouge*, Louisiana (1959), Montreal (1967), Monte Fuji, Japão (1973), e Disneyworld, Flórida (1982).

**Furness, Frank** (1839–1912), arquiteto americano baseado na Filadélfia. Altamente eclético no estilo, derivando principalmente de fontes francesas e inglesas, seus edifícios são notáveis por suas formas arrojadas e uso colorido do tijolo. Entre seus pupilos estava Louis Sullivan.

Obras (todas na Filadélfia): *Academia de Belas-Artes da Pensilvânia* (1871–1876), *Edifício Provident Life and Trust Company* (1876–1879), *Biblioteca da Universidade da Pensilvânia* (1887–1891), *Estação Broad Street* (1891–1893; demolida).

**Gabriel, Ange-Jacques** (1698–1782), o maior arquiteto neoclássico francês. Em 1742 sucedeu seu pai como arquiteto real de Luís XV, e seu principal trabalho consistia em adições e alterações nos palácios reais em Fontainebleau, Compiègne e Versalhes. Sua obra mais refinada é caracterizada pela dignidade, simplicidade e uso contido da decoração.

Obras: *Ópera, Versalhes* (1748), *Pavillon de Pompadour*, Fontainebleau (1748), *École Militaire*, Paris (1750–1768), *Petit Trianon*, Versalhes (1763–1769), *Cabana de Caça*, La Muette (1753–1754), *Place Royale*, Bordeaux (1731–1755), *Place de la Concorde*, Paris (1753–1765).

**Garnier, Charles** (1825–1898), arquiteto francês. Sua obra-prima, a grandiosa neobarroca Ópera, é um triunfo da rica coloração, decoração ornamental e altamente disciplinado controle de volume e espaço.

Obras: *Ópera*, Paris (1861–1875), *Cassino*, Monte Carlo (1878), *solar*, Bordighera (1872), *Cercle de la Librairie*, Paris (1878).

**Gaudí, Antoni** (1852–1926), arquiteto espanhol que criou uma fantástica e altamente idiossincrática versão do Art Nouveau baseada em formas naturais, caracterizada por fachadas e telhados curvilíneos, e por decoração exuberante e colorida.

Obras (todas em Barcelona): *Igreja da Sagrada Família* (1884–), *Palácio Güell* (1885–1889), *Parque Güell* (1900–1914), *Santa Coloma de Cervello* (1898–1917), *Casa Batlló* (1904–1906), *Casa Milà* (1905–1910).

**Gibbs, James** (1682–1754), arquiteto inglês barroco e neoclássico. Pupilo de Carlo Fontana em Roma, ele criou uma versão contida do Barroco que influenciou grandemente o desenvolvimento do estilo neoclássico na Grã-Bretanha.

Obras: *Casa Ditchley*, Oxfordshire (1720–1725), *St. Martin-in-the-Fields*, Londres (1721–1726), *Casa do Senado*, Cambridge (1722–1730), *Edifício Fellows*, King's College, Cambridge (1724–1729), *Radcliffe Camera*, Oxford (1737–1749).

**Giulio Romano** (1492–1546), arquiteto e pintor italiano cuja arrojada e autoconsciente manipulação das regras da arquitetura clássica foi o marco do estilo Maneirista. Ele foi empregado pelo Duque Federico II Gonzaga em Mântua.

Obras (todas em Mântua): *Palazzo del Tè* (1525–1534), *Palazzo Ducale* (1538–1539), *Catedral* (1545–1547).

**Gowan, James** *ver* **Stirling, James**

**Graves, Michael** (n.1934), arquiteto americano, baseado em Princeton e Nova York. Um membro do 'New York Five' (ver Eisenman), ele se engajou na manipulação formal de protótipos modernos e clássicos, desenvolvendo um estilo no qual a citação histórica é usada com ironia autoconsciente e ambiguidade.

Obras: *Casa Benacerraf*, Princeton (1969), *Centro Cultural Fargo-Moorhead*, Dakota do Norte/Minnesota (1977–1978), *Edifício de Serviços Públicos*, Portland, Oregon (1980–1983).

**Gropius, Walter** (1883–1969), um dos criadores do Estilo Internacional na arquitetura moderna e fundador da Bauhaus, a mais influente escola de arquitetura e design do século XX. Depois do fechamento da Bauhaus pelos nazistas em 1933, ele trabalhou brevemente na Inglaterra (1934–1937) e então emigrou para os Estados Unidos, onde, como diretor da Escola de Pós-Graduação em Design na Universidade de Harvard, representou um importante papel na disseminação do modernismo.

Obras: *Fábrica Fagus*, Alfeld-an-der-Leine (1911), *Pavilhão da Exposição Werkbund*, Colônia (1914), *Bauhaus*, Dessau (1925–1926), *Casa Gropius*, Lincoln, Mass. (1938), *Alojamentos Harkness Commons*, Universidade de Harvard, Cambridge, Mass. (1948).

**Guarini, Guarino** (1624–1683), arquiteto e matemático italiano barroco. Expressou as ideias de Borromini de uma forma mais monumental, e suas igrejas são de alta complexidade espacial, com cúpulas cônicas que foram originais e influentes.

Obras (todas em Turim): *Igreja do Santo Sepulcro* (1667–1690), *San Lorenzo* (1668–1687), *Collegio dei Nobili* (1678), *Palazzo Carignano* (1679).

**Herrera, Juan de** (c.1530–1597), arquiteto espanhol que desenvolveu um estilo renascentista de grande pureza e simplicidade, que refletia o gosto severo de seu patrono, o Rei Filipe II. A partir de 1572, ele ficou encarregado de finalizar o Palácio Escorial.

Obras: *Palácio Aranjuez* (1569), *Alcázar*, Toledo (1571–1585), *El Escorial* (1572–1582, iniciado por Juan Bautista de Toledo, 1562), *Exchange*, Sevilha (1582), *Catedral de Valladolid* (c.1585).

**Hildebrandt, Lucas von** (1668–1745), principal arquiteto barroco da Áustria, foi pupilo de Carlo Fontana e admirador de Guarino Guarini. Suas fachadas são relativamente simples, enquanto seus interiores, especialmente as escadarias, são dramática e ricamente decorados. Muito de sua obra (exceto o Belvedere) consistiu em adaptações de edifícios existentes.

Obras: *Schloss Pommersfelden* (1711–1718), *Residenz*, Würzburg (1719–1744), *Belvedere*, Viena (1720–1724), *Schloss Mirabell*, Salzburgo (1721–1727).

**Holl, Elias** (1573–1646), principal arquiteto renascentista da Alemanha, designado arquiteto da cidade de Augsburgo em 1602. Seu estilo foi influenciado por Palladio e pelo Maneirismo, mas ele modificou o estilo italiano usando elementos tipicamente alemães, tais como empenas altas.

Obras (todas em Augsburgo): *Arsenal* (1602–1607), *Escola de Gramática St. Anne* (1613–1615), *Prefeitura* (1615–1620), *Hospital do Espírito Santo* (1626–1630).

**Horta, Victor** (1861–1947), arquiteto belga que em um brilhantemente original conjunto de edifícios traduziu as sinuosas linhas do Art Nouveau em uma 'arquitetura total' combinando forma e decoração em um todo unificado.

Obras (todas em Bruxelas): *Hôtel Tassel* (1892–1893), *Hôtel Solvay* (1895–1900), *Maison du Peuple* (1896–1899), *Loja L'Innovation* (1901).

**Ictino** ver **Calícrates**

**Imhotep** (surgiu em c.2600 a.C.), o primeiro arquiteto conhecido da história, vizir e conselheiro do Rei Zoser do Egito e sacerdote de Heliópolis. Criou o enorme complexo funerário de Saqqara (c.2630–2610 a.C.), cuja pirâmide escalonada, sofisticada cantaria e o uso de colunas definiram o padrão para monumentos egípcios por 2.500 anos.

**Isidoro de Mileto** ver **Anatêmio de Trales**

**James of St. George** (século XIII), mestre de obras do Rei Eduardo I da Inglaterra, responsável por supervisionar um anel de castelos 'aprimorados' na fronteira galesa no final do século XIII, incluindo Conwy, Caernarfon, Pembroke, Harlech e Beaumaris.

**Jefferson, Thomas** (1743–1825), estadista americano, terceiro presidente dos Estados Unidos, que foi também um talentoso arquiteto amador. Inspirado por Palladio e pela antiga Roma, criou um estilo clássico puro que exerceu profunda influência na construção pública nos Estados Unidos, e representou um papel de liderança no planejamento da nova capital federal em Washington.

Obras: *Monticello* (1770–1796), *Capitólio do Estado da Virgínia*, Richmond (1796), *Universidade da Virgínia*, Charlottesville (1817–1826).

**Johnson, Philip** (n.1906), arquiteto baseado em Nova York que introduziu o Estilo Internacional à América como cocurador da famosa exposição homônima no Museu de Arte Moderna de Nova York em 1932. Pupilo de Mies van der Rohe, criou alguns dos primeiros e mais influentes edifícios de vidro e aço nos EUA, notáveis por sua pureza de linha. Nos anos 1980, ele foi pioneiro na citação 'pós-moderno' de estilos históricos em edifícios altos.

Obras: *Casa de Vidro*, New Canaan (1949–1955), *Edifício Seagram*, Nova York (1954–1958, com Mies van der Rohe), *Galeria de Arte do Sheldon Memorial*, Lincoln Center, Nova York (1964, com Richard Foster), *Memorial de John F. Kennedy*, Dallas (1970), *Edifício ATT*, Nova York (1978–1983), *Torre IBM*, Atlanta (1987).

**Jones, Inigo** (1573–1652), brilhante arquiteto e cenógrafo que introduziu o estilo renascentista na Inglaterra. Inspirado principalmente em Palladio, ele criou o primeiro edifício clássico da Inglaterra e influenciou profundamente o renascimento palladiano do século XVIII.

Obras: *Casa da Rainha*, Greenwich (1616–1635), *Casa dos Banquetes*, Whitehall (1619–1622), *Capela da Rainha*, Palácio de St. James, Londres (1623–1627), *pórtico*, Antiga Catedral de St. Paul, Londres (1631–1642), reconstrução da *Casa Wilton*, Wiltshire (c.1647).

**Juvarra, Filippo** (1678–1736), pupilo de Carlo Fontana, o mais refinado arquiteto do Barroco italiano do século XVIII, cuja maior parte da obra foi em Turim ou em seus arredores. Exibindo maestria perfeita de um estilo estabelecido em vez de grande originalidade, seus edifícios formam conjuntos imponentes e finamente proporcionados.

Obras (em Turim ou nas redondezas): *S. Filippo Neri* (1715), *igreja em Superga* (1717–1731), *Palazzo Madama* (1718–1721), *Castelo Stupenigi* (1729–1733).

**Kahn, Louis I.** (1901–1974), um dos maiores arquitetos modernos americanos da segunda geração. Conciso em seu uso de materiais e simpático à tradição, ele se tornou um mestre da monumentalidade, imbuindo seus edifícios de dignidade e poderosa forma escultural.

Obras: *Galeria de Arte da Universidade de Yale* (1951–1953), *Laboratórios de Pesquisas Médicas Richards*, Universidade da Pensilvânia, Filadélfia (1957–1965), *Instituto Salk*, La Jolla, Califórnia (1959–1965), *Instituto de Administração Indiano*, Ahmadabad (1962–1974), *Edifício da Assembleia Nacional*, Dacca, Bangladesh (1962–1975), *Museu de Arte Kimbell*, Fort Worth, Texas (1966–1972).

**Kent, William** (1684–1748), arquiteto e paisagista inglês, cujos projetos de jardins informais revolucionários criaram uma nova relação entre os edifícios e seu cenário natural. Foi *protégé* de Lorde Burlington, com quem criou um estilo neopalladiano puro que foi amplamente influente na Grã-Bretanha.

Obras: *Casa Chiswick* (1725), *paisagismo*, Stowe, Buckinghamshire (1732–), *Holkham Hall*, Norfolk (1734), *paisagismo*, Rousham, Oxfordshire (1739), *44 Berkeley Square*, Londres (1742–1744), *Cavalariças*, Londres (1748–1759).

**Klenze, Leo von** (1784–1864), versátil arquiteto alemão que criou edifícios públicos monumentais e dignos, principalmente no sul da Alemanha, alguns em estilo grego, outros em estilo renascentista.

Obras: *Glyptothek*, Munique (1816–1831), *Palácio Leuchtenberg*, Munique (1817–1819), *Alte Pinakothek*, Munique (1826–1836), *Walhalla*, perto de Regensburg (1830–1842), *Hermitage*, São Petersburgo (1839–1852).

**Kurokawa, Kisho** (n.1934), principal arquiteto contemporâneo japonês, com uma prática internacional, bem como japonesa. Membro do grupo Metabolista, desenvolveu sistemas baseados em unidades padronizadas, e enfatizou a ideia de 'simbiose' — as interações entre pessoas e seu ambiente e entre diferentes culturas. Também foi um escritor prolífico.

Obras: *Torre de Cápsulas Nakagin*, Tóquio (1972), *Torre Sony*, Osaka (1976), *Museu de Arte Contemporânea*, Hiroshima (1988), *Clube Esportivo*, Centro Illinois, Chicago (1990), *Museu de Fotografia da Cidade*, Nara (1992).

**Labrouste, Henri** (1801–1875), arquiteto francês e influente expoente do racionalismo, foi pioneiro no uso de abóbadas em ferro em edifícios. Seguindo o princípio de que a forma deveria seguir a função e os materiais, em suas duas grandes encomendas de bibliotecas ele tirou partido da força do ferro para criar interiores espaçosos, iluminados e elegantes cuja influência pode ser vista em todo o mundo em estruturas tais como estações de trens.

Obras: *Bibliothèque Ste. Geneviève*, Paris (1843–1851), *Seminário*, Rennes (1853–1872), *Bibliothèque Nationale*, Paris (1854–1875), *Hôtel de Vilgruy*, Paris (1865).

**Latrobe, Benjamin** (1764–1820), arquiteto e engenheiro inglês que emigrou para os Estados Unidos em 1793, foi instrumental em introduzir o estilo neoclássico na arquitetura americana, e foi um dos arquitetos responsáveis pelo edifício do Capitólio em Washington, D.C. (1803–1811, 1814).

Obras: *Banco da Pensilvânia*, Filadélfia (1798), *Catedral de Baltimore* (1805–1818), *Casa Markoe*, Filadélfia (1810), *Universidade da Virgínia* (1817–1826, com outros), *Banco do Estado da Louisiana*, Nova Orleans (1819).

**Laurana, Luciano** (1420/5–1479), arquiteto italiano do início do Renascimento cujo único trabalho conhecido é o Palácio Ducal, em Urbino (c.1454–), com elevações imponentes e espaçosas e detalhes refinados e delicados na decoração interior.

**Le Corbusier** (Charles-Edouard Jeanneret; 1887–1965), arquiteto nascido na Suíça, cujas formas arquetípicas foram influências decisivas no desenvolvimento da arquitetura moderna. As limpas e puras linhas da Villa Savoie, em Poissy, são uma declaração canônica do modernismo, e a Unité d'Habitation, em Marselha, se tornou um protótipo para a habitação de massa em todo o mundo. Os trabalhos tardios de Le Corbusier se tornaram mais vigorosos e poéticos, refletindo um novo interesse com a paisagem e as formas naturais.

Obras: *Maison La Roche/Jeanneret*, Paris (1925), *Villa Stein/de Monzie*, Garches (1928), *Villa Savoie*, Poissy (1928–1931), *Pavillon Suisse*, Cité Universitaire, Paris (1930–1931), *Unité d'Habitation*, Marselha (1946–1952), *Capela*, Ronchamp (1950–1954), *Edifício Millowners*, Ahmadabad (1951–1954), *Chandigarh*, Índia (1956–), *Mosteiro*, La Tourette (1957), *Centro de Carpintaria*, Universidade de Harvard (1959–1963).

**Le Vau, Louis** (1612–1670), o principal arquiteto barroco francês, que combinou a grandiosidade e elegância nos maiores projetos reais para o Rei Luís XIV.

Obras: *Hôtel Lambert*, Paris (1639–1644), *Château de Vaux-le-Vicomte* (1657), *Collège des Quatre Nations*, Paris (1662), reforma do *Louvre* (1664–) e do *Palácio de Versalhes* (1668–).

**Longhena, Baldassare** (1598–1682), o maior arquiteto veneziano barroco, cuja obra é caracterizada por teatralidade, volume arrojado e superfícies ricamente texturizadas. Sua obra-prima, S. Maria della Salute, o ocupou por quase toda a sua vida produtiva.

Obras (todas em Veneza): *S. Maria della Salute* (1630–1687), escadaria, Mosteiro de S. Giorgio Maggiore (1643–1645), *Palazzo Belloni* (1648–1665), *Palazzo Bon (Rezzonico)* (1649–1682), *Palazzo Pesaro* (1652–1659), *S. Maria di Nazareth* (1656–1673).

**L'Orme, Philibert de** (1514–1570), o mais importante arquiteto francês do século XVI. Original e criativo, foi instrumental na criação de uma versão distinta do classicismo renascentista que se originou nas tradições francesas, bem como em modelos italianos. Ele foi também influente através de seus livros *Nouvelles Inventions* (1561) e *Architecture* (1567). Pouco de sua obra sobreviveu.

Obras: *tribuna*, St. Etienne-du-Mont, Paris (1545), *Château de Anet* (1547–1552; destruído), *ponte*, Château de Chenonceaux (1556–1559), *Palácio das Tulherias*, Paris (1564–1572; destruído).

**Lubetkin, Berthold** (1901–1990), arquiteto russo que emigrou para a Inglaterra, onde fundou a Tecton, uma prática que criou alguns dos primeiros e mais influentes edifícios no estilo moderno internacional na Grã-Bretanha de antes da guerra, notável por sua simplicidade e linhas limpas.

Obras: *Casa dos Gorilas* e *Piscina dos Pinguins*, Zoológico de Londres (1943, 1935), *Highpoint I e II*, Highgate, Londres (1933–1938), *Centro de Saúde Finsbury*, Londres (1939).

**Lutyens, *Sir* Edwin** (1869–1944), o arquiteto inglês dominante do início do século XX, cujas grandiosas casas de campo e edifícios públicos refletiram a riqueza e a grandiosidade imperial da Grã-Bretanha eduardiana. Os primeiros trabalhos combinaram ideias Arts and Crafts com criativo planejamento e interessantes fachadas, enquanto os posteriores desenvolveram um classicismo progressivamente monumental.

Obras: *Munstead Wood*, Surrey (1896), *Tigbourne Court*, Surrey (1899–1901), *Deanery Garden*, Sonning, Berks (1899–1902), *Heathcote*, Ilkley, Yorkshire (1906), *Casa do Vice-Rei*, Nova Délhi (1920–1931), *Memorial de Guerra*, Thiepval, Bélgica (1927–1932), *Embaixada Britânica*, Washington D.C. (1927–1928).

**McKim, Charles** (1847–1909), arquiteto americano que em parceria com William Mead (1846–1928) e Stanford White (1853–1906) conduziu o maior escritório de arquitetura de seu tempo nos EUA. Seu estilo foi largamente baseado na Alta Renascença italiana.

Obras: *Biblioteca Pública de Boston* (1887–1895), *Rhode Island State House*, Providence (1892–1904), *Universidade de Columbia*, Nova York (1892–1901), *Biblioteca Morgan*, Nova York (1903), *Estação Pensilvânia*, Nova York (1902–1911; demolida).

**Mackintosh, Charles Rennie** (1868–1928), arquiteto e designer brilhante e original que criou sua própria altamente idiossincrática versão do Art Nouveau combinando planejamento lógico e ornamento expressivo. Ele foi mais influente no Continente (notadamente em Viena) que na Grã-Bretanha.

Obras: *salões de chá para Miss Cranston*, Glasgow (1897–1911), *Escola de Arte de Glasgow* (1896–1899, 1907–1909), *Casa Hill*, Helensburgh (1902–1903).

**Mansart, Jules-Hardouin** (1646–1708), principal arquiteto barroco francês, designado Arquiteto Real para Luís XIV, em 1675. Muito de sua carreira foi passado na finalização do palácio em Versalhes, onde ele se mostrou apto a criar o esplendor e cenário visual necessário. Sua obra posterior demonstrou uma leveza que prenunciou o Rococó.

Obras: *Galerie des Glaces*, Versalhes (1678–1684), *Capela dos Inválidos*, Paris (1680–1691), *Chancelaria Real*, Place Vendôme, Paris (1698–), *Capela Real*, Versalhes (1699–).

**Mead, William** ver **McKim**

**Mendelsohn, Erich** (1887–1953), arquiteto alemão cuja obra inicial representa uma tendência 'expressionista' no modernismo, com formas fluidas expressas no concreto. Seu trabalho posterior se torna mais formal e horizontal, mas sempre com linhas fluidas.

Obras: *Einstein Tower*, Potsdam (1919–1921), *Fábrica Hat*, Luckenwalde (1921–1923), *Loja de Departamentos Schocken*, Chemnitz (1928), *Pavilhão De La Warr*, Bexhill, Sussex (1935–1936, com Serge Chermayeff), *Centro Médico Hadassah*, Mount Scopus, Jerusalém (1936–1938).

**Mengoni, Giuseppe** (1829–1877), arquiteto italiano famoso por um projeto, a Galleria Vittorio Emanuele, em Milão (1863–1867). Construída em um estilo renascentista livre, é uma das maiores galerias de compras jamais construídas.

**Merrill, John** ver **Skidmore**

**Michelangelo Buonarroti** (1475–1564), escultor, pintor, engenheiro militar e arquiteto, um dos grandes gênios do Renascimento. Ao quebrar regras e conceber um edifício como uma forma escultural desenvolvida organicamente, ele criou uma série de obras-primas originais e imensamente influentes, nenhuma delas completamente finalizada. Seu uso arrojado de pilastras e ordens gigantes e sua concepção espacial dinâmica abriram caminho para desenvolvimentos maneiristas e barrocos posteriores.

Obras: S. Lorenzo, Florença: *fachada* (1515, não construída), *Capela dos Médici* (1519–) e *Biblioteca Laurenziana* (1524), *Capitólio*, Roma (1839–), *São Pedro*, Roma (1546–), *Capella Sforza*, S. Maria Maggiore, Roma (c.1560).

**Mies van der Rohe, Ludwig** (1886–1969), um dos fundadores da arquitetura moderna, primeiro na Alemanha, e a partir de 1938 nos EUA. Foi diretor da Bauhaus de 1930–1933, diretor da Escola de Arquitetura da Instituto de Tecnologia de Illinois (1938–1958) e um dos mais influentes professores do século. Apropriando-se do aço, do vidro e da tecnologia da estrutura esqueleto, ele advogou a clareza da estrutura, plantas livres, projetos modulares e precisão no detalhe. Seu Pavilhão de Barcelona e seus edifícios altos e baixos em estrutura de aço se tornaram exemplos canônicos do Estilo Internacional.

Obras: *projetos de arranha-céus de vidro* (não construídos) (começo de 1920), *Casa de Exposição*, Weissenhofsiedlung, Stuttgart (1927), *Pavilhão da Alemanha*, Barcelona (1929), *Casa Farnsworth*, Plano, Illinois (1945–1950), *Crown Hall*, Instituto de Tecnologia de Illinois (1950–1956), *Apartamentos no Lake Shore Drive*, Chicago (1948–1951), *Edifício Seagram*, Nova York (1954–1958), *Nova Galeria Nacional*, Berlim (1962–1968).

**Mique, Richard** (1728–1794), arquiteto, designer e engenheiro francês neoclássico. Tornou-se o arquiteto oficial de Maria Antonieta, sob quem sua carreira progrediu rapidamente, mas foi executado ao final da Revolução Francesa. Seus edifícios mais refinados são uma série de estruturas supremamente elegantes e lindamente situadas em cenários paisagísticos.

Obras: *Porte Ste. Catherine*, Nancy (1761), *Convento Ursulino*, Versalhes (1766–). *Templo de Amor*, Le Petit Trianon, Versalhes (1778), **Cabinet Doré**, Versalhes (1783), *Salon des Nobles*, Versalhes (1785).

**Mnesicles** (século V a.C.), arquiteto grego famoso por uma estrutura, o Propileu na Acrópoles, Atenas (c.437 a.C.).

**Moore, Charles** (1925–1993), arquiteto americano que foi também notável como professor universitário e escritor. Um 'classicista pós-moderno', advogou (e praticou) a justaposição autoconsciente e a manipulação de estilos históricos.

Obras: *casas em Sea Ranch*, Califórnia (1965–1970), *Clube dos Professores*, Universidade da Califórnia, Santa Barbara (1968), *Kresge College*, Universidade de Santa Cruz (1973–1974), *Piazza d'Italia*, Nova Orleans (1975–1978).

**Nash, John** (1752–1835), versátil e empreendedor arquiteto e planejador urbano cujos empreendimentos em larga escala deixaram uma marca permanente na face de Londres. Um negociante enérgico e muito bem-sucedido, por volta de 1812 havia construído mais de quarenta casas de campo nos estilos clássico, Gótico e Italianado, bem como cabanas em sapê, e em todas elas foi influenciado pelas ideias do pitoresco. Em 1806 foi designado arquiteto do Príncipe de Gales e produziu seu grandioso plano neoclássico para uma rota processional de St. James ao Regent's Park, muito do qual foi realizado, criando algumas das mais famosas vistas de Londres.

Obras: *Cronkhill* (c.1802), *Castelo Ravensworth* (1808), *Rockingham* (1810), *Blaise Hamlet* (1811), *Regent's Park* e *Regent Street*, Londres (1811–), *Pavilhão Brighton* (1815), *All Souls*, Langham Place, Londres (1822–1825), *Palácio Buckingham*, Londres (1825–1830).

**Neumann, Balthasar** (1687–1753), arquiteto alemão cuja obra representa o ápice do estilo Barroco tardio, com suas curvas rodopiantes, espaços fluidos, e decoração rica e colorida, porém delicada.

Obras: *Palácio do Bispo (Residenz)*, Würzburg (1719–1744, com outros), *Holzkirchen*, perto de Würzburg (1726), *escadaria*, Palácio do Bispo, Bruchsal (1732), *Igreja de Peregrinação*, Vierzehnheiligen (1743–1772), *Igreja da Abadia*, Neresheim (1745–), *Marienkirche*, Limbach (1747–1752).

**Niemeyer, Oscar** (1907–2012), arquiteto brasileiro, discípulo de Le Corbusier, que desenvolveu uma marca distinta de modernismo fazendo uso escultural da parábola e outras formas geométricas simples. Em 1957 tornou-se arquiteto chefe para a nova cidade de Brasília.

Obras: *Ministério da Educação*, Rio de Janeiro (1936–1945, com Lucio Costa e Le Corbusier), *Igreja São Francisco de Assis*, Pampulha (1942–1943), *Cassino Pampulha* (1942–1943), *Casa Niemeyer (das Canoas)*, Rio de Janeiro (1953), *Brasília* (1957).

**Ostberg, Ragnar** (1866–1945), arquiteto e designer sueco, conhecido internacionalmente por uma obra, a Prefeitura de Estocolmo, no que tem sido chamado o estilo 'romântico nacionalista', sutilmente mesclando elementos tradicionais e modernos.

Obras: *Prefeitura de Estocolmo* (1904–1923), *Escola de Meninos Östermalm*, Estocolmo (1910), *Palácio Nacional Värmland*, Uppsala (1930), *Museu Histórico Marinho*, Estocolmo (1934), *Museu Zoom*, Mora (1939).

**Otto, Frei** (*n.*1925), arquiteto alemão que foi pioneiro em técnicas avançadas de computação e engenharia e estabeleceu e desenvolveu a estrutura tensionada leve, como uma forma significativa de arquitetura moderna. Com suas curvaturas complexas, suas tendas são altamente sofisticadas e ao mesmo tempo estruturalmente expressivas e até mesmo românticas.

Obras: *Pavilhão de Dança Riverside*, Colônia (1957), *Pavilhão Star*, Hamburgo (1963), *Pavilhão da Alemanha*, Expo '67, Montreal (1967), *telhado retrátil*, Teatro a Céu Aberto, Bad Hersfeld (1968), *Estádio Olímpico*, Munique (1972), *Centro de Conferência*, Meca (1974).

**Owings, Nathaniel** *ver* **Skidmore**

**Palladio, Andrea** (1508–1580), um dos maiores e mais influentes arquitetos renascentistas italianos, de quem todos os trabalhos foram construídos em ou perto de Vicenza. Ele se inspirou em Vitrúvio e seus predecessores renascentistas para criar um estilo clássico refinado e facilmente copiável, caracterizado pela elegância e simetria. Sua influência foi maior na Inglaterra e nos EUA. Publicou *The Four Books of Architecture*, em 1570.

Obras: *Basílica*, Vicenza (1549), *Palazzo Chiericati*, Vicenza (1550), *Villa Malcontenta*, Vicenza (1560), *Palazzo Valmarana*, Vicenza (1565), *Villa Rotonda*, perto de Vicenza (1565–1569), *S. Giorgio Maggiore*, Veneza (1565–1610), *Il Redentore*, Veneza (1577–1592), *Teatro Olímpico*, Vicenza (1580).

**Paxton, Joseph** (1801–1865), jardineiro, paisagista e arquiteto inglês. Como jardineiro chefe na propriedade Chatsworth, foi precursor do uso do vidro e ferro pré-fabricado para estufas, culminando com o Palácio de Cristal de 1851, que se tornou um protótipo para estações de trem, salões e edifícios industriais em todo o mundo. Como paisagista, projetou parques públicos (*e.g.*, Birkenhead, 1843–1847, e como arquiteto convencional construiu a Casa Mentmore, em Buckinghamshire (1852–1854).

**Pei, Ieoh Ming** (*n.*1917), arquiteto americano nascido na China, baseado em Nova York. Um pupilo de Walter Gropius, fez seu nome com edifícios altos comerciais distinguidos por linhas limpas e diáfanas superfícies reflexivas. Seus museus e edifícios públicos também demonstram seu domínio de proporção e clareza estrutural.

Obras: *Mile High Center*, Denver, Colorado (1955), *Banco de Comércio Imperial Canadense*, Toronto (1972), *Torre John Hancock*, Boston (1973), *Edifício Leste*, Galeria Nacional de Arte, Washington, D.C. (1978), *Banco da China*, Hong Kong (1989), *pirâmides de vidro*, Louvre, Paris (1989).

**Peressutti, Enrico** *ver* **Belgiojoso, Lodovico**

**Perrault, Claude** (1613–1688), arquiteto amador francês, um médico por profissão, conhecido principalmente pela imponente fachada leste do Louvre, Paris, construída para Luís XIV. Foi também autor e publicou a primeira tradução francesa de Vitrúvio (1673).

Obras: *fachada leste*, Louvre, Paris (1665), *Observatório*, Paris (1667), *Château de Sceaux* (1673).

**Perret, Auguste** (1874–1954), um dos fundadores da arquitetura moderna na França. Um precursor da construção em concreto armado, criou fachadas que expressavam fortemente a estrutura e os espaços internos com planta livre.

Obras: *apartamentos na 25bis rue Franklin*, Paris (1903), *Théâtre des Champs-Elysées*, Paris (1911–1913), *Notre-Dame-du-Raincy* (1922–1923), *Museu de Obras Públicas*, Paris (1937), *Estação de Trem Amiens* (1945), reconstrução do *Le Havre* (1949–1956).

**Peruzzi, Baldassare** (1481–1536), arquiteto italiano da Alta Renascença e do Maneirismo, muito em dívida com Bramante, a quem ele assistiu nos desenhos para São Pedro, em Roma. Sua obra inicial é notada por sua delicadeza, enquanto seu posterior uso não ortodoxo de colunas sobrepostas, formatos de janelas originais e plantas irregulares anuncia o estilo maneirista.

Obras: *Villa Farnesina*, Roma (1508–1511), *S. Eligio degli Orefici*, Roma (1520), *Villa Farnese*, Caprarola (*c.*1530), *Palazzo Massimo alle Colonne*, Roma (1532–).

**Piano, Renzo** (*n.*1937), arquiteto italiano que primeiro trabalhou em parceria com Richard Rogers e depois estabeleceu o famoso Renzo Piano Workshop, baseado em Gênova, em 1981. Trabalhando sem ideias estilísticas preconcebidas e enfatizando a colaboração com clientes e a harmonia com a natureza, ele combinou tecnologia avançada e materiais tradicionais para criar arrojadas e coloridas estruturas que são tanto funcionais quanto sensíveis ao ambiente.

Obras: *Centro Pompidou*, Paris (1972–1977, com Richard Rogers), *Edifício de Escritórios Schlumberger*, Montrouge, Paris (1981–1984), *Museu de Art Menil Collection*, Houston, Texas (1981–1986), *Terminal do Aeroporto Internacional Kansai*, Osaka (1988–1994), *Centro Cultural Tjibaou*, Nouméa, Nova Caledônia (1991–).

**Pöppelmann, Matthaeus** (1662–1736), arquiteto barroco alemão, desde 1705. Arquiteto da Corte para o governador da Saxônia em Dresden. Sua única obra-prima, o Zwinger, é a brilhante tradução de um cenário em pedra.

Obras: *Palácio Taschenberg*, Dresden (1705), *Zwinger*, Dresden (1711–1722), *Schloss Pillnitz* (1720–1732), *Ponte Augustus*, Dresden (1728).

**Porta, Giacomo della** (*c.*1537–1602), arquiteto maneirista italiano, que completou a fachada de Vignola de Il Gesù (1568–1584) e a cúpula de São Pedro (1588–1590). Também continuou os projetos de Michelangelo para os palácios do Capitólio (1573–).

Obras: *Palazzo della Sapienza*, Roma (*c.*1575), *S. Andrea della Valle*, Roma (1591, completada por Maderna), *Villa Aldobrandini*, Frascati (1598–1603).

**Prandtauer, Jacob** (1660–1726), arquiteto austríaco barroco. Depois do triunfo de sua obra-prima situada com dramaticidade, o mosteiro em Melk (1702–1714), o resto de sua carreira foi dedicado a construir e reconstruir igrejas e mosteiros na Áustria, notadamente os mosteiros em Garstein, Kremsmünster e St. Florian, e a igreja de peregrinação de Sonntagberg (1706–1717).

**Pugin, Augustus Welby Northmore** (1812–1852), arquiteto e designer inglês e propagandista apaixonado pelo estilo Gótico. É mais conhecido por seu trabalho no detalhe ornamental arquitetônico para as casas do Parlamento (1836–1851). Seus livros definem novos parâmetros de erudição, e sua análise da relação entre a forma, a função e o ornamento influenciou muito o pensamento funcionalista posterior. Seus escritos e projetos foram mais influentes que seus edifícios.

Obras: *Torres Alton* (1837–1852), *St. Giles*, Cheadle (1841–1846), *Catedral de Nottingham* (1842–1844), *Ushaw College*, Durham (1848–1852), *St. Augustine*, Ramsgate (1846–1851), *Castelo Lismore*, Irlanda (1849–1850).

**Richardson, Henry Hobson** (1838–1896), arquiteto americano, pupilo de Labrouste em Paris, cujos edifícios pesados e distintos inspirados no Românico foram uma influência formativa no desenvolvimento do Estilo Chicago no final do século XIX, o primeiro estilo original caracteristicamente americano.

Obras: *Igreja Trinity*, Boston (1872–1877), *Biblioteca Ames*, North Easton, Mass. (1877), *Biblioteca Crane*, Quincy, Mass. (1880–1883), *Austin Hall*, Universidade de Harvard (1881), *Casa da Corte e Prisão*, Pittsburgh (1884–1887), *Armazém Marshall Field*, Chicago (1885–1887), *Casa J.J. Glessner*, Chicago (1885–1887).

**Riedel, Eduard** ver **Dollmann**.

**Rietveld, Gerrit** (1884–1964), arquiteto e designer de móveis holandês. Influenciado pelo grupo De Stijl, produziu a famosa Cadeira Vermelha-Azul (1918) e projetou a Casa Schröder, em Utrecht (1923–1924), que foi a primeira edificação a traduzir conceitos espaciais cubistas e planos quebrados na arquitetura. Continuou em uma exitosa prática arquitetônica e de design até os anos 1950, mas nenhum de seus trabalhos posteriores teve o impacto de sua singular obra-prima.

**Rogers, Ernesto** ver **Belgiojoso, Lodovico**

**Rogers, Richard** (*Lord* **Rogers of Riverside**) (n.1933), arquiteto inglês nascido na Itália que foi sócio de Renzo Piano (1971–1978) antes de estabelecer sua própria firma, em Londres. Celebrando a tecnologia, criou um estilo *high-tech* tubular característico com a estrutura e elementos das instalações arrojadamente enfatizados no exterior.

Obras: *Centro Pompidou*, Paris (1971–1977, com Renzo Piano), *Edifício Lloyds*, Londres (1978–1986), *Terminal 5*, Aeroporto de Heathrow, Londres (1898), *Sede do Canal 4*, Londres (1990–1994), *Cortes Judiciais*, Bordeaux (1993–).

**Root, John Wellborn** (1850–1891), arquiteto americano que em parceria com Daniel Burnham (q.v.) projetou edifícios altos precursores em Chicago, desenvolvendo a estrutura em cortina de vidro típica da Escola de Chicago e uma característica definidora do arranha-céu. Na parceria, Root foi um designer mais original, enquanto Burnham cuidava da organização e do planejamento.

Obras (todas em Chicago): *Bloco Montauk* (1882), *Edifício Monadnock* (1884–1891), *The Rockery* (1886), *Templo Maçônico* (1891).

**Saarinen, Eero** (1910–1961), filho do notável arquiteto finlandês Eliel Saarinen, que emigrou para os EUA em 1923. Seu estilo passou de fachadas frias, retas, inspiradas em Mies van der Rohe, para uma forma de expressionismo altamente pessoal e poético baseado em curvas e abóbadas.

Obras: *Jefferson Memorial*, St. Louis (1947–1966), *Centro Técnico General Motors*, Warren, Michigan (1948–1956, com Eliel), *Terminal TWA*, Aeroporto Internacional J.F. Kennedy, Nova York (1956–1962), *Faculdades Stiles e Morse*, Universidade de Yale (1958–1962), *Aeroporto de Dulles*, Washington, D.C. (1958–1963), *Teatro Vivian Beaumont*, Lincoln Center, Nova York (1965).

**Safdie, Moshe** (n.1938), arquiteto israelense-canadense, baseado em Montreal desde 1964. O conceito de 'hábitat' expressado em seus projetos e popularizado em seus escritos rejeitava as linhas puras do modernismo em prol do agrupamento, da desordem e de formas espacialmente complexas que exploram as relações entre a arquitetura, a ordem social e o ambiente natural.

Obras: *Complexo Habitacional Habitat*, Montreal (1967), *Faculdade Rabínica Porat Joseph*, Jerusalém (1971–1979), *Galeria Nacional do Canadá*, Ottawa (1988), *Campus da Faculdade da União Hebraica*, Jerusalém (1988), *Praça da Biblioteca de Vancouver* (1991).

**Sanctis, Francesco de** (?1693–1731), arquiteto barroco italiano famoso pela criação dos notáveis Degraus Espanhóis, em Roma (1723–1725). Sua única outra obra significativa é a fachada da igreja de Trinità dei Pellegrini, em Roma (1722).

**Scharoun, Hans** (1893–1972), arquiteto alemão cuja obra inicial revela uma tensão entre a severidade da retidão do Estilo Internacional e um estilo mais pessoal com curvas expressivas. Alcançou reconhecimento internacional nos anos 1950 quando o expressionismo entrou em voga.

Obras: *Casa de Exposição*, Weissenhofsiedlung, Stuttgart (1927), *Casa Schminke*, Löbau (1933), *apartamentos Romeu e Julieta*, Stuttgart (1954–1959), *Sala de Concertos da Filarmônica*, Berlim (1956–1963), *Museu Marítimo*, Bremerhaven (1970), *Stadttheater*, Wolfsburg (1965–1973), *Biblioteca Nacional*, Berlim (1967–1978).

**Schinkel, Karl Friedrich** (1718–1841), o arquiteto alemão mais importante e influente do começo do século XIX, arquiteto chefe do Departamento de Obras da Prússia a partir de 1815 e diretor de obras a partir de 1831. Suas fachadas clássicas perfeitamente compostas se tornaram protótipos de edifícios públicos pelo mundo afora, mas ele também construiu no estilo Gótico, usou ferro fundido e projetou edifícios funcionais não ornamentados que influenciaram o desenvolvimento do movimento moderno.

Obras: *New Guard*, Berlim (1817), *Memorial da Guerra*, Berlim (1818), *Schauspielhaus*, Berlim (1819–1821), *Werdesche Kirche*, Berlim (1821–1831), *Casa Humboldt*, Tegel (1822–1824), *Altes Museum*, Berlim (1823–1830), *Igreja Nicolai*, Potsdam (1829–1837), *Academia de Construção*, Berlim (1831–1835), *Schloss Charlottenhof*, Berlim (1833–1834).

**Siloe, Diego de** (c.1495–1563), arquiteto e escultor espanhol que introduziu as formas da Renascença italiana na Espanha e representou um importante papel no desenvolvimento do característico estilo Plateresco espanhol.

Obras: *Escalera Dorada*, Catedral de Burgos (1524), *Catedral de Granada* (1549), *Igreja do Salvador*, Ubeda (1536), *Catedral de Guadix* (1549), *S. Gabriel*, Loja (1552–1568).

**Sinan, Koca** (1489–1578 ou 1588), o maior arquiteto turco, de 1538 até sua morte foi arquiteto chefe da corte otomana. Celebrado em vida e reputado com não menos que 476 mesquitas, escolas, hospitais e outros edifícios, ele trouxe a desenvolvimento pleno a clássica mesquita com cúpula otomana.

Obras: *Mesquita de Sehzade Mehmed*, Istambul (1543–1548), *Mesquita de Suleiman*, Istambul (1551–1558), *Mesquita de Suleiman*, Damasco (1552–1559), *Mesquita do Sultão Mihrimah*, Edirnekapi, Istambul (c.1565), *Mesquita Selimiye*, Edirne (1570–1574).

**Skidmore, Louis** (1897–1967), arquiteto americano que em 1936 formou uma parceria com Nathaniel Owings (1903–1984) e John Merrill (1896–1975), que se tornou um dos maiores escritórios de arquitetura nos EUA após a Segunda Guerra Mundial, especializado em grandes edifícios corporativos. Amplamente influenciado por Mies van der Rohe, sua obra caracteriza-se por agudeza e precisão, e em suas mãos o arranha-céu em aço e vidro alcançou a forma canônica que tem sido copiada no mundo todo. Sua obra posterior utiliza a alta tecnologia e expressa abertamente a estrutura.

Obras: *Casa Lever*, Nova York (1951–1952), *Banco Manufacturers' Trust*, Nova York (1952–1954), *Edifício Connecticut General Life Insurance*, Hartford (1953–1957), *Banco Chase Manhattan*, Nova York (1962), *Centro John Hancock*, Chicago (1968–1970), *Terminal Aeroviário Hajj*, Jeddah, Arábia Saudita (1980).

**Smirke, *Sir* Robert** (1781–1867), principal arquiteto do Renascimento grego inglês responsável por muitos projetos públicos de grande escala e casas de campo, caracterizado pela simplicidade, dignidade e grandiosidade.

Obras: *Covent Garden Opera House*, Londres (1808–1809; demolida), *Castelo Lowther*, Cúmbria (1806–1811), *Castelo Eastnor*, Herefordshire (1812), *Igreja St. Mary*, Marylebone, Londres (1823), *Museu Britânico*, Londres (1823–1847), *Royal College of Physicians* e *Union Club*, Trafalgar Square, Londres (1824–1827), *Clube Oxford e Cambridge*, Pall Mall, Londres (1835–1838).

**Smithson, Alison** (*n.*1928) e **Peter** (*n.*1923), uma equipe formada pelo casal inglês, que, a despeito de terem poucos projetos realizados, foram influentes como professores, propagandistas da *avant-garde* e criadores de esquemas criativos. Eles promoveram as ideias do 'Novo Brutalismo'.

Obras: *Escola Hunstanton*, Norfolk (1949–1954), uma controversa construção tipo caixa de vidro inspirada em Mies van der Rohe, *Edifícios Economist*, Londres (1962–1964), *Habitações Robin Hood Lane*, Londres (1966–1972).

**Smythson, Robert** (1536–1614), arquiteto e pedreiro inglês que desenvolveu a casa de campo elisabetana, em uma versão caracteristicamente inglesa do estilo renascentista com rica decoração, formas arrojadas e silhuetas dramáticas.

Obras: *Longleat* (como pedreiro principal) (1572–1575), *Wollaton Hall* (1580–1588), *Hardwick Hall* (1590–1597).

**Soufflot, Jacques Germain** (1713–1780), o maior arquiteto neoclássico francês. Treinado na Itália, construiu os primeiros edifícios neoclássicos na França, combinando a regularidade e a monumentalidade de modelos da Roma antiga com a leveza estrutural que ele admirava na arquitetura gótica.

Obras: *Hôtel-Dieu*, Lyons (1741–1748), *Loge au Change*, Lyons (1747–1760), *Ste. Geneviève (Panteão)*, Paris (1755–1792), *École de Droit*, Paris (1771–1783).

**Stirling, James** (1926–1992), Arquiteto inglês cujas formas arrojadas e expressivas em aço e vidro anteciparam o imaginário 'high-tech'. A elas ele agregou a citação autoconsciente de estilos anteriores e a deliberada justaposição de elementos disparatados em um ponto de vista caracteristicamente pós-moderno.

Obras: *Apartamentos Ham Common*, Richmond, Londres (1955–1958), *Edifício da Engenharia*, Universidade de Leicester (1959–1963), *Biblioteca da Faculdade de História*, Universidade de Cambridge (1964–1966), *Edifício Olivetti*, Haslemere, Surrey (1969–1972), *Neue Staatsgalerie*, Stuttgart (1977–1984), *Braun Headquarters*, Melsungen, Alemanha (1986–1991).

**Sullivan, Louis** (1856–1924), um dos mais originais e influentes arquitetos da Escola de Chicago, que se esforçou para desenvolver uma forma e estilo apropriados de decoração de um novo tipo de edifício, o arranha-céu, baseando suas ideias na máxima de que 'a forma segue a função' e buscando inspiração nas formas naturais. Trabalhou em parceria com Dankmar Adler (1844–1900).

Obras: *Edifício do Auditório*, Chicago (1886–1889), *Túmulo Getty*, Chicago (1890), *Edifício Wainwright*, St. Louis (1890–1891), *Edifício do Teatro Schiller*, Chicago (1892), *Edifício Guaranty*, Buffalo (1894–1895), *Loja de Departamentos Carson Pirie Scott*, Chicago (1899–1904), *Banco National Farmers'*, Owatanna, Minnesota (1906–1908).

**Tange, Kenzo** (*n.*1913), principal arquiteto do pós-guerra do Japão, muito influenciado por Le Corbusier, que buscou fundir o Estilo Internacional com a arquitetura monumental tradicional japonesa, criando, em concreto, fachadas arrojadas e, algumas vezes, pesadas, mas com telhados cada vez mais curvilíneos e expressivos.

Obras: *Museu e Memorial da Paz*, Hiroshima (1949–1955), *Prefeitura de Tóquio* (1955), *Escritórios Municipais Kagawa*, Takamatsu (1958), *Centro de Imprensa Yamanashi Press e Radio*, Kofu (1961–1967), *Estádio Olímpico*, Tóquio (1964).

**Toledo, Juan Bautista de** (*m.*1567), arquiteto espanhol que trabalhou em Roma e Nápoles até ser designado Arquiteto Real de Filipe II da Espanha em 1561. Introduziu um novo sistema de ensino de arquitetura da Espanha e criou um estilo renascentista clássico puro e austero que foi muito influente. Seu único trabalho significativo remanescente é sua obra-prima, o Palácio Escorial (1562–1582), finalizado por seu sucessor Juan de Herrera.

**Trdat** (surgiu em 989–1001), arquiteto armênio que com seus seguidores no período cristão bizantino construiu muitas igrejas que estavam estruturalmente avançadas cem anos à frente em relação às do Ocidente.

Obras: restauração de *Hagia Sophia*, Istambul (989), *Catedral Ani* (1001–1015).

**Tschumi, Bernard** (*n.*1944), arquiteto franco-suíço baseado em Paris e Nova York, também influente como professor e teórico. Pós-modernista e 'desconstrutivista', explora e questiona as certezas sobre a forma, a função e o significado, e cria uma arquitetura inspirada na paródia, na fragmentação e na manipulação de formas no espaço.

Obras: *Parc de la Villette*, Paris (1984–1989), *Galeria Glass Video*, Groningen, Holanda (1990), *Escola de Arquitetura*, Marne-la-Vallée, França (1991–), *Centro de Estudantes Lerner*, Universidade de Columbia, Nova York (1991–).

**Utzon, Jørn** (*n.*1918), original e idiossincrático arquiteto dinamarquês. Absorvendo as influências de Aalto e Asplund, usou tijolo e componentes pré-fabricados para criar habitações que se mesclavam ao seu cenário natural, e depois iniciou experimentos com formas dramáticas e esculturais.

Obras: *Casas Kingo*, Elsinore (1956–1960), *Ópera de Sydney* (1957–1973), *Casas Birkehoj*, Elsinore (1963), *Igreja Bagsvaerd*, Copenhague (1969–1976), *Edifício da Assembleia Nacional*, Kuwait (1972).

**Van Alen, William** (1883–1954), arquiteto americano que se especializou na construção de arranha-céus em Nova York, tendo somente um deles ficado famoso, o *Edifício Chrysler* (1928–1930), o símbolo máximo do estilo Art Déco na arquitetura.

**Vanbrugh, *Sir* John** (1664–1726), soldado inglês fanfarrão e dramaturgo que se tornou arquiteto sem nenhum treinamento formal. Habilmente assistido por Nicholas Hawksmoor (1661–1736), projetou as maiores e mais flamejantes casas barrocas da Inglaterra, com seus volumes arrojados, pilares gigantes e perfis dramaticamente variados. Seus trabalhos posteriores são mais do tipo fortaleza e prenunciam o Renascimento Gótico.

Obras: *Castelo Howard*, Yorkshire (1699–1726), *Palácio Blenheim*, Oxfordshire (1705–1724), *King's Weston*, Bristol (1711–1714), *Castelo Vanbrugh*, Greenwich (1718–1719), *Seaton Delaval*, Northumberland (1720–1728).

**Venturi, Robert** (*n.*1925), arquiteto, designer e escritor pós-moderno, que com seus parceiros John Rauch (*n.*1930) e Denise Scott-Brown (*n.*1931) reagiu contra a insipidez da frágil fórmula modernista e propôs uma arquitetura de complexidade, ironia e simbolismo, incorporando citações de todos os estilos, inclusive o imaginário vernacular e contemporâneo.

Obras: *Casa em Chestnut Hill*, Filadélfia (1962–1964), *Casa Guild*, Filadélfia (1962–1968), *Corpo de Bombeiros*, Columbus, Indiana (1966–1968), *Butler College*, Universidade de Princeton (1980), *Expansão da Galeria Nacional*, Londres (1987–1991).

**Vignola, Giacomo da** (1507–1573), arquiteto maneirista italiano que foi a principal figura em Roma após a morte de Michelangelo. Muito de sua obra foi colaborativo, ou na finalização de trabalhos iniciados por outros. Seu projeto para Il Gesù, com sua nave larga sem corredores focando a atenção no altar alto, foi imensamente influente, assim como sua planta oval para S. Anna dei Palafrenieri.

Obras: *Palazzo Farnese*, Caprarola (1547–1549), *Villa Giulia*, Roma (1550–1555), *Palazzo Farnese*, Piacenza (1564–), *São Pedro*, Roma (1567–1573), *Il Gesù*, Roma (1568–1584), *S. Anna dei Palafrenieri*, Roma (1573–).

**Wagner, Otto** (1841–1918), um dos fundadores do movimento moderno na Áustria, professor da Academia Vienense desde 1894 e um professor ilustre. Rejeitava o ecletismo estilístico e a decoração ultraelaborada, advogando em vez disso a simplicidade, a racionalidade estrutural e o uso de materiais modernos.

Obras (todas em Viena): *estações de trem e pontes* (1894–1901), *Casa Majólica* (1898), *Banco Post Office Savings* (1904–1906), *Igreja do Asilo Steinhof* (1905–1907).

**Walpole, Horace** (1717–1797), 4.º Conde de Orford, Membro do Parlamento, arquiteto *connoisseur*, amador e patrono das artes. Foi grandemente influente na promoção do Renascimento Gótico através de sua criação, o Strawberry Hill, em Twickenham (1748–1777). Embora empregasse arquitetos (notadamente John Chute, Richard Bentley, Robert Adam e James Essex) a concepção geral de Strawberry Hill foi definitivamente de Walpole.

**Walter, Thomas Ustick** (1804–1887), proeminente arquiteto do Renascimento grego americano, um fundador e 2.º presidente do Instituto de Arquitetos americano. Suas numerosas casas e edifícios públicos se caracterizam pela simplicidade, regularidade e concisão.

Obras: *Girard College*, Filadélfia (1833–1848), *Igreja Batista*, Richmond (1839), *County Court House*, West Chester (1847), *Capitólio*, Washington, D.C. (1851–1867).

**Waterhouse, Alfred** (1830–1905), principal proponente no Alto Vitoriano inglês do estilo Gótico para grandes edifícios públicos e comerciais. Criou contornos firmes e paisagens pitorescas, com detalhamento limpo e bem-ordenado, e foi arrojado no uso de tijolos coloridos e terracota. Ocasionalmente adotou os estilos românico e renascentista, mas seu forte foi o Gótico e seu prolífico resultado.

Obras: *Prefeitura de Manchester* (1868–1877), *Museu de História Natural*, Londres (1868–1880), *Casa Blackmoor*, Hampshire (1869), *Capela Lyndhurst Road*, Hampstead, Londres (1883), *Hospital Universitário*, Londres (1896).

**Webb, Philip** (1831–1915), arquiteto e designer, amigo próximo e parceiro de William Morris. Construiu quase que exclusivamente casas, fugindo de estilos históricos e baseando seus despretensiosos projetos na tradição vernacular, na utilidade, em materiais e nas perícias profissionais locais. Foi um importante precursor do movimento Arts and Crafts.

Obras: *Casa Vermelha (Red House)*, Bexley Heath (1859–1860), *Palace Green*, Kensington, Londres (1868), *Casa Oast*, Hayes Common, Middlesex (1872), *Clouds*, East Knoyle, Wiltshire (1880), *Standen*, East Grinstead, E. Sussex (1891–1894).

**White, Stanford** ver **McKim**

**Wood, John, o Jovem** (1728–1781), arquiteto planejador urbano inglês que com seu pai, John Wood, o Velho (1704–1754), criou muito da cidade georgiana de Bath (1729–1775). Utilizando pilares gigantes, eles adaptaram as colunatas da casa palladiana para a rua em declive, criando fachadas curvas de suprema elegância, a realização plena das ideias do Renascimento clássico e imensamente influentes em planejamentos posteriores.

**Wren, *Sir* Christopher** (1632–1723), o maior arquiteto inglês. Matemático e astrônomo, lançou-se na arquitetura através de seu conhecimento de estruturas e engenharia. Como Inspetor Geral das Obras do Rei (1669), foi designado para reconstruir a Catedral de São Paulo e 51 igrejas da cidade destruídas no incêndio de Londres, em 1666. Dada a oportunidade, ele criou uma série de obras-primas em um conciso mas variado e criativo classicismo, em uma versão inglesa modificada do estilo barroco que enfatizava a clareza e o repouso, e evitava o frenesi da decoração de extrema exuberância.

Obras: *Teatro Sheldonian*, Oxford (1663–1665), *St. Stephen Walbrook*, Londres (1672), *Catedral de São Paulo*, Londres (1675–1710), *Biblioteca do Trinity College*, Cambridge (1676–1684), *Hospital Chelsea*, Londres (1682–1692), *Hampton Court*, Londres (1690–1700), *Hospital Naval de Greenwich*, Londres (1694–1716).

**Wright, Frank Lloyd** (1867–1959), considerado por muitos o maior arquiteto americano. Como criador do 'estilo *prairie*', desenvolveu o longo telhado típico e introduziu novas ideias de espaço interior fluido e novas relações entre edifícios e natureza. Idiossincrático e altamente original, foi pouco influenciado pelo Estilo Internacional Moderno, seguindo em vez disso sua própria poderosa imaginação.

Obras: *casa em Oak Park*, Chicago (1889), *Casa Martin*, Buffalo (1904), *Templo Unity*, Oak Park, Chicago (1905–1908), *Casa Robie*, Chicago (1908–1909), *Casa Barnsdall*, Los Angeles (1916–1921), *Hotel Imperial*, Tóquio (1916–1922), *Casa Ennis*, Los Angeles (1923–1924), *Casa da Cascata*, Bear Run, Pensilvânia (1935–1937), *Edifício Johnson Wax*, Racine, Wisconsin (1936–1945), *Taliesin West* (1938), *Museu Guggenheim*, Nova York (1943–1959).

# Índice

Os números em *itálico* se referem às figuras

Aalto, Alvar, 278, 292
    Centro Cívico, Säynätsalo, 278; *374*
    Sanatório de Paimio, 278; *373*
Abadia, 138-139; *161*
    de Fonthill, Wiltshire, 226
    de Westminster, Londres, 162, 168, 170; *204*
Abbas, Xá, 150
Abóbadas, 109, 141, 142, 161, 162, 165, 170
    cruzadas, 109
    de berço, 109, 141
Abu Simbel, Grande Templo de Ramsés II, 31; *21*
Academia de Belas-Artes da Pensilvânia,
    Filadélfia, 251; *334*
    aço, 245, 286
Acrópoles, Atenas, 90, 92-96; *102, 103*
Adam, James, 224
Adam, Robert, 224-226, 230
    Casa Syon, Londres, 225; *290*
    Charlotte Square, Edimburgo, 220, 221
    Stowe, Buckinghamshire, 222
Adler e Sullivan, 254
Adobe, 232
Adriano, Imperador, 92, 110
Aduelas de pedra (*voussoirs*), 13, 109
Aeroporto
    Lyons-Satolas, Estação TGV, 288, 301; *407*
    Stansted, 291
Afeganistão, 51
África, 32
Agade, 19
Agamenon, Rei, 23
Agilkia, 30
Ágora, 97-99
Agostinho, Sto., 130
Agra, Taj Mahal, 157; *187*
Agrigento, 248
Agrippa, 111
Aidan, Sto., 132
Aigues-Mortes, 172
Aihole, Templo Hacchappayya, 51

Ajanta, 50; *46*
Akkad, 19, 20
Al Walid, Califa, 144, 146
Alarico, o Godo, 118
Alberobello, 12; *6*
Albert, Príncipe Consorte, 244
Alberti, Leon Battista, 178-183, 188, 200,
    268, 269
    Palazzo
        Rucellai, Florença, 181, 210; *223*
        Venezia, Roma, 224
    Sant'Andrea, Mântua, 181; *222*
    Santa Maria Novella, Florença, 180, 181
Alcuin, 130, 132
Aleijadinho: São Francisco de Assis, Ouro Preto,
    234; *305*
Alemanha
    arquitetura
        barroca, 202, 204
        do século XIX, 249, 250
        do século XX, 289, 290, 292
        gótica, 165, 167, 170, 175
        Estilo Internacional, 271-273
Alexandre, o Grande, 27, 35, 46, 86-88, 100
Alexandria, 35, 90, 126
Alfeld-an-der-Leine, Fábrica Fagus, 272; *364*
Alhambra, Granada, 149, 156; *178, 179*
All Saints, Margaret Street, Londres, 246, 247
Alte Pinakothek, Munich, 249, 250; *331*
Altes Museum, Berlim, 228; *296*
Alto Renascimento, 181-183, 250
Amalfi, 141
América
    Central, 27
    do Sul, 76, 230-234, 282, 283
Amersham, High and Over, 276
Amsterdam, 199, 200; 252
    Exchange, 260
    Prefeitura, 195
    Rijksmuseum, 250
Anathemios de Tralles, 125
Anatolia, 13, 18, 19, 23, 26, 122, 154, 155

Ancy-le-Franc, Chatêau de, 193
Andhra, 52
Andran, Claude, 215
Anfiteatros romanos, 106, 107; *116*
Angkor Wat, 53-55; *54*
Anne, Rainha da Inglaterra, 200
Antiga Basílica de São Pedro, Roma, 120, 121; *135*
Antioch Kaoussie, Martyrion of
    St. Byblas, 123
Antípatro, 92
Antuérpia, 196
Anuradhapura
    Dagoba Ruvanveli, 49
    Palácio
        de Bronze, 49
        do Pavão, 49
Apadana de Dario, Persépolis, 27, 91; *15, 19*
Apartamentos
    Lake Shore Drive, Chicago, 281
    Pruitt Igoe, St. Louis, 284
Apeldoorn, edifício da Central Beheer, 292
Apúlia, 12
aquedutos, 111, 136; *111*
Aquemênidas, dinastia, 26, 27
Aquino, São Tomás de, 167
Aquitânia, 140
Árabes, 14, 137, 144, 147
Arábia Saudita, 296
Arcádio, Imperador, 118
Arc-et-Senans, La Saline de Chaux, 227
Arco(s), 12, 13; *5*
    de Constantino, Roma, 108; *118*
    de Tito, Roma, 108
    Góticos, 160, 161
    Romanos, 109
    Triunfais, 108; *118*
Arianos, 44-46
Aristófanes, 99
Aristóteles, 16, 88, 99
Arles, 106, 137
Armazém Marshall Field, Chicago, 252; *335*
Armênia, 127, 128

Arquitetura
    Barroca, 202-215, 218, 224, 232-234
    carolíngia, 132
    do século
        XIX, 240-247
        XX, 290-292, 294, 295
    georgiana, 188, 198, 234
    gótica, 140, 158-175, 178, 190, 240
    Românica, 116, 130-143, 158, 161, 252
    vernacular, 15; *296*
arquitraves, 89
arranha-céus, 252-254, 286-287
Arsenal Augsburg, 196; *246*
Art
    Déco, 278, 298
        Nouveau, 255-257, 259
Artaxerxes, Rei da Pérsia, 26
Ártico, 10
Asam, Cosmas Damian, 209
Asam, Edig Quirin, 209
    São João Nepomuceno, Munique, 209; *258*
Ashur, 19, 21
Ásia Menor, 92, 100
Asoka, Imperador, 45-48
Asplund, Gunnar: Crematório do Bosque, Estocolmo, 278; *372*
Assíria, 19, 21, 23, 24, 26, 153
Assis, Basílica de São Francisco de, 163
Assuã, 32, 33
Assurbanipal, Rei, 21, 24
Astecas, 76, 78, 79, 232, 233
Atenas, 86, 88, 92-99, 100, 223
    Acrópolis, 90, 92-96; *102, 103*
    Erecteion, 96; *104*
    Monumento Corágico de Lisícrates, 92, 238; *100*
    Partenon, 13, 86, 96, 97, 248; *105, 106*
    Pequena Metropolitana, 126
    Propileus, 90, 93, 96; *97*
    Stoa de Átalo, 99; *108*
    Teatro de Dionísio, 99
    Templo
        de Atena Nice, 93; *101*
        de Hefesto (Theseion) 89, 90
        do Olimpo de Zeus, 92
Átrio, 102, 113
Augsburg
    arsenal, 196; *246*
    prefeitura, 195, 196
Augusto
    Imperador, 102, 105, 111, 113
    o Forte da Saxônia, 205
Austrália, 238, 239, 251, 293, 294
Áustria, 202, 204, 249
Avignon, 138, 171, 172
Azay-le-Rideau, Château de, 194

Baalbek, 105, 112
    Templo de Baco, 107; *117*

Babilônia, 13, 19-23, 26, 27, 35, 149; *11, 15*
    Porta de Ishtar, 22, 23; *16*
    Templo de Etemenanki, 22
Badran Rasem, 296
    Grande Mesquita e Palácio da Justiça, Riyade, 296
Bagdá, 19, 149, 150
Bahia, São Francisco, 233; *302*
Balbás, Jerónimo de: Capela dos Três Reis, Cidade do México, 232, 233
Bálcans, 122, 125, 126
Baltimore, Catedral Católica, 237; *311*
Banco
    da Filadélfia, 237
    Post Office Savings, Viena, 259
Barcelona, 256
    Casa
        Batlló, 256
        Milà, 256; *344*
    Catedral, 166
    Parque Güell, 256
    Sagrada Família, 256; *343*
    Santa Coloma de Cervello, 257; *345*
Barlow, W.H., 243
Barrière de la Villette, La, Paris, 227
Barry, Charles
    Casas do Parlamento, Londres, 242, 243; *317*
    Reform Club, Londres, 242, 243
    Travellers' Club, Londres, 242
Basílicas, 114-116, 118-121; *128, 129, 132-135*
    de Maxêncio, Roma, 115; *128, 129*
    de São Francisco, Assis, 163
    Palazzo della Ragione, Vicenza, 189
    Porcia, Roma, 114
Bath, 221, 226
Baudot, Anatole de: St. Jean-de-Montmartre, Paris, 254, 255
Bauhaus, 272, 273, 279, 281; *365*
Bear Wood, Berkshire, 247; *324*
Beardsley, Aubrey, 257
Becket, São Tomás em, 136, 171
Beckford, William, 226
Beduíno, 147, 149
Behnisch e Associados: Estádio Olímpico, Munique, 290; *393*
Beijing, 62, 66-68; *72*
    Cidade Proibida, 67; *70, 71*
    Palácio de Verão, 68, 69; *73*
    Templo do Céu, 66; *68, 69*
Belém, Igreja da Natividade, 119, 120; *134*
Bélgica, 292
Belgiojoso, Peressutti e Rogers: Torre Velasca, Milão, 287; *384*
Benditinos, 137
Benedito, São, 138
Bengal, 45
Beni-Hassan, 41
Berg, Max: Jahrhunderthalle, Breslau, 260
Berlage, H.P.: Exchange, Amsterdam, 260

Berlim
    Altes Museum, 228; *296*
    Sala de Concerto da Filarmônica de, 289, 290; *391, 392*
    Schauspielhaus, 228
Bernardo de Clairvaux, São, 138
Bernini, Gian Lorenzo, 204, 207, 208, 212
    Basílica de São Pedro, Roma, 207, 208; *266*
    Êxtase de Santa Tereza, 207; *264*
    Fonte de Trevi, Roma, 212; *271*
    Sant'Andrea al Quirinale, Roma, 209-211
    Scala Regia, Roma, 212, 213
Besançon, 227
Bexley Heath, Casa Vermelha (Red House), 258; *346*
Bhaja, 50
Bhubaneswar, Templo
    Brahmesvara, 54; *53*
    Lingaraja, 50
Bíblia, 18, 24, 179
Biblioteca
    Crane, Quincy, Mass., 252; *336*
    da Catedral de Hereford, 294
    Laurenziana, Florença, 185; *228*
Bibliothéque
    Nationale, Paris, 248
    Sainte-Geneviève, Paris, 248; *329*
Bindesbøl, Gottlieb: Thorvaldsen Museum, Copenhagen, 248; *327*
Bismarck, Conde Otto von, 249
Bizâncio *ver* Constantinopla
Blaize Hamlet, 226
Blois, Château de, 194; *241*
Boffrand, Germain: Hôtel de Soubise, Paris, 216; *280*
Bofill, Ricardo, 288
    Les Arcades du Lac, Marselha, 288
    Palais d'Abraxas, Paris, 288
Bogazköy, 19
Bohemia, 167, 169
Bolívia, 76
Bologna, 171
    Gli Asinelli, 142
    La Garisenda, 142
Bom Jesus do Monte, Braga, 213, 234; *273*
Bonifácio, Papa, 132
Bordeaux, 229
Borromini, Francesco, 204, 207-209, 214, 234
    San Carlo alle Quattro Fontane, Roma, 205, 208, 209; *262, 263*
    Sant'Agnese em Piazza Navone, Roma, 209, 212
    St. Ivo dela Sapienza, Roma, 209
Boston
    Biblioteca Pública, 251; *333*
    Christchurch, 237
Botaréus, 111, 162, 166
Boullée, Etienne Louis, 227, 228, 282

Bourges, 175
    Casa Jacques Coeur, 173; *212*
    Catedral, 163, 166, 167; *194*
Bradford-on-Avon, St. Lawrence, 132, 168; *157*
Braga, Bom Jesus do Monte, 213, 234; *273*
Bramante, Donato, 182-183, 204
    Tempietto, Roma, 183, 215; *225*
    Basílica de São Pedro, Roma, 184; *226-227*
Brasil, 232, 233, 282
Brasília, Edifícios Governamentais, 282, 283; *379*
Breslau, Jahrhunderthalle, 260
Breuer, Marcel, 279
Bridgeman, Charles, 221, 222
Brighton, Pavilhão Real, 226; *293*
Brodrick, Cuthbert
    Grande Hotel, Scarborough, 244
    Prefeitura de Leeds, 244; *319*
Brown, Lancelot 'Capability', 222
Bruchsal, Palácio Episcopal, 209, 212
Brunel, Reino de Isambard, 244
Brunelleschi, Fillipo, 179, 204
    Capela Pazzi, Santa Croce, Florença, 176; *218-219*
    Catedral de Florença, 176, 185; *216*
    Hospital dos Inocentes, Florença, 176, 178; *217*
    San Lorenzo, Florença, 176
    Santo Spirito, Florença, 176; *220*
Brutalismo, 286
Bruxelas, 199, 255
    Hôtel
        Solvay, 255
        Tassel, 255; *342*
    Palais de Justice, 250
Bryce, David: Enfermaria Real, Edimburgo, 246
Buda, 46, 104
Budismo, 45-50, 55, 58, 62, 69
Buffalo
    Casa Martin, 260; *352*
    Edifício Guaranty, 254
Buhen, 30
Bullant, Jean: Château de Chenonceaux, 194; *244*
Burgtheater, Viena, 249
Burgundy, 141
Burlington, Richard Boyle, Terceiro Duque de, 218
    Casa Chiswick, Londres, 218; *282, 283*
    Holkham Hall, Norfolk, 220; *286*
Burma, 45, 49, 58
Burnham e Root, 254
    Edifício
        Monadnock, Chicago, 254; *337*
        Reliance, Chicago, 254; *338*
Burrell Collection, Glasgow, 292
Burton, Decimus; Hyde Park Corner, Londres, 225
Butterfield, William
    All Saints, Margaret Street, Londres, 246, 247
    Keble College, Oxford, 198
Byker Wall, Newcastle, 291, 292
Byrd, William: Westover, Condado da cidade de Charles, 236

Cabo Sounion, Templo de Poseidon, 41, 86; *96*
Cairo, 35, 153
    Madraça do Sultão Hassan, 154
    Mesquita
        El-Ashair, 154
        Ibn Tulun, 151; *181*
Calatrava, Santiago, 288
    Estação TGV, Aeroporto Lyons-Satolas, 288, 301; *407*
    Ponte Alamillo, Sevilha, 288
Calcutá, Palácio do Governo, 239; *315*
Caldeia, 19
Calícrato
    Partenon, Atenas, 96, 97; *105, 106*
    Templo de Atena Nice, Atenas, 93; *101*
Camboja, 53-55
Cambridge
    Mass. Casa Longfellow, 235; *306*
    Capela do King's College, 170
    Casa do Senado, 220
Cameron, Charles: Tsarskoye Selo, 218-220; *284*
Campanários, 120
Campbell, Colen, 218
    Houghton Hall, Norfolk, 218
    Mereworth, Kent, 218
    Stourhead, Wiltshire, 222, 223
Campen, Jacob van
    Mauritshuis, Haia, 200; *253*
    Prefeitura de Amsterdam, 195
Campo de críquete dos Lordes, 291
Canadá, 230, 234, 289
Camberra, edifícios do Parlamento, 294
Cancelleria, Roma, 182
Candela, Felix, 283, 286
    Igreja da Virgem Milagrosa, Cidade do México, 283; *380*
Canterbury, 136
    Catedral, 164, 168
Capela
    da Coroa de Espinhos, Paris, 163; *189*
    do King's College, Cambridge, 170
    do Santo Sudário (Il Sindone), Turim, 207, 209, 210
    dos Três Reis, Cidade do México, 232, 233
    Medici, San Lorenzo, Florença, 185; *229*
    Pazzi, Santa Croce, Florença, 176; *218, 219*
capitéis, 35, 88, 89, 92, 125; *27, 98, 146*
Capitólio
    Roma, 185, 186
    Washington D.C., 183, 238, 251; *312*
Caprarola, Palazzo Farnese, 187, 198
Carcassonne, 172; *208*
Cardross, St. Peter's College, 271
Carlisle, Duque de, 214
Carlos I, Rei da Espanha, 76
Carlos I, Rei da Inglaterra, 201
Carlos III, Rei da Espanha, 212
Carlos Magno, Imperador, 130-132, 146
Carlos V, Imperador, 190, 193, 196

Carlos VII, Rei da Bohemia, 164
Carson, Loja de Departamentos Pirie Scott, Chicago, 254; *339*
Casa
    Batlló, Barcelona, 256
    Branca, Washington D.C., 237
    Chiswick, Londres, 218; *282, 283*
    com estrutura de madeira, 13
    da alma, 32; *23*
    da Cascata, Bear Run, 264; *354*
    da Rainha, Greenwich, 200, 201; *254, 255*
    de Alfândega, Dublin, 225
    de chá, Japonesa, 73; *79*
    de Jacques Coeur, Bourges, 173, 212
    de Praia Lovell, Newport Beach, 278
    de Vidro, New Canaan, 281; *376-377*
    de William Grevel, Chipping Campden, 174; *211*
    do Norte, Saqqara, 35; *26*
    do Parlamento, Londres, 242, 243; *317*
    do Senado, Universidade de Cambridge, 220
    do Sul, Saqqara, 35
    do Vetii, Pompeia, 125, 126
    Dom-ino, 268; *357*
    dos Banquetes, Whitehall, 200, 201; *256*
    Harewood, Yorkshire, 205
    Lever, Nova York, 281; *378*
    Longfellow, Cambridge, Mass., 235; *306*
    Majólica, Viena, 259; *350*
    Martin, Buffalo, 260; *352*
    Milà, Barcelona, 256; *344*
    Parson Capen, Topsfield, Mass., 235
    Richmond, Londres, 294
    Robie, Chicago, 260, 264; *353*
    Schröder, Utrecht, 273-276; *368*
    Somerset, Londres, 225
    Syon, Londres, 225; *290*
    Tartaruga, Uxmal, 83; *90*
    -tendas Yayoi, 13
    urbanas, 198-200
    Vermelha (Red House), Bexley Heath, 258; *346*
    Wilton, Wiltshire, 200, 201, 222; *257*
Caserta, Palazzo Reale, 212
Castel del Monte, Bari, 172
Castelo, 72, 136, 141-143, 171-173; *58, 159-160, 166, 209, 210*
    Beaumaris, 172, 173; *209*
    Béranger, Paris, 255
    Bolton, Yorkshire, 173
    Caernarfon, 172
    Cowny, 172
    Harlech, 172
    Heidelberg, 195; *243*
    Hime-ji, 72; *58*
    Howard, Yorkshire, 183, 214, 215; *278*
    Pembroke, 172
    Rochester, 142; *166*
    Stokesay, 173; *210*

Catacumbas, 116; *131*
Çatal Hüyük, 18
Catálogos, 195
Catedral(is)
    de Aachen, 132; *153*
    de Amiens, 166; *202*
    de Ani, 127, 128; *151*
    de Autun, 139-142; *163*
    de Auxerre, 166
    de Beauvais, 166
    de Bristol, 166; *203*
    de Brunswick, 167
    de Burgos, 165, 170, 198; *197, 250*
    de Cefalù, 125, 133, 156
    de Chartres, 158, 162, 163, 165, 166; *245; 193, 199-201*
    de Colônia, 166
    de Durham, 132, 168; *155*
    de Ely, 169
        Capela de Nossa Senhora, 164
    de Estrasburgo, 163, 166
    de Exeter, 169
    de Gloucester, 164
    de Laon, 166
    de Lima, 233
    de Lincoln, 168-170
    de Norwich, 142
    de Praga, 164
    de Santo Domingo, 233; *303*
    de São Basílio, Moscou, 128, 129; *152*
    de São Estêvão, Viena, 162
    de São Paulo, Londres, 124, 183, 214; *277*
    de Sens, 162, 165, 168
    de Soissons, 166
    de Toledo, 166
    de Wells, 162, 163; *195*
    de Worms, 164
    de Zacatecas, 233
    Góticas, 158-170; *190-205*
    Renascentistas, 176; *216*
Cavaleiros
    Hospitalários, 138
    Templários, 138
Celtas, 118, 132
Centro
    Cívico
        de Hillingdon, 291
        Säynätsalo, 278; *374*
    de Artes Visuais Wexner, Universidade Estadual de Ohio, 297; *405*
    Pompidou, Paris, 292; *400*
César, Júlio, 90, 102
Ch'in Shih Huang Ti, Imperador, 56, 66
Chaityas, 50; *44, 45*
Chambers, Sir William, 225
    Casa Sommerset, Londres, 225
Chambord, Château de, 192-194; *238-240*
Chaminés, 15, 136, 198

Chandigarh
    Cortes de Justiça, 271
    Edifício da Assembleia Legislativa, 271; *362*
    Secretariado, 271
Chandragupta Maurya, 45, 46
Chang'an, 68
Charles Martel, 133, 147
Charleston, 235
    St. Michael, 237
Châteaux, 172, 192, 193; *238-241, 244*
Chatsworth, Derbyshire, 205-207, 246
Chaucer, Geoffrey, 136
Cheadle, St. Giles, 243; *318*
Chenonceaux, Château de, 194; *244*
Chicago
    Apartamentos Lake Shore Drive, 281
    Armazém Marshall Field, 252; *335*
    Carson, Loja de Departamentos Pirie Scott, 254; *339*
    Casa Robie, 260-264; *353*
    Edifício
        Home Insurance, 252
        Monadnock, 254; *337*
        Reliance, 254; *338*
    Oak Park, 260
    Templo Unity, 260
Chichen Itza, 78, 79, 81
    El Castillo, 82; *92, 93*
    Observatório Caracol, 80; *84*
    Quadra de Jogos, 81; *85*
Chile, 76
China, 13, 27, 42, 56-69
*Chinoiserie*, 230
Chipping Campden, Casa de William Grevel, 174; *211*
Chipre, 18, 100
Christchurch, Boston, 237
CIAM *ver* Congrès Internationaux d'Architecture Moderne
Cidade(s)
    desenvolvimento das, 16-28
    do México, 76, 78-80
        Catedral Metropolitana, 232, 233; *301*
        Igreja da Virgem Milagrosa, 283; *380*
        San Agustin Acolman, 233
        Templo de Santa Cecília, 78; *83*
    Proibida, Beijing, 67; *70, 71*
Cimbre de centragem, 109
Cingapura, 64
Cistercianos, 138, 167, 168
Civilização Minóica, 25, 88
Clark, Kenneth, 16
Classicismo, 218-229, 236-238, 240
Claude Lorrain, 224
Cloaca Máxima, Rome, 111, 112
Cloth Hall, Ypres, 171; *207*
Cluny, 138, 158
Cnossos, 25, 26, 88, 91, 111
    Palácio de Minos, 25; *18*
Coalbrookdale, Ponte de Ferro, 245; *320*

Colbert, Jean Baptiste, 190
Coliseu, Roma, 105-107, 181; *116*
College of William and Mary, Williamsburg, 236; *308*
Colombo, Cristóvão, 76
Colunas
    egípcias, 13, 35; *26, 27*
    gregas, 13, 88, 90-92, 227, 228
    ordem(ns)
        compósita, 91, 107; *98*
        coríntia, 88, 91, 92, 107, 181; *98*
        dórica, 88, 91, 92, 181, 228; *98*
        etrusca, 107
        gigantes, 185
        jônica, 88, 91, 92, 181; *98*
    persas, 26
    renascentistas, 181, 185
    romanas, 107
Compañia, Cuzco, 233
Concreto, 109
    armado, 254, 255
Confúcio, 69, 104
Confucionismo, 69
Congrès Internationaux d'Architecture Moderne (CIAM), 266
Conjunto de suporte *kou-tung*, 61, 62; *60*
Connell, Amyas: High and Over, Amersham, 276
Conques, 132, 136
Conselho do Condado de Londres: Complexo habitacional Roehampton, 277; *371*
Constantia, 121
Constantino I, Imperador, 35, 108, 115, 118-120, 122, 144, 213
Constantinopla, 35, 115, 118, 120, 144
    Hagia Sophia, 124, 125, 127; *143-145*
    Igreja dos Santos Apóstolos, 122, 126
    *ver também* Istambul
Construtivismo, 286
Contrarreforma, 196, 204, 205
Copenhagen, Thorvaldsen Museum, 327
Córdoba, Grande Mesquita, 146, 155; *172*
Coreia, 60
Cornijas, 89, 90
Cortes
    de Justiça, Chandigarh, 271
    Judiciais, Londres, 246
Cortez, Hernando, 233
Costa, Lucio, 282
Cottrell, Leonard, 18
Coutances, 163
Cox, Richardson e Taylor, 294
Crematório do Bosque, Estocolmo, 278; *372*
Creta, 25-27, 88
Cristãos Coptos, 151
Cristianismo, 114-116, 118-129, 132, 243
*Cruck frames*, 13
Cruzadas, 137, 138, 144, 149, 155, 158, 164, 171
Ctesifonte, 26, 149; *20*
Cubismo, 268

Cuijpers, Petrus: Rijksmuseum, Amsterdam, 250
Cullinan, Edward, 295
Cultura
    Jomon, 59, 69
    Yayoy, 59, 69
Cumberland Terrace, Regent's Park,
    Londres, 226; *292*
Cúpulas
    bizantinas, 121, 123-125; *141-145*
    bulbosas, 128
    geodésicas, 286; *389*
    hindus, 157
    islâmicas, 156, 157; *186*
    renascentistas, 176
    romanas, 110, 111
    trulli, 12; *6*
Cuvilliés, François, 217
    Pavilhão Amalienburg, Munique, 209, 217; *281*
Cuzco, 84, 85, 233
    Catedral, 233
    Compañia, 233

Daca, Salão da Assembleia Nacional, 287
Dagoba Ruvanveli, Anuradhapura, 49
Dal, Lago, Jardim Shalimar, 148; *177*
Damasco, 153
    Grande Mesquita, 146; *173*
Daphni, Igreja do Mosteiro, 125-126; *147*
Darby Abraham: Ponte de Ferro,
    Coalbrookdale, 245; *320*
Dario I, Rei da Pérsia, 26, 27, 35, 91
Darmstadt, 259
De Stijl, 273
Deccan, 51
Degraus Espanhóis, Roma, 213; *272*
Deir el-Bahri, Templo Funerário da Rainha
    Hatshepsut, 41; *36*
Deir el-Medina, 28
Delhi
    Quwwat-ul-Islam, 184
    Templo Baha'i, 294
    Túmulo de Humayan, 157
Delphi, 100, 101; *110*
    Teatro, 110
    Templo de Apolo, 101; *110*
    Tesouro Ateniense, 101; *110*
    Tholos, 101
Dendera, 41
Derbyshire, Andrew: Centro Cívico de
    Hillingdon, 291
Desconstrutivismo, 296, 297
Dessau, 272
Devonshire, Duque de, 246
Diane de Poitiers, 194
Dientzernhofer, Johann: Igreja da Abadia de
    Banz, 209; *269*
Dietterlin, Wendel, 195
Dinamarca, 295, 296

Dinastia
    Ch'in, 56, 66, 69
    Ching, 62
    Gupta, 51
    Han, 62
    Liao, 58
    Mauryan, 45, 46
    Ming, 58, 62, 66, 68
    Pallava, 50
    Sassanian, 26, 123
    Seljuk, 152-155
    Song, 61, 62
    Tang, 69
    Yuan, 58
Dinkeloo, John: Sede da Fundação Ford, Nova
    York, 289
Diocleciano, Imperador, 114, 116-118
Doca Albert, Liverpool, 244
Dollman, Georg von: Neuschwanstein, 250; *330*
Domenico da Cortona, 212
    Château de Chambord, 192, 193; *238-240*
Dominicanos, 230
Domitiano, Imperador, 106
Domo da Rocha, Jerusalém, 144-146; *169*
Dougga, *113*
Dravidianos, 44, 46, 52
Drenagem, 111, 112
Dresden, Zwinger, 205; *261*
Dublin, 198
    Casa de Alfândega, 225
Dudok, Willem: Prefeitura de
    Hilversum, 276; *369*

Éden, Jardins do, 18
Edfu, Templo de Hórus, 37, 41; *31*
Edifício(s)
    Central Beheer, Apeldoorn, 292
    Chrysler, Nova York, 279; *375*
    da American Telephone and Telegraph,
        Nova York, 295
    da Assembleia Legislativa, Chandigarh,
        271; *362*
    da Engenharia, Universidade de Leicester,
        290, 291; *394*
    de Escritório de Títulos, Perth, 239
    de Pesquisas Médicas Richards,
        Universidade da Pensilvânia, 287; *385*
    de Serviços Públicos, Portland, 295; *404*
    do Departamento de Terras, Perth, 239
    do Parlamento, Viena, 249
    Economist, Londres, 290; *395*
    Empire State, Nova York, 279
    Governamentais, Brasília, 282, 283; *379*
    Guaranty, Buffalo, 254
    Home Insurance, Chicago, 252
    Lloyds, Londres, 292
    Monadnock, Chicago, 254; *337*
    Reliance, Chicago, 254; *338*
    Seagram, Nova York, 281, 282; *Prefácio*

Edimburgo, 198, 220, 221, 224-26
    Enfermaria Real, 246
    Royal High School, 225
Edirne, Mesquita Selimiye , 157
Edo, 73
Edward I, Rei da Inglaterra, 172, 173
Éfeso, Templo de Artemis, 92
Egina, Templo de Afaia, 92
Eginhart, *161*
Egito, 122, 154, 296
    Antigo, 10, 13, 16, 26-41, 88
Eiffel, Gustave: Torre Eiffel, Paris, 248, 249; *328*
Eisenman, Peter: Centro Wexner de Artes Visuais,
    Ohio State University, 297; *405*
El Castillo, Chichen Itza, 82; *92, 93*
El Tajin, Pirâmide dos Nichos, 80, 84; *94*
Elam, 25
Elefantina, 28
Elevadores, 254
Elizabeth I, Rainha da Inglaterra, 190
Ellis, Peter: Oriel Chambers, Liverpool, 247; *323*
Ellora, Templo de Kailasa, 50; *47*
Enfermaria Real, Edimburgo, 246
Ensinger, Ulrich: Ulm Minster, 167
Entablamento, 90
Êntase, 96
Epidauro, Teatro, 99-100; *107*
Erecteion, Atenas, 96, *104*
Eridu, 19
Erskine, Ralph: Byker Wall, Newcastle, 291, 292
Escadarias, 198
Escandinávia, 13, 132, 204, 278
Escócia, 13, 14, 218, 225, 259
Escola
    Americana de Arqueologia, 99
    de Belas-Artes, 287
    de Chicago, 252-254, 260
Escritórios Willis Faber and Dumas, Ipswich,
    291; *396*
Espanha, 230
    Arquitetura
        Barroca, 202
        do século XX, 288
        Gótica, 164, 165, 169, 170
    Art Nouveau, 256, 257
    conquistadores, 76
    Mouros, 133
    Renascença, 196, 197
Esquimós, 10
Estação
    St. Pancras, Londres, 243
    TGV, Aeroporto Lyons-Satolas, 288, 301; *407*
Estádio Olímpico
    Munique, 290; *393*
    Tóquio, 292, 293; *401*
Estados Unidos da América, 230, 232, 234-238
    Arquitetura do século
        XIX, 251, 252-255, 260-265
        XX, 289, 295

Classicismo, 236-238
Estilo Internacional, 278-282
Palladianismo, 220
Estátua da Liberdade, Nova York, 249
Estilo
Churrigueresco, 202, 230, 232, 233
Gótico
Curvilíneo, 164, 165
Decorado, 164
Flamejante, 165, 167
Perpendicular, 164
Internacional, 265-284, 287, 296, 297
Manuelino, 165
Normando, 132
palladiano, 218-221, 239
Pitoresco, 222, 225, 226, 297
Plateresco, 165, 196, 230, 233
Radiante, 164
Rococó, 204, 215-218, 230
Estilóbato, 92
Estocolmo
Crematório do Bosque, 278; *372*
Palácio Real, 204
Prefeitura, 260; *351*
Estoicos, 99
Estupa(s), 47-49; *41-43*
Swayambhunath, Vale do Katmandu, 49; *43*
Etienne de Bonneuil, 164
Etruria, Staffordshire, 224
Etruscos, 104, 105, 112, 224
Eudes de Montreuil, 166
Eufrates, rio, 18, 21
Eugene, Príncipe de Savoy, 204
Europa, 10, 15
Exchange, Amsterdam, 260
Expo '67, 289; *389*
Exposição
de Paris (1889), 249
Internacional
de Arquitetura Moderna, Nova
York (1932), 266
de Barcelona, 273; *366, 367*
Expressionismo, 286
Ezarhaddon, Rei, 24

Fábrica Fagus, Alfeld-an-der-Leine, 272; *363*
Família
Bohier, 194
Cornaro, 207
Medici, 178, 185
Pamphili, 212
Pitti, 178
Rucellai, 178
Strozzi, 178
Fathy, Hassan, 296
Feng-shui, 58, 59, 64-66
Ferro, 245
fundido, 238
Ferstel, Heinrich von: Votivkirche, Viena, 249

Festival da Grã-Bretanha (1951), 277
Festo, 25
Feudalismo, 133-136
Fídias, 93-96
Filadélfia
Academia de Belas-Artes da
Pensilvânia, 251; *334*
Chestnut Hill, 288; *386, 387*
Franklin Court, 288
Filipe II, Rei
da Espanha, 190, 196, 197, 233
da França, 172
Filos, 28
Quiosque de Trajano, 30, 22
Templo de Ísis, 30
Finlândia, 292
Firuzabad, 123
Fischer von Erlach, Johann Bernhardt, 207
Palácio Schönbrunn, Viena, 216
Florença, 178, 232
Biblioteca Laurenziana, 185; *228*
Capela
dos Médici, San Lorenzo, 185; *229*
Pazzi, Santa Croce, 176; *218, 219*
Catedral, 176, 185; *216*
Hospital dos Inocentes, 176, 178; *217*
Palazzo
Pitti, 181
Rucellai, 181, 210; *223*
Vecchio, 175
San Lorenzo, 176
San Miniato al Monte, 130, 140; *154*
Santa Maria Novella, 180, 181
Santo Spirito, 176; *220*
Uffizi, 185
Flórida, 230
Floris, Cornelius, 195, 196
Fontainebleau, 194; *237*
Fontana
Carlo, 207, 220
Domenico, 184
São Pedro, Roma, 184
Fontana di Trevi, Roma, 212; *271*
Forde, Dorset, 174
Fort Worth, Kimbell Art Museum, 292; *399*
Fórum Imperial, Roma 102, 105; *112*
Foster, Norman: Hong Kong and Shanghai Bank,
Hong Kong, 291; *397*
Foy, St., 132, 136
França
arquitetura
barroca, 202-204
do século
XIX, 247-249, 254-256
XX, 288, 292, 294
gótica, 158-164-167, 173-174
casas urbanas, 198, 199

Classicismo, 227-229
estilo Rococó, 215, 216
jardins, 221
Renascença, 190-195
Francesco di Giorgio, 179, 180; *221*
Franciscanos, 230
Francisco, São, 138, 160
François I, Rei da França, 190-194
Francos, 130-132
Franklin
Benjamin, 162
Court, Filadélfia, 288
Frederico
II, Imperador, 172
o Grande, Rei da Prússia, 228
Príncipe de Gales, 225
Froebel, F.W.A., 260
Fry, Maxwell: Sunhouse, Hampstead, 276
Fuller, Buckminster: Pavilhão dos Estados Unidos,
Expo '67, 289; *389*
Funcionalismo Utilitário, 286
Furness, Frank: Academia de Belas-Artes da
Pensilvânia, Filadélfia, 251; *334*
Futurismo, 286

Gabriel, Ange-Jacques, 227
Le Petit Trianon, Versalhes, 228, 229; *297*
Place de la
Bourse, Bordeaux, 229
Concorde, Paris, 229
Gal Vihara, Polonnaruwa, 467; *40*
Galla Placidia, 120
Galleria Vittorio Emanuele, Milão, 251; *332*
Gandon, James: Casa de Alfândega,
Dublin, 225
Garnier, Charles: Ópera, Paris, 247, 248; *325, 326*
Gasson, Barry: Burrell Collection, Glasgow, 292
Gaudí, Antoni, 256, 257, 283, 289
Casa Battló, Barcelona, 256
Casa Milà, Barcelona, 256; *344*
Parque Güell, Barcelona, 256
Sagrada Família, Barcelona, 256; *343*
Santa Coloma de Cervello,
Barcelona, 257; *345*
George, Príncipe Regente, 226
Gibbs, James, 207, 210, 220, 222, 237, 239
Casa do Senado, Universidade de
Cambridge, 220
Radcliffe Camera, Oxford, 183
St. Martin-in-the-Fields, Londres, 220; *285*
Gillepsie, Kidd e Coia: St. Peter's College,
Cardross, 271
Gilly, Friedrich, 228
Ginásio, 100
Gislebertus, 139, 140; *163*
Giulio Romano, 179, 186
Catedral de Mântua, 186
Palazzo del Tè, Mântua, 194; *230*
Palazzo Ducale, Mântua, 186

Gizé, 34
    Pirâmide
        de Miquerinos, 35-37; *28, 29*
        de Quéfren, 35-37; *28*
        de Quéops, 33, 35-39; *28, 30*
        de Unas, 36
Glasgow, 225, 259
    Burrell Collection, 292
    Escola de Artes de Glasgow, 259; *349*
Gli Asinelli, Bologna, 142
Globe Theater, Londres, 171
Godos, 116-118
Golfo Pérsico, 18, 19
Gonzaga, Duque Federico, 186
Gowan, James: Edifício da Engenharia, Universidade de Leicester, 290, 291; *394*
Grã-Bretanha, 13
    Arquitetura
        Barroca, 214, 215
        Georgiana, 188, 198
        Gótica, 164, 165, 167-170, 172-174
        Art Nouveau, 257, 259
        Classicismo, 218-227
        Movimento Arts and Crafts, 257-259
Granada, 133
    Alhambra, 149, 156; *178, 179*
    La Cartuja, 202; *259*
Grand Tour, 90, 224
Grande(s)
    Arche de la Défense, Paris, 294
    Banhos, Mohenjo-Daro, 42; *37*
    Exposição (1851), 246
    Hotel, Scarborough, 244
    Mesquita
        Córdoba, 146, 155; *172*
        Damasco, 146; *173*
        e Palácio da Justiça, Riade, 296
        Kairouan, 147, 152, 153; *174*
        Samarkand, 150, 151
    Muralha da China, 56, 66; *67*
    Stupa, Sanchi, 48, 54; *41, 42*
    Templo
        de Ramsés II, Abu Simbel, 31; *21*
        Madura, 52, 53; *52*
Graves, Michael: Edifício de Serviços Públicos, Portland, 295; *404*
Grécia, 125, 126, 223
    Antiga, 13, 26, 41, 86-102, 105, 106, 109, 224, 248, 295
Greenway, Francis: St. James, Sidney, 220, 239; *314*
Greenwich, Casa da Rainha, 200, 201; *254, 255*
Grevel, William, 174
Gropius, Walter, 276, 279
    Bauhaus, 272, 273; *365*
    Fábrica Fagus, Alfeld-an-der-Leine, 272; *363*
Guarini, Guarino, 207, 210
    Capela do Santo Sudário (Il Sindone), Turim, 207, 209, 210
    San Lorenzo, Turim, 207, 209, 210; *265*

Guatemala, 76, 82
Guerras do Peloponeso, 93
Guildhall, Lavanham, 171
Guilherme
    da Aquitânia, 138
    o Conquistador, 132
Guimard, Hector, 255
    Castelo Béranger, Paris, 255
Gundab-i-Qabus, 157
Gur-i-mir, Samarkand, 157; *188*

Habitat, complexo habitacional, Montreal, 289; *390*
Hagia Sophia, Constantinopla, 124, 125, 127; *143-145*
Haia, Mauritshuis, 200; *253*
Halebid, Templo Hoysalesvara, 45, 46; *39*
Hall, Littlemore e Todd, 294
Hamburgo, 171
Hamilton, Thomas: Royal High School, Edimburgo, 225
Hampstead, Sunhouse, 276
Hamurabi, 21, 27
Hansen, Theophilus: Edifício do Parlamento, Viena, 249
Harappa, 42
Hardwick Hall, Derbyshire, 197
Haroun al Raschid, 149
Hartley, Jesse: Doca Albert, Liverpool, 244
Hatshepsut, Rainha, 41; *32, 36*
Hattusash, 19, 23
    Porta do Leão, 14
Hawksmoor, Nicholas, 210, 214, 215
    Mausoléu do Castelo Howard, Yorkshire, 183, 215
Heien, 70
Hennebique, François, 254
Henrique II, Rei da Inglaterra, 171
Henrique IV, Rei da França, 199
Henrique VIII, Rei da Inglaterra, 190
Herculano, 113
Heródoto, 21, 22, 24, 25
Herrenchiemsee, 250
Herrera, Juan de: Palácio Escorial, 196-198, 233; *248*
Herzberger, Herman: Edifício Central Beheer, Aperdoorn, 292
High and Over, Amersham, 276
Highpoint, Londres, 277
Hildebrandt, Lucas von, 207
    Palácio Belvedere, Viena, 204-205, 207; *259*
    Palácio do Bispo, Würzburg, 211, 212; *270*
Hildesheim, St. Michael, 139
Hinduísmo, 44, 45-47, 50-54
Hipocaustos, 112
Hipódamo de Mileto, 100
Historicismo, 286
Hititas, 19, 23
Hittorff, J.-I., 248

Hiuen Tsang, 50
    Hoare, Henry e Richard: Jardins Stourhead, Wiltshire, 223; *288*
Hoban, James: Casa Branca, Washington D.C., 237
Hobart, 239
Holabird e Roche, 254
Holkham Hall, Norfolk, 220; *286*
Holl, Elias
    Arsenal, Augsburg, 196; *246*
    Prefeitura de Augsburg, 195, 196
Holland
    Henry, 226
    *ver* Países Baixos
Homens do Norte, 132
Honduras, 76
Hong Kong and Shangai Bank, Hong Kong, 64, 291; *397*
Honnecourt, Villard de, 162
Honório, Imperador, 118, 120
Hooch, Pieter de, 200
Hopkins, Michael: Mound Stand, campo de cricket dos Lordes, 291
Horta, Victor: Hôtel
    Solvay, Bruxelas, 255
    Tassel, Bruxelas, 255; *342*
Hosios Loukas, 125, 126
Hospital dos Inocentes, Florença, 176, 178; *217*
Hotel
    de Soubise, Paris, 216; *280*
    Hyatt Regency, San Francisco, 289
    Imperial, Tóquio, 264
    Midland, Estação St. Pancras, Londres, 243, 298
    Solvay, Bruxelas, 255
    Tassel, Bruxelas, 255; *342*
Houghton Hall, Norfolk, 218
Hsienyang, 56
Humanistas, 179, 180
Hungria, 202, 204
Huni, Faraó, 35
Hyde Park Corner, Londres, 225

Ictino: Partenon, Atenas, 96, 97; *105, 106*
Idade
    da Pedra, 14
    das Trevas, 116, 130
    do Bronze, 19
    Média, 23
Ieyasu, 70, 71
Iglus, 10
Igreja(s)
    Anglicana, 247
    Bagsvaerd, 295, 296
    Barrocas, 204-211, 213; *258, 259, 262-265, 267-269, 274-277*
    basílicas, 114-116, 118-121; *128-129, 132-135*
    Bizantinas, 120-129; *139-150*
    Carolíngeas, 132; *153*

Católica, 196, 197, 204, 205
centralizadas, 121, 122; *138*
da Abadia de Banz, 209; *269*
da Natividade, Belém, 119, 120; *134*
da Transfiguração, Ilha Khizi, 125
da Virgem Milagrosa, Cidade do México, 283; *380*
de Peregrinação Vierzehnheilingen, 204, 209, 210; *267, 268*
do Convento de Cristo, Tomar, 196; *198*
do Mosteiro, Daphni, 125, 126; *147*
dos Peregrinos de São Tiago, Santiago de Compostela, 136, 137; *158*
dos Peregrinos e Mosteiro de São Simeão Estilitas, Qal'at Sim'an, 122; *139*
dos Santos Apóstolos, Constantinopla, 122, 126
Góticas, 158-170, 189-206
Oriental, 122
paroquiais, 168, 171
Renascentistas, 180, 181, 183-185, 189; *216, 218-222, 225-227, 229, 232, 233, 236, 242*
Românicas, 130-141; *154-158, 162, 164, 165*
Iitumish, Sultão, *184*
Il Gesù, Roma, 187, 211, 233; *232-233*
Il Redentore, Veneza, 189; *236*
Ilha Khizi, Igreja da Transfiguração, 125
Imhotep, 41
Pirâmide de Degraus do Faraó Djoser, 34, 35; *24-25*
Império
Austro-Húngaro, 249
Bizantino, 114, 115, 119-129
Britânico, 239
Khmer, 53-55
Mogul, 157
Otomano, 154, 157
Romano, 88, 92, 102-115-119, 224
Sagrado de Roma, 204
Incas, 84, 85, 90, 232
Índia, 13, 27, 42-54, 58, 157, 230-232, 239, 271
Indonésia, 59, 230-232
Inglaterra *ver* Grã-Bretanha
Instituto Americano de Arquitetos, 284
Ínsulas, 112, 113; *124*
Ipswich, escritórios de Willis Faber e Dumas, 291; *396*
Irã, 18, 157
Iraque, 18, 22
Irlanda, 13, 132
Irmãos Zimmermann: igreja de peregrinação em Steinhausen, 211
Isfahan, 150, 164
Maskid-i-Shah, 150; *180, 182*
Isidoro de Mileto, 125
Islã, 125, 132, 133, 144-157
Israel, 23
Istambul, 154

Mesquita
Azul, 157; *186*
de Suleymaniye, 154; *183*
*ver também* Constantinopla
Itália
Arquitetura
Barroca, 202, 205-213
do século XIX, 250, 251
Românica, 130, 142
Renascimento, 176-189, 190
Ivan, o Terrível, 128

Jahrhunderthalle, Breslau, 260
Jainismo, 46, 47, 50
James de St. George, 173
James I, Rei da Inglaterra, 200
Janelas
encaixilhadas, 198
góticas, 163-165
renascentistas, 197, 198
Japão, 10, 13, 27, 42, 56, 59, 69-75, 292, 293; *4*
Jardim(ns)
Chineses, 68, 69
Deanery, Sonning, 258, 259; *348*
Islâmicos, 148; *177*
Japoneses, 73, 74; *80*
Kew, 225
paisagísticos, 221, 222
Shalimar, Lago Dal, 148; *177*
Suspensos da Babilônia, 22
Java, 54
Jefferson, Thomas, 188, 236, 237
Monticello, 189, 236, 237; *309*
Universidade de Virgínia, 237; *298, 310*
Jekyll, Gertrude, 258
Jenney, William le Baron: Edifício Home Insurance, Chicago, 252
Jericó, 18; *10*
Jerusalém, 120, 136, 144
Domo da Rocha, 144-146; *169*
Mesquita El Aqsa, 144, 146; *170*
Santo Sepulcro, 121
Jesuítas, 204, 230, 233
Jimmu, Imperador do Japão, 104
Johnson, Philip, 281
Casa de Vidro, New Canaan, 281; *376, 377*
Edifício American Telephone and Telegraph, Nova York, 295
Jones, Inigo, 190, 195, 200, 218, 224
Casa
da Rainha, Greenwich, 200, 201; *254, 255*
dos Banquetes, Whitehall, 200, 201; *256*
Wilton, Wiltshire, 200, 201; *257*
Jones, Owen, 248
Jordão, 13, 18, 296
Judá, 104
Judeus, 146
Juliano, Imperador, 136
Justiniano, Imperador, 118, 120, 121, 124, 125

Juvarra, Filippo, 207
Igreja em Superga, Turim, 213; *274*
Stupinigi, Turim, 205

Ka'aba, Meca, 146, 153; *171*
Kabah, Palácio das Máscaras, 83
Kahn, Louis I
Assembleia Nacional, Daca, 287
Edifício de Pesquisas Médicas Richards, Universidade da Pensilvânia, 287; *385*
Kimbell Art Museum, Fort Worth, 292; *399*
Kairouan
Grande Mesquita, 147, 152, 153; *174*
Mesquita Aghlabid, 152
Kalaa Sqhrira, 9
Kandinsky, Wassily, 272
Karli, salão Chaitya, 50, 51; *44, 45*
Karnak, 39
Templo
de Amon-Rá, 33, 37, 39-41, 91; *32, 33*
de Khonsu, 37, 40; *34*
Keble College, Oxford, 298
Kent, William, 221, 222
Casa Chiswick, Londres, 218; *282, 283*
Hokham Hall, Norfolk, 220; *286*
Kerala, 52
Kerr, Robert: Bear Wood, Berkshire, 247; *324*
Khirokitia, 18
Khmer Vermelho, 55
Khorsabad, 19
Kiev, Santa Sofia, 128
Kimbell Art Museum, Fort Worth, 292; *399*
Klee, Paul, 272
Klenze, Leo von: Alte Pinakothek, Munique, 249, 250; *331*
Konarak, Templo do Sol, 50; *49*
Krak des Chevaliers, 138; *159, 160*
Kresge College, Universidade de Santa Cruz, 288
Kroll, Lucien: Universidade de Louvain, 292
Kublai Khan, 49, 58
Kurokawa, Kisho: Torre de Cápsulas Nakagin, Tóquio, 293; *402*
Kuwait, 294
Kyoto, 73
Palácio
Imperial Katsura, 79
Kitayama, 73; *78*
Templo Ryoan-ji, 80

La Cartuja, Granada, 202; *259*
La Garisenda, Bolonha, 142
La Sainte-Chapelle, Paris, 163; *189*
La Saline de Chaux, Arc-et-Senans, 227
La Tourette, 271
La Trinité, Vendôme, 162
Labrouste, Henri, 248
Bibliothèque
Nationale, Paris, 248
Sainte-Geneviève, Paris, 248; *329*

Lagash, 19
Lao Zi, 69
Lapland, 10
Lareiras, 15
Lasdun, Sir Denys: Teatro Nacional, Londres, 291
Latrobe, Benjamin
    Banco da Filadélfia, 237
    Capitólio, Washington D.C., 238, 251; *312*
    Casa Branca, Washington D.C., 237
    Catedral Católica, Baltimore, 237; *311*
    Universidade de Virgínia, 237; *298, 310*
Laugier, Abbé, 223
    Laurana, Luciano: Palácio de Urbino, 178
Lavenham, Guildhall, 171
Le Corbusier, 61, 268-271, 276, 277, 282, 290, 292
    Casa Dom-ino, 268; *357*
    Cortes de Justiça, Chandigarh, 271
    Edifício
        da Assembleia Legislativa, Chandigarh, 271; *362*
        do Ministério da Educação, Rio de Janeiro, 282
    La Tourette, 271
    Modulor, 268, 269; *358*
    Notre-Dame-du-Haut, Ronchamp, 270, 271, 289; *361*
    Pavillon Suisse, Cité Universitaire, Paris, 269; *359*
    Secretariado, Chandigarh, 271
    Unité d'Habitation, Marselha, 269, 270; *360*
    Villa Savoie, Poissy, 268; *356*
Le Nôtre, André
    Vaux-le-Vicomte, 209, 221; *287*
    Versalhes, 215, 221
Le Petit Trianon, Versalhes, 227-229; *295, 297*
Le Puy, 137
Le Roy, Julien David, 223
Le Vau, Louis: Hôtel Lambert, Paris, *251*
Ledoux, Claude-Nicolas, 227, 228
    La Barrière de la Villette, Paris, 227
    La Saline de Chaux, Arc-et-Senans, 227
L'Enfant, Pierre Charles, 237
Leiden, 273
Leonardo da Vinci, 180, 182, 184, 193
Lepautre, Pierre, 215
Les Arcades du Lac, Marselha, 288
Li Chieh, 62
Liga Hanseática, 171
Lincoln, Mass., 279
Linderhof, 250
Lintéis, 12, 13
Liverpool, 284
    Doca Albert, 244
    Oriel Chambers, 247; *323*
Lombardia, 141
Lombardos, 132
Londres, 224
    Abadia de Westminster, 162, 168, 170; *204*
    All Saints, Margaret Street, 246-247

Casa
    Chiswick, 218; *282, 283*
    do Parlamento, 242, 243; *317*
    dos Banquetes, Whitehall, 200, 201; *256*
    Richmond, 294
    Somersett, 225
    Syon, 225, 290
Catedral de São Paulo, 124, 183, 214; *277*
Cortes Judiciais, 246
Cumberland Terrace, Regent's Park, 226; *292*
Edifício(s)
    Lloyds, 292
    Economist, 290; *395*
Estação St. Pancras, 243, 298
Globe Theatre, 171
Highpoint, 277
Hotel Midland, Estação St. Pancras, 243, 298
Hyde Park Corner, 225
Museu
    Britânico, 225; *291*
    de História Natural, 246; *322*
National Gallery, 225
Novo Palácio de Westminster, 245
Palácio de Cristal, 246, 248; *316, 321*
Piscina dos Pinguins, Zoológico de Londres, 277; *370*
Reform Club, 242, 243
Royal Festival Hall, 277
St. Martin-in-the Fields, 220; *285*
Teatro Nacional, 291
Torre de Londres, 173
Traveller's Club, 242
Longhena, Baldassare: Santa Maria della Salute, Veneza, 213; *275*
Longleat, Wiltshire, 197
Loos, Adolf, 259, 260
L'Orme, Philibert de, 194, 195
    Château de Chenonceaux, 194; *244*
    St. Etienne du Mont, Paris, 195; *242*
Loti, Pierre, 55
Louisiana, 230, 232
Louvain, Universidade de, 292
Lubetkin, Berthold, 276, 277
    Piscina dos Pinguins, Zoológico de Londres, 277; *370*
Ludovico II, Rei da Baviera, 250
Luís IX (São Luís), Rei da França, 163, 166
Luís VII, Rei da França, 160
Luís XII, Rei da França, 182, 194
Luís XIV, Rei da França, 190, 215, 216
Luís XV, Rei da França, 229
Lutyens, Sir Edwin, 258, 268
    Jardim Deanery, Sonning, 258, 259; *348*
    Palácio do Governador, Nova Délhi, 258; *347*
Luxor, 39
    Templo de Amon-Rá, 35, 41; *35*

Machu Picchu, 85; *95*
Mackintosh, Charles Rennie, 259
    Escola de Arte de Glasgow, 259; *349*
Macquarie, Lachlan, 239

Maderna, Carlo, 208
    Santíssima Trinità dei Monti, Roma, 213
    São Pedro, Roma, 184, 208
Madraça, 154
    do Sultão Hassan, Cairo, 154
Madras, 50, 52, 239
Madura, Grande Templo, 52, 53; *52*
*Mahabalipuram*, 50; *48*
    Templos costeiros, 52; *51*
Maia, 76, 79-84; *82*
Maisons-Laffitte, Château, 209
Mali, 3
Mallborough, Duque de, 215
Mamelucos, 154
    Bahri, 154
Manchuria, 58
Manco II, Rei dos Incas, 85
Maneirismo, 185-187, 189, 190
Mansart, François, 193
    Château
        de Blois, 194
        Maisons-Laffitte, 209
Mansart, Jules-Hardouin
    Château de la Menagerie, 215
    Versalhes, 215; *279*
Mansur, Califa, 149, 150
Mântua
    Catedral, 186
    Palazzo
        del Tè, 186, 194; *230*
        Ducale, 186
    Sant'Andrea, 181; *222*
Maomé, Profeta, 144, 146, 147, 153
Mar
    Cáspio, 18
    Negro, 18
    Vermelho, 18
March, St. Wendreda, 169; *206*
Marcos, São, 126
Maria Antonieta, Rainha da França, 227, 229
Maria, Rainha da Escócia, 173
Marlowe, Christopher, 27
Marly, 215
Marselha
    Les Arcades du Lac, 288
    Unité d'Habitation, 269, 270; *360*
Martyrion de St. Byblas, Antioch Kaousise, 123
Masjid-i-Shah, Isfahan, 150; *180, 182*
Mastabas, 33, 34
Matthew de Arras, 164
Matthew, Robert, 277
Matthew (Robert), Johnson Marshall e Associados, 291
Mausoléu de Galla Placidia, Ravenna, 120, 121; *137*
Mautitshuis, Haia, 200; *253*
Max Emmanuel, Duque da Baviera, 217
Mazarin, Cardeal, 190

343

McKim, Mead e White: Biblioteca Pública de Boston, 251; *333*
Meca, 147, 148, 151, 152
    Ka'aba, 146, 153; *171*
Medes, 19
Medina, 146, 148, 153
    Mesquita da Casa do Profeta, 151, 152
Mediterrâneo, 18, 28, 105
Megaron, 15, 91; *8*
Melbourne, 238
    Parkville, 313
Melk, Mosteiro Beneditino, 213; *276*
Memphis, 28, 34
Menagerie, Château de la, 215
Mendelsohn, Erich: Torre Einstein, Potsdam, 272; *363*
Menes, Rei, 28
Mengoni, Giuseppe: Galeria Vittorio Emanuele, Milão, 251; *332*
Mercado de Seda, Valência, 171
Merchant Adventures' Hall, York, 171
Merchant's Exchange, Filadélfia, 237, 238
Mereworth, Kent, 218
Mesoamérica, 76-85
    Mesopotâmia, 10, 18-26, 28, 151, 153, 156, 157
Mesquita(s), 144-155, 296; *168-174, 180-184, 186*
    Azul, Istambul, 157; *186*
    Casa do Profeta, Medina, 151, 152
    de Aghlabid, Kairouan, 152
    de al-Malwiya, Samarra, 153; *168*
    de Jami (Sexta-Feira), Yazd, 155; *184*
    El Aksa, Jerusalém, 144, 146; *170*
    El-Ashair, Cairo, 154
    Ibn Tulun, Cairo, 151; *181*
    Selimiye, Edirne, 157
    Suleymaniye, Istambul, 154; *183*
Metabolistas, 286, 293
Métopes, 89
México, 76-78, 232, 234, 283
Meydum, 35
Meyer, Adolf: Fábrica Fagus, Alfeld-an-der-Leine, 272; *363*
Micenas, 15, 23, 88, 91; *8*
    Porta do Leão, 23; *13*
Michelangelo, 187, 202, 207, 208
    Basílica de São Pedro, Roma, 184, 185; *226*
    Biblioteca Lanrenziana, Florença, 185; *228*
    Capela Médici, San Lorenzo, Florença, 185; *229*
    Capitólio, Roma, 185, 186
    Palazzo
        del Senatore, Roma, 186
        Farnese, Roma, 182
Mies van der Rohe, Ludwig, 272, 273, 279, 281, 289, 295
    Apartamentos Lake Shore Drive, Chicago, 281
    Edifício Seagram, Nova York, 281, 282; *Prefácio*

Pavilhão Alemão, Exposição Internacional de Barcelona, 273; *366, 367*
    Weissenhofsiedlung, Stuttgart, 272
Miguel, Francisco, 234
Milão, 118
    Catedral, 164, 176; *196*
    Galleria Vittorio Emanuele, 251; *332*
    Torre Velasca, 287; *384*
Minaretes, 153, 154
Minas Gerais, 234
Mique, Richard: Le Petit Trianon, Versalhes, 227; *295*
Mistra, 126
Mísulas, 12, 13; *5*
Mitchell/Giurgola e Thorp: Edifícios do Parlamento, Camberra, 294
Mitla, Palácio das Colunas, 84
Mitterand, François, 297
Mixtecas, 79, 84
Mnésicles: Propileus, Atenas, 90, 93, 96; *97*
*Modernismo*, 256
Mohenjo-Daro, 13, 42, 45
    Grandes Banhos', 42; *37*
Moholy-Nagy, László, 272
Monastério Mercedário, Quito, 230; *299*
Mondrian, Piet, 273
Mongóis, 56, 58, 125, 155
Monreale, 125
Montanhas Zagros, 18
Monte
    Alban, 80
    Athos, 126; *148*
    Cassino, 141
    Pleasant, Filadélfia, 235, 236
    Vernon, Virgínia, 235
Montefeltro, Federigo da, Duque de Urbino, 178, 179
Monteverdi, Claudio, 202
Montezuma II, Imperador, 76
Monticello, Charlottesville, 189, 236, 237; *309*
Montreal, complexo habitacional Habitat, 289; *390*
Monumento
    a Vítor Emanuel II, Roma, 251
    Corágico de Lisícrates, Atenas, 92, 238; *100*
Moore, Charles, 288
    Kresge College, Universidade de Santa Cruz, 288
    Piazza d'Italia, Nova Orleans, 288; *388*
Morris, Roger, 222
Morris, William, 258, 272
Morton, H.V., 38, 39
Mosaicos, 121, 125
Moscou, Catedral de São Basílio, 128, 129; *152*
Mosteiro Beneditino, Melk, 213; *276*
Mosteiros, 126, 138; *148*
*Motte and bailey*, 142
Mound Strand, campo de críquete dos Lordes, 291

Mouros, 133
Movimento
    Arts and Crafts, 244, 257-259
    Moderno, 277
    Romântico, 230, 240
Mozart, Wolfgang Amadeus, 202, 228
Mumbai, Templo de Elefantina, 51
Munique
    Alte Pinakothek, 249, 250; *331*
    Estádio Olímpico, 290; *393*
    Pavilhão Amalienburg, 209, 217; *281*
    São João Nepomuceno, Munique, 209; *258*
Muralhas da cidade, 142
Museu, 292
    Britânico, Londres, 225; *291*
    de História Natural, Londres, 246; *322*
Muthesius, Hermann, 259
Mysore, 52

Nancy, 216
Nantucket, 235
Napoleão I, Imperador, 16, 245, 260
Nápoles, Castelo do Monte, 172
Nara, 72
    Santuário Kasuga, 62
    Templo de Horyu-jy, 72; *76*
    Toshodai-ji, *77*
    Yakushi-ji, 71, 72; *75*
Nash, John, 225, 226
    Baize Hamlet, 226
    Cumberland Terrace, Regent's Park, Londres, 226; *292*
    Pavilhão Real, Brighton, 226; *293*
Nasser, Lago, 30
National Gallery, Londres, 225
Nazistas, 272
Necrópolis, 32
Neoclassicismo, 218-229
Neometabolismo, 286
Neoplasticismo, 286
Nepal, 49
Nero, Imperador, 183, 184
Neue Staatsgalerie, Stuttgart, 292; *398*
Neumann, Balthasar, 210
    Igreja de Peregrinação Vierzehnheiligen, 209, 210; *267, 268*
    Palácio
        do Bispo, Würzburg, 211, 212; *270*
        Episcopal, Bruchsal, 209, 212
Neuschwantein, 250; *330*
New Canaan, Casa de Vidro, 281; *376, 377*
Newport Beach, Casa de Praia Lovell, 278
Nicodemia, 118
Niemeyer, Oscar
    Edifícios Governamentais, Brasília, 282, 283; *379*
    Palácio Presidencial, Brasília, 282
Nilo, rio, 28-30, 32, 33

Nîmes, 106, 236
    Pont du Gard, 111; *111*
Nimrud, 19, 24
Nineveh, 19, 21, 23
Ningbo, Templo Ayuwang, *63*
    Nabucodonosor II, Rei da Babilônia, 19, 21, 23, 35
Normandos, 133, 142
Norte da África, 79, 153
Noruega, 164
Notre-Dame
    -du-Haut, Ronchamp, 270, 271, 289; *361*
    -du-Raincy, Paris, 255; *341*
    la Grande, Poitiers, 139; *162*
    Paris, 166
Nouméa, Nova Caledônia, Centro Cultural Tjibaou, 301; *408*
Nova Caledônia, 301
Nova Délhi, Palácio do Governador, 258; *347*
Nova Gales do Sul, 239
Nova Orleans, 232
    Piazza d'Italia, 288; *388*
Nova York
    Casa Lever, 281; *378*
    Edifício
        American Telephone and Telegraph, 295
        Chrysler, 279; *375*
        Empire State, 279
        Seagram, 281, 282; *Prefácio*
    Estátua da Liberdade, 249
    Rockefeller Center, 279
    Sede da Fundação Ford, 289
    Terminal TWA, Aeroporto Internacional J.F. Kennedy, 286, 287; *383*
Nova Zelândia, 251
Novgorod, 128
Novo
    Brutalismo, 290
    Empirismo, 286
    México, 230, 232
    Palácio de Westminster, Londres, 245
Núbia, 28, 32, 39

Oak Park, Chicago, 260
Oaxaca, 84
Obeliscos, 37, 38; *32*
Observatório Caracol, Chichen Itza, 80; *84*
Oceano Atlântico, 79
Ocotlán, Sagrario, 234; *304*
Olbrich, Joseph Maria: salão de exposição, Darmstadt, 259
Olmecas, 76, 79, 81
Olympia, 100
Ópera, Paris, 247, 248; *325, 326*
Orange, Teatro, 106; *114, 115*
Ordem(ns)
    Compósita, 91, 107; *98*
    coríntia, 88, 91, 92, 107, 181; *98*
    dórica, 88, 91, 92, 181, 228; *98*
    Etrusca, 107
    gigantes, 185
    Jônica, 88, 91, 92, 181; *98*
    *ver* Colunas
Organicismo, 286
Oriel Chambers, Liverpool, 247; *323*
Oriente Médio, 10, 27, 296
Orissa, 51, 54
Orkney, 14
Orquestra, teatros gregos, 99
Ortiz, José Damián: Catedral Metropolitana, Cidade do México, 233
Ostberg, Ragnar: Prefeitura de Estocolmo, 260; *351*
Ostia Antica, 112; *124*
Otto, Frei: Estádio Olímpico, Munique, 290; *393*
Ottobeuren, 204
Oudenarde, Prefeitura, 175; *214*
Ouro Preto, São Francisco de Assis, 234; *305*
Outram, John: Estação de Bombeamento, docas de Londres, 284
Oxford
    Keble College, 298
    Radcliffe Camera, 183

Paestum, Templo de Hera, 92, 96; *99*
Pagão, 49
Pagodes, 62, 63, 71, 72; *64, 66, 75*
    de Observação do Inimigo, Templo de Kaiyuan, 62; *65*
    Sakyamuni, Yingxian, 62, 63; *66*
    Schwe Dagon, Rangoon, 49
    Songyue, Monte Song, 62; *64*
Países Baixos, 175, 199, 200, 260, 273, 274, 292
Palacete(s)
    Imperial Katsura, Kyoto, 79
    romanos, 113, 114, 125-127
Palácio
    Barrocos, 204, 205; *260*
    Belvedere, Viena, 204, 205, 207; *259*
    Blenheim, Oxfordshire, 214, 215
    da Assembleia Nacional, Dacca, 287
    das Colunas, Mitla, 84
    das Máscaras, Mayan Kabah, 83
    de Bronze, Anuradhapura, 49
    de Cristal, Londres, 246, 248; *316, 321*
    de Diocleciano, Split (Spalato), 114, 121, 224
    de Minos, Knossos, 25; *18*
    de Verão, Beijing, 68, 69; *73*
    do Bispo, Würzburg, 211, 212; *270*
    do Governador
        Nova Délhi, 258; *347*
        Santa Fé, 232; *300*
        Uxmal, 80, 81, 83; *91*
        Calcutá, 239; *315*
    do Louvre, Paris, 172, 190, 194, 195; *245*
    do Pavão, Anuradhapura, 49
    dos Doges, Veneza, 174, 175; *213*
    Episcopal, Bruchsal, 209, 212

Escorial, 196-198, 233; *248*
Islâmicos, 148, 149; *178, 179*
Kitayama, Kyoto, 73; *78*
Minóicos, 25; *18*
Real
    Estocolmo, 204
    Palermo, 156
Renascentistas, 178, 179, 181, 182, 194, 196, 197, 200; *223, 224, 230, 231, 245*
Romanos, 114
Schönbrunn, Viena, 216
Shokintei, Cidade Imperial de Katsura, Kyoto, 79
Palais
    d'Abraxas, Paris, 288
    de Justice, Bruxelas, 250
Palazzo
    del Senatore, Rome, 186
    del Tè, Mântua, 186, 194; *230*
    Ducale, Mântua, 186
    Farnese
        Caprarola, 187, 198
        Roma, 182
    Massimo alle Colonne, Roma, 187; *231*
    Pitti, Florença, 181
    Pubblico, Siena, 175; *215*
    Reale, Caserta, 212
    Rucellai, Florença, 181, 210; *223*
    Vecchio, Florença, 175
    Venezia, Roma, 224
Palenque, 83
    Templo das Inscrições, 83
    Templo do Sol, 89
Palermo, 125
    Palácio Real, 156
Palestina, 144
Palladio, Andrea, 179, 185, 187, 188, 198, 200, 218, 220, 224, 236
    Basílica (Palazzo della Ragione), Vicenza, 189
    Il Redentore, Veneza, 189; *236*
    San Giorgio Maggiore, Veneza, 189
    Villa Capra (Rotonda), Vicenza, 188, 189, 218, 236; *234, 235*
Panini, G.P., *122*
Panteão
    Paris, 223; *289*
    Roma, 110, 111, 123-125, 176, 208, 237; *120, 122*
Parc-de-la-Villette, Paris, 297; *406*
Paris, 136, 190, 236
    25bis rue Franklin, 255; *340*
    Bibliothèque
        Nationale, 248
        Sainte-Geneviève, 248; *329*
    Capela da Coroa de Espinhos, 163; *189*
    Castelo Bèranger, 255
    Centro Pompidou, 292; *400*
    Grande Arche de la Défense, 294

Hôtel
  de Soubise, 216; *280*
  Lambert, 251
La Barrière de la Villette, 227
Métro, 255
Notre-Dame, 166
  -du-Raincy, 255; *341*
Ópera, 247, 248; *325, 326*
Palácio do Louvre, 172, 190, 194, 195; *245*
Palais d'Abraxas, 288
Panteão, 183; *289*
Parc de la Villette, 297; *406*
Pavillon Suisse, Cité Universitaire, 269; *359*
Pirâmides de vidro do Louvre, 294; *403*
Place
  de la Concorde, 229
  des Vosges, 199
St. Etienne du Mont, Paris, 195; *242*
St. Geneviève (Panteão), 183; *289*
St. Jean-de-Montmartre, 254, 255
Torre Eiffel, 248, 249; *328*
Parkville, Melbourne, *313*
Parlange, Paróquia de Pointe Coupee, 232
Parler, Peter, 164
Parque Güell, Barcelona, 256
Partenon, Atenas, 13, 86, 96, 97, 248; *105, 106*
Pataliputra, 47
Pátios, 15; *3*
Pavilhão(ões)
  Alemão, Exposição Internacional de
    Barcelona, 273; *366, 367*
  Amalienburg, Munique, 209, 217; *281*
  de mercado, 171
  dos Estados Unidos, Expo '67, 289; *389*
  Dourado, Palácio Kitayama, Kioto, 73; *78*
  Real, Brighton, 226; *293*
Pavillon Suisse, Cité Universitaire, Paris, 269; *359*
Paxton, Joseph: Palácio de Cristal, Londres, 246; *316, 321*
Pede, Jan van: Prefeitura, Outernarde, 175; *214*
Pedínculos, 123, 124; *142*
Pedro, São, 183
Pei, I.M.: Pirâmides de vidro do Louvre, Paris, 294; *403*
Pepin, Rei dos Francos, 130
Pequeno Metropolitano, Atenas, 126
Peregrinos, 136, 137, 144
  Peressutti, Enrico: Torre Velasca, Milão, 287; *384*
Pérgamo, 100
Péricles, 93, 99, 100
Período
  Helênico, 86
  Helenístico, 86, 88, 90, 100
Perrault, Claude, 195
  Palácio do Louvre, Paris, 190, 195; *245*
Perret, Auguste
  25bis rue Franklin, Paris, 255; *340*
  Notre-Dame-du-Raincy, Paris, 255; *341*

Persépolis, 26, 27, 35
  Apadana de Dario, 27, 91; *15, 19*
Pérsia, 19, 23, 24, 26, 27, 88, 104, 123, 141, 148, 155-157
Perth (Austrália), Edifício
  do Departamento de Terras, 239
  do Escritório de Títulos, 139
Peru, 76, 79, 84, 85, 90, 232, 233
Peruzzi, Baldassare, 186
  Palazzo Massimo alle Colonne, Roma, 187; *231*
Peste Negra, 171
Petra, Templo El-Deir (Mosteiro), 109; *119*
Pevsner, Nikolaus, 284
Phoenix, Taliesin West, 264, 265; *355*
Piano, Renzo: Centro
  Cultural Tjibaou, Nova Caledônia, 301; *408*
  Pompidou, Paris, 292; *400*
Piazza d'Italia, Nova Orleans, 288; *388*
Piero della Francesca, 178
Pietilä, Reima, 292
  Residência Oficial do Presidente da Finlândia, 292
Pilastras, 107
Pilonos, 37, 38; *31*
Pirâmide
  Curvada de Snefru, 24
  de Degraus do Rei Djoser, Saqqara, 34, 35; *24, 25*
  de Miquerinos, Gizé, 35-37; *28, 29*
  de Quéfren, Gizé, 35-37; *28, 29*
  de Quéops, Gizé, 33, 35-39; *28-30*
  de Quetzalcoatl, Xochicalco, 84
  de Unas, Gizé, 36
  do Mágico, Uxmal, 82, 83
  dos Nichos, El Tajin, 80, 84; *94*
  Egito, 28, 32, 37-39; *24, 25, 28-30*
  Mesoamérica, 76, 78-91; *81, 83, 92, 93*
Piranesi, Giovanni Battista, 224, 226
Pireu, 93, 100
Pisa, 142; *156*
  Catedral, 130
Piscina dos Pinguins, Zoológico de Londres, 277; *370*
Pizarro, Francisco, 84
Place
  de la Concorde, Paris, 229
  des Vosges, Paris, 199
Platão, 99
Playfair, William, 226
Poelaert, Joseph: Palais de Justice, Bruxelas, 250
Poggio Bracciolini, G.F., 179
Poissy, Villa Savoie, 268; *356*
Poitiers, Notre-Dame la Grande, 139; *162*
Policleto: Teatro, Epidauros, 99, 100; *107*
Polícrato de Pérgamo, 111
Polinésia, 79
Polonnaruwa, Gal Vihara, 46; *40*

Pompeia, 108, 109, 113
  Casa de Vetii, 125-126
Pont du Gard, Nîmes, 111; *111*
Ponte
  Alamillo, Sevilha, 288
  de Ferro, Coalbrookdale, 245; *320*
Pöppelmann, Matthaeus: Zwinger, Dresden, 205; *261*
Porta
  de Ishtar, Babilônia, 22, 23; *16*
  do Leão
    Hattusa, 14
    Micenas, 23; *13*
  Giacomo della
    Il Gesù, Roma, 187, 211, 233; *232, 233*
    São Pedro, Roma, 184
Portland, Edifício de Serviços Públicos, 295; *404*
Portman, John: Hotel Hyatt Regency, San Francisco, 289
Portugal, 165, 230, 232
Pós-modernismo, 286, 288
Potsdam, Torre Einstein, 272; *363*
Poultry Cross, Salisbury, 171
Prandtauer, Jacob: Mosteiro Beneditino, Melk, 213; *276*
Prato, 172
Prefeitura, 175; *214*
  de Hilversum, 276; *369*
  de Leeds, 244; *319*
  Oudenarde, 175; *214*
Priene, 100; *109*
Primaticcio, Francesco, 195
  Fontainebleu, 194; *237*
Primeira Guerra Mundial, 252, 265, 266
Propileu, Atenas, 90, 93, 96; *97*
Protestantismo, 190, 197, 214
*Pueblos*, 1
Pugin, A.W.N., 243, 244, 246, 247, 257, 258
  Casas do Parlamento, Londres, 242, 243; *317*
  St. Giles, Cheadle, 243; *318*
Punjab, 45
Puteoli, 109
Puuc, 83

Qal'at Sim'na, Mosteiro e igreja dos peregrinos de São Simeão Estilitas, 122; *139*
Qian Long, Imperador, 67
Quadra de jogos, Mesoamérica, 76, 81; *85*
Quéops, Faraó, 35
Quetzalcoatl, 76, 78; *86*
Quincy, Mass., Biblioteca Crane, 252; *336*
Quiosque de Trajano, Filas, 30; *22*
Quito, Mosteiro Mercedário, 230; *299*
*Qur'na*, 147
Quwwat-ul-Islam, Delhi, *184*

Radcliffe Camera, Oxford, 183
Rainaldi, Carlo: Sant'Agnese em Piazza Navone, Roma, 209, 212

Ramsés II, Faraó, 31, 39, 109
Rangoon, Pagode Schwe Dagon, 49
Raphael, 186
    São Pedro, Roma, 184
Rastrelli, Bartolommeo: Tsarskoye Selo, 220
Ravenna, 118, 119, 125
    Mausoléu de Galla Placidia, 120, 121; *137*
    San Apollinare em Classe, 120; *136*
    San Vitale, 123, 132; *140, 146*
Reform Club, Londres, 242, 243
Reinhard e Hofmeister: Rockefeller Center, Nova York, 279
Reino de Vijayanagara, 45
Renascença (Renascimento), 16, 108, 110, 112, 171, 175-189, 190-202, 268, 269
    gótico, 168, 240-243, 246
    Grego, 225, 227, 238
Renascimento, 190,197, 198, 200, 201
Represa de Assuã, 30
República
    Dominicana, 233
    Tcheca, 200
Revett, Nicholas, 223
Revolução
    Francesa, 218, 223, 229, 240
    Industrial, 228, 240, 244-245
    Russa, 266
Rheims
    Catedral, 162, 163, 165-167; *192*
    St. Rémi, 120
Riade, Grande Mesquita e Palácio da Justiça, 296
Riario, Cardeal, 182
Richardson, Henry Hobson, 252
    Armazém Marshall Field, Chicago, 252; *335*
    Biblioteca Crane, Quincy, Mass., 252; *336*
Richelieu, Cardeal, 190
Riedel, Eduard: Neuschwanstein, 250; *330*
Rietveld, Gerrit: Casa Schröder, Utrecht, 273-276; *368*
Rijksmuseum, Amsterdam, 250
Rio
    Amarelo, 27, 56, 59
    de Janeiro, 282
Roche, Eamon: Sede da Fundação Ford, Nova York, 289
Rockefeller Center, Nova York, 279
Roehampton, 277; *371*
Rogers, Ernesto: Torre Velasca, Milão, 287; *384*
Rogers, Richard
    Centro Pompidou, Paris, 292; *400*
    Edifício Lloyds, Londres, 292
Rohr, 204
Roma, 116-118, 136, 181, 182, 202
    Antiga Basílica de São Pedro, 120, 121; *135*
    Arco
        de Constantino, 108; *118*
        de Tito, 108
    Basílica
        de Maxêncio, 115; *128, 129*
        Porcia, 114

Cancelleria, 182
Capitólio, 185, 186
catacumbas, 116; *131*
Cloaca Máxima, 111, 112
Coliseu, 105-107, 181; *116*
Degraus Espanhóis, 213; *272*
Fontana di Trevi, 212; *271*
Fórum Imperial, 102, 105; *112*
Il Gesù, 187, 211, 233; *232, 233*
Monumento a Vítor Emanuel II, 251
Palazzo
    del Senatore, 186
    Farnese, 182
    Massimo alle Colonne, 187; *231*
    Venezia, 224
Panteão, 110, 111, 123-125, 176, 208, 237; *120-122*
Piazza
    del Popolo, 212
    Navone, 212
San Carlo alle Quattro Fontane, 205, 208, 209; *262, 263*
San Ivo dela Sapienza, 209
San Paulo Fuori le Mura, 120
Sant'Agnese
    em Piazza Navone, 209, 212
    fuori le Mura, 120
Sant'Andrea al Quirinale, 209-211
Sant'Anna dei Palafrenieri, 209
Santa
    Costanza, 121, 144; *130, 138*
    Maria dela Vittoria, 207; *264*
    Maria Maggiore, 119; *132*
    Sabina, 118-120; *133*
Santissima Trinità dei Monti, 213
São João Latrão, 119
São Pedro, 115, 183-185, 207, 208; 226, 227, 266
Tempietto, 183, 215; *225*
Templo de Minerva Médica, 121
Termas de Caracalla, 112; *123*
Rômulo Augusto, Imperador, 118
Ronchamp, Notre-Dame-du-Haut, 270, 271, 289; *361*
Rosa, Salvador, 224
Rouen, 165
    Catedral, 166
    St. Maclou, 162
Royal
    Festival Hall, Londres, 277
    High School, Edimburgo, 225
Rubens, Peter Paul, 201
Ruskin, John, 242, 245, 258
Rússia, 125, 128, 204, 218-220

Saarinen, Eero: Terminal TWA, Aeroporto Internacional J.F. Kennedy, Nova York, 286, 287; *383*
Sabha, Fariburz: Templo Baha'i, Délhi, 294
Sabratha, 106

Sacconi, Giuseppe: Monumento a Vítor Emanuel II, Roma, 251
Sacsahuaman, Cuzco, 84, 85
Safdie, Moshe: Habitat, complexo habitacional, Montreal, 289; *390*
Sagrada Família, Barcelona, 256; *343*
Sagrario, Ocotlán, 234; *304*
Saint Louis, apartamentos Pruitt Igoe, 284
Sala de Concertos da Filarmônica de Berlim, 289, 290; *391, 392*
Salamis, 100
Salém, 235
Salerno, 171
Salisbury
    Catedral, 168; *205*
    Poultry Cross, 171
Samarkand, 148, 157
    Gir-i-mir, 157; *188*
    Grande Mesquita, 150, 151
Samarra, Mesquita de al-Malwiya, 153; *168*
Samurai, *4*
San
    Agustin Acolman, Cidade do México, 233
    Apollinare em Classe, Ravenna, 120, 136
    Carlo alle Quattro Fontane, Roma, 205, 208, 209; *262, 263*
    Francisco
        Hotel Hyatt Regency, 289
        Tlaxcala, 233
    Gimignano, 142; *167*
    Giorgio Maggiore, Veneza, 189
    Ivo della Sapienza, Roma, 209
    Lorenzo
        Florença, 176, 185; *229*
        -Turim, 207, 210; *265*
    Miniato al Monte, Florença, 130, 140; *154*
    Paulo Fuori le Mura, Roma, 120
    Rémi, Rheims, 120
    Vitale, Ravenna, 123, 132; *140, 146*
Sanatório de Paimio, 278; *373*
Sanchi, Grande Estupa, 48, 54; *41, 42*
Sangallo, Antonio da, o Jovem: Palazzo Farnese, Roma, 182
Sangallo, Giuliano da: São Pedro, Roma, 184; *226*
Sansovino, Jacopo, 186
Sant'Agnese
    em Piazza Navone, Roma, 209, 212
    Fuori le Mura, Roma, 120
Sant'Andrea
    al Quirinale, Roma, 209-211
    Mântua, 181; *222*
Sant'Anna dei Palafrenieri, Roma, 209
Santa
    Coloma de Cervello, Barcelona, 257; *345*
    Costanza, Roma, 121, 144; *130, 138*
    Croce, Florença, 176; *218, 219*
    Cruz, Kresge College, 188
    Fé, Palácio do Governador, 232; *300*

Fosca, Torcello, 123; *141*
Maria
    della Salute, Veneza, 213; *275*
    della Vittoria, Roma, 207; *264*
    Magiore, Roma, 119; *132*
    Novella, Florença, 180, 181
    Sabina, Roma, 118-120; *133*
    Sofia, Kiev, 128
Santiago de Compostela, 141, 234
    Igreja dos Peregrinos de São Tiago, 136, 137; *158*
Santis, Francesco de: Degraus Espanhóis, Roma, 213; *272*
Santissima Trinità del Monti, Rome, 213
Santo
    Sepulcro, Jerusalém, 121
    Spirito, Florença, 176, 220
Santorini, 26, 109
Santuário
    de Ise, 56; *57*
    de Izumo, 56
    Kasuga, Nara, 62
São Francisco
    de Assis, Ouro Preto, 234; *305*
    Bahia, 233; *302*
São João Latrão, Roma, 119
São João Nepomuceno, Munique, 209; *258*
São Marcos, Veneza, 126, 127; *149, 150*
São Pedro, Roma, 115, 183-185, 207, 208; *226, 227, 266*
Saqqara, 34
    Casa
        do Norte, 35; *26*
        do Sul, 35
    Pirâmide de Degraus do Faraó Djoser, 34, 35; *24, 25*
Sargão I, Rei da Assíria, 20, 111
Sarracenos, 132, 133, 137, 138
Säynätsalo, Centro Cívico, 278; *374*
Scarborough, Grande Hotel, 244
Scharoun, Hans: Sala de Concerto da Filarmônica de Berlim, 289, 290; *391, 392*
Schauspielhaus, Berlim, 228
Schindler, Rudolf: Casa de Praia Lovell, New Port Beach, 278
Schinkel, Karl Friedrich, 228
    Altes Museum, Berlim, 228; *296*
    Schauspielhaus, Berlim, 228
Schloss Nymphenburg, Munique, 209, 217; *281*
Scott, Geoffrey, 204
Scott, Sir George Gilbert, 243, 298
    Estação St. Pancras, Londres, 243, 298
Scott-Brown, Denise, 288
Scully, Vincent, 90
Secretariado, Chandigarh, 271
Sede da Fundação Ford, Nova York, 289
Segovia, 111, 133
Segunda Guerra Mundial, 266
Selinus, 248

Semper, Gottfried: Burgtheater, Vienna, 249
Senaqueribe, Rei da Assíria, 23, 111
Serlio, Sebastiano, 179, 186, 209
    Château d'Ancy-le-Franc, 193
Sete Maravilhas do Mundo, 22, 92
Sevilha, Ponte Alamillo, 288
Shaw, Richard Norman, 258
Shinto, 56, 69, 72
Shirley Plantation, 235; *307*
Shisanling, 59
Shogunato Tokugawa, 70, 71
Shotoku, Príncipe, 72
Shreve, Lamp e Harmon: Edifício Empire State, Nova York, 279
Shuko, 73
Sicília, 125, 133, 156
Sidarta Gautama, 46
Sidney, 238
    Ópera de Sidney, 293, 294, 381, 382
    St. James, 220, 239; *314*
Siemens, 254
Siena, Palazzo Pubblico, 175; *215*
Silesia, 260
Siloe, Diego de: Escalera Dorada, Catedral de Burgos, 198; *250*
Simeão Estilitas, São, 122
Sinan, Koca: Mesquita Suleymaniye, Istambul, 154; *183*
Sind, 42
Síria, 18, 120, 122, 148, 152
Sixto II, Papa, 119
Skara Brae, 14
Skidmore, Owings e Merrill: Casa Lever, Nova York, 281; *378*
Smirke, Sir Robert: Museu Britânico, Londres, 225; *291*
Smithson, Peter e Alison: Edifícios Economist, Londres, 290; *395*
Smythson, Robert
    Hardwick Hall, Derbyshire, 197
    Longleat, Wiltshire, 197
    Wollaton Hall, Nottinghamshire, 197, 198; *248*
Sócrates, 99
Sonning, Deanery Garden, 258, 259; *348*
Soufflot, Jacques Germain: Panteão, Paris, 223; *289*
Soyer, Alexis, 243
Split (Spalato), palácio de Diocleciano, 114, 121, 224
Spreckelsen, Johann Otto von: Grande Arche de la Défense, Paris, 294
*Squinch*, 123, 155, 156
Sri Lanka, 45, 49
St. Gall, 138, 179; *161*
St. Giles, Cheadle, 243; *318*
St. James, Sidney, 220, 239; *314*
St. Lawrence, Bradford-on-Avon, 132, 168; *157*
St. Martin-in-the-Fields, Londres, 220; *285*
St. Michael, Charleston, 237

St. Michael, Hildesheim, 139
St. Peter's College, Cardross, 271
St. Wendreda, March, 169; *206*
Stadia, 100
Stanislas Leczingky, Rei da Polônia, 216
St. Denis, 137, 158-160, 163, 165; *190, 191*
St. Edienne du Mont, Paris, 195; *242*
Steinhausen, 211
Stephenson, George, 244
Stephenson, Robert, 244
St. Geneviéve (Panteão), Paris, 183; *289*
Stirling, James
    Edifício da Engenharia, Universidade de Leicester, 290, 291; *394*
    Newe Staatsgaleria, Stuttgart, 292; *398*
St. Jean-de-Montmartre, Paris, 254, 255
St. Maclou, Rouen, 162
Stoa de Átalo, Atenas, 99; *108*
Stoas, 99; *108*
Stonehenge, 12, 25; *7*
Stourhead, Wiltshire, 222, 223; *288*
Stowe, Buckinghamshire, 222
Strawberry Hill, Twickenham, 226, 227, *294*
Street, G.E.: Cortes Judiciais, Londres, 246
Strickland, William: Merchant's Exchange da Filadélfia, 237, 238
St. Sernin, Toulouse, 141; *165*
Stuart, James, 223
Stupinigi, Turim, 205
Stuttgart
    Neue Staatsgalerie, 292; *398*
    Weissenhofsiedlung, 272
Sudeste da Ásia, 42, 59
Suécia, 260
Suger, Abbot, 138, 158, 163
Suíça, 138
Sullivan, Louis, 260
    Carson, Loja de Departamentos Pirie Scott, Chicago, 254; *339*
    Edifício Guaranty, Buffalo, 254
Sumério, 19, 20, 22, 24, 26
Sunhouse, Hampstead, 276
Superga, 213; *274*
Suryavarman III, Rei, 54
Sweden, V.B.B.: Torres de água Kwait, 294

Tacitus, 112
Taj Mahal, Agra, 157; *187*
Taliesin West, Phoenix, 264, 265; *355*
Tamerlane, 27, 155, 157
Tampere, 292
Tange, Kenzo: Estádio Olímpico, Tóquio, 292, 293; *401*
Taoismo, 69
Tasmânia, 239
Teatro
    de Dionísio, Atenas, 99
    Delphi, 101; *110*

Epidauro, 99, 100; *107*
Gregos, 99, 100, 106
Nacional, Londres, 291
Orange, 106; *114, 115*
Tebas, 28, 32, 39, 41, 109
Tecnologia, 245, 286, 287, 291
Tecton, 277, 291
    Highpoint, Londres, 277
Telc, 200
Telford, Thomas, 244
Telhados em mansardas, 193
Temenos, 96
Tempietto, Roma, 183, 215; *225*
Temple-Poole, George
    Edifício do Departamento de Terras, Perth, 239
    Edifício do Escritório de Títulos, Perth, 239
Templo(s)
    Baha'i, Delhi, 294
    Bo-Hyan-Su, Montanhas Myohyang, 60, 61
    Borobudur, Java, 54, 55, 80; *38, 55*
    Brahmesvara, Bhubaneswar, 54; *53*
    Budistas, 47-49
    Byodoin, Uji, 69; *74*
    Chineses, 60-63, 68, 69
    das Inscrições, Palenque, 83
    de Amon, Rá
        Luxor, 35, 41; *35*
        Karnak, 33, 37, 39-41, 91; *32, 33*
    de Aphaia, Egina, 92
    de Apolo, Delphi, 101; *110*
    de Artêmis, Éfeso, 92
    de Atenas Nice, Atenas, 93; *101*
    de Ayuwang, Ningbo, 63
    de Baco, Baalbek, 107; *117*
    de Elefantina, Mumbai, 51
    de Etemenanki, Babilônia, 22
    de Hacchappayya, Aihole, 51
    de Hefesto (Theseion), Atenas, 89, 90
    de Hera, Paestum, 92, 96; *99*
    de Hórus, Edfu, 37, 41; *31*
    de Ísis, Filos, 30
    de Khonsu, Karnak, 37, 40; *34*
    de Minerva Médica, Roma, 121
    de Poseidon, Cabo Sounion, 41, 86; *96*
    de Quetzalcoatl
        Teotihuacan, 86
        Tula, 81; *87*
    de Ramsés, Abu Simbel, 31; *21*
    de Santa Cecília, Cidade do México, 78; *83*
    de Toshodai-ji, Nara, 77
    de Warka, Iraque, 22
    de Zeus Olímpico, Atenas, 92
    do Céu, Beijing, 66; *68, 69*
    do Sol
        Konarak, 50; *49*
        Palenque, 89
    Egípcios, 39-41; *21, 31-36*
    El-Deir (Mosteiro), Petra, 109; *119*
    Foguang, Monte Wutai, 60; *61*
    Funerário da Rainha Hatshepsut, Deir el-Bahri, 41; *36*
    Gregos, 41, 88-93; *96, 99, 101-106*
    Hindus, 47, 50-54; *47-53, 55*
    Horyu-ji, Nara, 72; *76*
    Hoysalesvara, Halebid, 45, 46; *39*
    Kailasa, Ellora, 50; *47*
    Kaiyuan, Dingxian, 62; *65*
    Lingaraja, Bhubaneswar, 50
    Mesoamericanos, 76, 78, 80-82; *81, 83, 86, 87, 89*
    Mesopotâmios, 20, 21
    Pirâmidal I, Tikal, 81
    Romanos, 107, 110, 116; *117, 120-122*
    Ryoan-ji, Kyoto, 80
    Unity, Chicago, 260
    Yakushi-ji, Nara, 71, 72; *75*
Tendas, 10, 14; *2*
Tenochtitlan, 76, 78, 79
Teotihuacan, 80, 83, 84
    Templo de Quetzalcoatl, 86
Termas de Caracala, Roma, 112; *123*
Terminal TWA, Aeroporto Internacional J.F. Kennedy, 286, 287; *383*
Terra Sagrada, 137, 138, 144
Tesouraria Ateniense, Delphi, 101; *110*
Tessin, Nicodemus o Jovem: Palácio Real, Estocolmo, 204
Texcoco, Lago, 78
Thera, 26, 109
Tholos, Delphi, 101
Thompson, Alexander, 225
Thornton, William, 237
    Capitólio, Washington D.C., 238, 251; *312*
Thorvaldsen Museum, Copenhagen, 248; *327*
Tiepolo, Giovanni Battista, 211
Tigre, rio, 18, 21, 26, 149
Tijolos de barro, 10, 19, 20, 24-32; *1*
Tikal, 82; *88*
    Templo Piramidal I, 81
Tipis, 10; *2*
    indígenas norte-americanos, 10; *2*
Tirinto, 23, 88
Tito, Imperador, 106
Tivoli, Villa Adriana, 114; *127*
Tjibaou Centro Cultural, Nouméa, Nova Caledônia, 301; *408*
Tlatelolco, 78, 79
Tlaxcala, San Francisco, 233
Toledo, Juan Bautista de: Palácio Escorial, 196-198, 233; *248*
Tolsá, Manuel: Catedral Metropolitana, Cidade do México, 233
Toltecas, 79, 80, 81, 83, 84
Tomar, Igreja do Convento de Cristo, 196; *198*
Tóquio, 73
    Estádio Olímpico, 292, 293; *401*
    Hotel Imperial, 264

Torre de Cápsulas Nakagin, 293; *402*
Torcello, Santa Fosca, 123, *141*
Torre
    de Babel, 22
    de Cápsulas Nakagin, Tóquio, 293; *402*
    de Londres, 173
    Einstein, Potsdam, 272; *363*
    Velasca, Milão, 287; *384*
Toscana, 118
Totonacas, 79, 80
Toulouse, 118
    St. Sernin, 141; *165*
Tours, 120, 130
    Catedral, 166
Traveller's Club, Londres, 242
Trdat: Catedral de Ani, 127, 128; *151*
Treliça espacial, 286
Trento, Concílio de (1545), 205
Trier, 118, 119
Trifório, 166
Tríglifos, 89
*Trompe-l'oeil*, 205-207
*Trulli*, 12, 14; *6*
Tsarskoe Selo, 218-220; *284*
Tschumi, Bernard: Parc de la Villette, Paris, 297; *406*
Tula, Templo de Quetzalcoatl, 81; *87*
Tumba de Humayan, Delhi, 157
Túmulos
    Egípcios entalhados em pedra, 37
    Islâmicos, 156, 157; *185*
    mastabas, 33, 34
Tunísia, 147
Turcos, 154, 155
Turim
    Capela do Santo Sudário (Il Sindone), 207, 209, 210
    San Lorenzo, 207, 210; *265*
    Stupinigi, 205
Turquia, 19, 154
Tutancamon, Faraó, 35, 37
Tutmés
    I, Faraó, 37; *32*
    III, Faraó, 41

Uffizi, Florença, 185
Uji, Templo de Byodoin, 69; *74*
Ulm Minster, 167
Unité d'Habitacion, Marselha, 269, 270; *360*
Universidade, 171, 172; *247*
    de Leicester, Edifício da Engenharia, 290, 291; *394*
    de Oxford, 171
    de Salamanca, 196; *247*
    do Estado de Ohio, Centro de Artes Visuais Wexner, 297; *405*
Uppsala, 164
Ur, 19, 20, 21, 24; *12*
Urbano VIII, Papa, 208

Urbino, Palácio, 178; *Frontispício*
Uruk, 19
Utrecht, Casa Schröder, 273-276; *368*
Utzon Jørn
    Igreja Bagsvaerd, 295, 296
    Ópera de Sidney, 293, 294; *381, 382*
Uxmal
    Casa Tartaruga, 83; *90*
    Palácio do Governador, 80, 81, 83; *91*
    Pirâmide do Mágico, 82, 83

Vale
    de Katmandu, Estupa de
        Swayambhunath, 49; *43*
    do Indo, 27, 42-44
    do Loire, 190, 194
    dos Reis, 37
Valência, Mercado de Seda, 171
Van Alen, William: Edifício Chrysler,
    Nova York, 279; *375*
Van Dick, Anthony, 201
Van, Lake, 18
Vanbrugh, Sir John, 208, 210, 214-215, 222
    Castelo Howard, Yorkshire, 214, 215; *278*
    Palácio Blenheim, Oxfordshire, 214, 215
Vanvitelli, Carlo, 212
Vanvitelli, Luigi: Palazzo Reale, Caserta, 212
Vasari, Giorgio, 160, 298
    Uffizi, Florença, 185
Vaux-le-Vicomte, 209, 221; *287*
*Vedas*, 44
Vendôme, La Trinité, 162
Veneza, 126, 174, 175, 181, 187, 188, 198
    Il Redentore, 189; *236*
    Palácio do Doge, 174, 175; *213*
    San Giorgio Maggiore, Veneza, 189
    Santa Maria della Salute, 213; *275*
    São Marcos, 126, 127; *149, 150*
Venturi, Robert, 287, 288
    Casa em Chestnut Hill, Filadélfia, 288;
        *386, 387*
    Franklin Court, Filadélfia, 288
Vermeer, Jan, 200
Versalhes, 215, 216, 221, 250; *279*
    Le Petit Trianon, 227-229; *295, 297*
Vespasiano, Imperador, 106
Vesúvio, Monte, 113
Vézelay, 137
Vicenza, 188
    Basílica (Palazzo della Ragione), 189
    Villa Capra (Rotonda), 188, 189, 218, 236;
        *234, 235*
Vidro, 286
Viena, 259
    Banco Post Office Savings, 259

Burgtheater, 249
Casa Majólica, 259; *350*
Catedral de Santo Estêvão, 162
Edifício do Parlamento, 249
Palácio Belvedere, 204, 205, 207; *259*
Palácio Schönbrunn, 216
Votivkirche, 249
Vignola, Giacomo da, 179, 187
    Il Gesù, Roma, 187, 211, 233; *232, 233*
    Palazzo Farnese, Capralola, 187, 198
    Sant'Anna dei Palafrenieri, Roma, 209
    São Pedro, Roma, 184
Vikings, 132
Villa
    Adriana, Tivoli, 114; *127*
    Capra (Rotonda), Vicenza, 188, 189, 218, 236;
        *234, 235*
    Savoie, Poissy, 268; *356*
Viollet-le-Duc, Eugène, 248, 255
Virgínia, Universidade de, 237; *298, 310*
Visigodos, 132
Vitória, Rainha da Inglaterra, 243
Vitruvius, 8, 91, 102-104, 109, 110, 179-181, 198
Vladimir, Príncipe de Kiev, 128
Vorarlberg, 204
Votivkirche, Viena, 249
*Voussoirs ver* aduelas de pedra
Voysey, Charles Annesley, 258
Vries, Hans Vredeman de, 195

Wagner, Otto, 259, 278
    Banco Post Office Savings, Viena, 259
    Casa Majólica, Viena, 259; *350*
Walpole, Horace, 214, 221
Walpole, Robert, 218
Walter, Thomas Ustick: Capitólio, Washington
    D.C., 238, 251; *312*
Washington D.C., 237
    Capitólio, 183, 238, 251; *312*
    Casa Branca, 237
Washington, George, 235
Waterhouse, Alfred: Museu de História Natural,
    Londres, 246; *322*
Watts, Tenente John, 239
Webb, John
    Casa da Rainha, Greenwich, 200, 201, 254, 255
    Casa Wilton, Wiltshire, 201
Webb, Philip: Casa Vermelha (Red House), Bexley
    Heath, 258; *346*
Wedgwood, Josiah, 224
Weimar, 272
Weissenhofsiedlung, Stuttgart, 272
Weobley, 197
Westover, Condado da Cidade de Charles, 236

Whitfield, William: Biblioteca da Catedral de
    Hereford, 294
    Casa Richmond, Londres, 294
Wilkins, William, 237, 238
    National Gallery, Londres, 225
William de Sens, 164, 168
Williamsburg
    College of William and Mary, 236; *308*
    Palácio do Governador, 236
Winckelmann, J.J., 223
Wollaton Hall, Nottinghamshire, 197, 198; *248*
Wood, John
    o Jovem, 220, 221, 226
    o Velho, 220, 221, 226
Wotton, Sir Henry, 8
Wren, Sir Christopher, 210, 236, 237
    Catedral de São Paulo, Londres, 183,
        214; *277*
Wright, Frank Lloyd, 260-265, 268
    Casa
        da Cascata, Bear Run, 264; *354*
        Martin, Buffalo, 260; *352*
        Robie, Chicago, 260-264; *353*
    Hotel Imperial, Tóquio, 264
    Oak Park, Chicago, 260
    Taliesin West, Phoenix, 264, 265; *355*
    Templo Unity, Chicago, 260
Würzburg, Palácio do Bispo, 211, 212; *270*
Wyatt, Charles: Palácio Governamental,
    Calcutá, 239; *315*
Wyatt, James, 239
    Abadia Fonthill, Wilshire, 226

Xérxes I, Rei da Pérsia, 26, 27, 35
Xianyang, 66
Xochicalco, Pirâmide de Quetzalcoatl, 84

Yamasaki, Minoru: Apartamentos Pruitt Igoe,
    Saint Louis, 284
Yaxchilan, 82
Yazd, Mesquita de Jami (Sexta Feira), 155; *184*
York
    Merchant Adventurers' Hall, 171
    Minster, 162
Yoshimada, Shógun, 73
Ypres, Cloth Hall, 171; *207*
Yucatan, 76, 80, 83

Zacarias, Papa, 130
Zapotecas, 79, 80, 84
Zen Budismo, 73
Zigurate(s), 24, 25, 47, 153; *12, 17*
    de Choga Zambil, 25; *17*
Zwinger, Dresden, 205; *261*

## Agradecimentos

Aerofilms página 6, 209, 287; AKG, Londres 363; Arcaid/Richard Bryant 406; Arcaid/S. Couturier 361; Arcaid/Dennis Gilbert 400; Arcaid/Paul Rafferty 407; Dept of Archaeology and Museums, Paquistão 37; Archipress/R. Bryant 398; Archivi Alinari, Florence 99, 118, 120, 123, 136, 218, 222, 223, 224, 228, 229, 230, 231, 233, 263, 264, 266, 272, 274, 332; Artephot/Varga 280; James Austin 289; Barnaby's Picture Library 28, 303; G. Barone (Index, Florence) capa, 167, 196; Basilica of the Assumption Historic Trust, Baltimore 311; Bastin & Evrard, Bruxelas 342; Bauhaus Archiv, Berlim 364, 365; John Bethell 68, 281, 292, 322; BIF, México (Paul Czitromb) 304; Bildarchiv Foto Marburg 14, 148, 202, 207, 212, 220, 246, 261, 271, 330; Bildarchiv Preussischer Kulturbesitz 16; Boston Public Library 333; Copyright British Museum, Londres 2, 23; Anthony Browell 382; Caisse Nationale des Monuments Historiques et des Sites 163, 165, 193, 238, 295, 329; Martin Charles 341, 356, 372; Richard Cheek, Belmont, Mass. páginas. 4–5, 298; Chicago Historical Society 335, 338, 339; College of William and Mary, Williamsburg 308; Conway Library, Courtauld Institute of Art 141, 162 (Photo Julian Gardner), 198, 200, 203, 211, 214, 243, 296; Peter Cook/View 354, 360; © Corbis 107; Paul Almasy/© Corbis 21; Tony Arruza/Corbis 273; Dave Bartruff/Corbis 36; Chris Bland; Eye Ubiquitous/Corbis 194; Jan Butchofsky-Houser/Corbis 38; Macduff Everton/Corbis 127; Wolfgang Kaehler/Corbis 152; Danny Lehman/© Corbis 84, 92; Charles e Josette Lenars/Corbis 32, 55, 117; Richard T. Nowitz/Corbis 25, 112; The Purcell Team/Corbis 390; Joel Rogers/Corbis 150; Hans Georg Roth/Corbis 41; Gian Berto Vanni/Corbis 39; Ruggero Vanni/Corbis 164; Nik Wheeler/Corbis 186; Roger Wood/© Corbis 9, 15, 19, 20, 113, 174, 175, 180; Adam Woolfitt/Corbis 51, 143, 155, 213, 244, 270, 276; Alison Wright/Corbis 49; Michael S. Yamashita/Corbis 132, 393; Bernard Cox, John Bethell Photography 17, 31, 284; Bernard Cox, British Architectural Library, RIBA, Londres 184, 260; Roy C. Craven Jr. 90, 91, 305; Jérôme Darblay 325; Frank den Oudsten, Amsterdã 368; Deutsches Archaeologisches Institut, Atenas 100; C. M. Dixon 124; Max Dupain and Associates, Sydney 314, 381; EMAP Construct 389; Ezra Stoller/© ESTO página 9, 377; Paolo Favole 168; Mark Fiennes 349; Werner Forman Archive 4, 22, 83, 94; Werner Forman Archive/National Museum of Anthropology, México 82; Foster Associates (Photo Ian Lambot) 397; Fototeca Unione 128; Alison Frantz 103, 104; Gabinetto Fotografico Nazionale 133; Dennis Gilbert/View 391; Giraudon 114, 242, 297; Lauros-Giraudon 190, 237; Michael Graves, Architect (Proto Acme Photo) 404; Sonia Halliday Photographs 108, 170, (Jane Taylor) 151, (© Sonia Halliday e Laura Lushington) 189, 199; Robert Harding Picture Library, Londres 58, 62, 67, 116, 119, 182, 403, (Mohamed Amin) 171, (© Robert Frerck/Odyssey/Chicago) 380, (J. Pate) 3, 169, (© Roy Rainford) 288, (Adina Tovy) 78 (Adam Woolfitt) 178 e 240; Lucien Hervé 359; Hirmer Fotoarchiv 12, 26, 33, 35; © Angelo Hornak Photograph Library 156, 166, 173, 204, 215, 217, 256, 258, 275, 277, 317; Hutchison Library (Liba Taylor) 379; Ironbridge Gorge Museum Trust 320; Japan Information and Cultural Centre, Londres 74, 76, 79; A. F. Kersting 43, 53, 101, 111, 140, 147, 149, 159, 172, 188, 236, 241, 249, 252, 257, 265, 267, 278, 279, 285, 286, 290, 291, 294, 319, 323, 351, 370; Kimbell Art Museum, Fort Worth, Texas/Michael Bodycomb 399 (1972 photograph); Ken Kirkwood 283, 396; Balthazar Korab Ltd. 337, 353, 355, 375, 383, 385, 405; Kisho Kurokawa architect and associates 402; Library of Congress 306, 307, 312, 336; Norman McGrath 388; Ampliaciones y Reproducciones Mas 197, 247, 248, 250, 259; T. Harmon Parkhurst, Cortesia do Museu do Novo México (Nº 4568) 1; Arthur Taylor, Cortesia do Museu do Novo México (Nº 70211) 300; National Gallery of Art, Washington (Samuel H. Kress Collection) 122 (Photo Richard Carafelli); National Monuments Record 157, 195, 206; National Monuments Record of the Netherlands, Haia 253; The Nelson Atkins Museum of Art, Kansas City, Missouri (Purchase: Nelson Trust) 56; Cortesia da Pennsylvania Academy of the Fine Arts. Archives 334; Renzo Piano Building Workshop/Michel Denancé 408; Pitkin Guides Ltd. 7; Réunion des Musées Nationaux, Paris 245; Rheinisches Bildarchiv 153; British Architectural Library, RIBA, Londres 54 (Douglas Dickins), 57, 348, 369; Simo Rista 373, 374; Roger-Viollet 6, 192; Royal Pavilion, Art Gallery and Museums, Brighton (o Pavilhão é hoje uma atração turística, aberto diariamente) 293; Scala, Florença 125, 131, 137, 154, 225, 227, 234, 384; Julius Shulman 378; The Skyscan Photolibrary 210; Alison e Peter Smithson 395; South American Pictures 81, 95, (© Robert Francis) 85 e 89, (© Tony Morrison) 301, 302; The Stapleton Collection 316; Stiftsbibliothek St. Gallen 161; Studio Kontos 13, 18, 96, 97, 105, 110, 144, 183; Christopher Tadgell 45, 46, 48, 177, 185, 187, 315, 347, 362; Kenzo Tange Associates 401; Edward Teitelman 309; Thorvaldsens Museum, Copenhague 327; Rupert Truman 343, 345; Escola de Arquitetura, Universidade de Tsinghua, Beijing 59, 61, 63, 64, 65, 69, 73; Universidade de Warwick 318; Venturi, Scott Brown and Associates 386; Cortesia do Board of Trustees of the Victoria and Albert Museum, Londres 176, 321; Charlotte Wood 346.

**Nota do Autor**

Este livro é fruto de uma colaboração. Minha colaboradora é minha esposa Bridget. Inicialmente minha assistente de pesquisa, no evento ela foi mais que isso; ela rascunhou a maior parte do livro, inclusive capítulos inteiros, embora eu seja responsável por ele como um todo e pelas opiniões nele contidas. Para esta nova edição eu verifiquei cada frase, cada atribuição, cada data, e reescrevi vários capítulos.

Temos visitado edifícios há cerca de cinquenta anos em muitas partes do mundo e conversado sobre arquitetura incessantemente. Mas esta foi nossa primeira tentativa de colaboração na redação e foi assim nossa primeira produção literária.

O autor e a editora empenharam-se para citar adequadamente e dar o devido crédito a todos os detentores dos direitos autorais de qualquer material utilizado neste livro, dispondo-se a possíveis acertos caso, inadvertidamente, a identificação de algum deles tenha sido omitida.

Não é responsabilidade da editora nem do autor a ocorrência de eventuais perdas ou danos a pessoas ou bens que tenham origem no uso desta publicação.

Apesar dos melhores esforços do autor, dos tradutores, do editor e dos revisores, é inevitável que surjam erros no texto. Assim, são bem-vindas as comunicações de usuários sobre correções ou sugestões referentes ao conteúdo ou ao nível pedagógico que auxiliem o aprimoramento de edições futuras. Os comentários dos leitores podem ser encaminhados à **LTC — Livros Técnicos e Científicos Editora** pelo e-mail ltc@grupogen.com.br.

Traduzido de:
Original Title: THE STORY OF ARCHITECTURE © 1997 Phaidon Press Limited.
This edition published by LTC — LIVROS TÉCNICOS E CIENTÍFICOS EDITORA LTDA. under licence from Phaidon Press Limited, Regent's Wharf, All Saints Street, London, N19PA, UK ©1997 Phaidon Press Limited.
All Rights Reserved. No part of this publication may be reproduced, stored in a retrieval system or transmitted, in any form or by any means, electronic, mechanical, photocopying, recording or otherwise, without the prior permission of Phaidon Press.

ISBN: 978 0 7148 3616 4

Título Original: THE STORY OF ARCHITECTURE © 1997 Phaidon Press Limited.
Esta edição foi publicada pela LTC — LIVROS TÉCNICOS E CIENTÍFICOS EDITORA LTDA. sob licença de Phaidon Press Limited, Regent's Wharf, All Saints Street, London, N19PA, UK ©1997 Phaidon Press Limited.
Reservados todos os direitos. É proibida a duplicação ou reprodução deste volume, no todo ou em parte, sob quaisquer formas ou meios, eletrônico, mecânico, gravação, fotocópia, distribuição na internet ou outros, sem permissão expressa da Phaidon Press.

Copyright 1997 by Phaidon Press Limited
**LTC – Livros Técnicos e Científicos Editora Ltda.**
**Uma editora integrante do GEN | Grupo Editorial Nacional**

Direitos exclusivos de venda da segunda edição em língua portuguesa em todo o território brasileiro reservados à LTC – Livros Técnicos e Científicos Editora Ltda.

Reservados todos os direitos. É proibida a duplicação ou reprodução deste volume, no todo ou em parte, sob quaisquer formas ou meios (eletrônico, mecânico, gravação, fotocópia, distribuição na internet ou outros) sem permissão expressa da editora.

Travessa do Ouvidor, 11
Rio de Janeiro, RJ — CEP 20040-040
Tels.: 21-3543-0770 / 11-5080-0770
Fax: 21-3543-0896
ltc@grupogen.com.br
www.ltceditora.com.br

Editoração Eletrônica: Edel

**CIP-BRASIL. CATALOGAÇÃO-NA-FONTE**
**SINDICATO NACIONAL DOS EDITORES DE LIVROS, RJ**

N973h
2. ed.

Nuttgens, Patrick
A história da arquitetura/Patrick Nuttgens; tradução Luiz Queiroz, Denise de Alcantara Pereira; revisão técnica Denise de Alcantara Pereira. — 2. ed. — Rio de Janeiro: LTC, 2015.
il. ; 28 cm.

Tradução de: The story of architecture
Inclui bibliografia e índice
ISBN 978-85-216-2773-9

1. Habitações — Projetos e construção. 2. Arquitetura de habitação — Brasil. I. Título.

15-19657                    CDD: 728
                            CDU: 728